Internetrecht

Sven Hetmank

Internetrecht

Grundlagen – Streitfragen – Aktuelle
Entwicklungen

 Springer Vieweg

Sven Hetmank
TU Dresden
Dresden, Deutschland

ISBN 978-3-658-08975-7   ISBN 978-3-658-08976-4 (eBook)
DOI 10.1007/978-3-658-08976-4

Die Deutsche Nationalbibliothek verzeichnet diese Publikation in der Deutschen Nationalbibliografie; detaillierte bibliografische Daten sind im Internet über http://dnb.d-nb.de abrufbar.

Springer Vieweg
© Springer Fachmedien Wiesbaden 2016
Springer Fachmedien Wiesbaden ist Teil der Fachverlagsgruppe Springer Science+Business Media (www.springer.com)

Abkürzungsverzeichnis

a. A.	anderer Auffassung
a. a. O.	am angegebenen Ort
a. F.	alte Fassung
ABl.	Amtsblatt
ABl.EG	Amtsblatt der Europäischen Gemeinschaften
ABl.EU	Amtsblatt der Europäischen Union, ab 1.2.2003
Abs.	Absatz
AEUV	Vertrag über Arbeitsweise der Europäischen Union (bis 30.11.2009 Vertrag zur Gründung der Europäischen Gemeinschaft – EGV)
AfP	Archiv für Presserecht
AGB	Allgemeine Geschäftsbedingungen
Alt.	Alternative
Anl.	Anlage
Anm.	Anmerkung
Art.	Artikel
Aufl.	Auflage
BB	Betriebs-Berater
Bd.	Band
BDSG	Bundesdatenschutzgesetz
Begr.	Begründung
Begr. RegE	Begründung zum Gesetzentwurf der Bundesregierung
Beil.	Beilage
BGB	Bürgerliches Gesetzbuch
BGBl.	Bundesgesetzblatt
BGH	Bundesgerichtshof
BGHZ	Entscheidungen des Bundesgerichtshofs in Zivilsachen
BR-Drs.	Bundesratsdrucksache
BT-Drs.	Bundestagsdrucksache
Buchst.	Buchstabe
BVerfG	Bundesverfassungsgericht
BVerfGE	Amtliche Sammlung der Entscheidungen des Bundesverfassungsgerichts

bzgl.   bezüglich
bzw.   beziehungsweise
CR   Computer und Recht
d. h.   das heißt
DB   Der Betrieb
DENIC   Deutsches Network Information Center (zentrale Registrierungsstelle für Do-
             mains unterhalb der Top-Level-Domain .de)
ders.   derselbe
DesignG   Designgesetz
dies.   dieselbe(n)
Diss.   Dissertation
DPMA   Deutsches Patent- und Markenamt
DuD   Datenschutz und Datensicherheit (Zeitschrift)
EG   Europäische Gemeinschaft
EGBGB   Einführungsgesetz zum Bürgerlichen Gesetzbuch
EGV   Vertrag zur Gründung der Europäischen Gemeinschaft
EMRK   Konvention zum Schutz der Menschenrechte und Grundfreiheiten
Einl.   Einleitung
EIPR   European Intellectual Property Review (Zeitschrift)
EPA   Europäisches Patentamt
etc.   et cetera
EU   Europäische Union
EuGH   Europäischer Gerichtshof
EuGH Slg.   Sammlung der Rechtsprechung des Gerichtshofs der Europäischen Gemein-
             schaften
EuGVÜ   Europäisches Gerichtsstands- und Vollstreckungsübereinkommen
EuGVVO   Verordnung (EG) Nr. 44/2001 des Rates v. 22.12.2000 über die gerichtliche
             Zuständigkeit und die Anerkennung und Vollstreckung von Entscheidungen
             in Zivil- und Handelssachen
EuLV   The European Legal Forum (Zeitschrift)
EuR   Europarecht (Zeitschrift)
EURid   European Registry of Internet Domain Names
EUV   Vertrag über die Europäische Union
EuZW   Europäische Zeitschrift für Wirtschaftsrecht
EWG   Europäische Wirtschaftsgemeinschaft
EWR   Europäischer Wirtschaftsraum
f.   folgende(r)
ff.   fortfolgende
Fn.   Fußnote
FS   Festschrift
GebrMG   Gebrauchsmustergesetz

GEMA	Gesellschaft für musikalische Aufführungs- und mechanische Vervielfältigungsrechte
GG	Grundgesetz für die Bundesrepublik Deutschland
GmbH	Gesellschaft mit beschränkter Haftung
GMVO	Verordnung (EG) Nr. 207/2009 des Rates v. 26.2.2009 über die Gemeinschaftsmarke (Gemeinschaftsmarkenverordnung)
ggf.	gegebenenfalls
GR-Charta	Charta der Grundrechte der Europäischen Union
GRUR	Gewerblicher Rechtsschutz und Urheberrecht
GRUR Int.	Gewerblicher Rechtsschutz und Urheberrecht, Internationaler Teil, ab 1967
GRUR Prax	Gewerblicher Rechtsschutz und Urheberrecht, Praxis im Immaterialgüter- und Wettbewerbsrecht
GRUR-RR	Gewerblicher Rechtsschutz und Urheberrecht, Rechtsprechungs-Report
h. M.	herrschende Meinung
Handb.	Handbuch
Hrsg.	Herausgeber
HS.	Halbsatz
i. S. d.	im Sinne des
i. S. v.	im Sinne von
i. V. m.	in Verbindung mit
IIC	International Review of Intellectual Property and Competition Law
IP-Adresse	Internet-Protokoll-Adresse
IPRax	Praxis des Internationalen Privat- und Verfahrensrechts
JuS	Juristische Schulung
JW	Juristische Wochenschrift
JZ	Juristenzeitung
KG	Kammergericht
KOM	Rechtssetzungsvorschläge der Kommission der Europäischen Gemeinschaften
K&R	Kommunikation und Recht (Zeitschrift)
KUG	Gesetz betreffend das Urheberrecht an Werken der bildenden Künste und der Photographie
LG	Landgericht
lit.	littera
LMK	LMK, Kommentierte BGH-Rechsprechung Lindenmaier-Möhring, ab 2003
m.	mit
m. N.	mit Nachweisen
m. w. N.	mit weiteren Nachweisen
MarkenG	Markengesetz
MarkenR	Markenrecht (Zeitschrift für deutsches, europäisches und internationales Markenrecht)

MarkenRL	Richtlinie 2008/95/EG des Europäischen Parlaments und des Rates v. 22.10. 2008 zur Angleichung der Rechtsvorschriften der Mitgliedsstaaten über die Marken (Markenrechtsrichtlinie)
Mitt.	Mitteilungen der deutschen Patentanwälte
MMR	MultiMedia und Recht
n. F.	neue Fassung
Nachw.	Nachweis(e)
NJW	Neue Juristische Wochenschrift
NJW-RR	Neue Juristische Wochenschrift – Rechtsprechungs-Report Zivilrecht
Nr.	Nummer
OLG	Oberlandesgericht
PatG	Patentgesetz
RegE	Gesetzentwurf der Bundesregierung
RIW	Recht der internationalen Wirtschaft
Rn.	Randnummer
Rspr.	Rechtsprechung
RStV	Rundfunkstaatsvertrag
S.	Satz; Seite
sog.	sogenannt(e)
str.	streitig
TKG	Telekommunikationsgesetz
TMG	Telemediengesetz
Tz.	Teilziffer
u. a.	unter anderem
UrhG	Urheberrechtsgesetz
usw.	und so weiter
UWG	Gesetz gegen den unlauteren Wettbewerb
v.	vom; von
v. a.	vor allem
VG	Verwaltungsgericht
vgl.	vergleiche
VO	Verordnung
WRP	Wettbewerb in Recht und Praxis
WuW	Wirtschaft und Wettbewerb
z. B.	zum Beispiel
ZD	Zeitschrift für Datenschutz
ZEuP	Zeitschrift für Europäisches Privatrecht
ZHR	Zeitschrift für das gesamte Handels- und Wirtschaftsrecht
ZPO	Zivilprozessordnung
ZUM	Zeitschrift für Urheber- und Medienrecht

Inhaltsverzeichnis

1.1 „Internetrecht" oder: „Was offline gilt, muss auch online gelten ... "

Schrifttum
Bräutigam/Leupold/Pfeiffer, Kommerzielle Kommunikation im Internet, WRP 2000 575; *Czychowski/Nordemann*, Grenzenloses Internet – entgrenzte Haftung?, GRUR-Beilage Heft 1, 2014, 3; *Dreier/Leistner*, Urheberrecht im Internet: die Forschungsherausforderungen, GRUR-Beilage Heft 1, 2014, 13; *Glöckner/Kur*, Geschäftliche Handlungen im Internet, GRUR-Beilage Heft 1, 2014, 29; *Hoeren*, Internet und Recht – Neue Paradigmen des Informationsrechts, NJW 1998, 2849; *Peukert*, Das Urheberrecht und die zwei Kulturen der Online-Kommunikation, GRUR-Beilage Heft 1, 2014, 77; *Sosnitza*, Das Internet als Rahmenbedingung und neue Handlungsform im Marken- und Lauterkeitsrecht, GRUR-Beilage Heft 1, 2014, 93.

Das „Internetrecht" ist kein Rechtsgebiet im klassischen Sinne. Vielmehr werden Rechtsverstöße und Rechtsverletzungen im Internet nicht anders beurteilt als solche außerhalb des Internet. Deswegen finden sich in den verschiedenen Gesetzen, wie etwa im Urhebergesetz (UrhG), im Markengesetz (MarkenG) oder im Gesetz gegen unlauteren Wettbewerb (UWG) in aller Regel **keine tatbestandlichen Differenzierungen im Hinblick auf das verwendete Medium**. Nur vereinzelt, wie etwa für die Frage, wer für fremdes Handeln im Internet haftet (z. B. als Betreiber einer Online-Plattform) finden sich z. B. im Telemediengesetz (TMG) spezielle Regelungen. Im „Internetrecht" geht es daher um die Beurteilung von spezifischen Rechtsfragen, die bei der Nutzung des Internet auftreten und für die das allgemein geltende Recht maßgeblich ist.

Freilich bestehen für Rechtsfragen im Internet gleichwohl Besonderheiten, die das etablierte Recht vor zum Teil ganz erhebliche Herausforderungen stellen. Dies gilt etwa mit Blick auf die „Allgegenwart", Reproduzierbarkeit und Erreichbarkeit von Inhalten und Daten im Internet sowie die damit **gesteigerte Verletzbarkeit von Schutzgütern**. Was auch immer an irgendeiner Stelle ohne Zugangssperre ins Internet eingespeist wird, ist nicht nur weltweit zugänglich, sondern wird von den Suchmaschinen auch gefunden und kann ohne größere Mühe weiterverwendet und kombiniert werden.

© Springer Fachmedien Wiesbaden 2016
S. Hetmank, *Internetrecht*, DOI 10.1007/978-3-658-08976-4_1

Hinzu kommt, dass im Gegensatz zu klassischen Sachverhalten häufig nicht nur einzelne Aspekte einer Handlung, wie etwa eine Markenverletzung oder eine irreführende Werbung zu klären sind, sondern nicht selten die Bewertung ganzer Geschäftsmodelle im Raum steht.[1] In kaum vergleichbarer Weise lassen sich im Internet Informationsströme kanalisieren oder einschränken. Das gilt insbesondere für die Aufbereitung der Ergebnisse von Internet-Suchmaschinen, aber auch für die sonstige Verknüpfung von Informationen. Schließlich werden Geschäftsmodelle häufig als internationale Vertriebs- oder Präsentationsformen generiert, was nicht selten in Konflikt mit nationalen Besonderheiten gerät.

1.2 Wesentliche Rechtsgebiete und Rechtsquellen des Internetrechts

1.2.1 Markenrecht (MarkenG) und Namensrecht (§ 12 BGB)

Viele Rechtsfragen, die sich im Internet stellen, berühren häufig das Markenrecht, weil einprägsame Begriffe, Namen und Kennzeichen entscheidende Faktoren für Werbestrategien und Geschäftsmodelle im Internet sind. Zu denken ist etwa an **Domainnamen**, die eine Verwechslungsgefahr mit fremden Marken hervorrufen können (oder sollen) oder die Verwendung fremder Kennzeichen als **Metatags** bzw. gekaufte **„Keywords" für Suchmaschinen**, um auf diese Weise zu erreichen, dass Internetnutzer bei Eingabe fremder Kennzeichen auf das eigene Angebot aufmerksam gemacht werden. Das Markenrecht gilt aber als gewerbliches Schutzrecht nur im geschäftlichen Verkehr, so dass die rein private Nutzung fremder Kennzeichen nicht unter das Markengesetz (MarkenG) fällt. Zu beachten ist aber das auch unter Privaten geltende Namensrecht, das in § 12 des Bürgerlichen Gesetzbuchs (BGB) geregelt ist.

Das Markenrecht bildet das Kernstück des Kennzeichenrechts.[2] Der Zweck des Markengesetzes besteht darin, die Werbeleistung des Unternehmers zu schützen, indem es ihm ein ausschließliches Benutzungsrecht an einem frei gewählten Symbol seiner Leistung, nämlich an der Bezeichnung von Waren und Dienstleistungen, gewährt. Die Marke verkörpert den Goodwill und das Image, das sich das Unternehmen durch die Qualität seiner Produkte und seine Werbeanstrengungen erworben hat. Gleichzeitig schützt das Markenrecht auch die kreative Leistung, die in der Entwicklung und Gestaltung des Zeichens als solchem liegt. Unter beiden Aspekten ist die dem Markeninhaber zuerkannte Rechtsposition Ausdruck seiner Leistung im Wettbewerb und soll ihm und seinen Rechtsnachfolgern den wirtschaftlichen Wert dieser Leistung wahren und erhalten. Darüber hinaus hat das Markenrecht auch eine verbraucherschützende Dimension, weil die Unterbindung von Verwechslungsgefahr dazu beiträgt, dass die Abnehmer vor Fehlzurechnungen und Zuordnungsverwirrung bewahrt werden.

---

[1] Vgl. *Glöckner/Kur*, GRUR-Beilage 2014, 29, 31 ff.
[2] Vgl. zum Folgenden *Götting*, Gewerblicher Rechtsschutz, S. 66 ff., 338 ff.

Als Marken schutzfähig sind alle Zeichen, die geeignet sind, Waren oder Dienstleistungen eines Unternehmens von denjenigen anderer Unternehmen zu unterscheiden. Vom Markenschutz umfasst werden auch geschäftliche Bezeichnungen, wie insbesondere Unternehmenskennzeichen. Darunter sind Zeichen zu verstehen, die zur Kennzeichnung eines Geschäftsbetriebs oder Unternehmens genutzt werden. Schutzvoraussetzung ist die **Unterscheidungskraft**, nicht aber die Neuheit. Das Markenrecht entsteht entweder durch Eintragung in dem dafür beim DPMA geführten Register oder auch durch bloße Benutzung im geschäftlichen Verkehr, wenn das Kennzeichen dadurch Verkehrsgeltung oder Verkehrsdurchsetzung erlangt hat, wie dies bei berühmten Marken, wie z. B. „Coca Cola", der Fall ist (§ 4 MarkenG). Es kann sich bei der Marke also um ein formelles oder ein materielles Recht handeln.

Auf europäischer Ebene wurde im Bemühen um eine Rechtsharmonisierung und Rechtsvereinheitlichung die Richtlinie 2008/95/EG zur Angleichung der Rechtsvorschriften der Mitgliedsstaaten über die Marken (**MarkenRL**)[3] erlassen, die eine Angleichung der nationalen Rechtsvorschriften bezweckt. Gleichzeitig wurde mit der Gemeinschaftsmarkenverordnung (EG) Nr. 207/2009 (**GMVO**) die Gemeinschaftsmarke ein für die gesamte Union wirkendes einheitliches Recht geschaffen.

1.2.2 Urheberrecht (UrhG)

Von erheblicher Bedeutung für das Internetrecht ist ferner das Urheberrecht, da im Internet vollkommen neue Möglichkeiten der weltweiten, direkten und individuellen Verfügbarkeit und Nutzung von geschützten Werken bestehen, mit Auswirkungen z. B. auf Fragen der Lizenzierung, des Rechts auf Privatkopie, der technischen Schutzmaßnahmen oder auf Fragen der Ausnutzung fremder Leistungen, wie etwa von Videoplattformen oder Datenbankportalen. Zu beachten sind u. a. das Urheberrechtsgesetz (UrhG) sowie das Urheberrechtswahrnehmungsgesetz (UrhWG). Das UrhG legt die materiellen Schutzvoraussetzungen sowie Umfang und Grenzen des Schutzes von **Werken der Literatur, Wissenschaft und Kunst** fest und gilt nicht nur im geschäftlichen Verkehr, sondern ist auch im rein privaten bzw. nicht gewerblichen Bereich zu beachten. Allerdings finden sich in §§ 44a ff. UrhG viele Schrankenregelungen, die eine Nutzung fremder urheberrechtlich geschützter Werke gegen oder ohne eine angemessene Lizenzgebühr erlauben. Das Urheberrecht schützt zwei Gruppen von Urheberinteressen, nämlich vermögensrechtliche (materielle) und persönlichkeitsrechtliche (ideelle). Die den Inhalt des Urheberrechts bildenden Einzelbefugnisse lassen sich also unterteilen in die Verwertungsrechte, die zur Durchsetzung der Verwertungsinteressen bestimmt sind (§§ 15 ff. UrhG), und die persönlichkeitsrechtlichen Befugnisse (§§ 12 ff. UrhG), die dem Schutz der persönlichen Beziehung des Urhebers zu dem Werk dienen. Die in §§ 25–27 UrhG aufgezählten sonstigen Rechte sind teils persönlichkeitsrechtlicher (§ 25 UrhG), teils verwertungsrechtlicher

---

[3] ABl.EU Nr. L 299 v. 8. 11. 2008, S. 25.

Natur (§§ 26, 27 UrhG). Gemäß § 64 UrhG erlischt das Urheberrecht **70 Jahre** nach dem Tod des Urhebers. Das UrhWG bestimmt schließlich den rechtlichen Rahmen für das Handeln der Verwertungsgesellschaften, wie etwa der „GEMA".

1.2.3 Lauterkeitsrecht (UWG)

Handlungen im Internet können aber auch lauterkeitsrechtliche Ansprüche auslösen, etwa wenn durch die Anmeldung einer Domain Mitbewerber gezielt geschädigt werden sollen oder bei einer Werbung im Internet Verbraucher in die Irre geführt werden. Im Gegensatz zum Urheberrecht, das auch private Handlungen erfasst, gilt das Lauterkeitsrecht aber nur für geschäftliches Handeln. Das „Gesetz gegen den unlauteren Wettbewerb" (UWG) betrifft Verhaltensnormen, die im wirtschaftlichen Wettbewerb einzuhalten sind, und verbietet unlautere Praktiken. Es enthält Generalklauseln (§ 3 UWG), einen im Anhang des Gesetzes beigefügten Katalog mit stets unzulässigen Handlungen sowie weitere konkretisierende Beispieltatbestände bzw. Sondertatbestände. Zu nennen sind insbesondere das **Irreführungsverbot** (§§ 5 f. UWG), das **Verbot der gezielten Behinderung** (§ 4 Nr. 10 UWG) sowie der **Rechtsbruchtatbestand** (§ 4 Nr. 11 UWG).

Nach § 4 Nr. 11 UWG handelt unlauter, wer einer gesetzlichen Vorschrift zuwiderhandelt, die auch dazu bestimmt ist, im Interesse der Marktteilnehmer das Marktverhalten zu regeln. Die Vorschrift bezweckt, Marktteilnehmer auch vor Verstößen gegen Marktverhaltensregelungen **außerhalb des UWG** zu schützen. Die praktische Bedeutung der Norm wird bereits dadurch deutlich, dass § 4 Nr. 11 UWG von den Gerichten bei weitem häufiger angewendet wird als selbst der Irreführungstatbestand.[4] Die Zahl der Normen, die bei geschäftlichem Handeln im Internet zu beachten sind und die über § 4 Nr. 11 UWG der lauterkeitsrechtlichen Kontrolle unterliegen, ist schon jetzt kaum noch überschaubar und wird auch in Zukunft noch weiter zunehmen. Zu denken ist insbesondere an die auch im Internet zu beachtenden Vorschriften zum Datenschutz, zur Impressumspflicht, zur korrekten Angabe von Preisen, zum Jugendmedienschutz oder zum Fernabsatzrecht bzw. zum elektronischen Geschäftsverkehr. Bei all diesen Vorschriften droht bei einem Verstoß nicht nur ein Vorgehen der dafür zuständigen Behörden, sondern über §§ 3, 4 Nr. 11 i. V. m. § 8 UWG auch der Mitbewerber und klagebefugten Verbänden.

Die genauere Umschreibung dessen, was als unlauter anzusehen ist, bereitet jedoch seit jeher Schwierigkeiten und stellt eines der zentralen Herausforderungen des Lauterkeitsrechts dar. Von einer Definition des Begriffs „unlauter" hat insbesondere auch der Gesetzgeber abgesehen, der lediglich bestimmte unlautere Handlungen beispielhaft in weiteren Vorschriften nennt und im Übrigen die weitere Präzisierung der Rechtsprechung überlassen hat. Ausgehend von der Erkenntnis, dass der Wettbewerb durch einen Ausleseprozess gekennzeichnet ist, dem die Behinderung oder sogar Verdrängung der Mitbewerber immanent ist, geht es im Kern darum, dass beim grundsätzlich erwünschten Wettkampf um die Gunst der Abnehmer weder deren Entscheidungen noch die Wettbewerbschancen der Konkurrenten durch unzulässige Methoden beeinflusst bzw. verfälscht werden.

---

[4] *Glöckner*, GRUR 2013, 568; siehe auch *Hetmank*, JZ 2014, 120 ff.

1.2.4   Vertragsrecht (BGB)

Auch für **Verträge im Internet** gelten grundsätzlich die gleichen Regelungen, wie im herkömmlichen Geschäftsverkehr, so dass die allgemeinen Vorschriften des Bürgerlichen Gesetzbuches (BGB) Anwendung finden. Allerdings bestehen zum Schutz der Verbraucher wegen den besonderen Risiken im **Fernabsatz** und im **elektronischen Geschäftsverkehr** viele äußerst detaillierte Sonderregelungen, die zum Teil in das Einführungsgesetz zum Bürgerlichen Gesetzbuch (EGBGB) „ausgelagert" wurden.

1.2.5   Telemedien- und Datenschutzrecht (TMG, RStV, BDSG)

Schließlich sind im Internet die Vorschriften des Telemedienrechts und des Datenschutzrechts zu beachten. Dies gilt insbesondere für die Regelungen zur Anbieterkennzeichnung (**Impressumspflichten**), die sowohl im Telemediengesetz (TMG) als auch im Rundfunkstaatsvertrag (RStV) zu finden sind. Das Bundesdatenschutzgesetz (BDSG) regelt zusammen mit den Datenschutzgesetzen der Länder den Umgang mit personenbezogenen Daten, die in Informations- und Kommunikationssystemen automatisch oder manuell erhoben oder genutzt werden. Relevant sind die Vorschriften nicht nur für die Erhebung und Nutzung von **Kundendaten**, sondern beispielsweise auch für die Datenverkehrsanalyse von Webseiten z. B. durch sog. „**Cookies**" oder auch für Internetforen, wie insbesondere **Bewertungsportalen**, auf denen personenbezogene Daten verwendet werden.

1.2.6   Patentrecht (PatG)

Anders als das Marken- oder das Urheberrecht, kommt dem Patentrecht als weiteres Schutzrecht des Geistigen Eigentums im Internetrecht keine nennenswerte Bedeutung zu. Insbesondere kann für internetspezifische Dienste in aller Regel kein Patentschutz erlangt werden, weil bloße Geschäftsmethoden und Computerprogramme nach § 1 Abs. 3 Nr. 3 und Abs. 4 PatG vom Patentschutz ausgeschlossen sind. Dies bedeutet nicht nur, dass eine Lehre über die bloße Verwendung von Computern, Servern, etc. hinaus Anweisungen enthalten muss, die der Lösung eines konkreten *technischen* Problems mit technischen Mitteln dienen. Vielmehr dürfen bei der Prüfung auf erfinderische Tätigkeit auch nur diejenigen Anweisungen berücksichtigt werden, die die Lösung des *technischen* Problems mit technischen Mitteln bestimmen oder zumindest beeinflussen.[5]

---

[5] BGH, GRUR 2011, 610 – Webseitenanzeige (zum Patent DE 10115895); BGH, GRUR 2009, 479 – Steuerungseinrichtung für Untersuchungsmodalitäten; Vgl. hierzu *Götting/Hetmank/Schwipps*, Patentrecht, S. 25 f.

Beispiel

Ein computergestütztes Verfahren zur Abwicklung eines besonderen **Online-Auktionsverfahrens** wäre nach aktueller Rechtsprechung in Deutschland wegen dem Erfindungsausschluss in § 1 Abs. 3 Nr. 3 i. V. m. Abs. 4 PatG wohl bereits keine Erfindung, weil der Gegenstand der Lehre auf kaufmännischem Gebiet liegt und über den bloßen Programmablauf hinaus kein technisches Problem mit technischen Mitteln gelöst wird. Demgegenüber bejaht das Europäische Patentamt (EPA) für diesen Fall zwar eine technische Erfindung, würde aber bei der Neuheit und der erfinderischen Tätigkeit die kaufmännischen Überlegungen als nicht-technische Elemente nicht berücksichtigen. Soweit die Merkmale, die die Datenübertragung und Datenspeicherung betreffen, bekannt sind und eine „Routineprogrammierung" darstellen, würde auch das EPA kein Patent erteilen. Etwas anderes kann aber beispielsweise dann gelten, wenn mit einem Computerprogramm zur Verarbeitung medizinischer Daten der Ablauf einer technischen Einrichtung geregelt und überwacht wird (beispielsweise die Einstellung der Bildauflösung bei Computertomografien).[6] Unabhängig davon kann ein Computerprogramm als solches aber jedenfalls **Urheberrechtsschutz** gemäß §§ 69a bis 69g UrhG genießen.

1.3 Europäisches Recht

Schrifttum

Beater, Europäisches Recht gegen unlauteren Wettbewerb – Ansatzpunkte, Grundlagen, Entwicklung, Erforderlichkeit, ZEuP 2003, 11; *Beese/Merkt,* Europäische Union zwischen Konvergenz und Re-Regulierung – Die neuen Richtlinienentwürfe der Kommission, MMR 2000, 532; *Eckhardt,* Datenschutzrichtlinie für elektronische Kommunikation – Auswirkungen auf Werbung mittels elektronischer Post, MMR 2003, 557; *Föhlisch,* Endlich Vollharmonisierung im Fernabsatzrecht? – Auswirkungen der geplanten Europäischen Verbraucherrechtsrichtlinie, MMR 2009, 75; *Glöckner*, Europäisches Lauterkeitsrecht, 2006; *Grundmann*, Die EU-Verbraucherrechte-Richtlinie, JZ 2013, 53; *Henning-Bodewig*, Die Bekämpfung unlauteren Wettbewerbs in den EU-Mitgliedstaaten: eine Bestandaufnahme, GRUR Int. 2010, 273; *dies.*, Nationale Eigenständigkeit und europäische Vorgaben im Lauterkeitsrecht, GRUR Int. 2010, 549; *Hilty/Henning-Bodewig* (Hrsg.), Lauterkeitsrecht und Acquis communautaire, 2009; *Jankowska-Gilberg/Uerpmann-Wittzack*, Die Europäische Menschenrechtskonvention als Ordnungsrahmen für das Internet, MMR 2008, 83; *Micklitz/Keßler*, Europäisches Lauterkeitsrecht – Dogmatische und ökonomische Aspekte einer Harmonisierung des Wettbewerbsverhaltensrechts im europäischen Binnenmarkt, GRUR Int. 2002, 885; *Ohly*, Bausteine eines europäischen Lauterkeitsrechts, WRP 2008, 177; *Ohlenburg,* Die neue EU-Datenschutzrichtlinie 2002/58/EG – Auswirkungen und Neuerungen für elektronische Kommunikation, MMR 2003, 82; *Schmidt-Kessel/Schubmehl* (Hrsg.), Lauterkeitsrecht in Europa, 2011; *Schwab/Giesemann*, Die Verbraucherrechte-Richtlinie: Ein wichtiger Schritt zur Vollharmonisierung im Binnenmarkt, EuZW 2012, 252; *Stender-Vorwachs/Theißen*, Die Richtlinie für audiovisuelle Mediendienste, ZUM 2007,

---

[6] Vgl. BGH, X ZB 22/07 – Steuerungseinrichtung für Untersuchungsmodalitäten. Für eine vertiefte Auseinandersetzung mit der Rechtsprechung siehe z. B. BGH, X ZR 121/09 – Webseitenanzeige (zum Patent DE 10115895); EPA, T 258/03, Mitt. 2007, 135 – Auktionsverfahren/HITACHI (zur Patentanmeldung EP 828223) sowie EPA, G 3/08, GRUR Int. 2010, 608 – Computerprogramme.

613; *Twigg-Flesner*, Deep Impact? The EC Directive on Unfair Commercial Practices and Domestic Consumer Law, (2005) LQR 386; Die Richtlinie über die Rechte der Verbraucher – Eine systematische Einführung, ZEuP 2012, 270.

1.3.1 Vorrang des Unionsrechts

Das nationale Recht, das auf Rechtsfragen im Internet Anwendung findet, ist auf vielfältige Weise den Einwirkungen des Unionsrechts unterworfen. Das primäre und sekundäre Unionsrecht gilt in den Mitgliedstaaten **unmittelbar und vorrangig** vor widerstreitendem innerstaatlichem Recht.[7] Aus diesem Grund ist das nationale Recht **unionrechtskonform auszulegen**. Der Vorrang des Unionrechts soll durch das **Vorabentscheidungsverfahren** gewahrt werden. Hält ein nicht letztinstanzliches Gericht eine die Auslegung des Unionsrechts betreffende Rechtsfrage für entscheidungserheblich, so *kann* es sie dem EuGH zur Vorabentscheidung vorlegen (Art. 267 Abs. 2 AEUV). Das letztinstanzlich entscheidende Gericht ist zur Vorlage *verpflichtet* (Art. 267 Abs. 3 AEUV).

1.3.2 Primäres Unionsrecht

Zum *primären* Unionsrecht gehören der **Vertrag über die Europäische Union (EUV)** sowie der **Vertrag über die Arbeitsweise der Europäischen Union (AEUV)**.[8] Sie sind am 1.10.2009 in Kraft getreten und haben den EG-Vertrag abgelöst. Verstößt die Anwendung einer nationalen Vorschrift gegen das primäre Unionsrecht, so führt dies zwar nicht zur Nichtigkeit dieser Vorschrift. Jedoch darf das nationale Gericht sie nicht anwenden. Geschieht dies gleichwohl, so ist der Mitgliedstaat dem Geschädigten zum Ersatz des daraus entstehenden Schadens verpflichtet.[9] Das primäre Unionsrecht wirkt vor allem über die Grundfreiheiten und die Grundrechte auf das bei Internetsachverhalten maßgebliche nationale Recht ein. Daneben sind Art. 3 Abs. 3 EUV (gemeinsamer Markt), Art. 4 Abs. 3 EUV (Unionstreue) sowie Art. 18 AEUV (Diskriminierungsverbot) zu nennen.

Nach Art. 6 EUV sind die Grundrechte geschützt, die sich aus der Charta der Grundrechte der Europäischen Union (GR-Charta) und der Europäischen Konvention zum Schutze der Menschenrechte und Grundfreiheiten (EMRK) ergeben. Einschlägig für das Internetrecht sind vor allem die **Freiheit der Meinungsäußerung**, die **Freiheit der Medien**, die **Berufsfreiheit** und die **unternehmerische Freiheit** (Artt. 11, 15, 16 GR-Charta) sowie das Kommunikationsgrundrecht des Art. 10 EMRK. Das Grundrecht der Meinungsfreiheit gilt nach h. M. auch für Werbung und sonstige zum Zweck des Wettbewerbs gemachte Äußerungen (*commercial speech*), wobei in diesem Bereich, allerdings im Rahmen des Art. 10 Abs. 2 EMRK, stärkere Einschränkungen zulässig sind als etwa

---

[7] EuGH, Slg. 1978, 629, 644; BGH, GRUR 1994, 794, 796 – Rolling Stones.
[8] ABl. EG 2007 Nr. C 306/1 v. 17.12.2007.
[9] Vgl. EuGH, Slg. 1996, I-1029 Rn 54 – Brasserie du Pecheur.

bei politischen Meinungsäußerungen.[10] Daneben ist auch der **Datenschutz** als ein Teil des Rechts auf Achtung des Privatlebens anerkannt.[11]

An die Europäische Menschenrechtskonvention sind die Mitgliedstaaten der EU gebunden. In seiner Rechtsprechung hat das BVerfG aber betont, dass die Entscheidungen des Europäischen Gerichtshofs für Menschenrechte keine unmittelbare Verbindlichkeit erzeugen, sondern lediglich bei der Auslegung deutscher Gesetze „gebührend zu berücksichtigen" sind.[12]

1.3.3 Sekundäres Unionsrecht

Das *sekundäre* Unionsrecht umfasst alle Rechtsakte, die die Organe der Europäischen Union aufgrund des Primärrechts erlassen haben. Dazu gehören vor allem Verordnungen, Richtlinien und Beschlüsse (vgl. Art. 288 AEUV).

1.3.3.1 Verordnungen
Verordnungen gelten **unmittelbar** in jedem Mitgliedstaat (Art. 288 Abs. 2 AEUV) und bedürfen daher keiner Umsetzung in das nationale Recht. Zu nennen ist insbesondere die geplante **Datenschutz-Grundverordnung**.[13] Sie soll die aus dem Jahr 1995 stammende Richtlinie 95/46/EG (Datenschutzrichtlinie) ersetzen und die für die Verarbeitung von personenbezogenen Daten durch private Unternehmen und öffentliche Stellen geltenden Regeln EU-weit vereinheitlichen. Im Gegensatz zu einer Richtlinie, die von den EU-Mitgliedsstaaten in nationales Recht umgesetzt werden muss, wird die Datenschutz-Grundverordnung ohne Umsetzungsakt unmittelbar in allen EU-Mitgliedsstaaten gelten.

1.3.3.2 Richtlinien
Im Gegensatz zu Verordnungen gelten Richtlinien in den Mitgliedstaaten nicht unmittelbar sondern bedürfen der **Umsetzung** in das nationale Recht. Sie sind hinsichtlich des zu erreichenden Ziels verbindlich, überlassen jedoch den innerstaatlichen Stellen die Wahl der Form und der Mittel (Art. 288 Abs. 3 AEUV). Je nachdem, ob durch die Richtlinie eine umfassende und abschließende oder nur eine partielle Regelung geschaffen wird, spricht man von einer Voll- oder Teilharmonisierung.

---

[10] Siehe im Einzelnen *Ohly*, GRUR 2004, 889, 893 m. w. N. und mit Hinweis auf die Unterscheidung zwischen „political speech" und der „commercial speech" in den USA; Letztere genießt einen geringeren Schutz.
[11] Vgl. ABl. EG 1995 Nr. L 281, S. 31.
[12] BVerfG, NJW 2004, 3407.
[13] Legislative Entschließung des Europäischen Parlaments vom 12.3.2014 zu dem Vorschlag für eine Verordnung des Europäischen Parlamentes und Rates zum Schutz natürlicher Personen bei der Verarbeitung personenbezogener Daten und zum freien Datenverkehr (allg. Datenschutzverordnung), (COM (2012) 0011 – C7–0025/2012 –2012/0011(COD)).

(1.) Richtlinienkonforme Auslegung

Obwohl Richtlinien grundsätzlich nur die Gesetzgeber der Mitgliedsstaaten binden, gehen der EuGH und die Gerichte der Mitgliedstaaten bereits seit langem davon aus, dass auch **die nationalen Gerichte das nationale Recht richtlinienkonform, d. h. „im Lichte des Wortlauts und des Zwecks der Richtlinie" auszulegen haben.**[14] Die Gerichte müssen ab dem Zeitpunkt des Inkrafttretens einer Richtlinie „unter Berücksichtigung des gesamten nationalen Rechts und unter Anwendung ihrer Auslegungsmethoden alles tun, was in ihrer Zuständigkeit liegt, um die volle Wirksamkeit der fraglichen Richtlinie zu gewährleisten und zu einem Ergebnis zu gelangen, das mit dem von der Richtlinie verfolgten Ziel übereinstimmt."[15] Eine solche Verpflichtung ergibt sich aus Art. 288 Abs. 3 AEUV und Art. 4 Abs. 3 EUV,[16] wobei es nicht darauf ankommt, ob das auszulegende Recht vor oder nach der Richtlinie erlassen wurde[292] und ob überhaupt beabsichtigt war, die Richtlinie umzusetzen.[293] Zudem sollen die Gerichte notfalls auch auf eine den Wortlaut übersteigende Auslegungsmethode zurückgreifen dürfen.[17] Allerdings darf die Richtlinie nicht als Grundlage für eine Auslegung *contra legem* herangezogen werden. Auch dürfen dadurch keine Rechtsgrundsätze wie das Rechtssicherheitsgebot oder das Rückwirkungsverbot verletzt werden.[18]

(2.) Einzelne Richtlinien

- Die **Richtlinie über den elektronischen Geschäftsverkehr** (electronic commerce)[19] regelt die elektronische, das heißt insbesondere über Internet und E-Mail abgewickelte, „kommerzielle Kommunikation" zwischen „Diensteanbietern" und „Nutzern".[20] Damit wird ein einheitlicher Rechtsrahmen für den elektronischen Geschäftsverkehr, insbesondere für Maßnahmen der Werbung und des Marketing geschaffen.[21] Von wesentlicher Bedeutung ist das in Art. 3 statuierte Herkunftslandprinzip, das in § 3 TMG umgesetzt wurde. Art. 5 stellt allgemeine Informationspflichten hinsichtlich des Namens des Diensteanbieters und Art. 6 zusätzliche Informationspflichten hinsichtlich der kommerziellen Kommunikation auf, die durch §§ 5 und 6 TMG umgesetzt wurden. Im

---

[14] St. Rspr. seit EuGH, Slg. 1984, 1891 Rn. 26 – von Colson; siehe auch EuGH, BeckEuRS 1990, 165571 – Marleasing sowie BVerfGE 75, 223, 237; BGHZ 63, 261, 264 f.

[15] EuGH, Slg. 2006, I-6057 Rn. 111 – Adeneler; EuGH, EuZW 2011, 305 Rn. 55 – Deutsche Lufthansa.

[16] Siehe hierzu *Calliess/Ruffert*, EUV/AEUV, Art. 288 Rn. 77 ff.; *Grabitz/Hilf/Nettesheim*, Das Recht der Europäischen Union, Art. 288 Rn. 133 ff.

[17] EuGH, Slg. 2006, I-6057, Rn. 123 – Adeneler; BGH, GRUR 2011, 532 – Millionen-Chance II; BGH, NJW 2009, 427.

[18] EuGH, EuZW 2011, 305 Rn. 55 – Deutsche Lufthansa; BVerfG, EuZW 2012, 196 Rn. 51 ff.

[19] Richtlinie 2000/31/EG des Europäischen Parlaments und des Rates v. 8. Juni 2000 über bestimmte rechtliche Aspekte der Dienste der Informationsgesellschaft, insbesondere des elektronischen Geschäftsverkehrs, im Binnenmarkt, ABl. EU Nr. L 178, S. 1.

[20] Siehe *Köhler*/Bornkamm, UWG, Einl. Rn. 3.46.

[21] *Köhler*/Bornkamm, UWG, ebenda.

UWG wurden die in Art. 6 Buchst. a, c und d enthaltenen Transparenzgebote in verallgemeinerter Form durch die Beispielstatbestände in § 4 Nr. 3 – 5 UWG übernommen. Die Umsetzung der Richtlinie wurde durch Art. 1 des Gesetzes über rechtliche Rahmenbedingungen für den elektronischen Geschäftsverkehr (Elektronischer Geschäftsverkehr-Gesetz – EGG) vom 14.12.2001 vorgenommen.

- Mit der **Richtlinie über die Rechte der Verbraucher**[22] werden neue verbindliche Standards an Verbraucherrechten festgelegt, insbesondere für Fernabsatzverträge und Haustürgeschäfte. Gegenstand der Richtlinie sind beispielsweise Regeln zum Widerrufsrecht, zu Preisangaben, zu Zusatzleistungen sowie zu Aufschlägen für die Kreditkartenzahlung bzw. für telefonische Kontaktaufnahmen. Die Umsetzung der Richtlinie in das deutsche Recht (vor allem in den Vorschriften des BGB) erfolgte mit dem Gesetz zur Umsetzung der Verbraucherrechterichtlinie und zur Änderung des Gesetzes zur Regelung der Wohnungsvermittlung, das am 13.6.2014 in Kraft getreten ist.

- Den Regelungsgegenstand der **Richtlinie über audiovisuelle Mediendienste**[23] (Fernsehen und Video auf Abruf) bildet insbesondere die Fernsehwerbung, das Sponsoring und das Teleshopping (Art. 9 ff.), wobei es auch um Kinderwerbung und fernsehspezifische Werbeverbote geht. Umgesetzt wurde sie unter anderem im Rundfunkstaatsvertrag (RStV) und im Jugendmedienschutz-Staatsvertrag (JMStV).

- Durch die sog. **Datenschutzrichtlinie**[24] sollen die Grundrechte und die Privatsphäre der Einwohner der Europäischen Union geschützt und der freie Daten- und Warenverkehr zwischen den EU-Mitgliedsstaaten gewährleistet werden.

- Mit der **RL 2001/29/EG** zur Harmonisierung bestimmter Aspekte des Urheberrechts und der verwandten Schutzrechte in der Informationsgesellschaft[25] werden u. a. das ausschließliche Vervielfältigungsrecht für Urheber, ausübende Künstler, Tonträgerhersteller, Filmhersteller und Sendeunternehmen, das ausschließliche Recht der öffentlichen Wiedergabe einschließlich der öffentlichen Zugänglichmachung und das ausschließliche Verbreitungsrecht des Urhebers samt deren Schranken und die Pflicht der Mitgliedstaaten zum rechtlichen Schutz geregelt.

---

[22] Richtlinie 2011/83/EU (Abl. EU Nr. L 304/64 v. 22.11.2011) zur Abänderung der RL 93/13/EWG und RL 1999/44/EG sowie zur Aufhebung der RL 85/577/EWG und RL 97/7/EG.
[23] Richtlinie 2010/13/EU (ABl. EU Nr. L 95/1 v. 15.4.2010), zuvor Richtlinie 2007/65/EG (RL über die Ausübung der Fernsehtätigkeit) v. 11. Dezember 2007 zur Änderung der Richtlinie 89/552/EWG zur Koordinierung bestimmter Rechts- und Verwaltungsvorschriften der Mitgliedstaaten über die Ausübung der Fernsehtätigkeit (ABl. EU Nr. L 332/27 v. 18.12.2007), S. 23, geändert durch die Richtlinie 97/36/EG des Europäischen Parlaments und des Rates v. 30.6.1997 (ABl. Nr. L 202/60 v. 30.6.1997).
[24] Richtlinie 2002/58/EG des Europäischen Parlaments und des Rates v. 12.7.2002 über die Verbreitung personenbezogener Daten und den Schutz der Privatsphäre in der elektronischen Kommunikation (Datenschutzrichtlinie für elektronische Kommunikation), ABl. EG Nr. L 201, S. 37.
[25] RL 2001/29/EG des Europäischen Parlaments und des Rates v. 22.5.2001 zur Harmonisierung bestimmter Aspekte des Urheberrechts und der verwandten Schutzrechte in der Informationsgesellschaft; ABl. EG Nr. L 167, S. 10 ff.

- Mit der der **Richtlinie 98/48/EG**[26] ist ein Informationsverfahren auf dem Gebiet der Normen und technischen Vorschriften bezüglich der Dienste der Informationsgesellschaft eingeführt worden. Die Richtlinie umfasst jede auf elektronischem Wege im Fernabsatz und auf individuellen Abruf eines Empfängers erbrachte Dienstleistung.

- Schließlich haben sich die Mitgliedstaaten durch die **Richtlinie zur Durchsetzung der Rechte des geistigen Eigentums**[27] dazu verpflichtet, bestimmte prozessuale Möglichkeiten zur Durchsetzung des materiellen Rechts und die dafür notwendigen Auskunftsverpflichtungen vorzusehen.

1.4 Grenzüberschreitende Rechtsverletzungen im Internet

Der bedeutendste Unterschied gegenüber analogen Formen der Kommunikation besteht zweifelsohne in der Allgegenwart (Ubiquität) des Internet. Die Inhalte im Internet bleiben in ihrer Reichweite nicht auf das Territorium eines einzelnen Staates beschränkt, sondern sind naturgemäß **grenzüberschreitend** abrufbar. Dies steht in Kontrast zum **Territorialitätsgrundsatz**, wonach sich der räumliche Anwendungsbereich des nationalen Rechts grundsätzlich auf das Inland beschränkt. Vor diesem Hintergrund müssen in vielen Fällen zunächst das zuständige Gericht und das maßgebliche materielle Recht bestimmt werden, das für einen bestimmten grenzüberschreitenden Sachverhalt anzuwenden ist.

1.4.1 Zuständiges Gericht

Schrifttum
Brand, Persönlichkeitsrechtsverletzungen im Internet, E-Commerce und „Fliegender Gerichtsstand", NJW 2012, 127; *Danckwerts*, Örtliche Zuständigkeit bei Urheber-, Marken – und Wettbewerbsverletzungen im Internet, GRUR 2007, 104; *Dölling*, Der fliegende Gerichtsstand im Presserecht – Spielball der Interessen?, NJW 2015, 124; *Fayaz*, Sanktionen wegen der Verletzung von Gemeinschaftsmarken: Welche Gerichte sind zuständig und welches Recht ist anzuwenden? GRUR Int. 2009, 459 und GRUR Int. 2009, 566; *Glöckner*, Der grenzüberschreitende Lauterkeitsprozess nach BGH vom 11.2.2010 – Ausschreibung in Bulgarien, WRP 2011, 137; *Habbe/Wimalasena*, Inanspruchnahme deutscher Gerichte bei rufschädigenden Internet-Äußerungen von Wettbewerbern im Ausland, BB 2015, 520; *Heinze*, Surf global, sue local! Der europäische Klägergerichtsstand bei Persönlichkeitsrechtsverletzungen im Internet, EuZW 2011, 947; *Leible/Müller*, Die Bedeutung von Websites für die internationale Zuständigkeit in Verbrauchersachen, NJW 2011, 495; *Lindacher*, Die internationale Dimension lauterkeitsrechtlicher Unterlassungs-

---

[26] RL 98/34/EG des Europäischen Parlaments und des Rates über ein Informationsverfahren auf dem Gebiet der Normen und technischen Vorschriften und der Vorschriften für die Dienste der Informationsgesellschaft, ABl. EG Nr. L 204, 37, geändert durch RL 98/48/EG des Europäischen Parlaments und des Rates, ABl. EG Nr. L 217, S. 18.

[27] Richtlinie 2004/48/EG des Europäischen Parlaments und des Rates vom 29.4.2004 zur Durchsetzung der Rechte des geistigen Eigentums, ABl. Nr. L 157 S. 45, gesamte Vorschrift ber. ABl. Nr. L 195 S. 16.

ansprüche: Marktterritorialität versus Universalität, GRUR Int. 2008, 453; *ders.*, Einstweiliger
Rechtsschutz in Wettbewerbssachen unter dem Geltungsregime von Brüssel I, FS Leipold, 2009,
251; *Kur*, Durchsetzung gemeinschaftsweiter Schutzrechte: Internationale Zuständigkeit und
anwendbares Recht, GRUR Int. 2014, 749; *Mankowski*, Wettbewerbsrechtliches Gerichtspflich-
tigkeits- und Rechtsanwendungsrisiko bei Werbung über Websites, CR 2000, 763; *Müller*, Der
zuständigkeitsrechtliche Handlungsort des Delikts bei mehreren Beteiligten in der EuGVVO, EuZW
2013, 130; *Picht*, Von eDate zu Wintersteiger – Die Ausformung des Art. 5 Nr. 3 EuGVVO für
Internetdelikte durch die Rechtsprechung des EuGH, GRUR Int. 2013, 19; *Schack*, Internationale
Urheber-, Marken- und Wettbewerbsrechtsverletzungen im Internet – Internationales Zivilpro-
zessrecht, MMR 2000, 135; *Spickhoff*, Persönlichkeitsverletzungen im Internet: Internationale
Zuständigkeit und Kollisionsrecht, IPPrax 2011, 131; *Spindler*, Kollisionsrecht und internationa-
le Zuständigkeit bei Persönlichkeitsrechtsverletzungen im Internet – die eDate-Entscheidung des
EuGH, AfP 2012, 114; *Wilke*, Verbraucherschutz im internationalen Zuständigkeitsrecht der EU –
Status quo und Zukunftsprobleme, EuZW 2015, 13.

Die Frage, ob ein deutsches oder ein ausländisches Gericht zur Entscheidung berufen
ist, beurteilt sich nach den Regeln über die örtliche Zuständigkeit. Nach §§ 12 ff. ZPO sind
Klagen grundsätzlich am allgemeinen Gerichtsstand des Beklagten zu erheben, der durch
dessen **Wohnsitz** festgelegt wird. In deliktischen Fällen, wie etwa bei der Verletzung von
Urheber-, Marken- oder Persönlichkeitsrechten kann gem. § 32 ZPO aber wahlweise auch
am Ort, an dem die Handlung begangen wurde, geklagt werden (besonderer **Gerichtsstand der unerlaubten Handlung**).

Sonderregelungen bestehen allerdings für das Urheberrecht sowie das Lauterkeitsrecht. Nach § 104a
UrhG ist für Klagen wegen Urheberrechtsstreitsachen gegen eine natürliche Person, die urheberrechtlich geschützte Werke nicht für ihre gewerbliche oder selbständige berufliche Tätigkeit verwendet, das Gericht ausschließlich zuständig, in dessen Bezirk diese Person zur Zeit der Klageerhebung
ihren Wohnsitz bzw. ihren gewöhnlichen Aufenthalt hat. Wenn die beklagte Person im Inland weder einen Wohnsitz noch ihren gewöhnlichen Aufenthalt hat, ist das Gericht zuständig, in dessen
Bezirk die Handlung begangen wurde. Viele Bundesländer haben zudem von der Ermächtigung des
§ 105 UrhG Gebrauch gemacht und ein bestimmtes Amts- oder Landgericht zentral für die Entscheidung von Urheberrechtssachen für zuständig erklärt. Ausschließliche Zuständigkeiten sind ferner im
UWG geregelt (§ 14 UWG) und dort den Gerichten zugewiesen, in deren Bezirk der Beklagte seine
gewerbliche Niederlassung hat (§ 14 Abs. 1 UWG) oder die Handlung begangen worden ist (§ 14
Abs. 2 UWG).

Allerdings gehen **unionsrechtliche und völkervertragliche Vorschriften** dem deutschen autonomen Zuständigkeitsrecht vor. Hat der **Beklagte** seinen Wohn- oder Geschäftssitz in einem Mitgliedstaat der EU, so richtet sich die internationale Zuständigkeit
nach der **EuGVVO**,[28] die mit Wirkung zum 1.3.2002 für die Mitgliedstaaten der EU mit

---

[28] VO Nr. 44/2001 v. 22.12.2000 über die gerichtliche Zuständigkeit und die Anerkennung und
Vollstreckung von Entscheidungen in Zivil- und Handelssachen (ABl. EG L Nr. 12/1 v. 16.1.2002).
Die EuGVVO wurde durch VO Nr. 1215/2012 v. 12.12.2012, ABl. EG L 351 v. 20.12.2012, S. 1, neu
gefasst und nummeriert. Die Neufassung findet auf Verfahren Anwendung, die ab dem 10.1.2015
eingeleitet werden.

Ausnahme Dänemarks[29] an die Stelle des Europäischen Gerichtsstands- und Vollstreckungsübereinkommens (EuGVÜ) getreten ist.

Maßgeblich für den **allgemeinen Gerichtsstand** ist gemäß Art. 4 Abs. 1 EuGVVO (ex Art. 2) der Wohnsitz des Beklagten. Danach sind Personen, die ihren Wohnsitz im Hoheitsgebiet eines Mitgliedstaats haben, ohne Rücksicht auf ihre Staatsangehörigkeit vor den Gerichten *dieses* Mitgliedstaats zu verklagen.[30] Daneben kann sich die Zuständigkeit insbesondere auch aus dem **Ort der unerlaubten Handlung** ergeben (Art. 7 Nr. 2 EuGVVO, ex Art. 5 Nr. 3). Begehungsort einer unerlaubten Handlung, zu der auch Urheberrechts-, Markenrechts- oder Wettbewerbsrechtsverstöße zählen,[31] ist sowohl der Ort, an dem der Schaden eingetreten ist, als auch der Ort des dem Schaden zugrunde liegenden ursächlichen Geschehens (**Handlungs- und Erfolgsort**).[32] Fallen also – wie bei Rechtsverstößen im Internet sehr häufig – Handlungs- und Erfolgsort auseinander, kann der Kläger grundsätzlich zwischen beiden **frei auswählen**.[33] Dabei ist allerdings davon auszugehen, dass nicht jeder Ort in Betracht kommt, an dem sich irgendeine bloße Schadensfolge verwirklicht hat, sondern neben dem Handlungsort nur noch der Ort der tatbestandsmäßigen Delikts*vollendung*.[34]

Bei **Handlungen im Internet** wird zudem teilweise davon ausgegangen, dass der Erfolgsort nur dann im Inland belegen ist, wenn sich der **Internetauftritt bestimmungsgemäß dort auswirken soll**, die Webseite also beispielsweise in inländischer Sprache gehalten und an inländische Kunden gerichtet ist.[35] Denn würde schon die bloße Abrufbarkeit einer Webseite unabhängig von ihrer möglichen Auswirkung den Gerichtsstand gemäß Art. 7 Nr. 3 EuGVVO begründen, so wäre der Beklagte einer unüberschaubaren Vielzahl möglicher Gerichtsstände ausgesetzt. Demgegenüber betont aber insbesondere der EuGH, dass Art. 7 Nr. 2 (ex Art. 5 Nr. 3) EuGVVO **nicht verlange, dass die Webseite auch auf den Mitgliedstaat des angerufenen Gerichts „ausgerichtet" ist**.[36] Dem ist hinzuzufügen, dass die Frage der Auswirkung auf den inländischen Markt regelmäßig **erst**

---

[29] Mit Dänemark wurde die Geltung der EuGVVO bilateral vereinbart ABl. L 299 v. 16.11.2005, S. 62; im Verhältnis zu den EFTA-Staaten und Polen gilt das parallele Lugano-Abkommen.

[30] BGH, GRUR-RR 2013, 228 Rn. 9 – Trägermaterial für Kartenformulare; Das gilt auch für die negative Feststellungsklage, vgl. Rn. 11 der Entscheidung.

[31] EuGH, GRUR 2012, 300 Rn. 41 – eDate Advertising und Martinez; 2013, 98 Rn. 39 – Folien Fischer/Ritrama; BGH, GRUR-RR 2013, 228 Rn. 14 – Trägermaterial für Kartenformulare; 1988, 483, 485 – AGIAV.

[32] EuGH, NJW 1977, 493 – Mines de Potasse; EuGH, EuZW 1995, 765; EuGH, GRUR 2012, 300 Rn. 41 – eDate Advertising und Martinez; EuGH, GRUR 2012, 654 Rn. 19 – Wintersteiger/Products4 U.

[33] EuGH, GRUR 2012, 300 Rn. 41 – eDate Advertising und Martinez; EuGH, GRUR 2012, 654 Rn. 19 – Wintersteiger/Products4U.

[34] EuGH, EuLF 2004, 191, 193 Rn. 20.

[35] BGH, 2006, 736 – Arzneimittelwerbung im Internet; OLG München, ZUM 2012, 587; OLG München, GRUR-RR 2009, 320; OLG Frankfurt a. M., GRUR-RR 2012, 392, 393; Fezer/*Hausmann/Obergfell*, UWG, Einf. I Rn. 407; MüKoUWG/*Mankowski*, IntWettbR, Rn. 415 ff.

[36] EuGH, Urteil vom 22.01.2015 – C-441/13, Rn. 32; EuGH, GRUR 2014, 100 Rn. 42 – Pinckney/Mediatech.

im Rahmen der Begründetheit zu prüfen ist.[37] Nur wenn nach dem Vortrag des Klägers eine Verletzung geschützter Interessen im Inland ausgeschlossen erscheint, fehlt es an der für die Zuständigkeit des inländischen Gerichts erforderlichen schlüssigen Behauptung eines Inlandsbezugs.[38]

Zu beachten ist aber auch, dass bei **Schadensersatzklagen** wegen Delikten, die sich in einer Mehrzahl von Staaten auswirken (**Streudelikte** oder **Multistate-Delikte**) nur die Gerichte am Handlungsort für die Entscheidung über den Ersatz *sämtlicher* Schäden zuständig sind, während die Gerichte am Erfolgsort grundsätzlich nur über die Schäden entscheiden dürfen, die im betreffenden Staat entstanden sind (**„Mosaikbetrachtung"**).[39]

Im Übrigen gilt im Folgenden:

- Im **Markenrecht** ist Handlungsort der Ort der Niederlassung desjenigen, der die fremde Marke, in dem Land, in dem sie Schutz genießt, für eigene Zwecke nutzt und Erfolgsort der Staat, in dem die verletzte Marke eingetragen ist.[40] Zwischen beiden kann der Kläger frei wählen.
- Das gleiche gilt im Fall der Geltendmachung von **urheberrechtlichen Ansprüchen**. Neben dem Ort der Niederlassung des Handelnden ist der Ort maßgeblich, an dem das in Frage stehende Urheberrecht, bzw. die verwandten Schutzrechte gewährleistet werden.[41] Genauso wie bei Markenrechtsverstößen ist das Gericht am Erfolgsort aber nur für die Entscheidung über den Schaden zuständig, der im Hoheitsgebiet des Mitgliedstaats des Gerichts verursacht worden ist.
- Davon abweichend, ist bei **Persönlichkeitsrechtsverletzungen im Internet** nach Auffassung des EuGH der Ort an dem der Verletzte den **Mittelpunkt seiner Interessen** hat als Erfolgsort hinsichtlich des **gesamten Schadens** anzusehen.[42] Denn die Auswirkungen eines im Internet veröffentlichten Inhalts auf die Persönlichkeitsrechte einer Person könnten am besten von dem Gericht des Ortes beurteilt werden an dem das mutmaßliche Opfer den Mittelpunkt seiner Interessen hat.
- Für das **Lauterkeitsrecht** ist die Frage noch nicht geklärt. Nach zutreffender h. M. sind die Gerichte des Staates zuständig, in dem der Handelnde seinen Wohn- oder Geschäftssitz hat (Handlungsort), sowie die Gerichte des Marktorts (Erfolgsort), also des Orts, an dem **auf die Wettbewerbsbeziehungen oder die kollektiven Interessen der Verbraucher eingewirkt wird**.[43] Die zu Persönlichkeitsrechtsverletzungen

---

[37] Ähnlich BGH, GRUR 2005, 431, 432 – Hotel Maritime; BGH, GRUR 2006, 513 Rn. 21 f. – Arzneimittelwerbung im Internet.

[38] *Ohly*/Sosnitza, UWG, Einl. B Rn. 9.

[39] EuGH, GRUR Int. 1998, 298 – Fiona Shevill I; vgl. aber die Ausnahme für Persönlichkeitsrechtsverletzungen im Internet EuGH, GRUR 2012, 300 Rn. 41 – eDate Advertising und Martinez.

[40] EuGH, GRUR 2012, 654 Rn. 19 – Wintersteiger/Products4U.

[41] EuGH, Urteil vom 22.01.2015 – C-441/13.

[42] EuGH, GRUR 2012, 300 Rn. 41 – eDate Advertising und Martinez; vgl. dazu *Heinze*, EuZW 11, 947.

[43] Vgl. Ohly/Sosnitza, UWG, Einl. B Rn. 8; Fezer/Hausmann/Obergfell, UWG, Einl. I Rn. 391, 412; Harte/Henning/Glöckner, Einl. D Rn. 20, 24; Behr, GRUR Int. 92, 604, 608.

im Internet ergangene Rechtsprechung des EuGH ist angesichts der Besonderheiten des Schutzes der Persönlichkeit nicht auf das Lauterkeitsrecht übertragbar.

Neben den genannten allgemeinen und deliktsrechtlichen Gerichtsständen, ist bei Streitigkeiten um **vertragliche Ansprüche** der Gerichtsstand des Erfüllungsortes eröffnet (Art. 7 Nr. 1 EuGVVO). Zudem enthalten Art. 17–19 EuGVVO **besondere Gerichtsstände für Verbrauchersachen**: Während der Verbraucher nur an seinem Wohnsitz verklagt werden darf, kann er seinerseits gegen seinen Vertragspartner sowohl an dessen allgemeinen Gerichtsstand als auch an seinem eigenen Wohnsitz vorgehen. Zu beachten ist in diesem Zusammenhang insbesondere Art. 17 EuGVVO, der festlegt, was als Verbrauchersache anzusehen ist. Danach liegt eine Verbrauchersache insbesondere dann vor, wenn der andere Vertragspartner in dem Mitgliedstaat, in dessen Hoheitsgebiet der Verbraucher seinen Wohnsitz hat, eine berufliche oder gewerbliche Tätigkeit ausübt *oder* eine solche auf irgendeinem Wege **auf diesen Mitgliedstaat ausrichtet** und der Vertrag in den Bereich dieser Tätigkeit fällt. Indizien einer solchen Ausrichtung sind insbesondere ein etwaiger internationaler Charakter der Tätigkeit, die Angabe einer internationalen Vorwahl bei Telefonnummern, die Verwendung eines Domainnamens mit der Endung „.eu" oder „.com", Anfahrtsbeschreibungen aus anderen Mitgliedstaaten oder die Erwähnung einer Kundschaft aus anderen Mitgliedstaaten, insbesondere in Form von Kundenbewertungen.[44] Die Ausrichtung der eigenen Internetseite kann also erhebliche Konsequenzen für den Gerichtsort etwaiger Rechtsstreitigkeiten haben.

Beispiel
Möchte ein Verbraucher aus Deutschland an seinem Wohnsitz ein niederländisches Hotel verklagen, kommt es darauf an, ob die Tätigkeit des niederländischen Hotels auf Deutschland ausgerichtet ist. Zeigt die Internetwerbung des Hotels beispielsweise unter anderem eine deutsche Flagge sowie den Hinweis „Wir sprechen Deutsch!", bringt der Anbieter damit zum Ausdruck, Kunden mit Wohnsitz in Deutschland gewinnen zu wollen. Dies genügt, um auf Grundlage der Rechtsprechung des EuGH ein Ausrichten der Geschäftstätigkeit auf den Wohnsitzstaat des Kunden zu bejahen, selbst wenn die Internetseite keine direkte Buchung ermöglicht. Deshalb ist die Gerichtsbarkeit des Wohnsitzstaats des Verbrauchers international zuständig, auch wenn der Vertrag nicht mit Mitteln des Fernabsatzes geschlossen wurde.[45]

Ungeklärt ist aber, inwieweit Gerichte auch zur Erteilung **grenzüberschreitender Unterlassungsurteile** befugt sind.[46] Auf Grund der Formulierung des Art. 7 Nr. 2 EuGVVO („oder einzutreten droht") gilt die Regelung jedenfalls auch für die vorbeugende Unterlassungsklage. Ferner kann nach Art. 8 Nr. 1 (ex Art. 6 Nr. 1) EuGVVO im Fall der

---

[44] EuGH, EuZW 2011, 98 Rn. 76 – Pammer/Alpenhof.
[45] BGH, NZM 2013, 551 = MMR 2013, 642.
[46] Vgl. für die Verletzung einer Gemeinschaftsmarke EuGH GRUR 2011, 518 – DHL/Chronopost; *Ohly*/Sosnitza, UWG, Einl. B Rn. 8a m. w. N.

Beklagtenmehrheit die Klage auch vor dem Gericht erhoben werden, in dessen Bezirk ein Beklagter seinen Sitz hat, sofern zwischen den Klagen eine so enge Beziehung gegeben ist, dass eine gemeinsame Verhandlung und Entscheidung geboten erscheint (sachlicher Zusammenhang). Zudem sind unter den Voraussetzungen des Art. 25 (ex Art. 17) EuGV-VO auch Gerichtsstandsvereinbarungen zulässig.

Besonderheiten in der Gerichtszuständigkeit bestehen schließlich bei der Verletzung **gemeinschaftsweiter Schutzrechte**, wie sie in der EU bisher durch die Verordnungen über die **Gemeinschaftsmarke** (GMVO)[47] und das **Gemeinschaftsgeschmacksmuster** (GGVO)[48] geschaffen wurden. Anders als die herkömmlichen nationalen Immaterialgüterrechte, haben die gemeinschaftsweiten Schutzrechte den großen Vorteil, dass sie im Verhältnis zu den Mitgliedstaaten „grenzenlos" gelten und deshalb die Rechtsverfolgung bei EU-weiten Verletzungen deutlich erleichtert wird. Klagen betreffend Gemeinschaftsmarken und -geschmacksmuster fallen in die Zuständigkeit der von den Mitgliedstaaten bestimmten Gemeinschaftsmarken- und Geschmacksmustergerichte. Für die internationale Zuständigkeit ist zwischen den Gerichten des Sitzes des Beklagten (Art. 97 Abs. 1–3 GMVO bzw. Art 82 Abs. 1–3 GGVO) und den Gerichten im Staat der Verletzungshandlung (Art. 97 Abs. 5 GMVO bzw. Art. 82 Abs. 5 GGVO) zu unterscheiden. Während erstere zentrale Kompetenz besitzen, deren Entscheidungen gemeinschaftsweite Wirkung entfalten, sind die Gerichte in dem Land, in dem die Verletzungshandlung begangen wurde, lediglich befugt, mit Wirkung für das Territorium des betreffenden Mitgliedstaates zu entscheiden.[49]

1.4.2 Anwendbares Recht

Schrifttum

Ahrens, Das Herkunftslandprinzip in der E-Commerce-Richtlinie, CR 2000, 835; *Bodewig*, Elektronischer Geschäftsverkehr und unlauterer Wettbewerb, GRUR Int. 2000, 475; *Brand*, Persönlichkeitsrechtsverletzung im Internet, E-Commerce und „Fliegender Gerichtsstand", NJW 2012, 127; *Brödermann*, Paradigmenwechsel im Internationalen Privatrecht, NJW 2010, 807; *Buchner*, Rom II und das Internationale Immaterialgüter- und Wettbewerbsrecht, GRUR Int. 2005, 1004; *Clausnitzer/Woopen*, Internationale Vertragsgestaltung – Die neue EG-Verordnung für grenzüberschreitende Verträge (Rom I-VO), BB 2008, 1798; *Dieselhorst*, Anwendbares Recht bei internationalen Online-Diensten, ZUM 1998, 293; *Drasch*, Das Herkunftslandprinzip im internationalen Privatrecht, 1997; *Fezer/Koos*, Das gemeinschaftsrechtliche Herkunftslandprinzip und die e-commerce-Richtlinie, IPrax 2000, 349; *Glöckner*, Der grenzüberschreitende Lauterkeitsprozess nach BGH v. 11.2.2010 – Ausschreibung in Bulgarien, WRP 2011, 137; *Grundmann*, Das Internationale Privatrecht der E-Commerce-Richtlinie – was ist kategorial anders im Kollisionsrecht des Binnenmarktes und warum? RabelsZ 67 (2003), 246; *Handig*, Neues im Internationalen Wettbewerbsrecht – Auswirkungen der Rom II–Verordnung, GRUR Int. 2008, 24; *Henning-Bodewig*, Herkunftslandprinzip

---

[47] Verordnung (EG) Nr. 207/2009 des Rates vom 26.2.2009 über die Gemeinschaftsmarke.

[48] Verordnung (EG) Nr. 6/2002 des Rates vom 12.12.2001 über das Gemeinschaftsgeschmacksmuster.

[49] EuGH, GRUR Int. 2011, 514 – DHL/Chronopost; vgl. hierzu auch *Kur*, GRUR Int. 2014, 749.

und Wettbewerbsrecht: Erste Erfahrungen, GRUR 2004, 822; *Hölder*, Die kollisionsrechtliche Behandlung unteilbarer Multistate-Verstöße, 2002; *Hohloch*, Die „Bereichsausnahmen" der Rom II-VO, IPRax 2012, 110; *Huber/Bach*, Die Rom II-Verordnung – Kommissionsentwurf und aktuelle Entwicklung, IPrax 2005, 73; *Junker*, Die Rom II-Verordnung: Neues Internationales Deliktsrecht auf europäischer Grundlage, NJW 2007, 3675; *M. Köhler*, Der fliegende Gerichtsstand, WRP 2013, 1130; *Kur*, Das Herkunftslandprinzip der E-Commerce-Richtlinie: Chancen und Risiken, FS Erdmann, 2002, 629; *Leible*, Binnenmarkt, elektronischer Geschäftsverkehr und Verbraucherschutz, JZ 2010, 272; *ders./Lehmann*, Die Verordnung über das auf vertragliche Schuldverhältnisse anzuwendende Recht („Rom I"), RIW 2008, 528; *Lindacher*, Zur Anwendung ausländischen Rechts, FS Beys, 2003, 909; *ders.*, Die internationale Dimension lauterkeitsrechtlicher Unterlassungsansprüche: Marktterritorialität versus Universalität, GRUR Int. 2008, 453; *Löffler*, Werbung im Cyberspace – Eine kollisionsrechtliche Betrachtung, WRP 2001, 379; *Lüttringhaus*, Übergreifende Begrifflichkeiten im europäischen Zivilverfahrens- und Kollisionsrecht, RabelsZ 77 (2013), 31; *Magnus*, Die Rom I-Verordnung, IPrax 2010, 27; *Mansel/Thorn/R. Wagner*, Europäisches Kollisionsrecht, 2008: Fundamente der Europäischen IPR-Kodifikation, IPRax 2009, 1; *Mankowski*, Das Herkunftslandprinzip als Internationales Privatrecht der e-commerce-Richtlinie, ZVglR Wiss 100 (2001), 137; *ders.*, Die Rom I-Verordnung – Änderungen im europäischen IPR für Schuldverträge, IHR 2008, 133; *Nordmeier*, Cloud Computing und Internationales Privatrecht – Anwendbares Recht bei der Schädigung von in Datenwolken gespeicherten Daten, MMR 2010, 151; *Ohly*, Herkunftslandprinzip und Kollisionsrecht, GRUR Int. 2001, 899; *Pfeiffer*, Neues Internationales Vertragsrecht: Zur Rom I-Verordnung, EuZW 2008, 622; *ders.*, Erneut: Marktanknüpfung und Herkunftslandprinzip im E-Commerce, IPRax 2014, 360; *Piekenbrock*, Die Bedeutung des Herkunftslandprinzips im europäischen Wettbewerbsrecht, GRUR Int. 2005, 997; *Rauscher*, Die Entwicklung des Internationalen Privatrechts 2013–2014, NJW 2014, 3619; *Roth*, Persönlichkeitsschutz im Internet: Internationale Zuständigkeit und anwendbares Recht, IPRax 2013, 215; *Rüßmann*, Wettbewerbshandlungen im Internet – Internationale Zuständigkeit und anwendbares Recht, K&R 1998, 422; *Sack*, Die IPR-Neutralität der E-Commerce-Richtlinie und des Telemediengesetzes, EWS 2011, 65; *ders.*, Art. 6 Abs. 2 Rom II-VO und „bilaterales" unlauteres Wettbewerbsverhalten, GRUR Int. 2012, 601; *ders.*, Internetwerbung – ihre Rechtskontrolle außerhalb des Herkunftslandes des Werbenden, WRP 2013, 1407; *Schack*, Internationale Urheber-, Marken- und Wettbewerbsrechtsverletzungen im Internet – Internationales Privatrecht, MMR 2000, 59; *Sesing*, Anwendbares Recht auf Internetdelikte nach der Rom-II-Verordnung, MMR 12/2008, XXIX; *Spindler*, Kollisionsrecht und internationale Zuständigkeit bei Persönlichkeitsrechtsverletzungen im Internet – die eDate-Entscheidung des EuGH, AfP 2012, 114; *Stimmel*, Die Beurteilung von Lizenzverträgen unter der Rom I-Verordnung, GRUR Int. 2010, 783; *Sujecki*, Internationales Privatrecht und Cloud Computing aus europäischer Perspektive, K&R 2012, 312; *Thünken*, Die EG-Richtlinie über den elektronischen Geschäftsverkehr und das internationale Privatrecht des unlauteren Wettbewerbs, IPRax 2001, 15; *G. Wagner*, Internationales Deliktsrecht, die Arbeiten an der Rom II-Verordnung und der Europäische Deliktsgerichtstand, IPRax 2006, 372; *ders.*, Die neue Rom II-Verordnung, IPRax 2008, 1.

Von der Frage, welches Gericht bei grenzüberschreitenden Rechtsverletzungen zuständig ist, ist die Frage zu unterscheiden, *welche Rechtsordnung* auf Sachverhalte mit Auslandsberührung anwendbar ist. Maßgeblich ist hierfür das Internationale Privatrecht (IPR oder Kollisionsrecht), insbesondere die **Rom-I- und Rom-II-Verordnungen**.[50] Nur

---

[50] Verordnung (EG) Nr. 864/2007 11.7.2007 über das auf außervertragliche Schuldverhältnisse anzuwendende Recht (Rom II) sowie Verordnung (EG) Nr. 593/2008 vom 17.6.2008 über das auf vertragliche Schuldverhältnisse anzuwendende Recht (Rom I).

wenn diese Vorschriften nicht anwendbar sind, gelten die Regelungen des Einführungsgesetzes zum Bürgerlichen Gesetzbuch (Art. 3–46 EGBGB).

1.4.2.1   Rom I-Verordnung

Die Rom-I-Verordnung ist am 17.12.2009 in allen EU-Staaten mit Ausnahme Dänemarks
in Kraft getreten und regelt das EU-weite Kollisionsrecht im Bereich der **vertraglichen
Schuldverhältnisse**, wie etwa Verkäufe im Online-Handel. Von Bedeutung ist insbesondere Art. 6 Abs. 1 der Verordnung, wonach Verträge zwischen Verbrauchern und
Unternehmern dem Recht des Staates unterliegen, in dem der **Verbraucher seinen gewöhnlichen Aufenthalt hat**. Dies gilt allerdings nur, sofern der Unternehmer auch seine
berufliche oder gewerbliche Tätigkeit in diesem Staat ausübt bzw. auf diesen Staat ausrichtet.

Erforderlich ist also, dass der Unternehmer seine berufliche Tätigkeit bereits vor und
unabhängig von dem Vertragsschluss mit dem Verbraucher in dessen Aufenthaltsstaat ausgeübt,[51] oder wenigstens sein Angebot entsprechend auf den Internetanwender aus dem
betreffenden Aufenthaltsstaat zugeschnitten hat. Ob letzteres der Fall ist, ist anhand der
Umstände, wie etwa **Inhalt und Sprache** der Werbeanzeige oder des Internetangebots zu
bestimmen.

Zu beachten ist aber, dass nach Erwägungsgrund 24 der Rom-I-Verordnung mit Verweis auf die
Erklärung des Rates und der Kommission zu Art. 15 der Verordnung (EG) Nr. 44/2001 die Zugäng-
lichkeit einer Website allein offenbar gerade nicht ausreichen soll, sondern vielmehr erforderlich
ist, „dass diese Website auch den Vertragsabschluss im Fernabsatz anbietet und dass tatsächlich ein
Vertragsabschluss im Fernabsatz erfolgt ist, mit welchem Mittel auch immer. Dabei sind auf einer
Website die benutzte Sprache oder die Währung nicht von Bedeutung."

Davon unberührt bleibt das Recht der Vertragsparteien, das anzuwendende Recht selbst
frei zu bestimmen (freie Rechtswahl, Art. 6 Abs. 2 der Verordnung). Allerdings ist dies
nur insoweit zulässig, als dem Verbraucher dadurch nicht der Schutz entzogen wird, der
ihm nach Art. 6 Abs. 1 der Verordnung zusteht (Günstigkeitsprinzip).

Wurde keine Rechtswahl getroffen und liegt kein besonderes Vertragsverhältnis nach
Art. 5 bis 8 der Verordnung vor (Verbraucher-, Beförderungs-, Versicherungs- oder Ar-
beitsvertrag), bestimmt sich das anwendbare Recht nach Art. 4 Rom-I-Verordnung, wo
insbesondere klargestellt wird, dass Kaufverträge über bewegliche Sachen dem Recht des
Staates unterliegen, in dem der Verkäufer seinen gewöhnlichen Aufenthalt hat. Im Falle
einer Versteigerung gilt dagegen das Recht des Staates, in dem die Versteigerung abgehalten wird, sofern der Ort der Versteigerung bestimmt werden kann.

1.4.2.2   Rom II-Verordnung

Während die Rom I-VO für *vertragliche* Schuldverhältnisse gilt, bestimmt sich das anwendbare Recht für *außervertragliche* **Schuldverhältnisse** (also alle Ansprüche, die nicht

---

[51] BGH, NJW 2006, 1672.

aus einem Vertrag oder deren Verletzung resultieren) nach der Rom II-VO,[52] die am 11.1.2009 in allen Mitgliedstaaten der EU außer in Dänemark[53] in Kraft getreten ist. Die Normen der Verordnung regeln die Anwendbarkeit des eigenen wie auch des ausländischen Rechts und sind auch im Verhältnis zu Drittstaaten anwendbar (Art. 3 Rom II-VO). Geregelt wird insbesondere das anwendbare Recht für Ansprüche aus unerlaubter Handlung (Art. 4), aus Bereicherungsrecht und Geschäftsführung ohne Auftrag (Art. 10 und 11) sowie aus Verschulden bei Vertragsverhandlungen („culpa in contrahendo", Art. 12). Im Hinblick auf die typischerweise im Internet relevanten Fallgestaltungen gilt Folgendes:

- Ganz grundsätzlich ist für die Frage des anwendbaren Rechts bei **unerlaubten Handlungen** nach Art. 4 Rom II-VO **der Ort maßgeblich, an dem der Schaden eingetreten ist oder einzutreten droht** („lex loci damni").
- Davon abweichend ist bei **unlauterem Wettbewerbsverhalten** nach Art. 6 Abs. 1 Rom II-VO das Recht desjenigen Staates anzuwenden, **in dessen Gebiet die Wettbewerbsbeziehungen oder die kollektiven Interessen der Verbraucher beeinträchtigt worden sind oder wahrscheinlich beeinträchtigt werden**. Für die Bestimmung des anwendbaren Rechts wird somit an den **Ort der wettbewerblichen Interessenkollision angeknüpft**. Maßgebend ist das Recht des Marktes, um dessen Marktanteile gekämpft wird (**Marktortprinzip**).[54]
- Dagegen richtet sich die Anknüpfung bei Verletzung von **Immaterialgüterrechten**, wie das Urheber- und Markenrecht, nach dem **Schutzlandprinzip** (*lex loci protectionis*): Anwendbar ist das Recht des Staates, für den der Schutz beansprucht wird (Art. 8 Abs. 1 Rom II-VO).[55] Diese Besonderheit resultiert aus dem im Immaterialgüterrecht maßgeblichen Territorialitätsprinzip, wonach sich der Schutzbereich einer inländischen Marke oder sonstigen Schutzrechts auf das Gebiet des Inlands beschränkt. Ein Anspruch aus inländischem Recht setzt deshalb eine das Schutzrecht verletzende Benutzungshandlung im Inland voraus.
- Für Ansprüche aus der **Verletzung der Privatsphäre oder der Persönlichkeitsrechte** ist die Rom II-VO gem. Art. 1 Abs. 2 Buchst. g **nicht anwendbar**. Somit gilt Art. 40 EGBGB, wonach nach Wahl des Verletzten entweder das Recht des **Handlungsortes** oder das Recht des Staates angewandt wird, in dem der **Erfolg eingetreten**

---

[52] Verordnung (EG) Nr. 864/2007 des Europäischen Parlaments und des Rates v. 11.7.2007 über das auf außervertragliche Schuldverhältnisse anzuwendende Recht („Rom II", ABl. EU Nr. L 199/40 v. 31.7.2007); siehe Sack, WRP 2008, 845 ff; Handig, GRUR Int. 2008, 24 ff.

[53] Die Verordnung gilt nach Art. 1 Abs. 4 nicht in Dänemark. Sie wird aber ausweislich Art. 3 von allen anderen Mitgliedstaaten im Verhältnis zu Dänemark angewandt.

[54] BGH, GRUR 2010, 847 Rn. 10 – Ausschreibung in Bulgarien; Palandt/*Thorn*, Anh. zu EGBGB 38–42 Art. 6 ROM II-VO Rn. 9.

[55] BGH, GRUR 2005, 431, 432 – Hotel Maritime; BGH, GRUR 2012, 621 Rn. 17 – OSCAR; BGH, GRUR 2007, 884 – Cambridge Institute; *Sack*, WRP 2008, 1405 ff.

ist. Das gleiche gilt für außervertragliche Ansprüche wegen der Verletzung von **Datenschutzbestimmungen**.[56]

Erfolgsort-, Marktort- und Schutzlandprinzip gelten grundsätzlich auch für das **Internet**. Handlungsort ist der Ort, an dem die zur Verwirklichung der unerlaubten Handlung führenden Schritte unternommen werden. Bei Internetseiten mit deliktischem Inhalt, gilt als Handlungsort **der Ort, an dem der Inhalt ins Netz gestellt**, also hochgeladen wurde, nicht dagegen der Ort des Access-Providers, genauso wenig wie die Orte der bei der Durchleitung genutzten technischen Einrichtungen. Dagegen ist der Erfolgsort der **Ort, an dem das Ereignis eintritt**, das zur Verwirklichung des Unrechts führt, also der Ort, an dem ein durch den Tatbestand einer Rechtsnorm geschütztes Rechtsgut verletzt wird. Schließlich ist bei der lauterkeitsrechtlichen Beurteilung von sog. „Multistate-Werbung" **im Internet** nach dem Marktortprinzip das Recht aller Länder anwendbar, in denen sie auf die Marktgegenseite einwirkt.

Sind nach diesen Grundsätzen mehrere Staaten betroffen, sind die rechtlichen Folgen nach dem Recht eines jeden betroffenen Staates anhand des in ihm geltenden Rechts jeweils gesondert zu beurteilen („Mosaiktheorie").[57] Dies kann zur Folge haben, dass ein und dieselbe Handlung nach den anzuwendenden nationalen Rechtsordnungen unterschiedlich zu bewerten ist und unterschiedliche Rechtsfolgen auslöst.[58] Beim Schadensersatzanspruch ist daher stets eine getrennte Betrachtung nach dem jeweiligen Recht vorzunehmen (Schadensparzellierung). Demgegenüber wird sich die Beurteilung von Unterlassungs- und Beseitigungsansprüchen bei Unteilbarkeit der Handlung, wie z. B. bei grenzüberschreitender Werbung im Internet, nach dem jeweils strengsten anwendbaren Sachrecht richten.[59] Schließlich ist bei lauterkeitsrechtlichen Ansprüchen nach Art. 6 Abs. 4 Rom II-VO eine Rechtswahl durch eine Vereinbarung gem. Art. 14 Rom II-VO ausgeschlossen. Denn an der Verfolgung von Wettbewerbsverstößen kann auch ein Interesse Dritter und ein öffentliches Interesse bestehen.

Allerdings besteht Einigkeit darüber, dass **nicht schon jeder noch so kleine Bezug** der zu beurteilenden Handlung zum Erfolgs- oder Marktort ausreichen kann. In dem Bestreben, einer uferlosen Ausdehnung des anwendbaren Rechts Einhalt zu gebieten, hat die frühere deutsche Rechtsprechung daher eine **kollisionsrechtliche Spürbarkeitsgrenze** entwickelt, wonach nur das Recht derjenigen Staaten anwendbar ist, in denen grenzüberschreitende Handlungen **spürbar auf den Markt einwirken**.[60] Für den Fall, dass beispielsweise Druckwerke nur zufällig und in geringer Stückzahl in einen bestimmten Staat gelangen oder eine Rundfunksendung nur in einem marginalen Teil eines Staates empfangbar ist (sog. *spillover*) soll dieser Ort mangels Spürbarkeit der Einwirkung nicht

---

[56] Vgl. Spindler/Schuster/*Nordmeier/Weller*, Recht der elektronischen Medien, Rom II Art. 1 Rn. 1–15.

[57] BGH, GRUR 1971, 153, 154 – Tampax; *Sack*, WRP 2008, 845, 852 m. w. N.

[58] *Sack*, WRP 2000, 269, 273 f.; *ders.*, WRP 2008, 845, 852.

[59] *Köhler*/Bornkamm, UWG, Einl. Rn. 5.41.

[60] BGH, GRUR 1971, 153, 154 – Tampax; *Sack*, WRP 2008, 845, 853 m. w. N.

als Marktort zu qualifizieren sein.[61] In gleicher Weise soll nach h. M. auch bei Verstößen im Internet die bloße Abrufbarkeit einer Webseite im Inland noch nicht für die Anwendbarkeit des inländischen Rechts genügen. Erforderlich ist vielmehr, dass **sich der Inhalt der Website bestimmungsgemäß im Inland auswirkt**. Entscheidend ist, ob sich aus der Natur der angebotenen Produkte, der örtlichen Anbindung des Anbieters oder dem Inhalt der Werbung, wie etwa aufgrund der Sprache, eine territoriale Beschränkung ergibt.[62]

Beispiele

Bei der territorialen Bestimmung wird vor allem der **Sprache** des Angebots maßgebliche Bedeutung zukommen (Landessprache, Verkehrssprache, Sprache einer Minderheit).[63] Zu berücksichtigen sind ferner weitere Angaben, wie etwa die **Währung** bei Preisangaben oder die Angabe von **inländischen Kontaktadressen** sowie Voreinstellungen der Website, wie etwa eine Vorauswahl oder **automatisierte Vorschläge** bei erforderlichen Nutzereingaben.[64] Zu berücksichtigen sind auch die Art und der Erfüllungsort der angebotenen Vertragsleistung. So wird insbesondere bei im Ausland zu erbringenden Dienstleistungen, wie Hotelübernachtungen in Kopenhagen, eine Auswirkung auf den inländischen Markt regelmäßig zu verneinen sein.[65] Schließlich kann ein eindeutiger und ernst gemeinter **Disclaimer**, in dem die Belieferung inländischer Kunden ausgeschlossen wird, ein Indiz für eine Einschränkung des Verbreitungsgebiets sein.[66]

Insbesondere für das Markenrecht hat der BGH klargestellt, dass nicht jede Kennzeichenbenutzung im Internet dem Schutz von Kennzeichen gegen Verwechslungen nach der nationalen Rechtsordnung unterworfen ist. Ansonsten würde dies zu einer uferlosen Ausdehnung des Schutzes nationaler Kennzeichenrechte und – im Widerspruch zur Dienstleistungsfreiheit nach Art. 34 AEUV – zu einer unangemessenen Beschränkung der Selbstdarstellung ausländischer Unternehmen führen. Damit einhergehen würde eine erhebliche Beschränkung der Nutzungsmöglichkeiten von Kennzeichenrechten im Internet, weil die Inhaber verwechslungsfähiger Kennzeichenrechte, die in verschiedenen Ländern geschützt sind, unabhängig von der Prioritätslage wechselseitig beanspruchen könnten, dass die Benutzung des Kollisionszeichens unterbleibt. Die Anwendung des Kennzeichenrechts in solchen Fällen dürfe nicht dazu führen, dass jedes im Inland abrufbare Angebot ausländischer Dienstleistungen im Internet bei Verwechslungsgefahr mit einem inländischen Kennzeichen kennzeichenrechtliche Ansprüche auslöst. Erforderlich sei vielmehr,

---

[61] *Handig*, GRUR Int. 2008, 24, 28.
[62] BGH, GRUR 2006, 513 Rn. 25 – Arzneimittelwerbung im Internet; BGH, GRUR 2013, 417 Rn. 15 – Medikamentenkauf im Versandhandel; BGH, GRUR 2005, 431, 432 f. – Hotel Maritime (zum Markenrecht); Palandt/*Thorn*, Anh. zu EGBGB 38–42 Art. 6 ROM II-VO Rn. 10.
[63] BGH, GRUR 2013, 417 Rn. 15 – Medikamentenkauf im Versandhandel.
[64] OLG Frankfurt a. M., GRUR-RR 2012, 392, 393 – Screen-Scraping.
[65] BGH, GRUR 2005, 431, 432 f. – Hotel Maritime.
[66] BGH, GRUR 2006, 513 Rn. 22, 25 – Arzneimittelwerbung im Internet.

dass das Angebot einen **hinreichenden wirtschaftlich relevanten Inlandsbezug** (von der WIPO als „**commercial effect**" bezeichnet) aufweist.[67]

Allerdings erscheint es durchaus fraglich, ob an dem kollisionsrechtlichen Spürbarkeitskriterium unter der Rom II-VO noch festgehalten werden kann, da eine kollisionsrechtliche Spürbarkeitsschwelle weder in Art. 6 noch in Art. 8 der Verordnung zu entnehmen ist und die in den Entwürfen enthaltenen Vorschläge, eine Formulierung vorzusehen, wonach die Beeinträchtigung des Marktes „unmittelbar und wesentlich" sein sollte, gerade nicht verwirklicht wurden.[68] Damit könnte der Kläger also auch Schutz für nur marginal betroffene Staaten nach deren Schutzrecht geltend machen. Zu beachten ist aber, dass im anwendbaren nationalen Sachrecht bestehende Spürbarkeitsschwellen die Anwendung des nationalen Rechts ausschließen können.

So wendet die h. M. z. B. im Lauterkeitsrecht das Spürbarkeitsprinzip zwar nach wie vor noch als kollisionsrechtliche Einschränkung des Marktortprinzips an, das bei der nach Art. 6 Abs. 1 und 2 Rom II-VO zu prüfenden Eignung einer wettbewerblichen Interessenkollision zu berücksichtigen sei.[69] Vorzugswürdig erscheint es aber, die Spürbarkeitsschwelle in § 3 UWG als **Selbstbeschränkung des anwendbaren Sachrechts** anzusehen.[70] Das Nichterreichen der Spürbarkeitsschwelle führt also nicht dazu, dass das fragliche Verhalten nach dem Kollisionsrecht ausländischem Sachrecht unterworfen ist, sondern dazu, dass das nationale Recht zwar anwendbar sein kann, aber wegen der Spürbarkeitsschwelle in § 3 UWG keine Ansprüche hinsichtlich der Auswirkungen am inländischen Erfolgs- oder Marktort bestehen. Oder anders gewendet: Ist nach den Vorschriften der Rom II-VO der Erfolgsort oder der Marktort im Inland belegen oder geht es um die Verletzung inländischer Schutzrechte, so ist das inländische Recht anwendbar. *Erst danach* ist zu fragen, ob die geltend gemachten Ansprüche nach dem inländischen Recht bestehen oder mangels Spürbarkeit oder mangels ausreichender Auswirkungen abzulehnen sind.

1.4.2.3 Art. 3 und Art. 40 ff. EGBGB

Außerhalb des sachlichen Anwendungsbereichs der Rom I und II-VO bestimmt sich das anwendbare Recht nach Art. 3 ff. EGBGB. Von Bedeutung sind diese Vorschriften insbesondere für außervertragliche Ansprüche wegen der Verletzung von **Persönlichkeitsrechten** oder von **Datenschutzbestimmungen**. Aber auch nach Art. 40 EGBGB unterliegen Ansprüche aus unerlaubter Handlung nach Wahl des Verletzten dem Recht des Handlungsortes oder des Erfolgsortes. Werden also auf einer Internetseite Daten abgefragt, wird am Standort des PC des Eingebenden ein Handlungsort begründet. Im Übrigen kommt nach

---

[67] BGH, GRUR 2005, 431, 432 – Hotel Maritime.

[68] Vgl. hierzu *Sack*, WRP 2008, 845, 854.

[69] Vgl. für das Lauterkeitsrecht: *Köhler*/Bornkamm, UWG, Einl. Rn. 5.8; *Mankowski*, GRUR Int. 1999, 909, 915 ff.

[70] *Löffler*, WRP 2001, 379, 383; *Sack*, WRP 2008, 845, 854; *Ohly*/Sosnitza, UWG, Einl. B Rn. 26; Palandt/*Thorn*, BGB, Art. 8 Rom II-VO (IPR) Rn. 7.

Wahl des Betroffenen auch der Erfolgsort in Betracht, also der Ort des Schadenseintritts, der dem gewöhnlichen Aufenthaltsort des Betroffenen entspricht.

Zwar erscheint gerade im Datenschutzrecht die Bestimmung des Handlungsortes schwierig, da die Datenverarbeitung bei zunehmend grenzüberschreitender Datenverarbeitung in internationalen Verbundnetzen nur schwer zu lokalisieren ist. Zu beachten ist aber, dass nach § 1 Abs. 5 BDSG die Vorschriften des BDSG zwar dann keine Anwendung finden, wenn eine in einem anderen Mitgliedstaat der Europäischen Union oder des Europäischen Wirtschaftsraums belegene verantwortliche Stelle personenbezogene Daten im Inland erhebt, verarbeitet oder nutzt („**Sitzlandprinzip**"). In diesem Fall gilt also das Recht des entsprechenden Mitgliedstaates. Allerdings wird im zweiten Satz der Vorschrift klargestellt, dass die Regelungen des BDSG jedenfalls für alle anderen verantwortlichen Stellen (aus Drittstaaten) Anwendung finden, solange sie nur personenbezogene Daten im Inland erheben, verarbeiten oder nutzen. Stellen, die aus dem *EU-Ausland* heraus in Deutschland Daten erheben oder verarbeiten, haben also das BDSG zu beachten.

1.4.3 Herkunftslandprinzip

Schrifttum

Blasi, Das Herkunftslandprinzip in der Fernseh- und E-Commerce-Richtlinie, 2004; *Dauses*, Die Dienstleistungsrichtlinie – Herkunftsstaatsprinzip oder Bestimmungsstaatsprinzip?, EuZW 2013, 201; *Glöckner*, Ist die Union reif für die Kontrolle an der Quelle?, WRP 2005, 795; *Grundmann*, Das Internationale Privatrecht der E-Commerce-Richtlinie – was ist kategorial anders im Kollisionsrecht des Binnenmarktes und warum?, RabelsZ 2003, 246; *Henning-Bodewig*, Herkunftslandsprinzip im Wettbewerbsrecht: Erste Erfahrungen, GRUR 2004, 822; *Kur*, Das Herkunftslandprinzip der E-Commerce-Richtlinie: Chancen und Risiken, FS Erdmann, 2002, 629; *Mankowski*, Wider ein Herkunftslandprinzip für Dienstleistungen im Binnenmarkt, IPRax 2004, 385; *Ohly*, Herkunftslandprinzip und Kollisionsrecht, GRUR Int. 2001, 899; *ders.*, Das Herkunftslandprinzip im Bereich vollständig angeglichenen Lauterkeitsrechts, WRP 2006, 1401; *Ruess*, Die E-Commerce-Richtlinie und das deutsche Wettbewerbsrecht – Eine Analyse der Auswirkungen unter besonderer Berücksichtigung des Herkunftslandprinzips, 2002; *Sack*, Internationales Lauterkeitsrecht nach der Rom II-VO, WRP 2008, 845; *ders.*, Das Herkunftslandprinzip der E-Commerce-Richtlinie und der Vorlagebeschluss des BGH vom 10.11.2009, EWS 2010, 70; *ders.*, Die IPR-Neutralität der E-Commerce-Richtlinie und des Telemediengesetzes, EWS 2011, 65; *ders.*, Der EuGH zu Art 3 E-Commerce-Richtlinie – die Entscheidung „eDate Advertising", EWS 2011, 513; *ders.*, Internetwerbung – ihre Rechtskontrolle außerhalb des Herkunftslandes des Werbenden, WRP 2013, 1407; *Spindler*, Herkunftslandprinzip und Kollisionsrecht – Binnenmarktintegration ohne Harmonisierung, RabelsZ 2002, 633; *ders.*, Das Gesetz zum elektronischen Geschäftsverkehr – Verantwortlichkeit der Diensteanbieter und Herkunftslandprinzip, NJW 2002, 921.

Ähnlich wie das Sitzlandprinzip im Datenschutzrecht besagt das sekundärrechtliche Herkunftslandprinzip als grundlegende Regel des europäischen Binnenmarkts, dass eine Ware oder Dienstleistung, die nach den Gesetzen des Herkunftsstaates ordnungsgemäß hergestellt und angeboten worden ist, von diesem Land aus in der gesamten Union angeboten werden darf. Kein Mitgliedstaat behindert den freien Verkehr von Waren oder

Dienstleistungen aus einem anderen Mitgliedstaat (Prinzip der Verkehrsfreiheit). Ausnahmen sind nur in bestimmten zwingenden Fällen möglich. Dafür gewährleistet jeder
Mitgliedstaat der EU, dass alle Anbieter von Waren oder Dienstleistungen, die in seinem
Hoheitsgebiet niedergelassen sind, die Vorschriften dieses Staates einhalten („Kontrolle
an der Quelle").[71] Das Herkunftslandprinzip beruht somit auf dem Gedanken der **gegenseitigen Anerkennung und des gegenseitigen Vertrauens**: Wenn ein Mitgliedstaat der
EU ein Produkt vor dem Export kontrolliert hat, liefe eine zweite Kontrolle des Import-
staates auf eine unnötige und damit unverhältnismäßige Beschränkung des Waren- oder
Dienstleistungsverkehrs hinaus.[72]

Während das Herkunftslandprinzip ohne Frage die grenzüberschreitende geschäftliche Tätigkeit gerade auch im Internet erleichtert und die Entstehung des Binnenmarkts fördert, kann nicht übersehen
werden, dass Anbieter in Länder mit niedrigerem Schutzniveau ausweichen und auf diese Weise
hohe Standards des Verbraucher- und Mitbewerberschutzes, die einige Mitgliedstaaten berechtigter-
weise vorsehen, unterlaufen werden („race to the bottom"). Zudem führt das Herkunftslandprinzip
zu einer Ungleichbehandlung von Wettbewerbern, die auf demselben Markt tätig sind.

Zu beachten ist aber, dass das Herkunftslandprinzip **kein allgemeiner Grundsatz des
Unionsrechts** ist, sondern nur gilt, wenn es durch eine Norm angeordnet wird. Eine
derartige Anordnung mit ganz erheblicher Bedeutung für das Internetrecht findet sich
insbesondere in **§ 3 TMG**, wonach Diensteanbieter aus Mitgliedstaaten der EU, wie insbesondere Anbieter von Inhalten im Internet, sinngemäß nicht den Anforderungen des
deutschen Rechts unterliegen, selbst wenn sie Telemediendienste im Inland anbieten oder
erbringen.[73] Vielmehr haben sie nur den Anforderungen ihres eigenen Rechts zu entsprechen. Oder anders gewendet: Telemediendienste dürfen außerhalb des Herkunftslandes
des Diensteanbieters grundsätzlich nicht untersagt werden. Stattdessen ist das Herkunfts-
land des Diensteanbieters verpflichtet, einen angemessenen Rechtsschutz zu gewähren.
Die Aufsicht über die Dienste soll also nur „am Herkunftsort zu erfolgen",[74] sie sind „an
der Quelle zu beaufsichtigen".[75]

Zwar gilt das Herkunftslandprinzip nach § 3 Abs. TMG nur für den „Dienstleistungsverkehr von Telemedien". Erfasst sind aber nicht nur Dienstleistungen im Sinne der
Art. 56 ff. AEUV, sondern u. a. auch alle Formen der „kommerziellen Kommunikation"
und damit auch **Werbung im Internet** genauso wie das **Anbieten von Waren und Leistungen im Internet**. Zu beachten sind allerdings die in § 3 Abs. 3–5 TMG vorgesehenen
zahlreichen Ausnahmen, wie etwa für Verbraucherverträge, für das Datenschutzrecht, für
unaufgeforderte E-Mail-Werbung, für gewerbliche Schutzrechte, Urheberrechte und mit
dem Urheberrecht verwandte Schutzrechte.

---

[71] *Glöckner*, WRP 2005, 795.
[72] *Ohly*/Sosnitza, UWG, Einl. C Rn. 67.
[73] Vgl. hierzu *Sack*, WRP 2013, 1407.
[74] Erwägungsgrund 22 der E-Commerce-RL.
[75] Erwägungsgrund 24 der E-Commerce-RL.

Beispiel

Ein britisches Unternehmen darf im Internet ein nachgeahmtes Produkt auch dann bewerben und anbieten, wenn dies zwar nach deutschem Recht unlauter ist (§§ 3 Abs. 1,
4 Nr. 9 UWG), aber nach englischem Recht erlaubt wäre.[76] Denn nach § 3 Abs. 2
TMG wird der freie Dienstleistungsverkehr von Telemedien, die in der Bundesrepublik
Deutschland von Diensteanbietern geschäftsmäßig angeboten oder erbracht werden,
die in einem anderen Staat innerhalb des Geltungsbereichs der Richtlinien 2000/31/EG
und 89/552/EWG niedergelassen sind, nicht eingeschränkt. Etwas anderes gilt aber,
wenn im Internet urheberrechtsverletzende Inhalte angeboten werden, da wegen der
Ausnahmevorschrift in § 3 Abs. 4 Nr. 6 TMG das Herkunftslandprinzip nicht für das
Urheberrecht gilt.

Demgegenüber gilt für die Beurteilung der Handlungen in Deutschland niedergelasse-
ner Unternehmer das deutsche Recht auch dann, wenn sie auf einem ausländischen Markt
tätig sind, der unter Umständen strengere oder liberalere Regelungen vorsieht (§ 3 Abs. 1
TMG). Die damit verbundene Inländerdiskriminierung ist als unvermeidlich hinzunehmen.

Zu beachten ist ferner, dass das **Herkunftslandprinzip** keine Frage des anwendbaren Rechts (Kollisionsrecht) ist, sondern **nur das anwendbare Recht begrenzt**.[77] Das
Herkunftslandprinzip lässt auch die internationale Zuständigkeit unberührt (vgl. auch § 1
Abs. 5 TMG) und führt vor allem nicht zu einer ausschließlichen Zuständigkeit der Gerichte des Herkunftsstaats. Nach dem oben genannten Beispiel, bei dem ein britisches
Unternehmen im Internet für ein nachgeahmtes Produkt wirbt und diese Werbung nach
englischem Recht erlaubt ist, ist somit von einem deutschen Gericht nach dem Marktortprinzip (Art. 6 Rom II-VO) zwar deutsches Recht anzuwenden, es muss aber das liberalere
britische Recht berücksichtigen und die Klage aus sachrechtlichen Gründen abweisen,
selbst wenn nach deutschem Recht eine unlautere Wettbewerbshandlung nach §§ 3 Abs. 1,
4 Nr. 9 UWG vorliegt.[78]

Das Herkunftslandprinzip gilt ferner für die **Richtlinie 2010/13/EU über audiovisuelle Mediendienste**, die insbesondere für Fernsehsendungen gilt und in Art. 2 Abs. 1 das
Prinzip der Kontrolle im Niederlassungsland und in Art. 3 Abs. 1 das Prinzip der Verkehrsfreiheit vorsieht.

---

[76] Beispiel nach *Ohly*/Sosnitza, UWG, Einl. C Rn. 79.
[77] EuGH, GRUR 2012, 300 Rn. 60 ff – eDate Advertising u Martinez.
[78] Beispiel nach *Ohly*/Sosnitza, UWG, Einl. C Rn. 79.

Beispiel

Daher durfte beispielsweise eine von einem in London niedergelassenen Unternehmen in schwedischer Sprache nach Schweden ausgestrahlte Fernsehwerbung wegen des in der Richtlinie verankerten Sendelandprinzips die strengeren schwedischen Vorschriften zum Schutz Minderjähriger nicht angewandt werden. Anders verhielt es sich aber mit der gleichzeitig angegriffenen irreführenden Werbung: Da die Richtlinie selbst kein Irreführungsverbot enthält, blieben die allgemeinen schwedischen Bestimmungen anwendbar.[79]

---

[79] EuGH, GRUR Int. 1997, 913 – De Agostini.

Schrifttum

Becker, Positive und negative Zeichenberechtigung im Internet, WRP 2010, 467; *ders.*, Das Domainrecht als subjektives Recht, GRUR Int. 2010, 940; *ders.*, Verteilungsgerechtigkeit und gebotene Benutzung im Domainrecht, GRUR Int. 2010, 202; *Bettinger (Hrsg.)*, Handbuch des Domainrechts. Nationale Schutzsysteme und internationale Streitbeilegung, 2008; *Boecker*, „Das Markengesetz im Internetzeitalter" – Anmerkungen zum Arbeitsbericht Nr. 56 vom März 2008 und den darin vorgeschlagenen Änderungen des MarkenG, MarkenR 2008, 379; *ders.*, Der Löschungsanspruch in der registerkennzeichenrechtlich motivierten Domainstreitigkeit, GRUR 2007, 370; *Buchner*, Generische Domains, GRUR 2006, 984; *Bücking/Angster*, Domainrecht, 2. Aufl. 2010; *Demuth*, Zur Verwendung geschützter Marken in Domain-Namen, WRP 2011, 1381; *Gabel*, Internet: Die Domain-Namen, NJW-CoR 1996, 322; *Gräbig*, Domain und Kennzeichenrecht, MMR 2009, Beil. Nr. 6, 25; *Hohl/Försterling*, Verhältnis der ordentlichen Gerichtsbarkeit zur alternativen Streitbeilegung bei .eu-Domain-Streitigkeiten – Diskussion vorhandener Lösungsansätze anhand der Entscheidung Toth vs. Emirates, MMR 2013, 148; *Hotz*, Kennzeichenkollisionen mit Domain-Namen, 2011; *Jacobs*, Kennzeichenrechtliche Privilegierungen im Internet. Zur Anwendbarkeit der §§ 23, 24 MarkenG auf MetaTags und Domain-Namen, GRUR 2011, 1069; *Knaak*, Störungen kennzeichenrechtlicher Gleichgewichtslagen: Was ist hinzunehmen?, GRUR-Prax 2013, 171; *Koos*, Die Domain als Vermögensgegenstand zwischen Sache und Immaterialgut – Begründung und Konsequenzen einer Absolutheit des Rechts an der Domain, MMR 2004, 359; *Körner*, Gleichnamigkeitskonflikte bei Internet-Domain-Namen – Die „shell.de"-Entscheidung des BGH, NJW 2002, 3442; *Kulejewski*, Der Anspruch auf Domainübertragung, 2003; *Linke*, Das Recht der Namensgleichen bei Domains, CR 2002, 271; *Ohly*, Schadensersatzansprüche wegen Rufschädigung oder Verwässerung im Marken- und Lauterkeitsrecht, GRUR 2007, 926; *Rieken*, Löschungsansprüche gegen rechtsverletzende Domainnamen, MarkenR 2012, 449; *Schmidt-Gaedke/Arz*, Das Recht der Gleichnamigen und seine Grenzen, GRUR 2012, 565; *Strömer*, First come – first serve: Keine Regel ohne Ausnahme – shell.de, K&R 2002, 306; *Ubber*, Markenrecht im Internet, 2002; *Utz*, Markenrechtliche Fragestellungen alternativer Adressierungssysteme im Internet, MMR 2006, 789; *Weisert*, Die Domain als namensgleiches Recht? Die Büchse der Pandora öffnet sich, WRP 2009, 128; *Wüstenberg*, Das Namensrecht der Domainnamen, GRUR 2003, 109.

© Springer Fachmedien Wiesbaden 2016

S. Hetmank, *Internetrecht*, DOI 10.1007/978-3-658-08976-4_2

Wer sich nicht nur darauf beschränkt, fremde Internetseiten oder Plattformen zu nutzen, sondern einen eigenen Webauftritt gestalten möchte, für den stellt sich zunächst
die Frage des richtigen Domainnamens. Dabei können vielfältige rechtliche Fragen aufgeworfen werden, wie etwa die Frage, inwieweit Domaininhaber **ältere Namens- und
Kennzeichenrechte zu beachten** haben oder gar selbst **gegen die Verwendung von Bezeichnungen vorgehen können, die der eigenen Domain ähnlich** sind und deshalb zu
Verwechslungen führen, oder auch die Frage, ob und wie gegen **missbräuchliche Do-
mainanmeldungen** vorgegangen werden kann. Die Beantwortung dieser Frage richtet
sich nach den allgemeinen Regeln des Marken-, Namens- und Lauterkeitsrechts. Für das
Recht der Domainnamen bestehen also keine eigens für diese kodifizierten Spezialgeset-
ze. Allerdings betrifft das Domainrecht nicht nur Fragen rund um die registrierte Domain,
sondern umfasst auch ihre Vergabe durch die Registrierungsstellen.

2.1   Begriff, Vergabe und Verwaltung

2.1.1   Begriff und Rechtsnatur der Domain

Damit für den Aufruf einer Internetseite die physikalische Kennung, die sog. Internet-
Protokoll-Adresse (IP-Adresse), für den Nutzer handhabbar ist, wird ihr die Domain als
Alternativbezeichnung zugeordnet. Den Domainnamen kommt eine erhebliche wirtschaftliche Bedeutung zu, weil ein ganz konkreter Domainname nur *einmal* vergeben werden
kann und ein prägnanter Name, der von den Internetnutzern leicht zu merken oder zu
erraten ist, geeignet ist, Kundenströme zu kanalisieren und umzulenken.

   Bestandteile des Domainnamens sind dabei die sog. Top-Level-Domain (TLD) und
die individuelle Second-Level-Domain (SLD), die vor der Top-Level-Domain platziert
wird.[1] Bei dem Domainnamen „berlin.de" ist daher „.de" die Top-Level-Domain und
„berlin" die Second-Level-Domain. Während Anzahl und Bezeichnungen der Top-Level-
Domains weitgehend feststehen, können die Namen der Second-Level-Domain frei ge-
wählt und registriert werden, vorausgesetzt, der Name ist für dieselbe Top-Level-Domain
nicht bereits vergeben.

Bezüglich der Top-Level-Domains wird weiter zwischen den Countrycodes (ccTLDs), wie etwa für
Deutschland „.de", und den generischen Top-Level-Domains (gTLDs), wie etwa „.com" für den
kommerziellen Bereich oder „.org" für Organisationen, Verbände oder Gesellschaften, unterschieden. Seit 2014 gibt es zudem die Möglichkeit, sich auch um weitere, nahezu frei wählbare, neue
generische Top-Level-Domains, wie etwa „.bike", „.singles" etc. zu bewerben.[2]

---

[1] Bezüglich der Top-Level-Domains wird weiter zwischen den Countrycodes (ccTLDs), wie etwa
für Deutschland „.de", und den generischen Top-Level-Domains (gTLDs), wie etwa „.com" für den
kommerziellen Bereich oder „.org" für Organisationen, Verbände oder Gesellschaften, unterschieden.
[2] Siehe hierzu Applicant Guidebook der ICANN v. 4.6.2012 unter http://newgltds.icann.org.

Als Gegenleistung für die an die DENIC zu zahlende Vergütung erhält der Inhaber einer Domain mit Abschluss des Vertrages über die Registrierung ein **relativ wirkendes vertragliches Nutzungsrecht** zur Verwendung einer bestimmten Domain. Dieses Recht stellt damit einen rechtlich geschützten Vermögenswert dar, der dem Inhaber der Domain ebenso ausschließlich zugewiesen ist wie Eigentum an einer Sache, ohne aber diesem ein vergleichbares absolutes Recht zu verschaffen.[3] Durch die Registrierung eines Domainnamens erwirbt der Inhaber damit also kein sonstiges Recht i. S. v. § 823 BGB Abs. 1 BGB.[4] Denn der Domain kommt keine dem Patent-, Marken- oder Urheberrecht vergleichbare ausschließliche Stellung zu, die ihrem Inhaber einen Absolutheitsanspruch gewährt. Durch die Registrierung eines Domainnamens erwirbt der Inhaber der Internetadresse weder Eigentum am Domainnamen noch ein sonstiges absolutes Recht, das ähnlich der Inhaberschaft an einem Immaterialgüterrecht verdinglicht wäre. Die ausschließliche Stellung, die darauf beruht, dass von der DENIC eine Internet-Domain nur einmal vergeben wird, ist allein technisch bedingt.

2.1.2 Vergabe und Verwaltung

Für die Vergabe und Registrierung von Domainnamen bestehen mit Ausnahme der Europäischen Verordnungen über die Top-Level-Domain „.eu"[5] grundsätzlich keine gesetzlichen Vorschriften. Die Domain entsteht mit ihrer Registrierung bei der Registrierungsstelle, wie z. B. der DENIC.[6] Diese handelt dabei **auf rein zivilrechtlicher Grundlage**. Sie ist weder als Behörde noch als Beliehener anzusehen.

Die weltweite Zuständigkeit für die Vergabe und Koordinierung von Domains liegt in der Hand der „Internet Corporation for Assigned Names and Numbers" (ICANN). Die ICANN ist eine private gemeinnützige Organisation nach kalifornischem Recht mit Hauptsitz in Kalifornien. Für den europäischen Bereich hat sie die Vergabe und Verwaltung der Adressen auf das „Réseaux Européens Network Coordination Center" (RIPE-NCC) übertragen.[7] Für die Organisation und Verwaltung des Registers der Top-Level-Domain „.eu" ist die EURid zuständig[8] und für „.de" die DENIC. Für die generischen Top-Level-Domains „.com", „.net" und „.org" erfolgt die Vergabe und Registrierung im deutschsprachigen Raum durch die EPAG Domainservices GmbH.[9]

---

[3] BGH, GRUR 2009, 1055 Rn. 55 – airdsl; BGH, GRUR 2005, 969, 970 – Domain-Pfändung; der Umstand, dass die DENIC berechtigt ist, den Vertrag aus wichtigem Grund zu kündigen, steht der Qualifizierung dieses Nutzungsrechts als verfassungsrechtlich geschütztes Eigentum nicht entgegen, sondern begrenzt lediglich den Umfang des Rechts, vgl. BVerfG, GRUR 2005, 261, 262 – ad-acta.de.

[4] BGH, GRUR 2012, 417 – gewinn.de, siehe hierzu auch *Becker*, GRUR Int. 2010, 940.

[5] VO (EG) Nr. 733/2002, ABl. EG L 113, 1; VO (EG) Nr. 874/2004, ABl. EG L 162, 40.

[6] „Deutsches Network Information Center" e. G.; http://www.denic.de.

[7] https://www.ripe.net.

[8] http://eurid.eu.

[9] http://epag.de.

Die Anmeldung und Registrierung eines Domainnamens erfolgt auf der Grundlage eines **Registrierungsvertrages**, der zwischen dem Anmelder und der Registrierungsorganisation, wie etwa der DENIC, geschlossen wird. Der Inhalt eines solchen Vertrages wird durch die jeweils geltenden Allgemeinen Geschäftsbedingungen bestimmt.[10]

Eine inhaltliche Prüfung oder eine **Prüfung der Berechtigung des Anmelders** wird seitens der Vergabeorganisationen **grundsätzlich nicht vorgenommen**. Anders als bei eingetragenen Marken setzt die Registrierung auch nicht voraus, dass eine hinreichende Unterscheidungskraft und das Fehlen eines entgegenstehenden Freihaltebedürfnisses der Mitbewerber festgestellt werden. Selbst generische Begriffe sind in den Registrierungsverordnungen der meisten Vergabestellen nicht von einer Registrierung ausgeschlossen.[11] Der Anmelder hat in der Regel bei der Antragstellung lediglich zu versichern, dass die Domain keine fremden Rechte verletzt und nicht gegen sonstige Rechtsvorschriften verstößt.

Die Richtlinien und Vertragsbedingungen der einzelnen Vergabestellen sehen unterschiedliche Bestimmungen für die Überprüfung des Vorliegens der Eintragungsvoraussetzungen und die Konsequenzen einer Vertragsverletzung vor. Häufig behält sich der „Registry Operator" ausdrücklich vor, eine entgegen den vertraglich vereinbarten Voraussetzungen registrierte Domain zu löschen. Zum Teil sind aber auch besondere Schiedsverfahren vorgesehen, in denen Dritte die Löschung oder auch die Übertragung der Domain erreichen können. Besondere Vorkehrungen wurden außerdem mit der Einführung neuer „generic Top-Level-Domains" (wie „.nike" „.sport" etc.) durch Gründung des **Trademark Clearinghouse** (TMCH) getroffen. Dieses soll Markeninhabern die Möglichkeit bieten, ihre Markenzeichendaten vor und während der Einführung neuer Top-Level-Domains in eine zentralisierte Datenbank aufnehmen zu lassen.[12] Durch einen „Trademark-Claims-Service" sollen Kennzeicheninhaber über möglicherweise rechtsverletzende SLDs informiert werden. Die Hinterlegung einer Marke in der Datenbank des TMCH ist für eine Dauer von einem Jahr (150 US-Dollar), drei Jahren (435 US-Dollar) oder fünf Jahren (725 US-Dollar) möglich. Jede Marke, die in der Datenbank des TMCH eingetragen und validiert ist, berechtigt den Markeninhaber zur Registrierung von bis zu zehn der Marke entsprechenden Domainnamen.

Im Grundsatz gilt ein starres **Prioritätsprinzip**, wonach derjenige die Domain erhält, der zuerst einen entsprechenden Registrierungsantrag gestellt hat. Nach § 3 Abs. 1 der DENIC-Domainbedingungen hat der Anmelder bei der Registrierung der Domain zu versichern, dass die Registrierung und die beabsichtigte Nutzung der Domain weder Rechte Dritter verletzen noch gegen allgemeine Gesetze verstoßen. Hat der Domaininhaber seinen Sitz nicht in Deutschland, muss er außerdem einen in Deutschland ansässigen administrativen Ansprechpartner („**Admin-C**") benennen, der zugleich sein Zustellungsbevollmächtigter ist.[13]

---

[10] Vgl. z. B. http://denic.de/domains/allgemeine-informationen/domainbedingungen.html.
[11] Ausnahmen bestehen z. B. für Schweden und Finnland, Vgl. Bräutigam/Leupold/*Bettinger*; Online-Handel, B II 2 Rn. 19 m. w. N.
[12] http://www.trademark-clearinghouse.com.
[13] Siehe http://www.denic.de/de/bedingungen.html.

2.1.3 Verantwortlichkeit der Vergabestelle

Die DENIC ist für rechtswidrige Domainregistrierungen grundsätzlich **nicht verantwort-lich**.[14] Eine unmittelbare Rechtsverletzung durch die DENIC als Registrierungsstelle für „de-Domains" scheidet bereits mangels eines entsprechenden Vorsatzes und Teilnahme an der durch den Domaininhaber begangenen Rechtsverletzung aus. In Betracht kommt allenfalls eine Haftung als **mittelbarer** Störer, wofür allerdings die **Verletzung von zu-mutbaren Prüfungspflichten** vorausgesetzt wird. Nach Auffassung des BGH bestehen aber vor der Registrierung einer Domain seitens der DENIC keine Prüfungspflichten, da sie eine öffentliche Aufgabe wahrnimmt und ohne Gewinnerzielungsabsicht handelt. Es liege zudem wegen der Schnelligkeit und Preiswertigkeit im öffentlichen Interesse, dass das Registrierungsverfahren automatisiert und ohne langwierige Prüfung erfolgt.[15]

Etwas anderes kann aber gelten, wenn **die Vergabestelle darüber informiert wird**, dass der eingetragene Domainname Rechte Dritter verletzt. In diesen Fällen kann ei-ne Prüfungspflicht zu bejahen sein, wenn sich die Rechtsverletzung unschwer beurteilen lässt. Dies ist etwa dann anzunehmen, wenn der verantwortlichen Organisation ein rechts-kräftiger gerichtlicher Titel oder eine unstreitig wirksame Unterwerfungserklärung des Domaininhabers vorliegt oder wenn die Rechtsverletzung derart eindeutig ist, dass sie sich aufdrängen muss. Letzteres ist bei einer Markenrechtsverletzung nur dann der Fall, wenn die Domain mit einer berühmten Marke, die über eine überragende Verkehrsgeltung auch in allgemeinen Verkehrskreisen verfügt, identisch ist.[16] Gleiches wird man auch für die Prüfpflichten der Betreiber der sog. „New Generic Top-Level-Domains" annehmen müssen. Zwar verfolgen diese im Gegensatz zur DENIC überwiegend eigene finanziel-le Interessen. Auch sollen durch den von der ICANN entwickelten „Trademark-Claims-Service" Rechtsverletzungen gerade vermieden werden. Allerdings beschränken sich die Aufgaben darauf, auf das Bestehen fremder Kennzeichenrechte hinzuweisen.[17] Eine über die allgemeinen Pflichten hinausgehende Verantwortlichkeit lässt sich daraus nicht ablei-ten.

Beispiel

Eine offenkundige Rechtsverletzung kann auch bei der **offensichtlich unberechtig-ten Verwendung eines bekannten Namens** vorliegen, etwa wenn es sich bei dem als verletzt geltend gemachten Namen „regierung-oberfranken.de" um die offizielle Bezeichung der für die Verwaltung eines Regierungsbezirks zuständigen Behörde handelt und der beanstandete Domainnamen von einem in Panama ansässigen Unter-nehmen registriert worden ist.[18]

---

[14] BGH, GRUR 2001, 1038 – ambiente.de.
[15] BGH, GRUR 2001, 1038, 1040 – ambiente.de.
[16] BGH, GRUR 2001, 1038, 1040 f. – ambiente.de; OLG Köln GRUR-RR 2009, 27.
[17] Fezer/*Jung-Weiser*, UWG, S. 11, Rn. 55 ff.
[18] BGH, GRUR 2012, 651 – regierung-oberfranken.de.

Ist für die Vergabestelle nach einem Hinweis des Verletzten somit unschwer erkennbar, dass ein registrierter Domainname dessen Rechte verletzt, ist sie **zur Löschung der Domain verpflichtet**.[19] Der Kennzeicheninhaber ist also nicht auf die oftmals zeitaufwändige Durchsetzung seiner Ansprüche gegen den Domaininhaber angewiesen. Allerdings besteht gegen die Vergabestelle kein Anspruch auf Sperrung eines Domainnamens für jede zukünftige Eintragung eines Dritten.[20]

2.2 Marken- und namensrechtliche Ansprüche von und gegen Domaininhaber

Domainstreitigkeiten berühren zunächst häufig das Markenrecht. Dies gilt sowohl für die Frage, inwieweit an einem Domainnamen ein **eigenes Kennzeichenrecht** entstehen kann (1.), als auch für die Frage, welche **Ansprüche gegen Dritte** hergeleitet werden können, die fremde Kennzeichenrechte verletzen – und zwar unabhängig davon, ob es um Ansprüche *von* oder *gegen* **Domaininhabern** geht (2.).

2.2.1 Entstehung eines kennzeichenrechtlichen Schutzes von Domainnamen (§§ 4, 5 MarkenG)

Domainnamen, die über ihre bloße Adressfunktion hinaus unterscheidungskräftig sind oder für die eine Verkehrsdurchsetzung besteht, können markenrechtlichen Schutz entweder **durch Eintragung** in das Markenregister **oder durch umfangreiche Benutzung kraft Verkehrsgeltung** erlangen. Voraussetzung dafür ist stets, dass der Domainname geeignet ist, von einem nicht unbeachtlichen Teil des Verkehrs als **Hinweis auf ein Produkt, ein Unternehmen, eine Person oder ein Werk** verstanden zu werden.[21] Je nach der Art der Benutzung und der darauf beruhenden Verkehrsauffassung kann die Domain auch einen Schutz als Unternehmenskennzeichen,[22] als Werktitel zur Bezeichnung der Homepage[23] oder auch als ein Namensrecht[24] erlangen.

2.2.1.1 Schutz kraft Eintragung als Marke („Registermarke")
Für eine Domain kann durch ihre **Eintragung als Wortmarke** (oder auch als Wort-Bild-Marke) in das Register des Deutschen Patent- und Markenamtes Markenschutz nach § 4

---

[19] BGH, GRUR 2012, 651 Rn. 20 – regierung-oberfranken.de.
[20] BGH, GRUR 2004, 619, 621 f. – kurt-biedenkopf.de; OLG Frankfurt MMR 2011, 176 – sr.de; LG.
Frankfurt a. M., MMR 2009, 704, 705 f. – Lufthansa-Domains.
[21] Siehe dazu *Fezer*, MarkenG, § 3 Rn. 309 ff.
[22] BGH, GRUR 2004, 619, 620 – kurt-biedenkopf.de; BGH, GRUR 2005, 262, 263 – soco.de.
[23] OLG, Dresden NJWE-WettbR 1999, 130, 131 f. – dresden-online.
[24] BGH, GRUR 2004, 619, 620 – kurt-biedenkopf.de.

Nr. 1 MarkenG erworben werden. Daneben kommt auch eine Eintragung in das Gemein-
schaftsmarkenregister oder in das von der WIPO geführte Register für international registrierte Marken mit Schutzerstreckung für Deutschland in Betracht. Grundsätzlich bestehen
für die Eintragung einer Domain als Registermarke keine Besonderheiten gegenüber anderen Kennzeichen. In Betracht kommt sowohl die Eintragung der gesamten Domain,
einschließlich der Top-Level-Domain, als auch die Eintragung nur der Second-Level-Domain. Zu beachten ist allerdings zum einen, dass die Verwendung oder das Weglassen
eines Zusatzes, wie etwa „.to" oder „.info" durchaus **Auswirkung auf die Kennzeichnungskraft** und damit auf den Schutzbereich der Marke gegen eine Verwechslungsgefahr
durch ähnliche Zeichen oder Domains haben kann (siehe dazu unten),[25] wenngleich allgemein übliche Endungen wie „.de" oder „.com" regelmäßig kaum nennenswerte Unterscheidungskraft beizusteuern vermögen.[26]

Zum anderen ist zu beachten, dass die Marke grundsätzlich auch in der eingetragenen
Form benutzt werden sollte, weil andernfalls markenrechtliche Ansprüche nach § 25 MarkenG ausgeschlossen sein können (sog. **Nichtbenutzungseinrede**). Die Marke darf nicht
nur als rein beschreibender Hinweis oder als bloße Adresse benutzt werden,[27] sondern
in einer Weise, die geeignet ist, auf die Herkunft einer Ware oder Dienstleistung hinzuweisen. Allerdings genügt auch die Benutzung der Marke in einer abweichenden Form,
soweit die Abweichungen den kennzeichnenden Charakter der Marke nicht verändern.
Dies bedeutet für Domainnamen grundsätzlich, dass das Anhängen oder Weglassen eines Zusatzes, wie „.de" oder „.com" in der Regel keine Nichtbenutzungseinrede nach
§ 25 MarkenG rechtfertigt. Dies gilt jedenfalls dann, wenn dem Zusatz kein wesentlicher
kennzeichnender Charakter zukommt, weil die Domain ihre Kennzeichnungskraft im Wesentlichen aus der Second-Level-Domain erhält.

Beispiel

Die Bezeichnung „Ferrari" gewinnt oder verliert durch das Anhängen oder Weglassen
des Zusatzes „.com" nicht wesentlich an Kennzeichnungskraft. Anders ist dies aber
wohl bei „neu" bzw. „neu.de" zu sehen.

Die Domain muss außerdem zur Unterscheidung von Waren oder Dienstleistungen
eines Unternehmens von den Waren oder Dienstleistungen eines anderen Unternehmens
geeignet sein. Maßgeblich ist dabei lediglich die abstrakte Eignung, das heißt, es ist
darauf abzustellen, ob die Domain überhaupt eine Unterscheidungsfunktion zu erfüllen vermag. Dies ist bei Domainnamen stets anzunehmen, da ihr Zweck gerade darin
besteht, Internetseiten zu bezeichnen. Darüber hinaus ist aber auch eine **konkrete Unterscheidungskraft** erforderlich, also die Eignung zur Unterscheidung in Bezug auf die
Waren oder Dienstleistungen, für die das Zeichen angemeldet wird (siehe § 8 Abs. 2

---

[25] Vgl. LG Hamburg, MMR 2003, 796 – tipp.ag; OLG Düsseldorf, MMR 2003, 177, 178 – versi-
cherungsrecht.de.

[26] *Bottenschein*, MMR 2001, 286, 289; LG Hamburg, MMR 2003, 599 – handy.de.

[27] Vgl. BGH, GRUR 2012, 832 – ZAPPA.

Nr. 1 MarkenG). Die Unterscheidungskraft liegt vor, wenn der Name innerhalb der beteiligten Verkehrskreise als Hinweis auf die betriebliche Herkunft verstanden wird. Sie ist zum einen im Hinblick auf die Waren oder Dienstleistungen, für die die Marke angemeldet worden ist bzw. angemeldet werden soll, und zum anderen im Hinblick auf die Anschauung des maßgeblichen Publikums zu beurteilen. Nicht ausreichend ist die Unterscheidungskraft im Hinblick auf Internetseiten als solche. Denn die Homepage selbst stellt keine Ware oder Dienstleistung i. S. d. Markenrechts dar, sondern ist lediglich ein Mittel, die dahinter stehenden Waren bzw. Dienstleistungen anzubieten.[28] Anknüpfungspunkt für die Beurteilung der konkreten Unterscheidungskraft sind also immer Waren oder Dienstleistungen, die ggf. auf einer Internetseite angeboten werden, nicht dagegen die Internetseite als solche.

Beispiel

Dem Begriff „TURBO" fehlt jegliche Unterscheidungskraft, da er sich in der Umgangssprache über seine ursprüngliche Bedeutung hinaus zum Modewort für eine Eigenschaft entwickelt hat.[29] In Betracht käme allenfalls die Eintragung der Bezeichnung mit einem Zusatz, wie etwa „trubo.de", weil dann zumindest durch den Zusatz „.de" eine gewisse – wenn auch geringe – Unterscheidungskraft vorliegen kann.

Zu unterscheiden ist die konkrete Unterscheidungskraft schließlich vom ebenfalls zu beachtenden **Freihaltebedürfnis**. Durch das Freihaltebedürfnis sind solche Zeichen von der Eintragung ausgeschlossen, die nach allgemeinem Sprachgebrauch Merkmale der Produkte beschreiben oder verkehrsübliche Angaben darstellen (§ 8 Abs. 2 Nr. 2 und 3 MarkenG). Es dient der Verhinderung einer Zeichenmonopolisierung im Interesse der Mitbewerber. Bei einem Zeichen mit größerem Freihaltebedürfnis muss die Unterscheidungskraft höher sein (Wechselwirkungslehre).[30]

Beispiel

Für das Wort „neu" besteht ein Freihaltebedürfnis nach § 8 Abs. 2 Nr. 2 MarkenG, so dass die Bezeichnung „neu" nicht als Marke eintragungsfähig ist. Zu beachten ist aber, dass das Freihaltebedürfnis nur die geschäftliche Verwendung der Bezeichnung betrifft, nicht aber das Interesse am Freihalten bestimmter Domainnamen. Daher kann beispielsweise eine Bezeichnung wie „neu.de" mit der Top-Level-Domain als Zusatz durchaus unterscheidungskräftig sein. Allerdings besitzt auch der prägende Zusatz nur geringe Unterscheidungskraft, so dass daraus beispielsweise nicht gegen die Verwendung einer ähnlich lautenden Domain, wie etwa „neu.eu" vorgegangen werden könnte.

[28] OLG Köln, MMR 2006, 469 – investment.de.
[29] BGH, GRUR 1995, 410 – TURBO.
[30] BGH, GRUR 1992, 515, 516 – vamos; BGH, GRUR 1994, 803 – TRILOPIROX.

2.2.1.2 Schutz aufgrund Benutzung als Kennzeichen („Benutzungsmarke")

Besitzt ein Kennzeichen oder ein Domainname im Inland **Verkehrsgeltung** (oder handelt es sich um eine „notorisch bekannte Marke"), so kann für diese **auch ohne Registrierung** beim DPMA durch bloße Benutzung ein Markenschutz entstehen (§ 4 Nr. 2, 3 MarkenG).[31] Erforderlich ist neben der Verkehrsgeltung aber auch, dass der Verkehr die Bezeichnung als Hinweis auf die betriebliche Herkunft versteht und eine gedankliche Beziehung zwischen der Bezeichnung und bestimmten Waren oder Dienstleistungen herstellt.[32] Der Verkehr muss aus der Benutzung der Domain erkennen können, dass mit ihrer Verwendung nicht nur der Geschäftsbetrieb benannt, sondern auch eine konkrete Dienstleistung oder Ware bezeichnet wird, die aus ihm stammt. Die bloße Benutzung einer Domain vermag also für sich allein noch keine Markenrechte zu begründen, solange hiermit keine konkreten Inhalte verbunden sind und somit noch keine Zuordnung zu bestimmten Waren oder Dienstleistungen erfolgt.[33]

Welche Anforderungen an die Verkehrsgeltung zu stellen sind, lässt sich nicht allgemein, sondern nur nach Maßgabe der besonderen Umstände des Einzelfalls festlegen.[34] Als allgemeine Leitlinie lässt sich aus der Vielzahl der dazu ergangenen Entscheidungen der Grundsatz ableiten, dass der Grad der Verkehrsgeltung von der Unterscheidungskraft des Zeichens abhängig ist. Je geringer die Unterscheidungskraft eines Zeichens ist, desto höher ist die Quote der notwendigen Verkehrsgeltung zu veranschlagen. Anhaltspunkte für die Verkehrsgeltung können die Anzahl der Seitenaufrufe, die Zahl der Verlinkungen auf die Domain von anderen Seiten, der Rang der Domain in Suchmaschinen, der Umfang der eingesetzten Werbung oder die über die Internetseite erzielten Umsätze sein.[35] Angesichts der hohen Anforderungen, die an eine Verkehrsgeltung gestellt werden, dürfte nur wenigen Domainnamen, wie etwa „amazon.com" oder „ebay.de" ein entsprechender Schutz zukommen. Fehlt es der Domain an Verkehrsgeltung, kann ihr eine prioritätsjüngere Marke entgegenstehen.

Vom Begriff der „Verkehrsgeltung" ist der Begriff der „Verkehrsdurchsetzung" im Sinne von § 8 Abs. 3 MarkenG zu unterscheiden. Bei letzterem geht es darum, dass bestimmte Eintragungshindernisse, wie insbesondere fehlende Unterscheidungskraft, überwunden werden können, wenn sich das Zeichen im Verkehr als Marke durchgesetzt hat. Im Regelfall sind bei der Beurteilung der Verkehrsdurchsetzung noch strengere Maßstäbe anzulegen als bei der Verkehrsgeltung.

Genießt eine Domain wegen Verkehrsgeltung nach § 4 Nr. 2 MarkenG kennzeichenrechtlichen Schutz, besteht gegenüber einer eingetragenen Marke mit jüngerem Zeitrang aber nur dann ein Anspruch auf Löschung, wenn die Domain aufgrund einer entsprechenden Verkehrsgeltung im gesamten Bundesgebiet Schutz genießt.[36] Noch nicht abschlie-

---

[31] OLG München, ZUM 2000, 72, LG Rostock, K&R 1999, 90 – mueritz-online.de.
[32] Vgl. BGH, GRUR 2009, 685 Rn. 22 – ahd.de.
[33] BGH, GRUR 2009, 685 Rn. 30 – ahd.de; OLG Hamburg, GRUR-RR 2006, 14 – Metrosex.
[34] Siehe dazu *Götting*, Gewerblicher Rechtsschutz, § 58.
[35] Vgl. z. B. OLG Köln, MMR 2007, 326 – internationalconnection.de; LG Düsseldorf, MMR 2003, 131 – urlaubstip.de.
[36] Vgl. dazu BGH, GRUR 2005, 262 – soco.de.

ßend geklärt ist aber, ob im Falle einer **nur regional bestehenden Verkehrsgeltung** auch ein Erwerb eines regional beschränkten Markenschutzes nach § 4 Nr. 2 MarkenG möglich ist. Die Zubilligung von Verkehrsgeltung für einen abgegrenzten Wirtschaftsraum zu Gunsten eines auch bundesweit tätigen Anbieters würde dazu führen, dass für dasselbe Zeichen und dieselben Waren bzw. Dienstleistungen in der einen Region Deutschlands dem einen und in anderen Regionen dem anderen Anbieter ausschließliche Nutzungsrechte zustünden. Eine klare Zuordnung des Zeichens und seine Funktion als Marke, auf einen bestimmten Anbieter hinzuweisen, wären dann aber kaum noch gewährleistet. Jedenfalls in Fällen, in denen der Domaininhaber seine Ware oder Dienstleistung bundesweit im Internet anbietet und die räumlich begrenzte Bekanntheit der Domain darauf beruht, dass sich Werbemaßnahmen in der fraglichen Region konzentrieren, erscheint die Möglichkeit des Erwerbs eines regional beschränkten Markenschutzes zweifelhaft.[37]

2.2.1.3 Schutz als Unternehmenskennzeichen

Eher als ein markenrechtlicher Schutz nach den strengen Voraussetzungen des § 4 Nr. 2 und 3 MarkenG, kommt ein Schutz als Unternehmenskennzeichen nach § 5 Abs. 2 MarkenG in Betracht, wenn der Domainname das Unternehmen bezeichnet und in dieser Form im geschäftlichen Verkehr genutzt wird sowie originäre Kennzeichnungskraft *oder* Verkehrsgeltung besitzt.[38] Während Marken unmittelbar auf das Produkt oder die Dienstleistung und nur mittelbar auf das Unternehmen hinweisen, verhält es sich bei Unternehmenskennzeichen genau umgekehrt: Sie weisen unmittelbar auf das Unternehmen und nur mittelbar auf die daraus stammenden Produkte oder Dienstleistungen hin. Hinsichtlich der Schutzvoraussetzungen ist zwischen solchen Kennzeichen zu differenzieren, die ihrer Natur nach Unterscheidungskraft besitzen, und solchen, denen diese Eigenschaft fehlt. Erstere erlangen den Schutz mit der ersten Aufnahme der **Benutzung**, letztere erst durch den Erwerb von **Verkehrsgeltung**.[39] Ein so entstandenes Kennzeichenrecht kann **Schutz vor Verwechslungen durch die Benutzung ähnlicher jüngerer Unternehmenskennzeichen** bieten (§ 15 MarkenG) oder auch **dem Inhaber einer prioritätsjüngeren Marke entgegengehalten werden**, der mit seiner Marke die Nutzung der Domain unterbinden möchte (Prioritätsprinzip, § 6 MarkenG).

Erforderlich ist aber in jedem Fall, dass der Domainname **namensmäßig** und nicht lediglich als Adressbezeichnung verwendet wird. Daran kann es fehlen, wenn nach Eingabe der Domain auf der Internetseite das eigentliche, von dem Domainnamen abweichende Unternehmenskennzeichen erscheint. Der Schutz als Unternehmenskennzeichen entsteht zudem erst mit der Benutzung der Domain, nicht bereits mit der Registrierung.[40]

---

[37] Vgl. OLG Köln, GRUR-RR 2007, 272 – 4DSL; a. A. für Unternehmenskennzeichen BGH, GRUR 2005, 262 – soco.de.

[38] Vgl. BGH, GRUR 2005, 262, 263 – soco.de; BGH, GRUR 2008, 1099, 1100 f. – afilias.de.

[39] Siehe dazu *Götting*, Gewerblicher Rechtsschutz, § 60.

[40] BGH, GRUR 2008, 912 Rn. 16 – Metrosex; OLG Dresden, BeckRS 2013, 08249; OLG Frankfurt, MMR 2010, 831, 832.

Beispiele

Der Domainname „fluege.de" genießt keinen Schutz als Unternehmenskennzeichen für ein Unternehmen das Flüge vermittelt, da es sowohl an der namensmäßigen Unterscheidungskraft als auch an der Verkehrsgeltung fehlt.[41] Auch in der Domain „1–800-flowers.com" wird man keine namensmäßige Verwendung, sondern lediglich eine Adressbezeichnung sehen können, wenn der Bestandteil „flowers" rein beschreibend ist und „1-800" lediglich auf die Erreichbarkeit über eine gebührenfreie Telefonnummer hinweist.[42] Demgegenüber kann durch die Benutzung des Domainnamens „soco.de" ein entsprechendes Unternehmenskennzeichen entstehen, wenn durch die Art der Benutzung deutlich wird, dass der Domainname nicht lediglich als Adressbezeichnung verwendet wird, und der Verkehr daher in der als Domainname gewählten Bezeichnung einen Herkunftshinweis erkennt.[43] Gleiches gilt für die Nutzung der Domain „abebooks.com" als besondere geschäftliche Bezeichnung für einen Internet-Buchhandel.[44]

Die Verwendung einer Domain kann schließlich auch zur Entstehung eines **Geschäftsabzeichens** führen.[45] Für den Fall, dass sie in den beteiligten Verkehrskreisen eine solche Bekanntheit erlangt haben, dass diese sie als Hinweis auf das Unternehmen ansehen (Verkehrsgeltung), werden sie gemäß § 5 Abs. 2 S. 2 MarkenG der besonderen Bezeichnung eines Geschäftsbetriebes gleichgestellt. Als Geschäftsabzeichen bzw. sonstige Kennzeichen kommen insbesondere Werbesprüche und schlagwortartige Abkürzungen in Betracht.[46] Anders als Unternehmenskennzeichen mit originärer Kennzeichnungskraft entstehen Geschäftsabzeichen nicht bereits mit Aufnahme der Benutzung.

2.2.1.4 Titelschutz der Domain

Stellt eine Internetseite ein werktitelfähiges Werk dar, kann der Domain Werktitelschutz nach § 5 Abs. 3 MarkenG zukommen.[47] Unter Werktiteln, die als geschäftliche Bezeichnungen Schutz genießen, versteht das Gesetz die Namen oder besonderen Bezeichnungen von Druckschriften, Filmwerken, Tonwerken, Bühnenwerken oder sonstigen vergleichbaren Werken. In Betracht kommen somit auch **Internetportale** oder **Internetzeitschrif-**

---

[41] OLG Dresden, MMR 2015, 193.
[42] OLG München, GRUR-RR 2005, 375, 378 – 800-FLOWERS.
[43] BGH, NJW 2005, 1198 – soco.de.
[44] OLG Hamburg, GRUR-RR 2005, 381, 383 – abebooks.
[45] OLG Dresden, MMR 2006, 685 f.
[46] OLG Hamburg, WRP 1958, 340 – Blumen in alle Welt.
[47] BGH, GRUR 2010, 156 Rn. 20 – EIFEL-ZEITUNG; vgl. auch OLG München GRUR 2001, 522, 524 – Kuechenonline; OLG Dresden NJWE-WettbR 1999, 130, 131 – dresden-online.de; OLG München, GRUR 2006, 686, 687 – Österreich.de; OLG Hamburg, K&R 2001, 368, 371 – sumpf-huhn.de.

ten, aber auch **virtuelle Ausstellungen**, **Online-Spiele** und **Recherche-Dienste**.[48] Erforderlich ist aber, dass der geistige Inhalt der mit der Domain verbundenen Website im Vordergrund steht und dieser vom Verkehr eine den in § 5 Abs. 3 MarkenG genannten Druckschriften, Filmwerken, Tonwerken und Bühnenwerken vergleichbare Bedeutung beigemessen wird. Demgegenüber erscheint es angesichts einer andernfalls drohenden Ausuferung des Kennzeichenschutzes nicht gerechtfertigt, jeder unter einer kennzeichnungskräftigen Domain abrufbaren, individuell gestalteten Website die Eignung als titelschutzfähiges Werk anzuerkennen.[49] Dies gilt beispielsweise für Websites, die lediglich das eigene private oder unternehmerische Profil wiedergeben.

Voraussetzung für den Schutz von Werktiteln ist ferner, dass sie die für die jeweilige Kategorie von Werken erforderliche **Unterscheidungskraft** besitzen, an die nach den von der Rechtsprechung entwickelten Grundsätzen keine hohen Anforderungen zu stellen sind. Der Titel muss eine solche Kennzeichnungskraft aufweisen, dass er geeignet ist, ein Werk von einem anderen zu unterscheiden, wobei ein Mindestmaß an Individualität genügt.[50] Ist die erforderliche Unterscheidungskraft zu bejahen, so entsteht der Schutz durch die **Aufnahme der Benutzung** oder durch eine öffentliche **Titelschutzanzeige**, wenn das darin genannte Werk innerhalb einer angemessenen Frist nach Veröffentlichung der Anzeige auch tatsächlich öffentlich gemacht wird. Allerdings reicht für die Vorverlagerung des Schutzes eines Werktitels durch eine Titelschutzanzeige die bloße Titelankündigung auf der eigenen Internetseite nicht aus.[51] Fehlt die erforderliche Unterscheidungskraft, hängt der Schutz davon ab, ob der Titel **Verkehrsgeltung** erlangt hat. Der Titelschutz für eine Domain, die etwa eine Internetzeitschrift bezeichnet, entsteht allerdings erst dann, wenn das über den Domainnamen erreichbare titelschutzfähige Werk weitgehend fertig gestellt ist.[52]

2.2.2 Ansprüche wegen Verletzung von Kennzeichenrechten (§§ 14, 15 MarkenG)

Genießt ein Domainname nach den vorstehenden Voraussetzungen markenrechtlichen Schutz, bestimmt sich der **Schutzumfang** nach den allgemeinen Regeln des MarkenG. Selbstverständlich können aber kennzeichenrechtliche Ansprüche nicht nur *zu Gunsten* eines Domaininhabers bestehen, sondern auch *gegen ihn*. Denn unabhängig von einem *eigenen* kennzeichenrechtlichen Schutz der Domain können **durch die Registrierung und**

---

[48] OLG München, MMR 2006, 234 – österreich.de; OLG Düsseldorf, ZUM-RD 2001, 446 – claro.de; OLG Dresden, NJWE-WettbR 1999, 130, 131 – dresden-online.de; LG Stuttgart, MMR 2003, 675 – snowscoot.de; a. A. LG Düsseldorf, MMR 2003, 131 – urlaubstip.de.
[49] *Fezer*, MarkenG Einl. G Rn. 41; Fezer/*Jung-Weiser*, UWG, § 4-S11 Rn. 90.
[50] BGH, GRUR 2002, 1083, 1084 – 1, 2, 3 im Sauseschritt; BGH, GRUR 2002, 176 – Auto Magazin; *Ingerl/Rohnke*, MarkenG, § 5 Rn. 87.
[51] BGH, GRUR 2009, 1055 – airdsl.
[52] BGH, GRUR 2009, 1055 – airdsl; OLG München, MMR 2001, 381 – kuecheonline.de.

Benutzung eines Domainnamens auch bestehende Kennzeichenrechte Dritter (Marken, Unternehmenskennzeichen, geographische Herkunftsangaben oder Namen) **verletzt werden**.[53]

Der Schutzumfang eines Kennzeichens wird dabei einerseits durch die **Löschungstatbestände** nach §§ 9 Abs. 1, 51 MarkenG und andererseits durch die in § 14 Abs. 2 MarkenG geregelten **Untersagungstatbestände** bestimmt. Aufgrund Ersterer kann sich der Inhaber einer kennzeichenrechtlich geschützten Domain, gegen die Anmeldung und Eintragung einer prioritätsjüngeren Marke zur Wehr setzen, die mit seinem prioritätsälteren Kennzeichen kollidiert.[54] Demgegenüber stellt der Kollisionstatbestand in § 14 Abs. 2 MarkenG auf die Benutzung des Zeichens durch Dritte im geschäftlichen Verkehr ab. Gemeinsame Voraussetzungen für einen Eingriff in ein Kennzeichenrecht sind (1.) das Handeln im geschäftlichen Verkehr, (2.) die kennzeichenmäßige Benutzung des Kennzeichens sowie (3.) die weiteren Voraussetzungen des Identitäts-, Verwechslungs- oder Bekanntheitsschutzes der Marke.[55] Zu beachten sind schließlich etwaige Schranken des Markenschutzes (4.).

Der Inhaber eines Namens- oder Kennzeichenrechts kann also nicht schon allein unter Berufung auf sein Recht *jedwede* Nutzung des Kennzeichens, wie etwa das Halten eines entsprechenden Domainnamens, untersagen. Erforderlich ist vielmehr, dass das Kennzeichen in einer das **Recht des Dritten verletzenden Weise** verwendet wird oder verwendet werden soll, d. h. der Domaininhaber das Kennzeichen gerade in der Art und Weise benutzt, wie es nach dem MarkenG allein dem Markeninhaber vorbehalten sein soll. Insbesondere setzt sich daher auch ein Namens- oder Kennzeichenrecht nicht ohne weiteres gegenüber dem Nutzungsrecht des Domaininhabers durch, sondern nur bei Vorliegen der einzelnen gesetzlichen Voraussetzungen.

2.2.2.1   Handeln im geschäftlichen Verkehr[56]

Ein markenrechtlicher Anspruch setzt zunächst voraus, dass der Anspruchsgegner **im geschäftlichen Verkehr handelt**. Dieses Erfordernis bringt zum Ausdruck, dass das Markenrecht als Teil des Wettbewerbsrechts im weiteren Sinne die Regelung des wirtschaftlichen Wettbewerbs bezweckt. Unter einem Handeln im geschäftlichen Verkehr ist jede wirtschaftliche Tätigkeit zu verstehen, die dazu bestimmt ist, der Förderung eines eigenen oder fremden Geschäftszwecks beliebiger Art zu dienen. Der Begriff des geschäftlichen Verkehrs ist weit auszulegen und umfasst im weitesten Sinne **jede selbstständige wirtschaftliche Betätigung**, wie insbesondere auch die Erwerbstätigkeit der freien Berufe und die wirtschaftliche Tätigkeit der öffentlichen Hand.[57] Maßgeblich ist, ob die Benutzung im Zusammenhang mit einer auf einen **wirtschaftlichen Vorteil** gerichteten kommerziellen Tätigkeit und nicht im privaten Bereich erfolgt.[58]

---

[53] BGH, GRUR 2009, 685 Rn. 15 ff. – ahd.de; BGH, WRP 2014, 424 Rn. 21 – wetteronline.de.
[54] BGH, GRUR 2008, 1099 Rn. 32 – afilias.de; BGH, GRUR 2009, 685 Rn. 31 – ahd.
[55] Siehe dazu *Götting*, Gewerblicher Rechtsschutz, § 55 II.
[56] Vgl. dazu *Fezer*, Markenrecht, § 3 Rn. 328.
[57] Siehe BGHZ 19, 299 – Bad Ems; BGHZ 82, 275 – Brillen-Selbstabgabestellen.
[58] EuGH, Slg. 2002, 10273 Rn. 40 = GRUR Int. 2003, 229 – Arsenal/Reed; seither st. Rspr.

Rein **private, wissenschaftliche oder amtliche Internetseiten** erfüllen die Voraussetzungen eines Handelns im geschäftlichen Verkehr grundsätzlich nicht und stellen demzufolge keine Markenverletzung dar (wie z. B. eine private Internetplattform zum Erfah-
rungsaustausch zu einer Automobilmarke oder die Seiten eines privaten Fanclubs oder
kritische Informationen zum Umweltschutz).[59] Etwas anderes kann jedoch dann gelten,
wenn die Nutzung einen gewissen Umfang annimmt und über das hinausgeht, was im
privaten Verkehr üblich ist.[60] In Betracht kommen insbesondere die Schaltung von geschäftlich nicht nur unbedeutender **Werbung auf den Internetseiten**[61] oder auch gezielte
Maßnahmen, um die Bekanntheit und damit den Wert eines Internetauftritts zu erhöhen,
wie etwa durch das Verschenken oder Verlosen von (Werbe-) Gegenständen.

Allerdings lässt sich jedenfalls aus der bloßen **Registrierung einer Domain** grundsätzlich noch nicht auf ein Handeln im geschäftlichen Verkehr schließen.[62] Das gleiche gilt
für bloße Ankündigungen, wie der Vermerk „Hier wird in Kürze eine Internetpräsenz entstehen" – jedenfalls solange darüber hinaus keine geschäftlichen Aktivitäten angekündigt
werden oder konkrete Anhaltspunkte bestehen, dass die registrierte Domain als Handels-
gut dienen soll. Denn grundsätzlich besteht keine Vermutung für geschäftliches Handeln
im Internet, so dass es weiterer Anhaltspunkte bedarf.[63]

2.2.2.2 Markenmäßige Benutzung

Im Hinblick auf den Zweck des Markenschutzes setzt eine Markenverletzung außerdem
voraus, dass das geschützte Zeichen **markenmäßig** (bzw. „kennzeichenmäßig"), d. h.
„als Marke", benutzt wird.[64] Erforderlich ist, dass durch die Zeichenverwendung zumindest eine **gedankliche Verknüpfung mit dem geschützten Zeichen** hergestellt wird[65]
und der Verkehr die Angaben als **Herkunftshinweis** versteht. Ein markenmäßiger Gebrauch liegt somit vor, wenn der Verkehr annimmt, dass das Zeichen gerade dazu dient,
die Produkte eines Unternehmers von Waren anderer Unternehmer **zu unterscheiden**.[66]
Ein markenmäßiger Gebrauch ist demnach dann zu verneinen, wenn das Zeichen **nur zu
rein beschreibenden Zwecken** oder ausschließlich zur **Kennzeichnung der besonderen
Eigenschaften** der von einem Dritten angebotenen Ware verwendet wird und deswegen
ausgeschlossen ist, dass der Verkehr das Zeichen als betriebliches Herkunftszeichen auf-

---

[59] Vgl. z. B. LG München I, ZUM 2004, 683 – sexquisit.de; KG, ZUM-RD 2002, 533 – oil-of-elf.de.
[60] LG Berlin, GRUR-RR 2004, 16; OLG Frankfurt a. M., GRUR 2004, 1042.
[61] So LG Hamburg, MMR 2000, 436, 437 – luckystrike.de; a. A. LG München I, CR 2001, 555 –
saeugling.de.
[62] BGH, GRUR 2008, 912 Rn. 16 – Metrosex; BGH, GRUR 2005, 687, 689 – welt-online.de.
[63] LG München I, ZUM 2004, 683 – sexquisit.de; a. A. *Fezer*, Markenrecht, § 3 Rn. 328.
[64] EuGH, GRUR Int. 1999, 438, 441 Rn. 38 – BMW; EuGH GRUR 2010, 445, 448 Rn. 76 – Google
und Google France; BGH, MMR 2011, 608 Rn. 24 ff. – Impuls.
[65] EuGH, GRUR 2004, 58, 60 Rn. 40 – Adidas-Salomon/Fitnessworld; EuGH, GRUR 2007, 971
Rn. 27 – Celine.
[66] EuGH, GRUR 2003, 55 Rn. 51 ff. – Arsenal Football Club; EuGH, GRUR 2009, 756 Rn. 59 –
L'Oreal/Bellure; BGH, GRUR 2010, 835 Rn. 23 – POWER BALL.

fasst.[67] Das Verständnis als Herkunftshinweis wird umso fernliegender sein, je größer dem Verkehr die Notwendigkeit der Freihaltung des Begriffes für den allgemeinen Gebrauch erscheinen muss.[68] Maßgebend ist dafür die Auffassung eines verständigen Durchschnitts-verbrauchers derjenigen Verkehrskreise, die mit den vertriebenen Waren angesprochen werden. Ausreichend ist es dabei bereits, wenn nur ein Teil des betroffenen Verkehrskreises der Verwendung des Zeichens eine markenmäßige Bedeutung beimisst.[69]

Beispiele

Kein markenmäßiger Gebrauch ist beispielsweise in der Verwendung des Begriffs „Flüge" in der Domain „flüge.de" zu sehen, genauso wenig wie in der Verwendung des Begriffs „Festspielhaus" zur Bezeichnung eines Veranstaltungsorts.[70]

Auch in der **Benutzung eines Domainnamens** im geschäftlichen Verkehr kann also eine kennzeichenmäßige Verwendung liegen, wenn der Verkehr darin keine rein beschrei-bende Adressbezeichnung, sondern einen Hinweis auf das Unternehmen oder auf die betriebliche Herkunft von Waren oder Dienstleistungen aus einem bestimmten Unterneh-men sieht.[71] Ein markenmäßiger Gebrauch ist beispielsweise dann zu bejahen, wenn der Domainname für ein **Internetportal** verwendet wird, **auf dem bestimmte Waren oder Dienstleistungen angeboten werden**.[72] Dies gilt auch, wenn sich die Angebote auf ei-ner anderen Internetseite befinden, auf die der Nutzer bei Aufruf des Domainnamens aber **automatisch weitergeleitet** wird.[73] Dagegen stellen bloße **Vorbereitungshandlungen,** wie etwa die Anmeldung, Registrierung und Reservierung eines Domainnamens, grund-sätzlich noch keine kennzeichenmäßige Benutzung dieser Bezeichnung im geschäftlichen Verkehr dar.[74]

Weitere Beispiele

Der Domainname „professional-nails.de" stellt keine markenmäßige Nutzung der Mar-ke „Professional Nails" dar, da der Verkehr den Domainnamen sogleich als rein be-schreibende Angabe erkennt.[75] An einer markenmäßigen Benutzung soll es auch bei

---

[67] EuGH GRUR 2002, 692, 693 – Hölterhoff.
[68] *Ingerl/Rohnke*, MarkenG, § 14 Rn. 156.
[69] EuGH, GRUR 2003, 55, 58 – Arsenal FC.
[70] BGH, GRUR 2002, 814, 815 – Festspielhaus I.
[71] Vgl. BGH, GRUR 2009, 685 – ahd.de; BGH, GRUR 2005, 871, 873 – Seicom; OLG München, GRUR 2000, 518, 519 – buecherde.com; siehe auch LG Mannheim, K&R 1998, 558, 559 – brock-haus.de; OLG Hamm, MMR 2013, 791, 792 – u-trockenbausysteme.de.
[72] BGH, GRUR 2009, 685 Rn. 22 – ahd.de; OLG Köln, CR 2008, 456, 457 – schutzengel.ws.
[73] BGH, GRUR 2009, 1055 – airdsl.
[74] BGH, GRUR 2008, 912 Rn. 16 – Metrosex; BGH, GRUR 2005, 687, 689 – welt-online.de; a. A. *Köhler*/Bornkamm, UWG, § 4 Nr. 10 Rn. 10.89 m. V. a.; vgl. auch BGH, GRUR 2002, 622, 624 – shell.de. In dieser Entscheidung ging es aber um die Verletzung von Namensrechten.
[75] OLG Düsseldorf, MMR 2007, 187 – professional-nails.de; siehe auch BGH, MMR 2008, 609 – metrosex sowie LG Köln, MMR 2006, 244 – bahnhoefe.de.

der Verwendung der Domain „awd-aussteiger.de" fehlen, da dadurch eine kritische Haltung gegenüber dem „AWD" zum Ausdruck gebracht werde, die deutlich macht, dass der Domainname lediglich auf eine fremde Dienstleistung Bezug nimmt.[76] Richtigerweise wird es aber bei Kennzeichenverwendungen im Rahmen von **gesellschafts- oder unternehmenskritischen Äußerungen** regelmäßig bereits an einer geschäftlichen Handlung fehlen. Liegt aber eine geschäftliche Handlung vor, so kann beispielsweise auch der Hinweis, dass Waren einer bestimmten Marke instandgesetzt und gewartet werden, eine markenmäßige Benutzung darstellen.[77] Entscheidend ist allein, ob der Verkehr die Bezeichnung nur als rein beschreibenden Hinweis der Waren und Produkte des Verwenders auffasst oder nicht doch auch die Gefahr besteht, dass die Bezeichnung gedanklich mit den Waren oder Dienstleistungen des Kennzeicheninhabers verknüpft wird. Daher ist auch die Nennung fremder Marken in einer Parfumimitationen-Vergleichsliste nicht nur rein beschreibend, wenn dabei auch **Werbezwecke verfolgt werden**.[78] Als markenmäßiger Gebrauch wird schließlich auch die satirische Auseinandersetzung mit bekannten Marken im Rahmen einer sog. **Markenparodie** angesehen. Ob dabei auch eine Ausnutzung der Unterscheidungskraft einer bekannten Marke i. S. v. § 14 Abs. 2 Nr. 3 MarkenG ohne rechtfertigenden Grund in unlauterer Weise erfolgt, ist dann aufgrund einer Interessenabwägung, insbesondere zwischen der Meinungs- und Kunstfreiheit nach Art. 5 Abs. 3 S. 1 GG und der Eigentumsgarantie bezüglich des Markenrechts nach Art. 14 Abs. 1 S. 1 GG zu entscheiden.[79]

2.2.2.3 Verwendung des geschützten Zeichens in einer das Markenrecht verletzenden Weise

Das Markenrecht gewährt dem Markeninhaber nach § 14 Abs. 2 Nr. 1 – 3 MarkenG **Identitäts-, Verwechslungs-** und **Bekanntheitsschutz**. Demnach genießt der Markeninhaber Schutz im Identitätsbereich, d. h. bei Identität der kollidierenden Marken und Waren oder Dienstleistungen (§ 14 Abs. 2 Nr. 1 MarkenG) sowie im Ähnlichkeitsbereich, d. h. bei Identität *oder* Ähnlichkeit der kollidierenden Marken und Waren oder Dienstleistungen, wenn hierdurch eine Verwechslungsgefahr hervorgerufen wird (§ 14 Abs. 2 Nr. 2 MarkenG). Wenn es sich um eine bekannte ältere Marke handelt, besteht ein erweiterter Schutz auch außerhalb des Ähnlichkeitsbereichs der Waren oder Dienstleistungen gegen unlautere Ausnutzung oder Beeinträchtigung der Unterscheidungskraft oder Wertschätzung der Marke (§ 14 Abs. 2 Nr. 3 MarkenG).

Während sich der Schutzumfang von Marken nach § 14 MarkenG richtet, ist für Verletzungen von geschäftlichen Bezeichnungen, wie Unternehmenskennzeichen oder Werktitel, § 15 MarkenG maßgeblich. Ein Unterschied zwischen beiden Rechtsnormen besteht darin, dass § 14 Abs. 2 MarkenG

---

[76] OLG Hamburg, MMR 2004, 415 – awd-aussteiger.de; vgl. auch EuGH, GRUR 2002, 692 Rn. 16 – Hölterhoff; siehe auch EuGH, GRUR 2007, 318 – Adam Opel/Autec.
[77] EuGH, GRUR Int. 1999, 438 (2. und 3. Leitsatz) – BMW.
[78] EuGH, GRUR 2009, 756 – L'Oréal, Rn. 62.
[79] BGH, GRUR 2005, 583, 584 – Lila-Postkarte.

dem Markeninhaber neben dem Verwechslungs- und Bekanntheitsschutz auch einen reinen Identitätsschutz gewährt, bei dem es nicht auf eine Verwechslungsgefahr ankommt. Demgegenüber ist für den Schutz des Inhabers eines Unternehmenskennzeichens außerhalb des Bekanntheitsschutzes stets das Vorliegen einer Verwechslungsgefahr erforderlich (§ 15 Abs. 2 MarkenG).

(1.) Identitätsschutz

Wer Markenschutz genießt, kann Dritten die Benutzung eines **identischen Zeichens** untersagen, sofern diese das Zeichen für **identische Waren oder Dienstleistungen** im geschäftlichen Verkehr verwenden (Identitätsschutz, § 14 Abs. 2 Nr. 1 MarkenG). Auf eine Verwechslungsgefahr kommt es nicht an.

(2.) Verwechslungsschutz

Liegt keine vollständige Identität sowohl hinsichtlich der Zeichen als auch der Waren oder Dienstleistungen vor oder geht es um den Schutz von Unternehmenskennzeichen (§ 15 MarkenG), so kommt ein Anspruch auf Unterlassung der Zeichennutzung nur bei Vorliegen einer **Verwechslungsgefahr** in Betracht (§ 14 Abs. 2 Nr. 2, § 15 Abs. 2 MarkenG). Eine Verwechslungsgefahr besteht aber grundsätzlich nur bei Identität oder Ähnlichkeit *sowohl* der kollidierenden Zeichen als auch zwischen den Waren oder Dienstleistungen, für die das Kennzeichen Schutz genießt, und denjenigen Waren oder Dienstleistungen, gegen die vorgegangen wird. Von der Vorschrift ausdrücklich eingeschlossen ist auch die Gefahr, dass die Marken gedanklich miteinander in Verbindung gebracht werden. Die danach möglichen drei Fallkonstellationen sind das Bestehen von (1.) Markenidentität und Produktähnlichkeit, (2.) Markenähnlichkeit und Produktidentität sowie (3.) Markenähnlichkeit und Produktähnlichkeit.[80]

Maßgebend für die Beurteilung der Verwechslungsgefahr ist der **Gesamteindruck der Kollisionszeichen**[81] und die **Produkt- bzw. Branchennähe**. Dabei ist darauf abzustellen, ob ein nicht unerheblicher Teil der beteiligten Verkehrskreise der Gefahr einer Irreführung unterliegt.[82] Es besteht eine **Wechselwirkung** zwischen den Faktoren der Identität oder Ähnlichkeit der Waren bzw. Dienstleistungen, der Identität oder Ähnlichkeit der Marken sowie der Kennzeichnungskraft der älteren Marke.[83] Aufgrund dieser Wechselbeziehung kann ein geringerer Grad der Ähnlichkeit der Zeichen durch einen höheren Grad der Ähnlichkeit der Waren und/oder eine besondere Bekanntheit der älteren Marke im Markt ausgeglichen werden.[84]

---

[80] *Fezer*, MarkenG, § 14 Rn. 316 f.

[81] BGH, GRUR 1996, 199 – Springende Raubkatze; 1996, 777 – JOY.

[82] BGH, GRUR 1992, 110 – dipa/dib.

[83] EuGH, GRUR 1998, 387, 389 – Sabèl/Puma; EuGH, GRUR 1998, 922 – Canon; BGH, GRUR 1999, 241 – Lions; BGH, GRUR 1999, 245 – LIBERO; BGH, GRUR 2002, 167, 169 – Bit/Bud; BGH, GRUR 2008, 258, 259 – INTERCONNECT/T-InterConnect; BGH, GRUR 2009, 766, 769 – Stofffähnchen.

[84] OLG Hamburg, MMR 2002, 682 – siehan; OLG Hamburg, ZUM-RD 2000, 74, 75 – translation-24.de; BGH, GRUR 2000, 506, 508 – ATTACHÉ/TISSERAND; BGH, GRUR 2001, 158, 159 f. – 3-

(a) Gesamteindruck und Kennzeichnungskraft

Gesamteindruck und **originäre Kennzeichnungskraft** der Marke bestimmen sich nach ihrer Eignung, sich unabhängig von der jeweiligen Benutzungslage als Unterscheidungsmittel für die Waren und Dienstleistungen eines Unternehmens bei den beteiligten Verkehrskreisen einzuprägen und die Waren und Dienstleistungen damit von denjenigen anderer Unternehmen zu unterscheiden. Marken, die über einen für die jeweiligen Waren oder Dienstleistungen erkennbar beschreibenden Anklang verfügen, haben regelmäßig nur geringe originäre Kennzeichnungskraft.[85] Wegen der Wechselwirkung kann aber bei besonders hoher Zeichenähnlichkeit selbst eine schwache Kennzeichnungskraft der Marke ausreichend sein, um eine Verwechslungsgefahr zu begründen.

Beispiele

Wegen der zu beachtenden Wechselwirkung von Kennzeichnungskraft und Zeichenähnlichkeit wurde beispielsweise trotz der schwachen Kennzeichnungskraft eine Verwechslungsgefahr zwischen „Creditolo" und „kredito.de"[86] oder zwischen „BYE BYE" und „byebye.de" angenommen.[87]

(b) Zeichenähnlichkeit

Die Ähnlichkeit zwischen Kennzeichen kann klangbildlich, schriftbildlich oder begrifflich begründet sein.[88] Besteht ein Zeichen aus mehreren Elementen gilt nach der sog. **Prägetheorie** des BGH, dass unter bestimmten Umständen einem einzelnen Bestandteil eines Zeichens eine das gesamte Zeichen prägende, **gesteigerte Kennzeichnungskraft** beizumessen sein kann.[89] Bloße Zusätze wie „www." oder „.com" sind regelmäßig Elemente ohne besondere Kennzeichnungskraft.[90] Daher kann insbesondere bei hochgradiger Zeichenähnlichkeit der sich aus dem Bestandteil „.de" ergebende Unterschied nicht berücksichtigt werden, da es sich dabei lediglich um einen Hinweis auf die in Deutschland übliche Top-Level-Domain handelt. Etwas anderes kann aber gelten, wenn die Second-Level-Domain und die Top-Level-Domain vom Verkehr als einheitliches Zeichen wahrgenommen werden und dieses Zeichen gerade aus der Verkoppelung ihre Unterscheidungskraft erlangt, wie etwa im Falle von „schokola.de".

Zudem wird bei einer Internetdomain, die zeichenähnlich mit einer prioritätsälteren Marke ist, die Verwechslungsgefahr i. S. v. § 14 Abs. 2 Nr. 2 und § 15 Abs. 2 MarkenG

Streifen-Kennzeichnung; BGH, GRUR 2002, 167, 169 – Bit/Bud; BGH, GRUR 2008, 258, 259 – INTERCONNECT/T-InterConnect.

[85] BGH, GRUR 2012, 1040 Rn. 29 – pjur/pure.

[86] OLG Hamburg, MMR 2013, 101.

[87] LG Köln, GRUR-RR 2013, 254.

[88] BGH, GRUR 2012, 1040 Rn. 37 – pjure/pure; OLG Hamburg, MMR 2013, 101, 102 – Creditolo/Kreditolo; OLG Hamburg, CR 2001, 552, 553 – buecher1001.de; OLG München, MMR 2000, 100, 101 – buecherde.com.

[89] BGH, GRUR 2002, 626, 628 – IMS; siehe auch BGH, GRUR 1996, 404, 405 – Blendax Pep.

[90] Vgl. BGH, GRUR 2009, 685 Rn. 26 – ahd.de; OLG München, ZUM-RD 2002, 87, 89 – mbp.de; LG München I, CR 2005, 532 – bmw4u.de.

nicht dadurch aufgehoben, dass der Internetnutzer naturgemäß bei der Wahrnehmung von Domains auf kleinste Unterschiede in der Schreibweise achten muss.[91] Genauso wenig wird die markenrechtliche Verwechslungsgefahr durch den Inhalt der Internetseite beseitigt, deren Domainname mit der Klagemarke zeichenähnlich ist.[92]

Beispiele

Eine Verwechslungsgefahr angenommen wurde beispielsweise zwischen „be-mobile.de" und „T-mobile", zwischen „G-Mail" und „GMail" sowie zwischen „kompit.de" und „compit".[93]

(c) Produktähnlichkeit oder Branchennähe

Für die Beurteilung der Dienstleistungs- und Produktidentität bzw. -ähnlichkeit und der Branchennähe kommt es bei der Verwendung von Kennzeichen in Domains maßgeblich auf den **Inhalt der Website** und die unter der Internetadresse angebotenen Waren und Dienstleistungen an.[94] Demgegenüber stellt aber die Website selbst noch keine verwechselungsfähige Ware oder Dienstleistung dar, weil nach den markenrechtlichen Grundsätzen ein markenrechtlicher Schutz nicht abstrakt, sondern nur auf konkrete Waren oder Dienstleistungen bezogen sein kann[95] und eine Internetseite als solche grundsätzlich keine Ware darstellt.

(d) Fehlvorstellung

Eine unmittelbare Verwechslungsgefahr im engeren Sinne liegt vor, wenn das Zeichen für die Marke gehalten und somit ein Irrtum über die Unternehmensidentität hervorgerufen wird.[96] Daneben kann eine Verwechslungsgefahr im Sinne eines **gedanklichen Inverbindungbringens** auch dann gegeben sein, wenn trotz erkannter Unterscheidung der Zeichen und der sie verwendenden Unternehmen der unzutreffende Anschein erweckt wird, die hinter den Zeichen stehenden Unternehmen seien miteinander vertraglich, organisatorisch oder in sonstiger Weise wirtschaftlich verbunden (**Verwechslungsgefahr im weiteren Sinne**).[97]

Beispiel

Die identische Übernahme des aufgrund seiner Bekanntheit besonders kennzeichnungskräftigen Zeichens „Peugeot" in die Domain „www.peugeot-tuning.de", die nur noch den rein beschreibenden Bestandteil „Tuning" beinhaltet, kann daher ohne

---

[91] Vgl. hierzu Fezer/*Jung-Weiser*, UWG, § 4-S11 Rn. 102 m. w. N.

[92] OLG Hamburg, GRUR-RR 2006, 262 – combit/kompit.de.

[93] OLG Hamburg, MMR 2003, 669; OLG Hamburg, MMR 2007, 653 – Gmail; OLG Hamburg, GRUR-RR 2006, 262 – combit/kompit.de.

[94] OLG Köln, MarkenR 2006, 92 ff.; OLG Hamburg, MMR 2002, 682 f. – siehan.de.

[95] OLG Köln, MarkenR 2006, 92 ff.; OLG Hamburg, MMR 2002, 682 f. – siehan.de.

[96] BGH, GRUR 2002, 171, 175 – Marlboro-Dach.

[97] BGH, GRUR 2001, 507, 508 – EVIAN/REVIAN; LG München I, CR 2005, 532 – bmw4u.de; OLG Köln, WRP 2002, 249 (251) – freelotto.de; OLG Köln, MMR 2003, 114 (117) – lotto-team.de.

weiteres geeignet sein, eine Verwechslungsgefahr zumindest im weiteren Sinne zu begründen.[98]

Die **bloße Registrierung** einer Domain ohne gleichzeitige Benutzung und ohne Bezug zu einer bestimmten Branche ruft dagegen in der Regel noch keine Verwechslungsgefahr hervor, solange nicht festgestellt werden kann, für welche Produkte oder Branche die Domain verwendet werden soll.[99]

(3.) Bekanntheitsschutz

Auch wenn wegen eines großen Abstandes der jeweiligen Waren oder Dienstleistungen voneinander *keine* Verwechslungsgefahr gegeben ist, kann eine Marke einen besonderen **Bekanntheitsschutz** nach § 14 Abs. 2 Nr. 3 MarkenG unter folgenden Voraussetzungen genießen: Erstens muss es sich bei dem prioritätsälteren Zeichen um eine im Inland bekannte Marke handeln, deren Unterscheidungskraft oder Wertschätzung zweitens durch die Benutzung der Marke mit jüngerem Zeitrang **ausgenutzt oder beeinträchtigt** wird und drittens muss dies **ohne rechtfertigenden Grund in unlauterer Weise** geschehen. Der Zweck der Regelung besteht darin, die über den Bereich der Warenähnlichkeit hinausreichende **außerordentliche Werbekraft** einer Marke, die sie aufgrund ihrer Bekanntheit erworben hat, zu schützen.

Welche Anforderungen an die Bekanntheit zu stellen sind, lässt sich nicht allgemein, sondern nur nach Maßgabe der besonderen Umstände des Einzelfalls festlegen.[100] Wie in der Gesetzesbegründung[101] nachdrücklich betont wird, ist sowohl auf **quantitative** als auch auf **qualitative Kriterien** abzustellen.[102] In quantitativer Hinsicht kommt es vor allem auf den durch Verkehrsbefragungen nachweisbaren Grad der Bekanntheit an.[103]

Eine **Ausnutzung der Wertschätzung** oder Unterscheidungskraft der bekannten Marke liegt dann vor, wenn der Domaininhaber durch die Aufnahme der bekannten Marke in den Domainnamen die Gütevorstellungen, die der Verkehr mit den unter diesem Kennzeichen vertriebenen Erzeugnissen verbindet, für sich ausnutzt und Internet-Nutzer gerade dadurch zum Aufrufen der eigenen Internetseite verleitet werden.[104]

---

[98] OLG Düsseldorf, GRUR-RR 2007, 102 – Peugeot-Tuning.

[99] Vgl. OLG Frankfurt a. M., WRP 2000, 772 – ALCON.de; vgl. aber auch OLG Hamburg, MMR 2002, 682 (683) – siehan.de; siehe ferner *Fezer*, Markenrecht, Einl G Rn. 77.

[100] EuGH, GRUR Int. 2000, 73 – Chevy; BGH, GRUR 2002, 340, 341 – Fabergé.

[101] In: Deutsches Markenrecht, Texte und Materialien, 1995, S. 148; ebenso *Fezer*, Markenrecht, § 14 Rn. 422.

[102] Str., a. A. *Ingerl/Rohnke*, MarkenG, § 14 Rn. 814.

[103] LG Hamburg, MMR 2000, 436, 437 – luckystrike.de; LG München I, CR 2005, 532 – bmw4u.de; OLG Hamm, MMR 2001, 749 – veltins.com; OLG Hamburg, GRUR-RR 2002, 100, 101 – derrick.de; OLG Karlsruhe, MMR 1999, 171, 172 – zwilling.de.

[104] Vgl. OLG Hamm, K&R 2003, 613 – aldireisen.de; OLG München, NJW-RR 1998, 984 – Freundin; BGH, GRUR 1985, 550, 553 – DIMPLE; BGH, GRUR 2000, 875, 877 – Davidoff; BGH, GRUR 2005, 583, 584 – Lila-Postkarte.

Beispiel

Durch die Benutzung des Domainnamens „ebay-anwalt.de" wird die Unterscheidungskraft und die Wertschätzung der Marke und des Unternehmenskennzeichens „eBay" ohne rechtfertigenden Grund in unlauterer Weise ausgenutzt.[105]

Demgegenüber liegt eine **Beeinträchtigung der Unterscheidungskraft** (Verwässerung) vor, wenn durch die Benutzung des Domainnamens Assoziationen zu dem bekannten Zeichen geweckt werden und dadurch der Werbewert beeinträchtigt wird. Zu fragen ist, ob die Eignung der Marke, die Waren oder Dienstleistungen, für die sie eingetragen ist und benutzt wird, als vom Inhaber dieser Marke stammend zu identifizieren, geschwächt wird, weil die Benutzung der jüngeren Marke zur Auflösung der Identität der älteren Marke und ihrer Bekanntheit beim Publikum führt. Oder anders gewendet, ob die ältere Marke, die eine unmittelbare gedankliche Verbindung mit den von ihr erfassten Waren und Dienstleistungen hervorrief, dies nicht mehr zu bewirken vermag.[106]

Der **Werbewert** eines Kennzeichens kann nach Auffassung des BGH aber auch schon dadurch beeinträchtigt sein, dass der Zeicheninhaber an einer entsprechenden Verwendung des Zeichens als Internet-Adresse, wie etwa „shell.de", gehindert ist und das an seinen Internet-Auftritt interessierte Publikum auf eine falsche Fährte gelockt wird.[107] Gleiches kann angenommen werden, wenn eine Domain angemeldet wird, die sich bis auf einen typischen **Tippfehler** an ein bekanntes Kennzeichen anlehnt, da dann der Werbewert des bekannten Zeichens dadurch beeinträchtigt ist, dass das an dem Internet-Auftritt des Inhabers der bekannten Marke interessierte Publikum abgelenkt wird.[108]

Schließlich kann die Registrierung und Verwendung eines Domainnamens eine Beeinträchtigung der Wertschätzung durch **Rufschädigung** oder **Markenverunglimpfung** darstellen, wenn die Marke für qualitativ minderwertige Produkte oder in herabsetzender Weise eingesetzt wird.[109]

Hinsichtlich der Frage, ob die Bekanntheit des Kennzeichens ohne rechtfertigenden Grund in **unlauterer Weise** ausgenutzt oder beeinträchtigt wird, sind die Umstände des Einzelfalls sowie die beiderseitigen Interessen an der Verwendung der Domain zu berücksichtigen. Rechtfertigungsgründe können sich insbesondere aus dem Schutz der Meinungs- und Pressefreiheit oder aus der Kunstfreiheit ergeben. In Betracht kommt aber auch die aus dem Namensrecht nach § 12 BGB folgende Berechtigung der Kennzeichenverwendung. Insbesondere muss derjenige, der lediglich seinen **bürgerlichen Namen als Internet-Adresse** verwendet, nicht notwendig gegenüber dem bekannten Zeichen weichen. Vielmehr ist auf Grund einer Interessenabwägung zu entscheiden, ob dem Namens-

---

[105] LG Hamburg, GRUR-RR 2009, 106, 107 – eBay-Anwalt.
[106] EuGH, GRUR 2009, 56 Rn. 29/76 – Intel; EuGH, GRUR 2009, 756 Rn. 39 – L'Oréal.
[107] BGH, GRUR 2002, 622, 625 – shell.de.
[108] *Bettinger*, Domainrecht, Teil 2 Rn. DE 250.
[109] BGH, GRUR 1986, 759 – BMW – Bumms-mal-wieder; LG Düsseldorf, JurPC Web-Dok. 267/2002, 4 – scheiss-t-online.de.

träger die Verwendung seines mit dem bekannten Zeichen identischen Namens untersagt werden kann.[110]

Grundsätzlich kann dem Namensträger nicht verwehrt werden, sich in redlicher Weise im Geschäftsleben unter seinem bürgerlichen Namen zu betätigen. Dies gilt grundsätzlich auch für die Verwendung seines Namens als Internet-Adresse. Beschränkt sich die Beeinträchtigung darauf, dass das bekannte Zeichen nicht mehr als Domain-Name verwendet werden kann, steht also insbesondere weder eine Verwechslungsgefahr noch eine Ausbeutung oder Beeinträchtigung des guten Rufs dieses Zeichens in Rede, verbleibt es im Allgemeinen bei der Prioritätsregel, d. h. dabei, dass der Domain-Name demjenigen zusteht, der ihn zuerst hat registrieren lassen. Etwas anderes kann aber gelten, wenn zwischen den Interessen der streitenden Gleichnamigen ein derart unterschiedliches Gewicht besteht, dass es nicht bei der Anwendung der Prioritätsregel bleiben kann. Insbesondere kann es die zwischen Gleichnamigen geschuldete Rücksichtnahme gebieten, dass einer der Namensträger für seinen Domain-Namen einen Zusatz wählt, wenn der Domainname andernfalls mit einem Kennzeichen mit überragender Bekanntheit wie z. B. „Shell" kollidiert und der Verkehr erwartet, unter der Domain „shell.de" das Angebot des Markeninhabers zu finden. Unter diesen Umständen kann dem Namensträger zuzumuten sein, seiner Internet-Adresse einen individualisierenden Zusatz beizufügen.[111] Andernfalls würde der Werbewert eines bekannten Zeichens in unlauterer Weise beeinträchtigt.

2.2.2.4   Schranken des Markenschutzes (§§ 20 ff. MarkenG)
Auch wenn die tatbestandlichen Voraussetzungen einer Markenverletzung erfüllt sind, können die in den Bestimmungen der §§ 20–26 MarkenG geregelten **Schranken des Schutzes** einer Geltendmachung von Ansprüchen entgegenstehen.

(1.) Gleichnamigkeit
Von Bedeutung ist zum einen die Schranke nach § 23 Nr. 1 MarkenG, wonach es Dritten nicht untersagt werden kann, im geschäftlichen Verkehr ihren **Namen** oder ihre **Anschrift** zu benutzen. Die Schrankenbestimmung des § 23 Nr. 1 MarkenG wird als eine Grundlage des Gleichnamigkeitsrechts im MarkenG angesehen.[112] Im Grundsatz besagt das **Recht der Gleichnamigen**, dass dem älteren Namensträger die Duldung der Benutzung eines jüngeren (bürgerlichen) Namens im Geschäftsverkehr trotz Verwechslungsgefahr zuzumuten sein kann, wenn der jüngere Namensträger an der Benutzung ein schutzwürdiges Interesse hat, redlich handelt und im Rahmen des Zumutbaren das Geeignete und Erforderliche tut, um Verwechslungen nach Möglichkeit zu begegnen.[113] Der Kennzeicheninhaber kann zur Vermeidung einer sonst **im geschäftlichen Verkehr** bestehenden Verwechslungsgefahr von einem geschäftlich handelnden Gleichnamigen verlangen, dass er bei Verwendung des Namens darauf Rücksicht nimmt. Bei der Benutzung im Internet kann dies etwa durch Aufnahme eines unterscheidenden Zusatzes in die Internet-Adresse geschehen oder durch einen klarstellenden Hinweis auf der ersten sich öffnenden

---

[110] BGH, GRUR 2002, 622, 625 – shell.de.
[111] BGH, GRUR 2002, 622, 625 – shell.de.
[112] So *Ingerl/Rohnke*, MarkenG, § 23 Rn. 26.
[113] *Ingerl/Rohnke*, MarkenG, § 23 Rn. 27; siehe z. B. BGH, GRUR 1991, 393 – Ott International; siehe auch BGH, GRUR 1966, 623, 625 – Kupferberg.

Interseite.[114] Zu beachten ist aber, dass ein solcher markenrechtlicher Anspruch grundsätzlich nur dann besteht, wenn der Gleichnamige auch **geschäftlich handelt**. Im Übrigen bleibt es beim **Grundsatz der Priorität** der Anmeldung, d. h. ein Domainname steht dem Erstanmelder zu, selbst wenn dieser nur private und keine geschäftlichen Interessen verfolgt.[115] Allerdings haben die Interessen eines Gleichnamigen im Interesse der großen Mehrzahl der Internetnutzer zurückzutreten, wenn es sich um eine **Marke mit überragender Bekanntheit** handelt. In einem solchen Fall ist dem Privaten die Verwendung eines unterscheidenden Zusatzes zuzumuten.[116]

Im Hinblick auf die gleichzeitige Benutzung der Marke „Budweiser" durch „Budvar" (Tschechische Republik) und „Anheuser-Busch" (USA) in Großbritannien hat der EuGH entschieden, dass der Inhaber einer älteren Marke (Anheuser-Busch) die Ungültigerklärung einer identischen jüngeren Marke (Budvar), die identische Waren kennzeichnet, nicht erwirken kann, wenn diese beiden Marken über eine lange Zeit hinweg in redlicher Weise gleichzeitig benutzt worden sind, da die Benutzung die Hauptfunktion der Marke, das heißt die Gewährleistung der Herkunft der Waren oder Dienstleistungen, gegenüber dem Verbrauchern nicht beeinträchtigt oder beeinträchtigen kann.[117] Im vorliegenden Fall waren diese Voraussetzungen erfüllt, denn die Biere der beiden Unternehmen konnten, auch wenn die Marken identisch waren, deutlich als von verschiedenen Unternehmen hergestellt wahrgenommen werden, weil sich die Biere seit jeher im Geschmack, im Preis und in der Aufmachung unterscheiden.[118]

(2.) Beschreibende Verwendung

Daneben hat der Inhaber einer Marke oder einer geschäftlichen Bezeichnung nicht das Recht, einem Dritten zu untersagen, im geschäftlichen Verkehr ein mit dem Kennzeichen identisches oder ähnliches Zeichen als **Angabe über Merkmale oder Eigenschaften von Waren oder Dienstleistungen** zu verwenden, wie etwa als Beschreibung der Art und Beschaffenheit, Bestimmung, Wert, geographischen Herkunft oder Zeit der Herstellung der Ware oder Erbringung der Dienstleistung (Nr. 2). Dadurch soll allen Wirtschaftsteilnehmern die Möglichkeit erhalten bleiben, für ihre Produkte beschreibende Angaben zu nutzen.[119]

Beispiel

So sah der BGH die Benutzung der Domain „turbo-post.de" trotz der Verwechslungsgefahr mit der Wortmarke „Post" als zulässig an. Der Bestandteil „POST" beziehe sich auf den Gegenstand der von dem Markeninhaber angebotenen Dienstleistungen und

---

[114] BGH, GRUR 2012, 706, 708 – vossius.de.
[115] BGH, GRUR 2012, 706, 708 – vossius.de.
[116] BGH, GRUR 2002, 622, 625 – shell.de.
[117] EuGH, GRUR 2012, 519 (3. Leitsatz), 523 Rn. 84 – Budvar/Anheuser-Busch.
[118] EuGH, a. a. O., Rn. 80 ff.
[119] BGH, GRUR 2009, 678 – POST/RegioPost. Daraus folgt jedoch nicht, dass das Freihaltebedürfnis als Ausdruck des Allgemeininteresses zu einer generellen Einschränkung des Markenrechts führt. Es bedarf stets der Anwendbarkeit der konkreten Schrankenbestimmung, vgl. EuGH, GRUR 2008, 503 – adidas/Marca Mode u. a.

sei somit eine Merkmalsangabe i. S. d. § 23 Nr. 2 MarkenG. Zudem sei im Interesse eines unverfälschten Wettbewerbs den Wettbewerbern, die neu auf dem bisher durch
Monopolstrukturen gekennzeichneten Markt für Postdienstleistungen auftreten, die Benutzung eines beschreibenden Begriffs wie „POST" auch dann zu gestatten, wenn eine
Verwechslungsgefahr mit der gleichlautenden, für die Rechtsnachfolgerin des bisheri-
gen Monopolunternehmens eingetragenen, Wortmarke besteht.[120]

(3.) Hinweis auf die Bestimmung einer Ware oder Dienstleistung

Darüber hinaus ist es auch erlaubt, sich des Zeichens als **Hinweis auf die Bestimmung
einer Ware**, insbesondere im Zubehör- oder Ersatzteilgeschäft (z. B. als Kennzeichnung
von Ersatzteilen bestimmter Autohersteller), oder einer Dienstleistung zu bedienen, soweit die Benutzung **notwendig** ist (Nr. 3). Eine solche Notwendigkeit der Benutzung
ist gegeben, wenn die Benennung des fremden Kennzeichens zu einer Aufklärung des
Verkehrs über den Verwendungszweck des Zubehörs oder Ersatzteils für ein fremdes Ori-
ginalprodukt sachlich geboten ist.[121] Darüber hinaus darf die Benennung des fremden
Kennzeichens nicht den berechtigten Interessen des Kennzeicheninhabers zuwiderlaufen.
Insbesondere darf im Verkehr nicht der unrichtige Eindruck erweckt werden, der Hersteller des Zubehörs oder Ersatzteils sei auch der Hersteller des Originalprodukts oder es
bestünden besondere vertragliche Beziehungen.

Beispiele
Entsprechend wurde die Benutzung der Domain „bmw-werkstatt.net", „ebay-recht.de"
oder „cat-Ersatzteile.de" nicht als nach § 23 MarkenG zulässig angesehen.[122] Bei der
Domain mit dem Bestandteil „eBay" gehe der unbefangene Besucher im Zweifel davon aus, dass sich dort eine Unterseite des Angebots der Firma „eBay" befindet, unter
der etwa rechtliche Dienstleistungen ersteigert oder in sonstiger Weise in Anspruch genommen werden können. Darüber hinaus sei die Benutzung des Zeichens „eBay" für
Domainadressen eines Rechtsanwalts keinesfalls notwendig, um auf eine Spezialisie-
rung im Bereich „eBay" hinzuweisen. Vielmehr könne es dem Rechtsanwalt zugemutet
werden, statt der Bezeichnung „anwalt-eBay" Begriffe wie z. B. „anwalt-markenrecht"
oder „anwalt-internetrecht" zu benutzen. Dagegen kann es aber einem entsprechend
spezialisierten Rechtsanwalt jedenfalls weder aus marken- noch aus namens- oder wettbewerbsrechtlichen Gründen untersagt werden, auf seiner Homepage im Rahmen der
Angabe von Tätigkeitsfeldern den Begriff „eBay-Recht" aufzuführen. Hierin liegt kein
kennzeichenmäßiger Gebrauch der Marke oder des gleichlautenden Unternehmenskennzeichens „eBay", denn durch die Verwendung des Begriffs „eBay-Recht" ist nicht

[120] BGH, MMR 2009, 503 – turbo-post; BGH, WRP 2008, 1206 – city-post.
[121] Vgl. *Fezer*, Markenrecht, § 23 Rn. 102 ff.
[122] LG München I, CR 2001, 416 – bmw-werkstatt.net; LG Hamburg, GRUR-RR 2009, 106 – ebay-
anwalt.de; LG Düsseldorf, GRUR-RR 2007, 14 – cat-ersatzteile.de.

zu befürchten, dass der Benutzer annimmt, es handele sich um ein Angebot des Unternehmens „eBay".[123]

Das Dritten von § 23 MarkenG eingeräumte Recht der Benutzung steht allerdings unter dem Vorbehalt, dass die Benutzung nicht gegen die guten Sitten verstößt.[124] Eine Sittenwidrigkeit ist dann anzunehmen, wenn der Dritte den berechtigten Interessen des Markeninhabers in unlauterer Weise zuwiderhandelt. Dies ist insbesondere dann der Fall, wenn er die Wertschätzung einer bekannten Marke in unlauterer Weise ausnutzt, indem er im Hinblick auf einen möglichen Imagetransfer die **Werbefunktion der Marke beeinträchtigt**.[125] Der Hinweis auf die fremde Marke darf nur in dem Umfang und in der Weise erfolgen, wie es zur Bestimmung des eigenen Leistungsangebots erforderlich ist.[126]

2.2.3 Namensrechtlicher Schutz der Domain bzw. Verletzung von Namensrechten durch Verwendung einer Domain (§ 12 BGB)

Neben dem Schutz als Marke (§ 14 MarkenG) oder Unternehmenskennzeichen (§ 15 MarkenG) können Domainnamen schließlich auch namensrechtlichen Schutz nach § 12 BGB genießen.[127] Nach dieser Vorschrift ist ein Namensträger davor geschützt, dass ihm das Recht zum Gebrauch seines Namens von einem anderen bestritten (Namensleugnung) oder sein Interesse dadurch verletzt wird, dass ein anderer unbefugt den gleichen Namen gebraucht (Namensanmaßung).[128] Bei der Registrierung von Domainnamen kommt insbesondere der Tatbestand der Namensanmaßung in Betracht, wobei insbesondere Fälle von Gleichnamigkeit problematisch sind.

2.2.3.1 Namensrechtlicher Schutz von Domainnamen

Vom Namensschutz nach § 12 BGB erfasst sind der **bürgerliche Name** natürlicher Personen sowie – für den Fall einer entsprechenden Verkehrsgeltung – auch Berufs- oder **Künstlernamen**.[129] Geschützt sind auch die **Namen juristischer Personen** und nichtrechtsfähiger Personenvereinigungen sowie die Geschäftsbezeichnungen und sonstige namensartigen Kennzeichen, die unabhängig vom gesetzlichen Namen oder der Firma geführt werden, wie etwa aus Name oder Firma abgeleitete Abkürzungen oder Schlagworte.[130]

---

[123] LG Hamburg, GRUR-RR 2009, 106 – ebay-anwalt.de.
[124] Vgl. dazu EuGH, GRUR 2005, 509, 512 Rn. 40 ff. – Gillette.
[125] BGH, GRUR 2011, 1135 Rn. 23 f. – GROSSE INSPEKTION FÜR ALLE.
[126] BGH, a. a. O., Rn. 25.
[127] Vgl. nur OLG Köln, MMR 2001, 170; LG Frankfurt a. M., NJW-RR 1998, 974; *Fezer*, Markenrecht, § 15 Rn. 96.
[128] Vgl. zum Namensschutz *Fezer*, Markenrecht § 15 Rn. 52 ff.
[129] BGH, MMR 2003, 726 – maxem.de; BVerfG MMR 2006, 735 – maxem.de.
[130] OLG Köln, MMR 2007, 326, 327 – international connection.

Erforderlich ist aber stets, dass die in Frage stehende Bezeichnung geeignet ist, zur **Unterscheidung eines Namensträgers** von anderen mit sprachlichen Mitteln zu dienen und dadurch „wie ein Name" auf die beteiligten Verkehrskreise wirkt. Nach der Art der Benutzung muss nach außen hin also erkennbar werden, dass der Name nicht lediglich als eine beschreibende Adressbezeichnung verwendet wird, sondern gerade als ein Name. An der erforderlichen Unterscheidungskraft kann es insbesondere bei Gattungsbezeichnungen, umgangssprachlichen Wörtern oder geografischen Bezeichnungen fehlen. Beschreibende Begriffe, welche nicht von vorn herein als Namen verstanden werden oder nicht individualisierend wirken, können nur bei Verkehrsgeltung namensrechtliche Ansprüche auslösen.[131]

Vor diesem Hintergrund können Domainnamen als solche **grundsätzlich nicht als Namen oder namensartige Kennzeichen i. S. d. § 12 BGB** angesehen werden, da es sich bei diesen zunächst nur um eine faktisch erlangte Rechtsposition handelt und durch diese regelmäßig keine bestimmte Person und auch kein bestimmtes Unternehmen bezeichnet werden, sondern lediglich die von einer Person oder einem Unternehmen betriebene Website. Etwas anderes gilt selbstverständlich, wenn Domainnamen aus einem eigenen geschützten Namen abgeleitet werden, weil der Domainname dann als Nutzung dieses Namens am Schutz aus § 12 BGB teilnimmt. Wird beispielsweise der Name einer Person, einer Stadt, die Firma oder ein Firmenschlagwort als maßgeblicher Bestandteil einer Domain verwendet, besitzt die Domain in aller Regel eine namensmäßige Hinweis- und Zuordnungsfunktion, so dass ihr namensrechtlicher Schutz zukommt.[132]

2.2.3.2 Verletzung von fremden Namensrechten durch Domainnamen (Namensanmaßung)

In Betracht kommt bei Domainstreitigkeiten insbesondere eine **Namensanmaßung** durch namensmäßige Nutzung eines fremden Namens in einer Domain. Nach § 12 BGB ist ein Namensträger davor geschützt, dass ihm das Recht zum Gebrauch seines Namens von einem anderen bestritten oder sein schutzwürdiges Interesse dadurch verletzt wird, dass ein Dritter **unbefugt** einen identischen oder ähnlichen fremden Namen gebraucht und dadurch eine **Zuordnungsverwirrung** eintritt und **schutzwürdige Interessen** des Namensträgers verletzt werden.[133]

Demgegenüber kann in der Registrierung und Nutzung einer Domain regelmäßig **keine Namensleugnung** i. S. v. § 12 BGB liegen. Denn eine solche setzt voraus, dass das Recht des Namensträgers zur Führung seines Namens bestritten wird. Auch wenn jeder Domain-Name aus technischen Gründen nur einmal vergeben werden kann, fehlt es bei der Registrierung als Domain-Name an einem solchen Bestreiten.

---

[131] BGH, GRUR 2005, 517, 518 – Literaturhaus; OLG München, MMR 1999, 547 – buecher.de.
[132] Vgl. BGH, GRUR 2012, 304 Rn. 34, 38 – Basler Haar-Kosmetik; OLG Jena, BeckRS 2013, 06043; OLG Köln, MMR 2002, 476 – guenther-jauch.de; LG Frankfurt a. M., MMR 2005, 782 – hessentag2006.de; LG Duisburg, MMR 2000, 168 – cty.de.
[133] BGH, GRUR 2002, 622, 624 – shell.de.

(1.) Namensmäßiger Gebrauch in einer Domain

Erforderlich für eine Namensrechtsverletzung durch Namensanmaßung ist zunächst ein **namensmäßiger Gebrauch** des Namens, d. h. dass mit der Nennung im Domainnamen gerade auf den Namen des Betreibers der Website hingewiesen wird. **Keine namensmäßige Nutzung** liegt demgegenüber beispielsweise dann vor, wenn der Verkehr in einem Domainnamen ausschließlich eine **Beschreibung des Inhalts der damit bezeichneten Website** sieht.[134]

Beispiel

Die Registrierung eines fremden Namens, wie z. B. „Sonntag" als Domainname in „sonntag.de" stellt keine Namensanmaßung dar, da sich hinter der Domainbezeichnung nicht nur ein bürgerlicher Name, sondern gleichzeitig auch ein Gattungsbegriff verbirgt und der Begriff im Verkehr nicht schon durch die bloße Nennung der Domain einen Bezug zum Namensträger auslöst.

Grundsätzlich soll ein namensmäßiger Gebrauch auch schon in der durch einen Nichtberechtigten vorgenommenen **Registrierung** als Domainname liegen, weil die den Berechtigten ausschließende Wirkung nicht erst mit der Benutzung im Internet, sondern bereits mit der Registrierung einsetzt. Daher soll derjenige, dem an dieser Bezeichnung ein eigenes Namensrecht zusteht, im Allgemeinen bereits gegen die Registrierung eines Domainnamens durch einen Nichtberechtigten vorgehen können.[135] Zu beachten ist allerdings, dass ein namensmäßiger Gebrauch grundsätzlich eine Benutzung im Verkehr voraussetzt. Jedenfalls aber wird es ohne die Nutzung der Domain regelmäßig an der außerdem noch erforderlichen Zuordnungsverwirrung fehlen, so dass streng genommen noch keine namensrechtlichen Ansprüche bestehen können.

(2.) Unbefugt

Eine Namensanmaßung setzt ferner voraus, dass der Gebrauch eines Namens unbefugt erfolgt. Dies ist dann der Fall, wenn dem Verwender zum Zeitpunkt der Verwendung **keine eigenen Rechte an diesem Namen** zustehen.[136] Ein eigenes Recht wird insbesondere nicht bereits durch die Registrierung eines Domainnamens erlangt, da dieser nicht wie ein absolutes Recht einer bestimmten Person zugewiesen ist. Durch die Registrierung eines Domainnamens erwirbt der Inhaber der Internetadresse weder das Eigentum an dem Domainnamen selbst noch ein sonstiges absolutes Recht, welches ähnlich der Inhaberschaft an einem Immaterialgüterrecht verdinglicht wäre.[137] Demgegenüber kann aber durch Benutzung eines Domainnamens ein entsprechendes Unternehmenskennzeichen erworben

---

[134] BGH, GRUR 2012, 832 Rn. 22 f. – ZAPPA.

[135] BGH, GRUR 2002, 622, 624 – shell.de; BGH, GRUR 2003, 897, 898 – maxem.de; BGH, GRUR 2007, 811 – grundke.de; BGH, GRUR 2012, 304 Rn. 29 – Basler Haar-Kosmetik; BGH, GRUR 2013, 294 Rn. 14 – dlg.de; anders aber BGH, GRUR 2004, 619, 621, wonach die bloße Registrierung und Verwaltung einer Internet-Adresse keine namensmäßig Benutzung darstelle.

[136] BGHZ 155, 273, 277 – maxem.de.

[137] BGH, GRUR 2008, 1099 – afilias.de.

werden, soweit die Bezeichnung als Hinweis auf einen Geschäftsbetrieb verwendet wird und der Verkehr in der als Domainnamen gewählten Bezeichnung einen Herkunftshinweis erkennt.[138]

Zudem kann die gebotene Interessenabwägung dazu führen, dass in einer der Benutzungsaufnahme unmittelbar vorausgehenden Registrierung noch keine Namensanmaßung liegt, weil die Registrierung des Domainnamens lediglich der erste Schritt einer – für sich genommen rechtlich unbedenklichen – **Benutzungsaufnahme als künftiges (eigenes) Unternehmenskennzeichen** ist. Dem liegt die Erwägung zu Grunde, dass es der Inhaber eines identischen Unternehmenskennzeichens im Allgemeinen nicht verhindern kann, dass in einer anderen Branche durch Benutzungsaufnahme ein Kennzeichenrecht an dem gleichen Zeichen entsteht. Ist ein solches Recht erst einmal entstanden, muss auch die Registrierung des entsprechenden Domainnamens hingenommen werden. Da es vernünftiger kaufmännischer Praxis entspricht, sich bereits vor der Benutzungsaufnahme den entsprechenden Domainnamen zu sichern, führt die gebotene Interessenabwägung dazu, dass eine der Benutzungsaufnahme unmittelbar vorausgehende Registrierung nicht als Namensanmaßung und damit als unberechtigter Namensgebrauch anzusehen ist.[139]

(3.) Zuordnungsverwirrung

Weitere Voraussetzung ist eine namensmäßige Zuordnungsverwirrung, die immer dann anzunehmen ist, wenn ein Nichtberechtigter einen fremden Namen in der Domain verwendet und der Verkehr in der Domain einen Hinweis auf den Namen des Betreibers des jeweiligen Internetauftritts sieht. Nicht erforderlich ist, dass es auch tatsächlich zu Verwechslungen mit dem Namensträger kommt.[140] Vielmehr reicht es aus, dass der Namensträger durch den unbefugten Gebrauch des Namens mit dem Nichtberechtigten in irgendeine Beziehung gebracht wird,[141] etwa wenn im Verkehr der Eindruck erweckt wird, der Namensträger habe dem Benutzer ein Recht zur Namensanwendung erteilt. Ferner ist die Zuordnungsverwirrung nicht bereits dadurch ausgeschlossen, dass der Internetnutzer beim Betrachten der geöffneten Homepage oder durch einen klarstellenden Hinweis alsbald bemerkt, dass er nicht auf der Internetseite des Namensträgers gelandet ist. Denn die den Berechtigten ausschließende Wirkung setzt bei der Verwendung eines fremden Namens als Domainname bereits mit der Registrierung und nicht erst mit der Benutzung der Domain ein.[142] Ausreichend ist vielmehr, dass die Zuordnungsverwirrung für einen Moment besteht. Zu beachten ist außerdem, dass die Zuordnungsverwirrung häufig bereits dadurch eintreten kann, dass die Domain bei Eingabe eines bestimmten Suchbegriffs in einer Suchmaschine als Suchergebnis aufgelistet wird und dabei ein etwaiger klarstellender Hinweis gerade noch nicht erkennbar wird.

---

[138] BGH, WRP 2005, 338 – soco.de.
[139] BGH, GRUR 2005, 430, 431 – mho.de; BGH, MMR 2008, 815, 817 – afilias.de.
[140] BGH, GRUR 2003, 897, 898 – maxem.de; KG, WRP 2013, 954, 956 – berlin.com; KG, WPR 2013, 1248 – Aserbaidschan.de.
[141] BGH, NJW 1994, 245, 247 – röm.-kath.
[142] BGH, GRUR 2002, 622, 624 – shell.de; BGH, GRUR 2003, 897, 898 – maxem.de; BGH, GRUR 2007, 811 – grundke.de; BGH, GRUR 2012, 304 Rn. 29 – Basler Haar-Kosmetik; BGH, GRUR 2013, 294 Rn. 14 – dlg.de.

Beispiele

Eine Zuordnungsverwirrung kann bestehen, wenn ein Dritter, der kein Recht zur Namensführung hat, den Namen einer Gebietskörperschaft, wie etwa „Solingen" ohne weitere Zusätze als Second-Level-Domain zusammen mit der Top-Level-Domain „info" verwendet.[143] Gleiches gilt für die unberechtigte Registrierung und Nutzung der Domain „fcbayern.es".[144]

Etwas anderes gilt lediglich in den Fällen der Gleichnamigkeit, bei denen der in Anspruch genommene Dritte selbst Namensträger ist und den Namen nicht unbefugt gebraucht. Die in diesen Fällen vorzunehmende Interessenabwägung kann es gebieten, statt eines Verbots als milderes Mittel einen klarstellenden Hinweis auf der ersten sich öffnenden Internetseite genügen zu lassen.[145]

(4.) Verletzung schutzwürdiger Interessen

Schließlich verlangt der namensrechtliche Schutz nach § 12 BGB auch die Verletzung schutzwürdiger Interessen durch den Namensgebrauch. Dies ist bei einer nichtberechtigten Verwendung eines fremden Namens in einer Domain unter einer üblichen Top-Level-Domain wie etwa „.de" regelmäßig zu bejahen, da die mit dieser Bezeichnung gebildete Internet-Adresse nur einmal vergeben werden kann („Blockadewirkung").[146] Daneben können berechtigte Interessen des Namensträgers auch durch sog. **Tippfehler-Domainnamen**, wie z. B. „www.bundesliag.de", verletzt sein, wenn sich der Inhaber des Tippfehler-Domainnamens auf keinerlei schutzwürdige Belange berufen kann.[147]

Allerdings ist bei der Prüfung der schutzwürdigen Interessen aber auch zu berücksichtigen, **wann das Namensrecht entstanden ist**. Entsteht das Namensrecht erst nach der Domain-Registrierung, setzt sich das Namensrecht des Berechtigten nach Auffassung des BGH nicht ohne weiteres gegenüber dem Nutzungsrecht des Domaininhabers durch. Vielmehr ist dann eine Abwägung der betroffenen Interessen geboten.[148] In der Regel wird sich ein Dritter, der den für einen anderen registrierten Domainnamen als Unternehmenskennzeichen verwenden möchte, nicht auf ein schutzwürdiges Interesse berufen können, weil er vor Aufnahme des Geschäftsbetriebes unschwer prüfen kann, ob die gewünschte Bezeichnung als Domainname noch verfügbar ist, und er regelmäßig auf eine andere Unternehmensbezeichnung oder auch – soweit noch nicht vergeben – eine andere Top-Level-Domain ausweichen kann.[149] Hat sich der Domaininhaber den Domainnamen aber **ohne ernsthaften Benutzungswillen** in der Absicht registrieren lassen, sich diesen von dem In-

---

[143] BGH, NJW 2007, 682, 683 – solingen.info.
[144] OLG Köln, K&R 2010, 675.
[145] BGH, NJW 2007, 682, 683 – solingen.info.
[146] BGH, GRUR 2008, 1099 – afilias.de, m. w. N.
[147] LG Hamburg, GRUR-RR 2007, 44, 45 – bundesliag.de.
[148] BGH, GRUR 2008, 1099 – afilias.de.
[149] BGH, GRUR 2008, 1099 – afilias.de; BGH, WRP 2009, 803 – ahd.de.

haber eines entsprechenden Kennzeichen- oder Namensrechts **abkaufen zu lassen**, muss auch dies in die Interessenabwägung einfließen.[150]

Im Übrigen ist vor allem im Falle der **Gleichnamigkeit** durch Interessenabwägung festzustellen, wem der Vorrang gebührt, wobei in erster Linie der **Grundsatz der Priorität** gilt, auch wenn der Erstanmelder nur private und keine geschäftlichen Interessen verfolgt bzw. weniger bekannt ist. Entsprechend findet daher das Prioritätsprinzip auch dann Anwendung, wenn zwei Unternehmen mit identischem Firmenschlagwort die gleiche Internetadresse begehren, selbst wenn das die Domain benutzende Unternehmen nur regional tätig ist.[151] Entscheidend ist die erstmalige Registrierung des Domainnamens und nicht die erstmalige Benutzung außerhalb des Internet. Allerdings haben die Interessen eines Privaten den Interessen der großen Mehrzahl der Internetnutzer zu weichen, wenn es sich um eine Marke mit überragender Bekanntheit handelt und ihm die Verwendung eines unterscheidenden Zusatzes zuzumuten ist, wie es bei der Registrierung des „weltberühmten" Kennzeichens „Shell" der Fall war.[152]

Aber auch unter Privaten kann beispielsweise in der Verwendung eines Pseudonyms als Domain-Name ein Eingriff in das durch § 12 BGB geschützte Namensrecht eines Trägers des entsprechenden bürgerlichen Namens gesehen werden, wenn das Pseudonym noch keine allgemeine Verkehrsgeltung erlangt hat und die Interessen des Namensträgers daher vorzugswürdig sind.[153]

2.2.3.3 Verhältnis zum Markenrecht

Grundsätzlich werden namensrechtliche Ansprüche im Anwendungsbereich des MarkenG von markenrechtlichen Ansprüchen verdrängt. Die Bestimmung des § 12 BGB bleibt jedoch anwendbar, **wenn markenrechtliche Ansprüche nicht bestehen**, weil entweder der Namensträger oder der Domaininhaber nicht im geschäftlichen Verkehr handeln[154] oder kennzeichenrechtliche Ansprüche an der dafür erforderlichen *Branchennähe* scheitern.[155] Darüber hinaus bleibt für eine Anwendung von § 12 BGB auch dann Raum, wenn der Funktionsbereich des Unternehmens ausnahmsweise durch eine Verwendung der Bezeichnung **außerhalb der kennzeichenrechtlichen Verwechslungsgefahr** berührt wird. In solchen Fällen kann der Namensschutz ergänzend gegen Beeinträchtigungen der Marke oder der Unternehmensbezeichnung herangezogen werden, die nicht mehr in deren Schutzbereich liegen.[156] Entsprechendes gilt, wenn mit der **Löschung des Do-**

---

[150] BGH, GRUR 2008, 1099 – afilias.de, m. w. N.

[151] BGH, WRP 2006, 238 – Hufeland.

[152] BGH, GRUR 2002, 622.

[153] BVerfG, GRUR 2007, 79 – maxem.de.

[154] BGH, NJW 2002, 2031, 2033 – shell.de; BGH, NJW 2005, 1196 – mho.de; BGH, NJW 2008, 3716 Rn. 10 – afilias.de; BGH, NJW 2002, 3551, 3554 – defacto; BGH, NJW 2002, 2096, 2097 – Vossius & Partner; OLG Nürnberg, MMR 2009, 768, 769 ; OLG Celle, K&R 2008, 111, 112 – schmidt.de.

[155] BGH, NJW 2005, 1196, 1197 – mho.de; OLG Köln, MMR 2007, 326, 327 – international-connection.de.

[156] BGH, GRUR 2012, 304 Rn. 32 – Basler Haar-Kosmetik; BGH, GRUR 2005, 430 – mho.de; BGH, GRUR 2008, 1099 Rn. 10 – afilias.de.

mainnamens eine Rechtsfolge begehrt wird, die aus kennzeichenrechtlichen Vorschriften grundsätzlich nicht hergeleitet werden kann.[157]

Ein *markenrechtlicher* Anspruch auf Löschung des Domainnamens setzt demgegenüber voraus, dass schon das Halten des Domainnamens für sich gesehen die Voraussetzungen einer Verletzung der Marke oder des Unternehmenskennzeichens erfüllt. Hierfür ist aber erforderlich, dass *jedwede* Verwendung des Domainnamens für die darunter betriebenen Webseiten eine Verletzungshandlung darstellt. Verwendungsmöglichkeiten, die fremde Kennzeichenrechte nicht verletzen, sind aber insbesondere außerhalb von Branchennähe und außerhalb des Warenähnlichkeitsbereichs ohne weiteres möglich (zu den Rechtsfolgen der Verletzung von Kennzeichen- und Markenrechten siehe sogleich).

2.2.4   Rechtsfolgen der Verletzung fremder Kennzeichen- und Namensrechte

Kennzeichen- und Namensrechtsverletzungen können Unterlassungs- und Schadensersatzansprüche begründen. Daneben stellt sich bei Domainstreitigkeiten regelmäßig die Frage, inwieweit die **Übertragung oder Löschung einer Domain** verlangt werden kann. Einem Anspruch auf Übertragung hat der BGH in der Entscheidung „shell.de" eine Absage erteilt, da es sich bei einer Domain nicht um ein absolutes Recht handele, das einer bestimmten Person zugewiesen ist.[158] Aber auch ein kennzeichenrechtlicher Anspruch auf Löschung ist nur begründet, wenn schon das Halten des Domainnamens für sich gesehen eine Verletzung des Kennzeichenrechts darstellt. Davon kann nach Auffassung des BGH beispielsweise im Rahmen des Verwechslungsschutzes nicht ausgegangen werden, weil der Gebrauch des Domainnamens jedenfalls in anderen Branchen (mangels Verwechslungsgefahr) oder im privaten Bereich (mangels geschäftlichen Handelns) zulässig bleibt.[159] Demgegenüber kann jedoch im Falle einer Namensrechtsverletzung ein **Löschungsanspruch aus § 12 BGB** hergeleitet werden.[160] In Betracht kommt ferner ein **wettbewerbsrechtlicher Anspruch auf Einwilligung in die Löschung** des Domainnamens bei einem durch eine Verletzungshandlung bewirkten und fortdauernden Störungszustand.[161]

Auch ein **Anspruch auf „Sperrung"** des Domain-Namens für zukünftige Eintragungen eines Dritten steht dem Namens- oder Kennzeicheninhaber, der die Löschung eines Domain-Namens wegen Verletzung seiner Rechte veranlasst hat, nicht zu. Die für die Vergabe von Domain-Namen zuständige DENIC ist auch bei weiteren Anträgen Dritter auf Registrierung desselben Domain-Namens grundsätzlich nicht zu der Prüfung verpflichtet, ob die angemeldete Bezeichnung Rechte des Namensinhabers verletzt.[162] Maßgebend für

---

[157] BGH, GRUR 2012, 304 Rn. 32 – Basler Haar-Kosmetik; BGH, GRUR 2014, 506 – sr.de.
[158] BGH, MMR 2002, 382, 383 – shell.de; a. A. *Fezer*, Markenrecht, Einl. G Rn. 113 ff.
[159] Vgl. BGH, GRUR 2009, 685 – ahd.de; vgl. auch BGH, MarkenR 2002, 190, 192 – vossius.de.
[160] Vgl. nur BGH, GRUR 2014, 506 – sr.de; BGH, GRUR 2012, 304 Rn. 32 – Basler Haar-Kosmetik.
[161] Vgl. BGH, GRUR 2009, 685 – ahd.de.
[162] BGH, GRUR 2004, 619 – kurt-biedenkopf.de.

diese Beurteilung ist die Erwägung, dass das Interesse der Allgemeinheit an der Aufrecht-erhaltung eines funktionsfähigen und effektiven Registrierungsverfahrens grundsätzlich der Prüfung möglicher Rechtsverstöße seitens der DENIC entgegensteht.[163] Sofern ein eingetragener Domain-Name gelöscht wird, weil die Berechtigung des Anmelders vom Namensträger bestritten wird, kann dieser den Domainnamen für sich selbst registrieren und vor der Eintragung seinen Rang durch einen sog. „*dispute*-Eintrag" absichern lassen.

Eine **Mithaftung der DENIC** ist unter Anwendung allgemeiner Grundsätze dann in Betracht zu zie-hen, wenn ihr der Kennzeichen- bzw. Rechtsverstoß bekannt ist oder sie ihn für möglich hält und bil-ligend in Kauf nimmt. Diese Voraussetzungen sind nicht schon dann erfüllt, wenn der Verletzte auf sein besseres Recht hinweist, da die DENIC eine reine Registrierungsstelle ist, der eine entsprechen-de Prüfung weder möglich noch zumutbar ist. Etwas anderes gilt, wenn die **Kennzeichenverletzung nachgewiesen** wird, insbesondere durch Vorlage eines rechtskräftigen Titels gegen den Domain-nutzer oder einer unbestrittenen Unterwerfungserklärung, oder wenn die **Kennzeichenverletzung offensichtlich** war, wie insbesondere bei identischer Benutzung eines berühmten Kennzeichens mit überragender Verkehrsgeltung, so dass sich der Vergabestelle die Kenntnis der Unrechtmäßigkeit der Anmeldung aufdrängen musste.[164] Die Regelungen der §§ 7 ff. TMG finden auf die Beurteilung der Verantwortlichkeit der Vergabestelle weder direkt noch analog Anwendung.[165]

Schließlich haben sich zur Lösung von Domainnamenskonflikten auch außergericht-liche Verfahren etabliert, wie die Uniform Domain Name Dispute Resolution Policy (UDRP) oder für „.eu-Domains" die Alternative Dispute Resolution (ADR).

2.3   Wettbewerbsverstoß durch Registrierung und Verwendung von Domains

Neben kennzeichenrechtlichen und namensrechtlichen Ansprüchen kann die Registrie-rung und Verwendung von Domains auch andere Wettbewerber in ihren Entfaltungs-möglichkeiten behindern oder Irreführungen hervorrufen (**§ 3 i. V. m. § 4 Nr. 10 sowie § 5 UWG**), was ebenfalls Unterlassungs-, Beseitigungs-, Schadensersatz- und Gewinnab-schöpfungsansprüche nach §§ 8 ff. UWG nach sich ziehen kann.

Während nach der Generalklausel des § 3 UWG unlautere geschäftliche Handlungen unzulässig sind, enthalten die §§ 4 bis 7 UWG Beispiele unlauterer und somit unzulässiger Wettbewerbshand-lungen. Erforderlich ist aber stets das Vorliegen einer geschäftlichen Handlung i. S. v. § 2 Abs. 1 Nr. 1 UWG, also ein Verhalten einer Person zugunsten des eigenen oder eines fremden Unterneh-mens vor, bei oder nach einem Geschäftsabschluss, das mit der Förderung des Absatzes oder des Bezugs von Waren oder Dienstleistungen oder mit dem Abschluss oder der Durchführung eines Vertrags über Waren oder Dienstleistungen objektiv zusammenhängt.

---

[163] BGH, GRUR 2004, 619, 621 – kurt-biedenkopf.de.
[164] BGH, WRP 2001, 1305, 1308 – ambiente.de; *Bettinger/Freytag*, CR 1999, 28, 31 ff.; *Renck*, NJW 1999, 3587, 3593; *Welzel*, MMR 2000, 39, 40; *Fezer*/Jung-Weiser, UWG, § 4-S11, Rn. 41 ff.
[165] Zu den entsprechenden Vorschriften des früheren Teledienstegesetzes und Mediendienste-Staats-vertrages siehe OLG Frankfurt, WRP 2000, 214, 217.

2.3.1 Unlautere Behinderung (§ 4 Nr. 10 UWG)

Der Umstand, dass Mitbewerber wegen einer Registrierung eines Domainnamens daran gehindert sind, diesen für ihr Unternehmen ebenfalls zu nutzen, ist Folge des bei der Vergabe von Domainnamen geltenden Prioritätsprinzips. Die darin liegende Beeinträchtigung ihrer wettbewerblichen Entfaltungsmöglichkeiten ist daher grundsätzlich hinzunehmen. Allerdings kann ein Kennzeicheninhaber bei einer Registrierung eines Domainnamens durch einen Dritten in seinen **wettbewerblichen Entfaltungsmöglichkeiten erheblich eingeschränkt** sein, da die Verwendung eines unterscheidungskräftigen Zeichens als Internetadresse im geschäftlichen Verkehr als Hinweis auf den Betreiber des jeweiligen Internetauftritts verstanden wird[166] und der Verkehr unter einem Domainnamen, der eine bestimmte Bezeichnung enthält, regelmäßig auch eine Internetseite eines Unternehmens erwartet, dass diese Bezeichnung führt. Dieses Unternehmen wird aber daran gehindert, ein dieser Verkehrserwartung entsprechendes Angebot unter der entsprechenden Domain zur Verfügung zu stellen, wenn die mit ihrem Unternehmenskennzeichen gebildete Internetadresse unter der in Deutschland am weitesten verbreiteten Top-Level-Domain „.de" bereits an jemand anderen vergeben wurde.[167]

Gezielt ist die Behinderung des Mitbewerbers aber nur dann, wenn durch die Registrierung gerade versucht wird, Mitbewerber in ihrer Entfaltung zu behindern und sie dadurch **zu verdrängen**, oder wenn die Behinderung dazu führt, dass die beeinträchtigten Mitbewerber ihre **Leistung am Markt durch eigene Anstrengung nicht mehr in angemessener Weise zur Geltung bringen** können.[168] Ob diese Voraussetzungen erfüllt sind, ist aufgrund einer **Gesamtwürdigung** aller Umstände des Einzelfalls unter Berücksichtigung der Interessen der Mitbewerber, Verbraucher und sonstigen Marktteilnehmer sowie der Interessen der Allgemeinheit an einem unverfälschten Wettbewerb zu beurteilen.[169] Abzustellen ist auf die **Schwere der Beeinträchtigung** und die **Möglichkeiten, mit denen sich der Konkurrent seinerseits durch wettbewerbliche Maßnahmen wehren kann**. Die Schwelle der als bloße Folge des Wettbewerbs hinzunehmenden Behinderung ist erst überschritten, wenn das betreffende Verhalten bei objektiver Würdigung der Umstände auf die Beeinträchtigung der wettbewerblichen Entfaltung des Mitbewerbers und **nicht in erster Linie auf die Förderung des eigenen Wettbewerbs** gerichtet ist.[170] Eine auf die Behinderung gerichtete Absicht ist aber nicht erforderlich. Nach diesen Grundsätzen kann die Registrierung eines Domainnamens **nur bei Vorliegen besonderer Umstände** den Tatbestand einer unlauteren Mitbewerberbehinderung erfüllen, wie etwa bei der missbräuchlichen Registrierung einer größeren Anzahl von Internet-Domain-

---

[166] Vgl. BGH, GRUR 2008, 1090 Rn. 25 – afilias.de.
[167] BGH, WRP 2009, 803 – ahd.de.
[168] BGH, GRUR 2001, 1061, 1062 – Mitwohnzentrale.de; BGH, GRUR 2007, 800, 802 – Außendienstmitarbeiter; BGH, GRUR 2009, 878, 879 f. – Fräsautomat; BGH, GRUR 2010, 346, 347 – Rufumleitung.
[169] BGH, GRUR 2011, 1018, 1023 – Automobil-Onlinebörse.
[170] BGH, GRUR 2008, 917, 918 – EROS.

namen („Domain Grabbing") oder der missbräuchlichen Registrierung von Tippfehler-Domains („Typosquatting"). Unbedenklich ist demgegenüber die Registrierung von Gattungsbegriffen als Domainnamen, selbst wenn damit eine erhebliche Kanalisierung von Kundenströmen einhergeht.

2.3.1.1 Missbräuchliche Registrierung einer größeren Anzahl von Internet-Domainnamen („Domain Grabbing")

Grundsätzlich ist die Reservierung von Domainnamen nicht zu beanstanden, selbst wenn es sich dabei um eine Vielzahl von Domainnamen handelt und dies in der Absicht der späteren Weiterveräußerung erfolgt.[171] Der Umstand, dass die Registrierung eines Domainnamens für ein Unternehmen sämtliche Mitbewerber daran hindert, denselben Domainnamen zu nutzen, ist Folge des bei der Vergabe von Domainnamen geltenden Prioritätsprinzips und begründet daher als solcher nicht den Vorwurf der Behinderung.[172] Allerdings kann eine gezielte Behinderung dann vorliegen, wenn die Registrierung des Domainnamens vorrangig dazu dient, den betreffenden Domainnamen für einen Mitbewerber **zu sperren** oder diesem **gegen ein „Lösegeld" zum Kauf anzubieten**.[173]

Eine gezielte Behinderung ist insbesondere in den Fällen des sog. **„Domain-Grabbing"** anzunehmen, bei denen gezielt Domainnamen **ausschließlich zu Spekulationszwecken** registriert werden.[174] Indizien hierfür sind vor allem die Reservierung einer Vielzahl von Domainnamen, die fremde Namen, Geschäftsbezeichnungen oder Marken enthalten[175] oder die Anmeldung mehrerer ähnlicher Domainnamen, die fremde Bezeichnungen eines Mitbewerbers in verschiedenen Schreibweisen enthalten.

Von diesen Fällen abgesehen ist aber der Handel mit Domainnamen grundsätzlich zulässig und verfassungsrechtlich geschützt (Art. 12 und 14 GG). Dementsprechend kann das Fehlen eines ernsthaften Interesses der Beklagten, unter dem Domainnamen eigene Angebote oder Inhalte zu veröffentlichen, für sich allein die Annahme eines rechtsmissbräuchlichen Handelns nicht begründen. Zwar kann nach den Grundsätzen der Rechtsprechung zur unlauteren Behinderung von Mitbewerbern durch rechtsmissbräuchliche Anmeldung von Marken – die auch für Domainnamen zu gelten haben – das **Fehlen eines ernsthaften Benutzungswillens** des Anmelders die Annahme nahelegen, er wolle die Marke nur dazu verwenden, Dritte, die identische oder ähnliche Bezeichnungen verwenden, in rechtsmissbräuchlicher Weise mit Unterlassungs- und Schadensersatzansprüchen zu überziehen.[176] Jedoch genügt für einen Benutzungswillen des Anmelders die Absicht, die Marke der Benutzung durch einen Dritten – im Wege der Lizenzerteilung oder nach einer Übertragung – zuzuführen. Insbesondere Werbeagenturen und Markendesigner, die im Rahmen einer bestehenden oder potentiellen Beratungsleistung Marken anmelden, um diese ihren Kunden für deren spezielle Vermarktungsbedürfnisse zur Verfügung zu stellen, kann ein entsprechender Benutzungswille nicht

---

[171] Vgl. BGH, GRUR 2005, 687, 688 – weltonline.de; BGH, GRUR 2009, 685, 688 – ahd.de.
[172] BGH, GRUR 2009, 685 Rn. 42 – ahd.de.
[173] BGH, GRUR 2008, 1099 Rn. 33 – afilias.de; BGH, GRUR 2009, 685 Rn. 43 – ahd.de.
[174] BGH, GRUR 2008, 1099 – afilias.de; OLG Frankfurt a. M., WRP 2000, 772, 774; OLG München, NJW-RR 1998, 984; OLG München, GRUR 2000, 518, 519; OLG Dresden, NJWE-WettbR 1999, 133, 135.
[175] OLG Frankfurt a. M., WRP 2000, 645, 647 – weideglueck.de.
[176] Vgl. BGH, WRP 2009, 803 – ahd.de; BGH, GRUR 2001, 242, 244 – Classe E.

abgesprochen werden.[177] Auch wenn ein Kennzeichen erst nach der Registrierung des Domainnamens in Gebrauch genommen wird und deshalb zum Registrierungszeitpunkt für den Domaininhaber auch kein besonderes Interesse der Zeicheninhaber erkennbar sein konnte, wird man eine gezielte Behinderungsabsicht zu verneinen haben.[178]

2.3.1.2   Tippfehler-Domains („Typosquatting")

Eine gezielte Behinderung der Mitbewerber kann auch in der Registrierung von Domainnamen liegen, die sich von denen eines Konkurrenten lediglich durch **typische Tippfehler** unterscheiden und die nur dem Zweck dienen, Internetnutzer, die die Internetseite des Wettbewerbers aufsuchen möchten, auf die eigenen Internetseite umzuleiten („Typosquatting").[179] Der Inhaber eines solchen Domainnamens führt den Kunden, der eine bestimmte Internetadresse eingibt und sich deshalb gewissermaßen bereits auf dem direkten Weg zur so gekennzeichneten Internetseite befindet, durch das Ausnutzen typischer und deshalb vorhersehbarer Versehen bei der Adresseneingabe auf das eigene Angebot.

Dagegen wird eine unlautere Behinderung regelmäßig zu verneinen sein, wenn der Internetnutzer auf der Internetseite, die er bei versehentlicher Eingabe der „Tippfehler-Domain" erreicht, sogleich und unübersehbar auf den Umstand aufmerksam gemacht wird, dass er sich nicht auf der Internetseite befindet, die er vermutlich aufrufen wollte.[180] Dies gilt jedenfalls dann, wenn die „Tippfehler-Domain" nicht geeignet ist, den Nutzer davon abzuhalten, nach dem Erkennen seines fehlerhaften Seitenaufrufs die ursprünglich gewünschte Seite aufzurufen.

Keine gezielte Behinderung ist ferner in Fällen der Registrierung von Gattungsbegriffen oder rein beschreibenden Domanainnamen anzunehmen, selbst wenn dabei Ähnlichkeiten mit der Domain oder dem Geschäftskennzeichen eines anderen Unternehmens bestehen. So kann es beispielsweise einem Mitbewerber nicht verwehrt sein, von der neu eröffneten Möglichkeit, **Internetdomains mit Umlauten** registrieren zu lassen, Gebrauch zu machen und trotz der bereits bestehenden Domain „schluesselbaender.de" eines Konkurrenten für sich die Domain „schlüsselbänder.de" zu registrieren.[181]

2.3.1.3   Gattungsbegriffe als Domainnamen

Schließlich ist auch die Registrierung generischer Begriffe als Domainnamen im Grundsatz keinen rechtlichen Schranken unterworfen. Es ist nicht wettbewerbswidrig, wenn ein Anbieter einen Gattungsbegriff, an dessen Verwendung als Domainnamen auch Mitbewerber ein Interesse haben können, als Domainnamen registrieren lässt und sich damit einen Vorteil gegenüber seinen Mitbewerbern verschafft.[182] Die Registrierung generischer

---

[177] BGH, GRUR 2001, 242, 244 – Classe E.

[178] BGH, WRP 2009, 803 – ahd.de.

[179] BGH, MMR 2014, 242 Rn. 48 – wetteronline.de; OLG Jena, MMR 2005, 776, 777 – deutsche-anwaltshotline.de; LG Hamburg, GRUR-RR 2007, 44 – bundesliag.de; *Ohly*/Sosnitza, UWG, § 4 Rn. 10/51.

[180] BGH, MMR 2014, 242 Rn. 48 – wetteronline; vgl. dazu auch *Lampmann*, NJW 2014, 1538.

[181] OLG Köln, GRUR-RR 2006, 19 f. – schlüsselbänder.de.

[182] BGHZ 148, 1, 5 ff. = GRUR 2001, 1061, 1064 – Mitwohnzentrale.de; BGH, GRUR 2005, 687, 688 – weltonline.de.

Begriffe als Domainnamen ist vielmehr **weitgehend dem Gerechtigkeitsprinzip der Priorität unterworfen:** Der Vorteil, der demjenigen zukommt, der als erster die Registrierung eines beschreibenden Domainnamens erwirkt, kann nicht als unlauter angesehen werden.[183] So stellt die Registrierung als Domain grundsätzlich auch kein unlauteres Verhalten dar, selbst wenn die Verwendung beschreibender Begriffe zu einer **Kanalisierung von Kundenströmen** führen kann, weil der einzelne Internetnutzer, der den entsprechenden Begriff als Internet-Adresse eingibt, möglicherweise aus Bequemlichkeit auf weiteres Suchen verzichtet.[184] Für die Annahme einer unbilligen Behinderung von Mitbewerbern durch Abfangen von Kunden oder eine unsachliche Beeinflussung von Verbrauchern genügt dies nicht. Nach dem maßgebenden **Leitbild des durchschnittlich informierten und verständigen**, das fragliche Werbeverhalten mit einer der Situation angemessenen Aufmerksamkeit verfolgenden, **Verbrauchers** ist davon auszugehen, dass dieser sich im Allgemeinen über die Nachteile der Eingabe eines Gattungsbegriffs als Internet-Adresse anstelle der Verwendung einer Suchmaschine im Klaren ist.[185] Vor diesem Hintergrund besteht auch kein Interesse der Allgemeinheit, derartige Begriffe „freizuhalten“, d. h. von der Registrierung als Domain auszuschließen.[186]

Beispiel

Die Verwendung des Begriffs „Mitwohnzentrale“ im Domainnamen „www.mitwohn zentrale.de“ mag einen erheblichen Wettbewerbsvorteil gegenüber anderen Anbietern von Kurzzeitvermietungen von Wohnraum verschaffen. Eine gezielte Behinderung nach § 4 Nr. 10 UWG kann nach Auffassung des BGH darin aber nicht gesehen werden, weil das fragliche Verhalten allein auf den eigenen Vorteil gerichtet ist, ohne dass auf bereits dem Wettbewerber zuzurechnende Kunden in unlauterer Weise eingewirkt wird. Der Nutzer des generischen Begriffs hat sich durch dessen Registrierung keinen unlauteren Wettbewerbsvorteil verschafft, sondern lediglich in wettbewerbskonformer Weise schneller gehandelt als seine Konkurrenten.

Allerdings kann die Registrierung eines Gattungsbegriffs als Domainname dann missbräuchlich sein, wenn der Anmelder **mehrere gleichlautende bzw. mehrere Schreibweisen eines Begriffs** sich registrieren lässt und die Verwendung des fraglichen Begriffs durch Dritte dadurch blockiert.[187]

---

[183] BGHZ a. a. O.
[184] BGH, GRUR 2001, 1061, 1063 – Mitwohnzentrale.de.
[185] BGHZ 148, 1, 5 ff. = GRUR 2001, 1061, 1063 – Mitwohnzentrale.de.
[186] BGHZ 148, 1, 5 ff. = GRUR 2001, 1061, 1063 f. – Mitwohnzentrale.de.
[187] BGH, GRUR 2005, 517, 518 – Literaturhaus.

2.3.2 Unlautere Irreführung (§§ 5 f. UWG)

Neben einer gezielten Behinderung von Mitbewerbern kann die Verwendung einer bestimmten Internet-Adresse auch den Tatbestand einer irreführenden Werbung i. S. v. § 5 UWG erfüllen. Nach dem Irreführungstatbestand des § 5 UWG ist eine geschäftliche Handlung irreführend, wenn sie unwahre Angaben enthält oder sonstige **zur Täuschung geeignete Angaben** über bestimmte Umstände (sog. „Bezugspunkte") enthält, von denen die wichtigsten in § 5 Abs. 1 S. 2 UWG genannt sind. Ob eine Werbung irreführend ist, richtet sich nicht nach objektiv-absoluten, sondern nach subjektiv-relativen Kriterien. Entscheidend ist die Verkehrsauffassung, das heißt, der Empfängerhorizont der durch die Werbung angesprochenen Verkehrskreise. Daher ist für jede Prüfung der Täuschungseignung zunächst zu prüfen, an welchen Personenkreis sich die geschäftliche Handlung richtet bzw. welchen Personenkreis sie erreicht. Zu den Verkehrskreisen, auf deren Verständnis es für die Beurteilung der Irreführung einer Werbung ankommt, zählen alle von der Werbung angesprochenen Teile des Verkehrs, wobei es sich regelmäßig um die jeweils betroffenen privaten und gewerblichen Endverbraucher handelt. Domainnamen können immer dann zu einer Irreführung geeignet sein, wenn der Domainname eine Erwartung auslöst, die nicht eingehalten wird.

Beispiele

Bei einem Domainnamen „uhren-magazin.de" geht der Verkehr davon aus, dass unter ihm ein Angebot abgelegt ist, das redaktionell betreute Informationen zu Uhren erfasst und den Titel „uhren-magazin" hat, nicht aber dass unter dieser Internetadresse vollkommen andere Dienstleistungen angeboten werden, wie etwa Webseitengestaltung oder Internetshopping.[188] Das gleiche gilt für die Verwendung der Domainadresse „www.rechtsanwalt.com" sowie der E-Mail-Adresse „info@rechtsanwalt.com" durch ein Unternehmen, das weder Rechtsanwälte beschäftigt noch eine entsprechende Berufsorganisation ist.[189]

Auch die gezielte Ausnutzung einer Top-Level-Domain kann irreführend sein, wenn die angesprochenen Verkehrskreise dadurch in wettbewerblich relevanter Weise beispielsweise über die Rechtsform ihres Unternehmens in die Irre geführt werden. So kann insbesondere die Verwendung der Top-Level-Domain „.ag" durch eine GmbH irreführend sein, wenn ein erheblicher Teil des Verkehrs annehmen wird, beim Domaininhaber handele es sich um eine Aktiengesellschaft.[190] Dies gilt insbesondere dann, wenn die Top-Level-Domain in Großschreibung hervorgehoben wird („.AG"). Eine solche Gefahr einer Irreführung kann der Domaininhaber auch nicht dadurch entkräften, dass er im Impres-

---

[188] LG Frankfurt a. M., GRUR-RR 2002, 68.
[189] OLG Hamburg, NJW-RR 2002, 1582.
[190] OLG Hamburg, GRUR-RR 2005, 199, 202 – tipp.ag.

sum oder an anderer entfernter Stelle seine richtige Gesellschaftsform wahrheitsgetreu angibt.[191]

Zudem kann in der Verwendung einer beschreibenden Domain auch eine **unzulässige Allein- oder Spitzenstellungswerbung** liegen, wenn der Internetnutzer zu der irrigen Annahme verleitet wird, es handele sich um den alleinigen oder den größten Anbieter bestimmter Waren oder Leistungen.[192] Zu beachten ist insbesondere, dass die Verwendung von **Gattungsbezeichnungen** in einer Domain nicht den Verkehr zu der unzutreffenden Annahme verleiten darf, dass der Domaininhaber gleichsam eine ganze Branche repräsentiert oder wenigstens in dieser Branche eine herausgehobene Position innehat.[193] Dabei kommt es aber nicht allein auf die Bezeichnung der Domain an, sondern maßgeblich auch auf den dahinter stehenden Internetauftritt, insbesondere die konkrete Gestaltung der Homepage.[194]

Beispiele

Die Verwendung und Bezeichnung der Domain „Deutsches-Handwerk.de" für ein Internetportal, auf dem Handwerksbetrieben die Möglichkeit der Eintragung von Daten gegen Entgelt angeboten wird, kann rechtlich erhebliche Teile des Verkehrs dahingehend irreführen, dass es sich hierbei um den Internetauftritt einer offiziellen und berufsständischen Organisation des Deutschen Handwerks handelt.[195]

Keine unzulässige Allein- oder Spitzenstellungsbehauptung liegt dagegen in der Verwendung einer Kombination aus Kanzleiname und Ortsname (wie z. B. „anwaltskanzlei-dortmund.de"), da der Verkehr der Anfügung des Ortsnamens nur die Bedeutung der Angabe des Sitzes der Kanzlei zumisst. Eine Spitzenstellungswerbung setzt zumindest voraus, dass einer Bezeichnung der bestimmte Artikel vorangestellt wird, weil bei dessen Betonung der jeweilige Geschäftsbetrieb gemäß den allgemeinen Sprachgewohnheiten als hervorgehoben erscheint.[196]

Vermeidbar ist in solchen Fällen eine Irreführung dadurch, dass der Allgemeinbegriff mit einem unterscheidungskräftigen Zusatz versehen oder auf der Homepage auf weitere Anbieter hingewiesen wird.[197] Ein Anspruch auf Teilhabe („**Domain-Sharing**") an generischen Domainnamen besteht hingegen nicht.[198]

---

[191] OLG Hamburg, GRUR-RR 2005, 199, 203 – tipp.ag.
[192] BGHZ 148, 1, 5 ff. = GRUR 2001, 1061, 1064 – Mitwohnzentrale.de; OLG Hamburg, GRUR-RR 2007, 93 – deutsches-handwerk.de.
[193] Vgl. hierzu *Mankowski*, MDR 2002, 47 ff.
[194] OLG Hamburg, GRUR 2003, 1058 – Mitwohnzentrale II.
[195] OLG Hamburg, GRUR-RR 2007, 93 – deutsches-handwerk.de.
[196] OLG Hamm, K&R 2008, 755 – anwaltskanzlei-dortmund.de.
[197] BGHZ 148, 1, 5 ff. = GRUR 2001, 1061, 1064 – Mitwohnzentrale.de.
[198] BGHZ a. a. O.

Schrifttum

Bettinger/Leistner, Werbung und Vertrieb im Internet, 2003; *Bräutigam/Leupold* (Hrsg.), Online-Handel, 2003; *Hoenike/Hülsdunk*, Die Gestaltung von Fernabsatzangeboten im elektronischen Geschäftsverkehr nach neuem Recht – Gesetzesübergreifende Systematik und rechtliche Vorgaben vor Vertragsschluss, MMR 2002, 415; *Hoeren*, Informationspflichten im Internet – im Lichte des neuen UWG, WM 2004, 2641; *ders.*, Vorschlag für eine EU-Richtlinie über E-Commerce – Eine erste kritische Analyse, MMR 1999, 192; *Kaestner/Tews*, Informations- und Gestaltungspflichten bei Internet-Auktionen Teil I, WRP 2004, 391; *dies.*, Informations- und Gestaltungspflichten bei Internet-Auktionen Teil II, WRP 2004, 509; *Kitz*, Das neue Recht der elektronischen Medien in Deutschland – sein Charme, seine Fallstricke, ZUM 2007, 368; *Lorenz*, Informationspflichten bei eBay, VuR 2008, 321; *Ott*, Informationspflichten im Internet und ihre Erfüllung durch das Setzen von Hyperlinks, WRP 2003, 945; *Reich/Micklitz*, Europäisches Verbraucherrecht, 4. Aufl. 2003; *Woitke*, Informations- und Hinweispflichten im E-Commerce, BB 2003, 2469.

Betreiber von Internetseiten müssen, je nachdem ob die Seite zu rein privaten oder zu geschäftlichen bzw. journalistischen Zwecken genutzt wird, **Anbieterkennzeichnungspflichten** beachten. Vorgaben dazu finden sind in § 55 des Rundfunkstaatsvertrags (RStV) und in §§ 5 und 6 des Telemediengesetzes (TMG). Für den Fall, dass über die Internetseite auch Geschäftsabschlüsse ermöglicht werden sollen, bestehen darüber hinaus besondere Informationspflichten nach dem **Fernabsatzrecht** (§§ 312d und 312f BGB) sowie gesetzliche Vorgaben über die Bereitstellung und den Ablauf von Geschäftsabschlüssen im Internet („**elektronischer Geschäftsverkehr**", §§ 312i und 312j BGB).

3.1 Anbieterkennzeichnungspflichten (Impressum)

Schrifttum

Auer-Reinsdorff, Betrieb und Nutzung von Blogs, ITRB 2012, 82; *Bizer/Trosch*, Die Anbieterkennzeichnung im Internet, Rechtliche Anforderungen für Tele- und Mediendienste, DuD 1999, 621; *Brunst*, Umsetzungsprobleme der Impressumspflicht bei Webangeboten, MMR 2004, 8; *Ernst*, Die wettbewerbsrechtliche Relevanz der Online-Informationspflichten des § 6 TDG, GRUR 2003,

© Springer Fachmedien Wiesbaden 2016

S. Hetmank, *Internetrecht*, DOI 10.1007/978-3-658-08976-4_3

759; *Franosch*, Rechtliche Fallstricke der anwaltlichen Impressumspflicht im Internet, NJW 2004, 3155; *Hansen*, Rechtliche Anforderungen an die Gestaltung von Kanzleihomepages, ZGS 2003, 261; *Haug*, Informationspflichten bei Social Media-Präsenzen von Rechtsanwälten, NJW 2015, 661; *Kessel/Kuhlmann/Passauer/Schriek*, Informationspflichten und AGB-Einbeziehung auf mobilen Endgeräten, K&R 2004, 519; *Lange*, Impressumspflichten in sozialen Netzwerken, ZJS 2013, 141; *Lent*, Besondere Impressumspflichten im Online-Journalismus, ZUM 2015, 134; *Lorenz*, Die Anbieterkennzeichnung im Internet, 2007; *ders.*, Anonymität im Internet? – Zur Abgrenzung von Diensteanbietern und Nutzern, VuR 2014, 83; *ders.*, Informationspflichten bei eBay, VuR 2008, 321; *ders.*, Die Anbieterkennzeichnung nach dem TMG und RStV, K&R 2008, 340; *Ott*, Informationspflichten im Internet und ihre Erfüllung durch das Setzen von Hyperlinks, WRP 2003, 945; *ders.*, Impressumspflicht für Webseiten, MMR 2007, 354; *Rockstroh*, Impressumspflicht auf Facebook-Seiten, MMR 2013, 627; *Roßnagel*, Das Telemediengesetz, NVwZ 2007, 743; *Schaefer*, Die Kennzeichnungspflicht der Tele- und Mediendienste im Internet, DuD 2003, 348; *Schröder*, Zur Impressumspflicht im Rahmen von Internetplattformen, WRP 2013, 1225; *ders.*, Impressumspflicht bei Social Media und Internetportalen: bekannte Probleme oder Zeit zum Umdenken?, ITRB 2012, 230; *Schröder/Bühlmann*, Übernahme der Anbieterkennzeichnung durch den Portalbetreiber – ein Modell für Deutschland?, CR 2012, 318; *Stickelbrock*, „Impressumspflicht im Internet" – eine kritische Analyse der neueren Rechtsprechung zur Anbieterkennzeichnung nach § 6 TDG, GRUR 2004, 111; *von Wallenberg*, B2B-Onlineshop betriebswirtschaftliche und rechtliche Fragen, MMR 2005, 661; *Woitke*, Das „Wie" der Anbieterkennzeichnung gemäß § 6 TDG, NJW 2003, 871; ders., Informations- und Hinweispflichten im E-Commerce, BB 2003, 2469; *Wüstenberg*, Das Fehlen von in § 6 TDG aufgeführten Informationen auf Homepages und seine Bewertung nach § 1 UWG, WRP 2002, 782.

3.1.1 Internetseiten, die nicht ausschließlich persönlichen oder familiären Zwecken dienen (§ 55 Abs. 1 RStV)

Gemäß § 55 Abs. 1 RStV sind Anbieter von Telemedien, die nicht ausschließlich persönlichen oder familiären Zwecken dienen, verpflichtet, **Namen und Anschrift des Betreibers der Internetseite** und bei juristischen Personen auch Namen und Anschrift des Vertretungsberechtigten leicht erkennbar, unmittelbar erreichbar und ständig verfügbar zu halten.

3.1.1.1 Telemedien

Telemedien sind nach § 2 Abs. 1 S. 3 RStV alle elektronischen Informations- und Kommunikationsdienste, die nicht oder jedenfalls nicht überwiegend in der bloßen Übertragung von Signalen bestehen, so dass insbesondere auch Internetseiten erfasst sind. Zu beachten ist außerdem, dass auch derjenige Anbieter eines Telemediums sein kann, der **innerhalb eines Internetportals**, wie etwa auf eBay oder Facebook einen eigenen Internetauftritt vorhält.[1] Dies gilt jedenfalls dann, wenn ein Internetportal für eigene Zwecke in einer Art und Weise genutzt wird, dass es für den außenstehenden Internetnutzer keinen Unterschied macht, ob ein Anbieter eine eigene oder eine fremde Internetseite nutzt. Denn der Zweck

---

[1] OLG Karlsruhe, WRP 2006, 1038; OLG Oldenburg, NJW-RR 2007, 189; OLG Brandenburg, WRP 2006, 1035; *Engels/Jürgens/Fritzsche*, K&R 2007, 56, 59; a. A. *Lorenz*, VuR 2008, 322 f.

der Impressumspflicht, nämlich denjenigen, der das Internet für seine nicht ausschließlich privaten Zwecke nutzt, zu kennzeichnen, ist in beiden Fällen in gleicher Weise berührt. Allerdings kann als Anbieter eines eigenständigen Telemediums nur derjenige gelten, der auf seiner Internetseite in gegenüber dem Internetportal eigenständiger Weise auftritt und den Internetauftritt auch veranlasst hat.[2]

3.1.1.2 Nicht ausschließlich persönliche und familiäre Zwecke

Nach § 55 Abs. 1 RStV gilt die allgemeine Pflicht, den Betreiber der Internetseite kenntlich zu machen, für alle Internetseiten, die die nicht ausschließlich persönlichen oder familiären Zwecken dienen. Befreit ist nur die rein private Kommunikation. Die Kennzeichnungspflicht besteht also nicht nur bei geschäftsmäßig betriebenen Internetseiten, sondern z. B. auch für **Behörden, Schulen, Vereine** und **gemeinnützige Organisationen**.[3] Der Bereich des rein Persönlichen und Familiären kann allerdings auch bei Privatpersonen leicht verlassen sein, etwa bei einer nicht nur gelegentlichen, sondern vielmehr planvollen und auf gewisse Dauer angelegten Markttätigkeit.[4] Schwierig kann diese Bestimmung insbesondere bei Verkäufen über Internetplattformen, wie **eBay** sein. Maßgeblich sind die konkreten Umstände des Einzelfalles, wie insbesondere Werbeaussagen und die Anzahl und der Wert der gehandelten Waren, die darauf schließen lassen, dass es dem Händler durch diese Art von Verkäufen darum geht, ein Nebeneinkommen zu schaffen.[5] Allerdings ist der innere Wille des Handelnden ohne Bedeutung, so dass es auch auf eine etwaige Gewinnerzielungsabsicht nicht ankommt.[6]

Beispiel

Das Anbieten von 552 Artikeln innerhalb von etwa sechs Wochen auf einer Internetplattform spricht für ein gewerbliches Handeln, selbst wenn es sich dabei um die Auflösung einer größeren Sammlung handeln sollte. Dies gilt jedenfalls dann, wenn den Angeboten die für eine private Sammlungsauflösung erforderliche Geschlossenheit fehlt.[7]

3.1.1.3 Name und Anschrift des Betreibers der Internetseite

Da die Regelungen über die Informationspflichten darauf abzielen, gegebenenfalls rechtliche Schritte gegen den Betreiber der Internetseite einleiten zu können, ist eine **ladungsfähige Anschrift** i. S. v. § 253 Abs. 1 Nr. 1 ZPO erforderlich. Die Angabe eines Postfaches

---

[2] Vgl. auch unten zu § 5 TMG, sowie Spindler/Schuster/*Micklitz*, Recht der elektronischen Medien, § 5 TMG Rn. 17.
[3] Vgl. *Lorenz*, K&R 2008, 341; *Rockstroh*, MMR 2013, 627, 630.
[4] BGH, NJW 2006, 2250 Rn. 14; OLG Frankfurt a. M., K&R 2007, 585.
[5] LG Berlin, MMR 2007, 401; LG Hanau, MMR 2007, 339; LG Mainz, NJW 2006, 783; vgl. auch *Mankowski*, CR 2006, 132; 133 f.
[6] OLG Hamm, MMR 2011, 537; OLG Zweibrücken, WRP 2007, 1005; OLG Frankfurt a. M., CR 2005, 297; LG München, MMR 2009, 504.
[7] OLG Hamm, MMR 2011, 537.

genügt nicht. Juristische Personen haben gem. § 55 Abs. 1 Nr. 2 RStV zusätzlich Name
und Anschrift des Vertretungsberechtigten zu nennen.

3.1.1.4   Leicht erkennbar, unmittelbar erreichbar und ständig verfügbar

Nach § 55 Abs. 1 RStV müssen die Pflichtangaben „leicht erkennbar, unmittelbar erreichbar und ständig verfügbar" gehalten werden. **Leicht erkennbar** sind die Angaben, wenn
sie einfach und effektiv optisch wahrnehmbar sind,[8] d. h. nicht die begründete Gefahr besteht, dass sie etwa auf Grund der Farbe oder Größe der Schrift, des Hintergrunds oder
des Textrahmens leicht übersehen werden können. Die Informationspflichten müssen für
den durchschnittlichen Internetnutzer ohne Mühe aufzufinden sein. An der leichten Erkennbarkeit soll es insbesondere auch fehlen, wenn das Impressum nicht mit einem Blick,
sondern nur durch mehrfaches **Scrollen** vollständig erfassbar ist.[9] Zu beachten ist aber,
dass es nur darauf ankommen darf, ob der Nutzer die gesuchten Informationen ohne weiteres finden, sich beschaffen und den Inhalt ausreichend erfassen kann, wobei auch auf
die jeweilige Umgebung und die Gewohnheiten der Nutzer in dieser Umgebung abzustellen ist. Zu fragen ist also insbesondere, ob die Informationen geradezu versteckt sind
und ob die begründete Gefahr besteht, dass sie aufgrund nicht unüblicher Browsereinstellungen, wie etwa **Popup-Blocker**, nicht sichtbar werden. Zu beachten ist aber, dass
zur leichten Erkennbarkeit auch eine **Bezeichnung** gehört, die den Nutzer zur gesuchten
Information hinführt. Dies gilt insbesondere, wenn das Impressum nur durch eine Verlinkung zu erreichen ist. Während Begriffe wie „Kontakt", „Impressum" oder „Mich-Seite"
diesen Erfordernissen in aller Regel genügen,[10] können Bezeichnungen wie etwa „Nut-
zerinformationen", „info" oder „backstage"[11] als nicht ausreichend angesehen werden.
Schließlich versteht sich von selbst, dass für die Erfüllung dieser Pflichten, die Sprachen
zu verwenden sind, in denen die Internetseite insgesamt gehalten ist.[12]

Das Impressum muss auch **unmittelbar**, d. h. ohne wesentliche Zwischenschritte, erreichbar sein. Diese Voraussetzung ist erfüllt, wenn die Anbieterkennzeichnung von jeder
Seite des Internetauftritts über nicht mehr als zwei Links („Klicks") erreichbar ist.[13] Im
Übrigen kommt es aber auf die Umstände des konkreten Einzelfalls an. Ist das Impressum
nur über mehr als 2 Links zu erreichen, genügt dies den Anforderungen des Gesetzes nur,
wenn der Weg für den Nutzer transparent und eindeutig ist und keine Gefahr besteht, dass
der Suchende nach einer kurzen Suche zu dem Schluss gelangen kann, dass ein Impressum
nicht vorhanden ist.

---

[8] OLG Hamburg, MMR 2003, 105; OLG Brandenburg, WRP 2006, 1035; *Hoenike/Hülsdunk*, MMR
2002, 415; *Hoß*, CR 2003, 688; *Leible*, BB 2005, 725.
[9] OLG Hamburg, MMR 2003, 105; so auch Hoenike/Hülsdunk, MMR 2002, 417; *Schaefer*, DuD
2003, 352; *Woitke*, NJW 2003, 872; *ders.*, BB 2003, 2473; *Leible*, BB 2005, 725; *Ott*, WRP 2003,
947.
[10] BGH, MMR 2007, 40; KG, MMR 2007, 791; LG Traunstein, MMR 2005, 781.
[11] OLG Hamburg, MMR 2003, 105; OLG Düsseldorf, WRP 2014, 88.
[12] *Brunst*, MMR 2004, 12; *Hoeren*, WM 2004, 2463; *von Wallenberg*, MMR 2005, 663.
[13] BGH, MMR 2007, 40; vgl. auch OLG Düsseldorf, WRP 2014, 88.

Schließlich ist erforderlich, dass die Angaben **ständig verfügbar** sind, d. h. der Nutzer jederzeit auf sie zugreifen kann. Dafür ist ausreichend, dass die Informationen über einen dauerhaft funktionstüchtigen Link verfügbar sind. Demgegenüber müssen sie nicht auch noch ausdruckbar sein.

3.1.2 Internetseiten mit geschäftsmäßigen, in der Regel gegen Entgelt angebotenen Diensten (§ 5 TMG)

Neben der generellen Anbieterkennzeichnungspflicht bei nicht ausschließlich persönlichen oder familiären Zwecken nach § 55 RStV haben Anbieter von **geschäftsmäßigen, in der Regel gegen Entgelt angebotenen Telemedien** gemäß § 5 TMG zusätzlich die folgenden Informationen leicht erkennbar, unmittelbar erreichbar und ständig verfügbar zu halten:

- bei juristischen Personen zusätzlich die Rechtsform und, sofern Angaben über das Kapital der Gesellschaft gemacht werden, das Stamm- oder Grundkapital sowie, wenn nicht alle in Geld zu leistenden Einlagen eingezahlt sind, den Gesamtbetrag der ausstehenden Einlagen,
- Angaben, die eine schnelle elektronische Kontaktaufnahme und unmittelbare Kommunikation mit ihnen ermöglichen, einschließlich der Adresse der elektronischen Post,
- Angaben zur zuständigen Aufsichtsbehörde, soweit der Dienst im Rahmen einer Tätigkeit angeboten oder erbracht wird, die der behördlichen Zulassung bedarf,
- das Handelsregister, Vereinsregister, Partnerschaftsregister oder Genossenschaftsregister, in das sie eingetragen sind, und die entsprechende Registernummer,
- soweit der Anbieter einer Kammer angehört, die gesetzliche Berufsbezeichnung, den Staat, in dem die Berufsbezeichnung verliehen worden ist und die zuständige Kammer,
- soweit der Betreiber über eine Umsatzsteueridentifikationsnummer nach § 27a des Umsatzsteuergesetzes oder eine Wirtschafts-Identifikationsnummer nach § 139c der Abgabenordnung verfügt, diese Nummer sowie
- bei Aktiengesellschaften, Kommanditgesellschaften auf Aktien und Gesellschaften mit beschränkter Haftung, die sich in Abwicklung oder Liquidation befinden, die Angabe hierüber.

3.1.2.1 Geschäftsmäßigkeit und Entgeltlichkeit

Die Informationspflichten des § 5 TMG erfassen nur „geschäftsmäßige, in der Regel gegen Entgelt angebotene Telemedien". Diese Formulierung ist missverständlich, weil die bloße Internetpräsentation als solche, wie etwa die Internetseite eines Unternehmens, regelmäßig gerade nicht gegen Entgelt angeboten wird. Nach Sinn und Zweck der Regelung in § 5 TMG sind jedenfalls auch diejenigen Anbieter erfasst, die eine Internetseite als Einstiegsmedium begreifen, mittels dessen sie **dem Kunden im Ergebnis eine in der Regel**

entgeltliche Leistung anbieten.[14] Nicht erfasst sind dagegen Internetseiten, die rein privaten bzw. nichtgeschäftlichen Zwecken dienen und die nicht Dienste bereitstellen, die sonst nur gegen Entgelt verfügbar sind, wie etwa **private Präsentationen in sozialen Netzwerken,** private Fotoalben oder ein privat betriebenes Blog zu einem ausgewählten Thema. Demnach kommt es beispielsweise bei **Internetseiten von Vereinen** darauf an, ob durch sie Leistungen angeboten werden, für die ein Entgelt verlangt werden könnte und die typischerweise entgeltpflichtig sind. Darauf, ob das Entgelt tatsächlich verlangt, wird kommt es aber nicht an. Fehlt es an der Geschäftsmäßigkeit, kommt aber immer noch eine Anbieterkennzeichnungspflicht nach § 55 RStV in Betracht.

Rein private und nicht geschäftliche Internetseiten werden aber auch nicht dadurch ohne weiteres geschäftsmäßig betrieben, dass auf ihnen **Werbung geschaltet wird.** Etwas kann aber dann gelten, wenn die Seite erkennbar auf das Generieren von Einnahmen ausgerichtet ist und der nicht geschäftsmäßige Zweck dahinter erkennbar zurück tritt.[15] Umstritten ist schließlich, ob auch Einrichtungen der öffentlichen Hand ein Impressum nach den Vorgaben des § 5 TMG vorzusehen haben.[16] Entscheidend dürfte nach dem Wortlaut des Gesetzes sein, ob durch den Anbieter der Internetseite auch Leistungen angeboten werden, deren Erbringung entgeltpflichtig ist (Beiträge, Verwaltungsgebühren) oder die zumindest auch im geschäftlichen Rahmen denkbar sind, wie etwa bei schulischen Angeboten oder Leistungen der Daseinsvorsorge.

3.1.2.2 Kontaktinformationen

Neben **Namen** (Familienname und mindestens ein ausgeschriebener Vorname)[17] und der **Anschrift**, unter der der Dienstanbieter niedergelassen ist, sowie gegebenenfalls bei juristischen Personen (und Personenhandelsgesellschaften)[18] die Firma, einschließlich Rechtsform, Sitz und Vertretungsberechtigten, sind insbesondere auch Angaben vorzuhalten, die eine **schnelle elektronische Kontaktaufnahme** und **unmittelbare Kommunikation** ermöglichen, einschließlich der Adresse der elektronischen Post. Damit ist also jedenfalls die Angabe einer **E-Mail-Adresse** zwingend erforderlich,[19] so dass ein **Online-Kontaktformular** oder der Verweis auf ein Online-Hilfe-System anstelle der E-Mail-Adresse nicht genügen.[20] Aus dem Wortlaut „einschließlich" ergibt sich, dass den Nutzern des Dienstes vor Vertragsschluss neben einer E-Mail-Adresse auch noch **weitere Informationen** zur Verfügung zu stellen sind, die eine schnelle Kontaktaufnahme und ei-

---

[14] OLG Düsseldorf, MMR 2008, 682; Spindler/Schuster/*Micklitz,* Recht der elektronischen Medien, TMG § 5 Rn. 11.

[15] *Rockstroh,* MMR 2013, 627; Spindler/Schuster/*Micklitz,* Recht der elektronischen Medien, TMG § 5 Rn. 12.

[16] Vgl. *Rockstroh,* MMR 2013, 627 einerseits und Spindler/Schuster/*Micklitz,* Recht der elektronischen Medien, TMG § 5 Rn. 12 andererseits.

[17] OLG Düsseldorf, MMR 2009, 266.

[18] So jedenfalls *Brunst,* MMR 2004, 10; Spindler/Schuster/*Micklitz,* Recht der elektronischen Medien, TMG § 5 Rn. 43.

[19] KG, WRP 2013, 1058; OLG Naumburg, MMR 2010, 760; LG Essen, MMR 2008, 196.

[20] LG Berlin, GRUR-Prax 2014, 486.

ne unmittelbare und effiziente Kommunikation ermöglichen. Diese Informationen müssen aber **nicht zwingend eine Telefonnummer** umfassen, sondern können auch eine **elektronische Anfragemaske** betreffen, über die sich die Nutzer des Dienstes im Internet an den Dienstanbieter wenden können, woraufhin dieser mit elektronischer Post antwortet.[21] Zu beachten ist aber, dass eine „schnelle" Kontaktaufnahme nur dann ermöglicht wird, wenn auch sichergestellt ist, dass auf eine Anfrage hin innerhalb einer angemessenen Zeit reagiert wird, wobei eine Reaktion per E-Mail innerhalb von **24 Stunden** als ausreichend zu betrachten ist.[22] Demgegenüber wird es den Anforderungen aus § 5 TMG nicht gerecht, wenn der Nutzer lediglich eine automatisierte Antwort-E-Mail erhält, in der auf Online-Kontaktformulare verwiesen und der Absender darüber unterrichtet wird, dass seine E-Mail nicht gelesen und zur Kenntnis genommen wird.[23]

Zu beachten ist schließlich, dass nach den Vorgaben der RL 2000/31/EG ein „**effizienter Kommunikationsweg**" eröffnet sein muss. Daran kann es fehlen, wenn der Anbieter hierzu eine Mehrwertdienstnummer nennt, deren Nutzung Kosten an der Obergrenze des rechtlich zulässigen Bereichs (2,99 € für Gespräche aus dem Mobilfunknetz) liegt.[24]

Lediglich in Situationen, in denen ein Nutzer des Dienstes nach elektronischer Kontaktaufnahme mit dem Dienstanbieter aus verschiedenen Gründen, etwa wegen eines Urlaubs oder einer Dienstreise, keinen Zugang zum elektronischen Netz hat, kann eine Kommunikation über eine elektronische Anfragemaske als nicht mehr ausreichend angesehen werden. In derartigen Situationen muss der Anbieter dem Nutzer des Dienstes auf dessen Anfrage hin einen nichtelektronischen Kommunikationsweg zur Verfügung stellen, der ihm die Aufrechterhaltung einer effizienten Kommunikation ermöglicht.[25]

3.1.2.3 Leicht erkennbar, unmittelbar erreichbar und ständig verfügbar

Bezüglich der leichten Erkennbarkeit, unmittelbaren Erreichbarkeit und ständigen Verfügbarkeit gilt das gleiche wie bei § 55 RStV.

3.1.2.4 Innerhalb von Internetportalen und übergeordneten Internetauftritten „eingebettete" Angebotsseiten

Schwierigkeiten bereitet schließlich der Umstand, dass grundsätzlich auch derjenige als Anbieter eines Telemediums anzusehen ist, der **innerhalb eines Internetportals**, wie etwa auf eBay, Facebook, Twitter, Xing oder auch auf Kfz- und Immobilienbörsen einen eigenen Internetauftritt anbietet und der im Falle der Entgeltlichkeit seiner Leistungen daher nach § 5 TMG verpflichtet ist, ein eigenes Impressum vorzuhalten.[26] Denn grund-

---

[21] EuGH, NJW 2008, 3553.

[22] Spindler/Schuster/*Micklitz*, Recht der elektronischen Medien, TMG § 5 Rn. 56.

[23] LG Berlin, K&R 2014, 748.

[24] OLG Frankfurt a. M., WRP 2014, 1478.

[25] EuGH, NJW 2008, 3553 Rn. 39.

[26] OLG Düsseldorf, WRP 2014, 88; OLG Karlsruhe, WRP 2006, 1038; OLG Oldenburg, NJW-RR 2007, 189; OLG Frankfurt a. M., MMR 2007, 379, 380; OLG Brandenburg, WRP 2006, 1035; LG München, MMR 2014, 677; *Engels/Jürgens/Fritzsche*, K&R 2007, 56, 59; a. A. *Lorenz*, VuR 2008, 322 f.

sätzlich macht es für den außenstehenden Internetnutzer und den mit § 5 TMG verfolgten Zweck keinen Unterschied, ob ein Anbieter für seine Zwecke eine eigene oder eine fremde Internetseite nutzt. Allerdings kann als Anbieter eines eigenständigen Telemediums nur derjenige gelten, der auf seiner Internetseite in gegenüber dem Internetportal eigenständiger Weise auftritt und den Internetauftritt auch **veranlasst hat.** Zudem kann auch bei der Nutzung fremder Internetportale eine Anbieterkennzeichnungspflicht nur dann bestehen, wenn diesen Seiten für entgeltliche Zwecke, d. h. wenigstens zur mittelbaren Förderung der eigenen Absatztätigkeit genutzt werden sollen, was insbesondere bei werbenden Äußerungen der Fall ist, nicht aber bei bloßen Meinungsäußerungen in Meinungsportalen oder bei Stellenausschreibungen.

Problematisch ist in diesem Zusammenhang aber, dass Plattformbetreiber häufig die genaue Identität des Anbieters dem potenziellen Kunden zunächst verbergen, um sicherzustellen, dass das Geschäft zur Vermeidung von (Vermittlungs-) Gebühren nicht außerhalb der Internetplattform geschlossen wird. In diesen Fällen bleiben die gesetzlichen Informationspflichten jedenfalls dann unberührt, wenn die fraglichen Internetseiten als eigenständiger Auftritt erscheinen. Die Portalbetreiber sind grundsätzlich auch verpflichtet, ihren Nutzern die Einhaltung der gesetzlichen Informationspflichten zu ermöglichen.[27]

Fraglich ist ferner, ob etwas anderes zu gelten hat, wenn sich die Nutzung eines fremden Internetportals auf **einzelne Beiträge,** wie etwa in einem **Kleinanzeigenportal** beschränkt.[28] Diesbezüglich wird in der Literatur vertreten, dass ein eigenständiges Telemedium nur dann vorliege, wenn überhaupt ein hinreichender Gestaltungsspielraum bestehe. Zu beachten ist aber, dass derjenige, der im Internet eigene geschäftliche Zwecke verfolgt, sich den bestehenden gesetzlichen Informationspflichten nicht einfach dadurch entledigen kann, dass er fremde Internetportale nutzt, die ihm möglicherweise nicht die erforderlichen Gestaltungsmöglichkeiten eröffnen. Vielmehr hat er für deren Einhaltung grundsätzlich genauso Sorge zu tragen, wie bei einer eigenen Internetpräsenz. Etwas anderes kann nur gelten, wenn der Anbieter den Internetauftritt nicht veranlasst hat oder für den Nutzer erkennbar war, dass der Anbieter auf die Gestaltung des Auftritts *keinerlei* Einfluss hat *und* dies nach dem Sinn und Zweck des fraglichen Telemediums auch nicht erwartet werden konnte. Letzteres kann beispielsweise angenommen werden, wenn ein Unternehmen lediglich in ein **Online-Branchenverzeichnis** aufgenommen wird, dessen Gestaltung einheitlich und standardisiert ist und darüber hinaus erkennbar gerade keine von den Unternehmen selbst veranlassten Inhalte enthalten soll. Denn entscheidend ist, ob ein Anbieter von Waren oder Dienstleistungen wegen der Art und Weise des gesamten Auftretens auch gleichzeitig **als Anbieter eines beeinflussbaren Telemediendienstes erscheint.** Das gleiche gilt für die bloße Schaltung von **Werbeanzeigen auf fremden Internetseiten,** weil die kommerzielle Kommunikation schon begrifflich von dem Anbieten von Telemedien zu unterscheiden ist (vgl. § 2 Nr. 1 und Nr. 5 TMG).

---

[27] OLG Düsseldorf, MMR 2013, 649.
[28] So Spindler/Schuster/*Micklitz,* Recht der elektronischen Medien, TMG § 5 Rn. 17.

3.1.3 Besondere Informationspflichten bei kommerziellen Kommunikationen (§ 6 TMG)

Gemäß § 6 TMG haben Diensteanbieter bei **kommerziellen Kommunikationen**, die Telemedien oder Bestandteile von Telemedien sind, weitere gesetzliche Vorgaben zu beachten. Diese werden im Kap. 4, „Werbung im Internet" behandelt.

3.1.4 Journalistisch-redaktionell gestaltete Angebote (§ 55 Abs. 2 RStV)

Schließlich haben Anbieter von Telemedien mit **journalistisch-redaktionell gestalteten Angeboten**, in denen insbesondere vollständig oder teilweise Inhalte periodischer Druckerzeugnisse in Text oder Bild wiedergegeben werden, nach § 55 Abs. 2 RStV zusätzlich zu den Angaben nach den §§ 5 und 6 TMG einen **Verantwortlichen** mit Angabe des Namens und der Anschrift zu benennen. Diese Verpflichtung rechtfertigt sich dadurch, dass redaktionell aufgemachte Angebote in der Regel ein gesteigertes Vertrauen der Nutzer genießen und auf eine öffentliche Meinungsbildung abzielen.

Welche Angebote als „journalistisch-redaktionell" gestaltet im Sinne des § 55 Abs. 2 S. 1 RStV anzusehen sind, ist im Gesetz nicht definiert. Indizien für das Vorliegen solcher Angebote sind eine gewisse **Selektivität** und **Strukturierung** der Berichterstattung, d. h. insbesondere die Ausrichtung an Tatsachen, ein hohes Maß an Aktualität und Publizität sowie ein gewisser Grad an organisierter Verfestigung, der eine gewisse Kontinuität gewährleistet. Zu fragen ist also insbesondere, ob eine gezielte Auswahl der publizierten Inhalte getroffen wird, die sich z. B. nach ihrer angenommenen gesellschaftlichen Relevanz richtet und zur öffentlichen Kommunikation und Meinungsbildung beitragen soll. Erfasst sein können insbesondere **elektronische Zeitschriften**, **journalistische Blogs** oder aber auch Internetseiten von Unternehmen, wenn nach den oben stehenden Kriterien ein Teil der Seite als journalistisch-redaktionell einzustufen ist, etwa wenn sich ihr Inhalt nicht in einer bloßen Eigenwerbung erschöpft, sondern **regelmäßig bearbeitete Neuigkeiten sowie laufend Pressemitteilungen des Unternehmens** publiziert werden.[29]

Werden mehrere Verantwortliche benannt, so ist kenntlich zu machen, für welchen Teil des Dienstes der jeweils Benannte verantwortlich ist. Als Verantwortlicher darf nur benannt werden, wer (1.) seinen ständigen Aufenthalt im Inland hat, (2.) nicht infolge Richterspruchs die Fähigkeit zur Bekleidung öffentlicher Ämter verloren hat, (3.) voll geschäftsfähig ist und (4.) unbeschränkt strafrechtlich verfolgt werden kann.

---

[29] OLG Bremen, MMR 2011, 337, 337 f.

3.2   Fernabsatzrecht und elektronischer Geschäftsverkehr

3.2.1   Zustandekommen von Verträgen im Internet (§§ 145 ff. BGB)

Schrifttum
Burgard, Online-Marktordnung und Inhaltskontrolle, WM 2001, 2102; *Coburger*, Rücknahme von Angeboten bei eBay, K&R 2013, 619; *Deutsch*, Vertragsschluss bei Internetauktionen – Probleme und Streitstände, MMR 2004, 586; Dilger, Verbraucherschutz bei Vertragsabschlüssen im Internet, 2002; *Ellbogen/Saerbeck*, Kunde wider Willen – Vertragsfallen im Internet, CR 2009, 132; *Ernst,* Der Mausklick als Rechtsproblem – Willenserklärungen im Internet, NJW-CoR 1997, 165; *Fritzsche/Frahm*, Zahlen schon fürs Bieten – Internetauktionen mit kostenpflichtigen Gebotsrechten, WRP 2008, 22; *Hager*, Die Versteigerung im Internet, JZ 2001, 786; *Härting*, Schnäppchen oder Inhaltsirrtum?, ITRB 2004, 61; *Hartung/Hartmann*, „Wer bietet mehr?" – Rechtssicherheit des Vertragsschlusses bei Internetauktionen, MMR 2001, 278; *Heyers*, Manipulation von Internet-Auktionen durch Bietroboter – Verbraucherrechte aus juristisch-ökonomischer Perspektive, NJW 2012, 2548; *Hoeren/Müller,* Widerrufsrecht bei eBay-Versteigerungen, NJW 2005, 948; *Keller*, Versandhandelskauf und Preisirrtum im Internet, K&R 2005, 167; *Kieselstein/Rückebeil*, 1,2,3 – Probleme bei Internetauktionen, VuR 2007, 297; *Klees*, Muss ein bisschen Spaß wirklich sein? – Rechtsfragen des sog. „Spaßbietens" bei Internetauktionen, MMR 2007, 275; *Koch*, Widerrufsrecht bei Online-Auktionen, ITRB 2005, 67; *Sosnitza*, Auktionen im Internet aus Verbrauchersicht – Aktuelle Rechtsfragen im Spiegel der Rechtsprechung – Teil I und II, VuR 2007, 143, 172; *Spindler*, Irrtümer bei elektronischen Willenserklärungen, JZ 2005, 793; *ders.*, Vertragsabschluß und Inhaltskontrolle bei Internet-Auktionen, ZIP 2001, 809; *ders.*, Widerrufsrecht des Verbrauchers bei Internetauktionen gewerblicher Anbieter – eBay, MMR 2005, 40; *ders.*, Wirksamkeit eines Kaufvertrags bei einer Internetauktion – ricardo.de, MMR 2002, 98; *Spindler/Nink*, Verträge via Internetauktion, DRiZ 2007, 193; *Spindler/Wiebe* (Hrsg.), Internet-Auktionen und elektronische Marktplätze, 2. Aufl. 2005; *Sutschet*, Anforderungen an die Rechtsgeschäftslehre im Internet – Bid Shielding, Shill Bidding und Mr. Noch Unbekannt, NJW 2014, 1041; *Trinks*, Widerrufsrecht bei Internetauktionen, MMR 2004, 500; *Wagner/Zenger*, MMR 2013, 343, Vertragsschluss bei ebay und Angebotsrücknahme – Besteht ein „Loslösungsrecht" vom Vertrag contra legem?.

   Verträge im Internet werden grundsätzlich genauso geschlossen wie im herkömmlichen Geschäftsverkehr, d. h. durch Angebot und Annahme als zwei sich deckende Willenserklärungen, die wirksam abgegeben und zugegangen sein müssen und grundsätzlich keiner besonderen Form bedürfen (§§ 145 ff. BGB). Regelmäßig stellen dabei **Anpreisungen auf einer Internetseite** aber noch kein rechtsverbindliches Angebot dar, sondern nur eine Aufforderung an den Internetnutzer zur Abgabe eines Angebots (*„invitatio ad offerendum"*).[30] Denn grundsätzlich hat der Händler bei Anpreisungen an eine unbestimmte Zahl von Adressaten ein berechtigtes Interesse daran, vor einem Vertragsschluss sowohl die eigene Liefermöglichkeit als auch die Bonität des Kunden zu prüfen.
   Bei einem **Online-Shop** kommt ein Vertag demnach in aller Regel erst zustande, wenn der Betreiber des Online-Shops das Angebot des Bestellers annimmt, wobei grundsätzlich auch **automatisch generierte E-Mails** Willenserklärungen i. S. d. BGB sein können.[31]

----

[30] BGH, MMR 2005, 233, 234.
[31] BGH, NJW 2002, 363.

Entscheidend ist, ob die E-Mail aus der Sicht des Empfängers als Äußerung eines Rechtsfolgewillens verstanden werden darf. Auch der Klick auf Buttons wie „Jetzt Bestellen" führt in der Regel noch nicht zu einem Vertragsschluss.

Etwas anderes kann aber gelten, wenn nach den Umständen fernliegend erscheint, dass sich der Anbietende die Annahme oder Ablehnung einer Bestellung vorbehalten will und vielmehr von einer unbedingten Leistungsbereitschaft auszugehen ist. Dies kann etwa bei dem Angebot von unbegrenzt verfügbaren Inhalten gegeben sein, wie etwa bei der Nutzung von **Online-Datenbanken**, oder bei Software-, Video und Musikdownloads, bei denen der Anbieter üblicherweise keinen Anlass hat, die Leistungsbereitschaft unter einen Vorbehalt zu stellen.[32] Denn anders als bei dem Angebot von Konsumgütern oder Individualdienstleistungen, bestehen bei der Nutzung von Datenbanken in der Regel keine quantitativen bzw. kapazitativen Beschränkungen, so dass der Anbieter nicht mehr prüfen muss, ob er sämtliche an ihn herangetragenen Vertragsanbahnungen auch erfüllen kann. In diesen Fällen kann sich eine Erklärung auch als verbindliches Angebot darstellen.

Eine in einer **E-Mail** geäußerte Willenserklärung stellt eine solche unter Abwesenden dar und ist gemäß § 130 Abs. 1 BGB in dem Zeitpunkt wirksam, in welchem sie zugeht. Dies ist bei Geschäftsleuten und Behörden dann anzunehmen, wenn die E-Mail in den elektronischen Briefkasten (Mailbox) während der üblichen Geschäfts- bzw. Bürozeiten eingeht. Demgegenüber kann bei einem Privatanschluss nicht erwartet werden, dass die Mailbox mehrmals täglich auf Eingänge durchgesehen wird.[33] Kommt es bei der Abgabe oder der Übertragung von Erklärungen im Internet zu Fehlern oder beruhen diese auf Irrtümern oder Missbrauch, bestimmt sich die Wirksamkeit der Willenserklärung nach den auch sonst geltenden Regelungen und Grundsätzen wie insbesondere denjenigen zur Irrtumsanfechtung oder zur Rechtscheinhaftung.

Ist für einen Vertragsschluss bzw. für Willenserklärungen nach dem Gesetz die Schriftform vorgeschrieben, kann diese nach § 126a BGB durch die elektronische Form ersetzt werden, soweit eine **elektronische Signatur** eingesetzt wird, die auf einem qualifizierten Zertifikat eines Diensteanbieters beruht und von einer sicheren Signaturerstellungseinheit erstellt wird. Eine zuverlässige Gewährleistung dieser Voraussetzungen bietet nur die qualifizierte elektronische Signatur i. S. d. Signaturgesetzes (vgl. § 126a BGB).

Zu einer wirksamen Willenserklärung bedarf es ferner eines Handlungswillens und eines Erklärungsbewusstseins. Daran fehlt es, wenn die Identität eines Internetnutzers durch **Schadsoftware** oder „**Identitätsdiebstahl**" dazu missbraucht wird, eine rechtsgeschäftliche Verpflichtung ohne das Wissen des Benutzers einzugehen. Etwas anderes ergibt sich aber, wenn der Internetnutzer durch sein Verhalten beim Erklärungsempfänger das Vertrauen auf einen bestimmten Erklärungsinhalt hervorruft. So können ohne Vollmacht oder nachträgliche Genehmigung des Inhabers eines **eBay-Mitgliedskontos unter fremdem Namen** abgegebene rechtsgeschäftliche Erklärungen dem Kontoinhaber unter den Voraussetzungen der **Duldungs- oder der Anscheinsvollmacht** zuzurechnen sein, insbesondere

---

[32] Vgl. *Spindler*, JZ 2005, 793, 793; *ders.*, ZIP 2001, 809, 810; *Keller*, K&R 2005, 167, 168.
[33] Wietzorek MMR 2007, 156; Ultsch NJW 1997, 3007 f.; Ernst NJW-CoR 1997, 165 (166).

wenn der Kontoinhaber die Zugangsdaten nicht hinreichend vor fremden Zugriff des Handelnden geschützt hat.[34]

Im Falle einer **Online-Auktion** kommt ein Vertrag in aller Regel nicht durch Gebot und Zuschlag nach § 156 BGB zustande, weil es an einem „Zuschlag" seitens eines Auktionators fehlt, mit dem dieser das Gebot eines Bieters annimmt. Stattdessen wird der Vertrag mit Abgabe des Höchstgebotes geschlossen, da der Verkäufer mit Einstellung der Ware auf die Seiten der Auktionsplattform das Angebot abgibt, an denjenigen zu verkaufen, der innerhalb der Bietfrist das höchste Gebot abgegeben hat.[35] Wird allerdings nur in der Absicht geboten, im Einverständnis mit dem Verkäufer den Preis hochzutreiben, so ist diese nur zum Schein abgegebene Willenserklärung nichtig (§ 117 Abs. 1 BGB), so dass der Vertrag mit dem nächsten Höchstbietenden zustande kommt. Ob in diesen Fällen der Bieter die Anfechtung gem. § 123 Abs. 1 BGB aufgrund arglistiger Täuschung erklären kann, erscheint zweifelhaft, da er sein Gebot augenscheinlich auch im Rahmen eines „normalen" Auktionsverlaufes abgegeben hätte.[36] Das Gleiche gilt für die **Manipulation von Internetauktionen durch „Bietroboter".**[37]

Bei geschäftlichen Handlungen kommen bei Manipulationen auch lauterkeitsrechtliche Ansprüche, wie insbesondere eine unlautere unsachliche Beeinflussung der Bietenden in Betracht.[38]

Die Frage, ob eine Offerte auf einer Onlineplattform ein rechtsverbindliches Angebot darstellt, das nicht mehr ohne weiteres zurückgenommen werden kann (§ 145 BGB) oder lediglich als *invitatio ad offerendum* anzusehen ist, ist anhand des Erklärungsinhalts und unter Berücksichtigung der **Allgemeinen Geschäftsbedingungen der Online-Plattform**, wie sie für jeden Nutzer zum Vertragsbestandteil werden, zu beantworten. Danach erscheinen solche Offerten zwar grundsätzlich als rechtsverbindliche Angebote. Soll allerdings nach den Allgemeinen Geschäftsbedingungen der Auktionsplattform im Falle der **Rücknahme des Angebots** ein Kaufvertrag dann nicht zu Stande kommen, wenn der Anbietende *gesetzlich* dazu berechtigt war, so muss der an der Internetauktion teilnehmende Bieter davon ausgehen, dass das Angebot des Verkäufers unter dem Vorbehalt einer berechtigten Angebotsrücknahme steht.[39] Im Falle einer gesetzlichen Berechtigung könnte der Verkäufer sein Angebot somit zurücknehmen.

Möglichkeiten zur Angebotsrücknahme ergeben sich insbesondere aus den Anfechtungsrechten nach §§ 119 ff. BGB, insbesondere wegen eines Inhalts- oder Erklärungsirrtums. Allerdings ist nicht erforderlich, dass das Anfechtungsrecht auch wirksam ausgeübt wurde. Denn nach § 10 Ziff.

---

[34] Vgl. aber BGH, NJW 2011, 2421, wonach grundsätzlich keine Sicherungspflicht gegenüber dem Ehepartner besteht.

[35] BGH, NJW 2002, 363 (364); BGH, NJW 2011, 2643; BGH, MMR 2005, 37 (38).

[36] A. A. *Sutschet*, NJW 2014, 1041, 1045; vgl. auch *Heyers*, NJW 2012, 2550; Spindler/*Schuster*, Recht der elektronischen Medien, BGB Vorbem. §§ 145 ff. Rn. 6.

[37] *Heyers*, NJW 2012, 2550.

[38] Vgl. *Heyers*, NJW 2012, 2550, der allerdings auch eine Irreführung nach § 5 UWG annimmt.

[39] BGH, NJW 2014, 1292; BGH, NJW 2011, 2643.

1 Satz 5 der AGB von eBay ist das Angebot des Verkäufers nicht bindend, wenn ein Tatbestand vorliegt, der den Verkäufer bei einem zu Stande gekommenen Vertrag zur Lösung vom Vertrag berechtigen *würde*. Erforderlich aber auch ausreichend ist also die bloße Möglichkeit, ein Angebot nach den gesetzlichen Vorschriften wieder zurückzuziehen.

Zu beachten ist außerdem, dass der Anbietende die **Bindungswirkung** eines Angebots auf Abschluss eines Vertrages grundsätzlich ohne weiteres **ausschließen bzw. einschränken** kann (vgl. § 145 BGB). An einem solchen Ausschluss bzw. an einer solchen Einschränkung der Bindungswirkung seines Angebots z. B. durch den Vorbehalt eines Zwischenverkaufs vor Auktionsende wird der Anbietende auch nicht durch die AGB der eBay-Internetplattform, noch durch sonstige Gründe (insbesondere § 242 BGB, Vertrauensschutz, Interessenabwägung o. ä.) gehindert. Denn die AGB der eBay-Internetplattform können das gesetzliche Recht des Anbieters auf einen Ausschluss bzw. eine Einschränkung der Bindungswirkung seines Angebots schon deswegen nicht einschränken, weil ihnen im Verhältnis zwischen dem Anbieter und dem Bieter keine unmittelbare Geltung zukommt und die eBay-AGB zudem einem solchen Ausschluss bzw. einer solchen Einschränkung des Auktionsangebots jedenfalls nicht entgegenstehen.[40] Zudem wären entsprechende entgegenstehende Klauseln als überraschend i. S. v. § 305c BGB anzusehen.

3.2.2 Allgemeine Geschäftsbedingungen (§§ 305 ff. BGB)

Erfolgt der Vertragsschluss im Internet auf Grundlage von vorformulierten Vertragsbedingungen, die der Anbieter als festen Bestandteil seines Leistungsangebotes vorgibt, ist für solche **Allgemeine Geschäftsbedingungen (AGB)** der Anwendungsbereich der §§ 305 ff. BGB eröffnet.[41]

Gemäß § 305 Abs. 2 BGB werden AGB nur dann Bestandteil eines Vertrags, wenn

- der Verwender bei Vertragsschluss die andere Vertragspartei auf die AGB ausdrücklich hinweist,
- der anderen Vertragspartei die Möglichkeit verschafft wird, in zumutbarer Weise von ihrem Inhalt Kenntnis zu nehmen und
- wenn die andere Vertragspartei mit ihrer Geltung wenigstens stillschweigend einverstanden ist.

Ein ausdrücklicher Hinweis ist nur dann anzunehmen, wenn der Wille des Verwenders zur Einbeziehung seiner AGB zweifelsfrei erkennbar ist und der Vertragspartner diesen Willen selbst bei flüchtiger Betrachtung und durchschnittlicher Aufmerksamkeit

---

[40] OLG Düsseldorf, BeckRS 2014, 00211.
[41] Vgl. hierzu *Härting,* Internetrecht, Rn. 588 ff.

nicht übersehen kann. Nicht ausreichend ist es, wenn der Hinweis auf der Homepage versteckt ist. Der Hinweis muss in einem unmittelbaren räumlichen Zusammenhang mit dem Auftragsformular bzw. der Angebotsabgabe stehen und für den Kunden erkennbar zum Ausdruck bringen, wie er von den AGB Kenntnis erhalten kann.[42] Zudem ist die Möglichkeit der Kenntnisnahme auch des Inhalts der Bedingungen nur dann gewährleistet, wenn diese in den Sprachen zur Verfügung stehen, wie sie in dem übrigen Internetauftritt verwendet werden. Zu beachten ist schließlich, dass § 305 Abs. 2 BGB nach § 310 Abs. 1 Satz 1 BGB nicht auf Allgemeine Geschäftsbedingungen anwendbar ist, die gegenüber einem Unternehmer verwendet werden (B2B). Zwischen Unternehmern ist daher regelmäßig eine ausdrückliche Einbeziehungsvereinbarung erforderlich.

Nicht in den Vertrag einbezogen werden schließlich Klauseln, die so ungewöhnlich sind, dass der Vertragspartner mit ihnen nicht zu rechnen braucht (§ 305c BGB). Ob eine Klausel i. d. S. **überraschend** ist, bestimmt sich nach den Umständen des Einzelfalls, insbesondere der Abweichung vom gesetzlichen Leitbild und der Branchenüblichkeit. Zudem unterliegen Allgemeine Geschäftsbedingungen einer Inhaltskontrolle (§§ 307 ff. BGB). Danach sind Bestimmungen in Allgemeinen Geschäftsbedingungen insbesondere unwirksam, wenn sie den Vertragspartner des Verwenders entgegen den Geboten von Treu und Glauben **unangemessen benachteiligen**. Eine unangemessene Benachteiligung kann sich auch daraus ergeben, dass die Bestimmung nicht **klar und verständlich** ist.

Beispiele

Betreiber von Internetplattformen, bei denen Nutzer Inhalte einstellen können, lassen sich häufig weitreichende Rechte einräumen, wie etwa das Recht, die eingestellten Inhalte zu vervielfältigen (§ 16 UrhG), sie öffentlich zugänglich zu machen (§ 19a UrhG) und ggf. auch zu bearbeiten (§ 23 UrhG). Derartige Klauseln können jedenfalls dann überraschend i. S. v. § 305c BGB sein, wenn die fraglichen Rechte für den Zweck, zu dem der Nutzer die Plattform nutzt, gar nicht, bzw. nicht in dieser Weite benötigt werden. An die Stelle der unwirksamen Klausel würden dann gem. § 306 Abs. 2 BGB die gesetzlichen Vorschriften treten, also auch die §§ 31 ff. UrhG. Unter Berücksichtigung des beabsichtigten Vertragszwecks kann dann von einer konkludenten Nutzungsrechtseinräumung durch Hochladen der Inhalte auszugehen sein. Diese Rechteeinräumung ist jedoch wegen des Zweckübertragungsgrundsatzes nach § 31 Abs. 5 UrhG auf die Rechte beschränkt, die zur Nutzung der Plattform erforderlich sind. Da dem Zweckübertragungsgrundsatz auch eine Leitbildfunktion i. S. d. § 307 Abs. 2 Nr. 1 BGB zukommt, kann bei sehr weitreichenden Rechteeinräumungsklauseln außerdem eine unangemessene Benachteiligung des Nutzers vorliegen.[43]

Eine unangemessene Benachteiligung i. S. v. § 307 BGB kann aber auch in der Klausel „Diese Anwendung darf Statusmeldungen, Fotos und mehr in deinem Na-

---

[42] *Koehler*, MMR 1998, 289, 291.
[43] Vgl. *Solmecke/Dam*, MMR 2012, 71.

men posten" liegen.[44] Denn darin kann eine „**Generalvollmacht**" gesehen werden, die abweichend vom gesetzlichen Leitbild der §§ 4 Abs. 1, 4a BDSG, keine informierte Entscheidung über die Weitergabe eigener Daten ermöglicht, weil der Nutzer seine Daten einer umfassenden und ihm im Einzelnen unbekannten Verwendung preisgibt. Dies gilt jedenfalls dann, wenn die Nutzung der Daten für den angebotenen Dienst in diesem Umfang nicht erforderlich ist.

Auch eine formularmäßig vereinbarte Einwilligung zu einer **automatischen Installation von Updates** kann als unwirksam i. S. v. § 308 Nr. 4 BGB anzusehen sein, wenn ein solcher Änderungsvorbehalt unabhängig davon vereinbart wird, ob er für einen Verbraucher zumutbar ist. Soweit keinerlei Einschränkung des Umfangs einer Änderung erfolgt, etwa auf bestimmte sicherheitsrelevante Modifikationen der Software, könnte die angebotene Leistung durch eine solche Klausel über technische Anpassungen hinaus inhaltlich völlig geändert werden.[45]

Gleiches gilt schließlich für eine Klausel, durch die sich ein **Suchmaschinenbetreiber** das Recht vorbehält, „möglicherweise" gerätespezifische Informationen und Standortdaten zu erfassen und „unter Umständen" personenbezogene Daten aus einem Dienst mit Informationen und personenbezogenen Daten aus anderen Diensten zu verknüpfen. Auf Grund der verwendeten Termini „möglicherweise" und „unter Umständen" erschließt sich für die Benutzer nicht das tatsächliche Ausmaß der Verarbeitung ihrer personenbezogenen Daten. Sie genügen daher nicht dem Bestimmtheitsgebot.[46]

3.2.3 Informationspflichten und Widerrufsrechte nach dem Fernabsatzrecht (§§ 312b ff. BGB)

Schrifttum

Bierekoven, Die Neuregelung des Widerrufs- und Rückgaberechts im Fernabsatz und E-Commerce, CR 2008, 785; *ders./Crone*, Umsetzung der Verbraucherrechterichtlinie, MMR 2013, 687; *Bodendiek*, Verbraucherschutz – Die neue Musterwiderrufsbelehrung, MDR 2003, 1; *De Franceschi*, Informationspflichten und „formale Anforderungen" im Europäischen E-Commerce, GRUR Int. 2013, 865; *Deutsch*, Preisangaben und „Opt-out" – Versicherungen bei Flugbuchungen im Internet, GRUR 2011, 187; *Föhlisch/Dykova*, Fernabsatzrecht und Informationspflichten im Onlinehandel Anwendungsbereich nach dem Referentenentwurf zur Umsetzung der Verbraucherrechterichtlinie, MMR 2013, 3; *Grundmann*, Die EU-Verbraucherrechte-Richtlinie, JZ 2013, 53; *ders.*, Der dauerhafte Datenträger, K&R 2001, 310; *Heinig*, Verbraucherschutz – Schwerpunkte der EU-Verbraucherrechte-Richtlinie, MDR 2012, 323; *Hoeren/Föhlisch*, Ausgewählte Probleme des Gesetzes zur Umsetzung der Verbraucherrechterichtlinie, CR 2014, 242; *Kaestner/Tews*, Informations- und Gestaltungspflichten bei Internetauktionen, WRP 2004, 391; *Kamanabrou*, Die Umsetzung der Fernabsatzrichtlinie, WM 2000, 1420; *Kramme*, Die Einbeziehung von Pflichtinformationen in Fernabsatz- und Außergeschäftsraumverträge, NJW 2015, 279; *Lehmann*, E-Commerce in der EU und die neue Richtlinie über die Rechte der Verbraucher, CR 2012, 261; *Lorenz*, Informationspflich-

---

[44] LG Berlin, CR 2015, 121.
[45] LG Frankfurt, MMR 2013, 645.
[46] LG Berlin, MMR 2014, 563.

ten bei eBay, VuR 2008, 321; *Marx/Bäuml*, Die Information des Verbrauchers zum Widerrufsrecht im Fernabsatz – „klar und verständlich"?, WRP 2004, 162; *Micklitz*, Zum Recht des Verbrauchers auf die eigene Sprache, ZEuP 2003, 635; *Müller*, Kundenhotlines zum Grundtarif, MMR 2013, 76; *Nippe*, Liefer- und Versandkosten im Internet-Versandhandel, WRP 2009, 690; *Oelschlägel*, Neues Verbraucherrecht mit Auswirkungen auf den Fernabsatz/E-Commerce, MDR 2013, 1317; *Ott*, Informationspflichten im Internet und ihre Erfüllung durch das Setzen von Hyperlinks, WRP 2003, 945; *Schirmbacher*, Musterhafte Widerrufsbelehrung – Neuerungen und kein Ende, BB 2009, 1088; *ders./Schmidt*, Verbraucherrecht 2014 – Handlungsbedarf für den E-Commerce, CR 2014, 107; *ders./Grasmück*, Neues Verbraucherrecht: Muster-Widerrufsformular und Online-Widerrufs-erklärung, ITRB 2014, 20; *Schlegel*, Hinweispflichten des Internetshopbetreibers auf Umsatzsteuer und Versandkosten, MDR 2008, 417; *Schomburg*, Mehr Verbraucherschutz bei Kosten für Neben-leistungen – Die Regelungen des neuen § 312a Abs. 2 bis 6 BGB, VuR 2014, 18; Taeger/Rose, Informationspflichten beim Klingeltonvertrieb im M-Commerce, K&R 2007, 233; *Tamm*, Informa-tionspflichten nach dem Umsetzungsgesetz zur Verbraucherrechterichtlinie, VuR 2014, 9; *Tonner*, Informationspflichten nach dem Umsetzungsgesetz zur Verbraucherrechterichtlinie, VuR 2014, 9; *Unger*, Die Richtlinie über die Rechte der Verbraucher – Eine systematische Einführung, ZEuP 2012, 270; *Wendehorst*, Das neue Gesetz zur Umsetzung der Verbraucherrechterichtlinie, NJW 2014, 577; *Witt*, Widerrufsbelehrung inklusive Information über Verbraucherrechte – Nichts Neues zur Musterbelehrung, NJW 2007, 3759.

Der Vertragsschluss im Internet unterscheidet sich grundlegend von demjenigen im La-dengeschäft. Während der Verbraucher Waren im Ladengeschäft besichtigen und i. d. R. auch anwesendes und informiertes Verkaufspersonal nach weiteren Informationen befra-gen kann, können beim Fernabsatz von Waren und Dienstleistungen über das Internet er-hebliche Informationsdefizite bestehen. Zweck der Regelungen zum Fernabsatz ist daher, den besonderen Risiken bei Vertragsschlüssen mit Verbrauchern unter Verwendung von Fernkommunikationstechniken zu begegnen und den Verbraucher vor irreführenden und aggressiven Verkaufsmethoden im Fernabsatz zu schützen. Die Verwendung von Fern-kommunikationstechniken soll nicht zu einer Verringerung der dem Verbraucher vermit-telten Informationen führen.[47]

3.2.3.1 Anwendungsbereich des Fernabsatzrechts (§ 312c BGB)

Nach § 312c BGB sind Fernabsatzverträge Verträge, bei denen der Unternehmer oder eine in seinem Namen oder Auftrag handelnde Person und der **Verbraucher** für die Vertragsverhandlungen und den Vertragsschluss **ausschließlich Fernkommunikations-mittel** verwenden, es sei denn, dass der Vertragsschluss nicht im Rahmen eines für den Fernabsatz organisierten Vertriebs- oder Dienstleistungssystems erfolgt. Fernkommuni-kationsmittel in diesem Sinne sind alle Kommunikationsmittel, die zur Anbahnung oder zum Abschluss eines Vertrags eingesetzt werden können, ohne dass die Vertragspartei-en gleichzeitig körperlich anwesend sind, wie etwa **E-Mails** oder **Online-Shops**. Keine Anwendung finden die Regelungen des Fernabsatzrechts dagegen auf **unentgeltliche Ver-**

---

[47] Vgl. Erwägungsgründe 5, 11, 14 der Richtlinie 97/7/EG des Europäischen Parlaments und des Rates vom 20.5.1997 über den Verbraucherschutz bei Vertragsabschlüssen im Fernabsatz, ABl. EG Nr. L 144, 4.6.1997, S. 19 sowie Begr. RegE BT-Drs. 14/2658, S. 15.

träge (vgl. § 312 Abs. 1 BGB) und auf Geschäfte unter Unternehmern, die in Ausübung ihrer gewerblichen oder selbständigen beruflichen Tätigkeit handeln.

Ausschließlich Fernkommunikationsmittel im Sinne der Vorschrift werden zudem nur verwendet, wenn der Vertragsschluss vollständig ohne direkten Kontakt der Vertragsparteien auskommt. Die Regeln über Fernabsatzgeschäfte sind daher grundsätzlich nicht anwendbar, wenn im Verlauf der Vertragsanbahnung auch nur ein direkter Kontakt zwischen den vor Ort **gleichzeitig körperlich anwesenden Vertragsparteien** stattgefunden hat. Dies gilt jedenfalls dann, wenn der Verbraucher den Vertragsgegenstand in Augenschein nehmen, bzw. sich über alle wesentlichen vertraglichen Umstände informieren konnte und den Vertrag sodann in einem unmittelbaren zeitlichen Zusammenhang abgeschlossen wurde, weil es in diesem Fall an dem für Fernabsatzverträge typischen Informationsdefizit fehlt.

Ein Einsatz von Fernkommunikationsmitteln liegt daher auch vor, wenn der Unternehmer die Deutsche Post AG mit der Einholung der Unterschrift des Verbrauchers unter das Vertragsformular im Wege des **Postident 2-Verfahrens** beauftragt, da der mit der Ausführung betraute Postmitarbeiter keine Auskünfte über Vertragsinhalt und -leistung geben kann und soll.[48] Zu beachten ist außerdem, dass die Vorschriften des Fernabsatzrechts nach § 312k Abs. 1 S. 2 BGB grundsätzlich auch dann Anwendung finden, wenn sie durch anderweitige Gestaltungen (gezielt) umgangen werden.

Erforderlich ist ferner, dass das Fernkommunikationsmittel nicht nur zufällig und gelegentlich eingesetzt wird, sondern im Rahmen eines **für den Fernabsatz organisierten Vertriebs- und Dienstleistungssystems**. Der Anbieter muss die organisatorischen Voraussetzungen geschaffen haben, die notwendig sind, um regelmäßig im Fernabsatz zu tätigende Geschäfte zu bewältigen.[49] Andererseits ist aber nicht notwendig, dass der Unternehmer sein gesamtes Vertriebsgeschäft im Fernabsatz organisiert. Ein Fernabsatzsystem unterhält beispielsweise derjenige, der eine **Internetseite mit Bestellmöglichkeit** einrichtet. Dies ist auch dann anzunehmen, wenn eine hinreichende Organisation zwar nicht vorliegt, etwa weil der E-Mail-Posteingang nicht regelmäßig kontrolliert wird, aber aus Sicht eines außenstehenden verständigen Verbrauchers gleichwohl von der häufigen Abwicklung von Fernabsatzgeschäften ausgegangen werden muss.[50]

In § 312 Abs. 2 – 6 BGB finden sich schließlich **Ausnahmen bzw. Einschränkungen** von der Anwendbarkeit der Vorschriften über Fernabsatzverträge, weil der Gesetzgeber den Anwendungsbereich anderer verbraucherschützender Rechtsnormen als eröffnet ansah, die ein höheres oder gleichwertiges Schutzniveau bieten bzw. der Gesetzgeber der Ansicht war, dass die Erfüllung von Informationspflichten und die Einräumung eines Widerrufsrechts nicht praktikabel oder für den Unternehmer unzumutbar sind. Zu nennen sind insbesondere notariell beurkundete Verträge; Bau- und Immobilienverträge; Verträge über touristische Dienstleistungen; Verträge über die Beförderung von Personen; Verträ-

---

[48] BGH, NJW 2004, 3699 Rn. 16.
[49] Vgl. BT-Drucks 14/2658 S. 30.
[50] Spindler/Schuster/*Micklitz/Schirmbacher*, Recht der elektronischen Medien, BGB, § 312c Rn. 14 ff.

ge über Teilzeit-Wohnrechte; Behandlungsverträge nach § 630a BGB; Verträge über die Lieferung von Lebensmitteln oder sonstigen Haushaltsgegenständen des täglichen Bedarfs, die am Wohnsitz, am Aufenthaltsort oder am Arbeitsplatz eines Verbrauchers von einem Unternehmer im Rahmen häufiger und regelmäßiger Fahrten geliefert werden sowie außerhalb von Geschäftsräumen geschlossene Verträge, bei denen die Leistung bei Abschluss der Verhandlungen sofort erbracht und bezahlt wird und das vom Verbraucher zu zahlende Entgelt 40 Euro nicht überschreitet.

Als Rechtsfolgen der Anwendbarkeit des Fernabsatzrechts lassen sich zwei Verbraucherschutzinstrumente eindeutig unterscheiden: **Informationspflichten** des Unternehmers und das **Widerrufsrecht** des Verbrauchers.

3.2.3.2 Widerrufsrecht bei Fernabsatzgeschäften (§ 312g BGB)

In § 312g Abs. 1 S. 1 BGB wird dem Verbraucher bei einem Fernabsatzvertrag ein Widerrufsrecht gem. § 355 BGB eingeräumt, wobei die Besonderheiten des fernabsatzrechtlichen Widerrufsrechts, insbesondere Ausnahmevorschriften, abweichende Regelungen über den Beginn der Widerrufsfrist und das Erlöschen des Widerrufsrechts, in § 312g Abs. 2–3 BGB geregelt sind und im Übrigen die allgemeinen Vorschriften über das Widerrufsrecht nach §§ 355 ff. BGB Anwendung finden.

Die Widerrufsfrist beträgt nach §§ 355 f. BGB **14 Tage** und beginnt:

- wenn die Informationspflichten (Widerrufsbelehrung) gemäß Art. 246a § 1 Abs. 2 S. 1 Nr. 1 bzw. Art. 246b EGBGB erfüllt sind, allerdings nicht bevor
- bei einem Verbrauchsgüterkauf der Verbraucher oder ein von ihm benannter Dritter, der nicht Frachtführer ist, die **Ware erhalten hat**.

Der Unternehmer soll es durch eine verzögerte Lieferung nicht in der Hand haben, die Prüfung der Ware durch den Verbraucher dadurch zu umgehen, dass er die Ware erst nach Ablauf der Widerrufsfrist versendet. Besteht die Bestellung aber aus mehreren Waren und werden diese nicht zusammen sondern getrennt geliefert, bzw. wird eine bestellte Ware in mehreren Teilsendungen oder Stücken geliefert, beginnt die Widerrufsfrist mit Erhalt **der letzten Ware, bzw. der letzten Teilsendung**. Ist der Verbrauchsgüterkauf dagegen auf die regelmäßige Lieferung von Waren über einen festgelegten Zeitraum gerichtet, so beginnt die Widerrufsfrist sobald der Verbraucher oder ein von ihm benannter Dritter, der nicht Frachtführer ist, die *erste* Ware erhalten hat.

- In allen übrigen Fällen, wie insbesondere bei **Verträgen über Dienstleistungen**, beginnt die Widerrufsfrist mit Vertragsschluss (vgl. § 355 Abs. 2 S. 2 BGB, § 356 Abs. 2 Nr. 2 BGB).

Zu beachten ist außerdem, dass das Widerrufsrecht unabhängig davon, ob die Frist begonnen hat, spätestens zwölf Monate und 14 Tage nach Vertragsschluss (bei Dienstleistungen) oder nach Erhalt der Ware (bei Warenlieferungen) erlischt. Zudem erlischt das Widerrufsrecht gem. § 356 Abs. 4 BGB bei einem Vertrag über Dienstleistungen, wenn der Unternehmer die Dienstleistung *vollständig* erbracht hat, allerdings nur, wenn der Unternehmer mit der Ausführung der Dienstleistung erst begonnen hat, nachdem der Verbraucher dazu seine ausdrückliche Zustimmung gegeben und gleichzeitig seine Kenntnis davon bestätigt hat, dass er sein Widerrufsrecht bei vollständiger Vertragserfüllung durch den Unternehmer verliert. Für Finanzdienstleistungen gilt ein Erlöschen des Widerrufsrechts unabhängig von einer entsprechenden Belehrung, wenn der Vertrag von beiden Seiten auf ausdrücklichen Wunsch des Verbrauchers vollständig erfüllt ist.

Von besonderer Bedeutung ist schließlich das Erlöschen des Widerrufsrechts bei digitalen Inhalten, die sich nicht auf einem körperlichen Datenträger befinden (**Downloads**), soweit der Unternehmer mit der Ausführung des Vertrags begonnen hat. Dies gilt allerdings nur, wenn der Verbraucher (1.) zuvor ausdrücklich zugestimmt hat, dass der Unternehmer mit der Ausführung des Vertrags vor Ablauf der Widerrufsfrist beginnt, und (2.) seine Kenntnis davon bestätigt hat, dass er durch seine Zustimmung mit Beginn der Ausführung des Vertrags sein Widerrufsrecht verliert (§ 356 Abs. 5 BGB).

Anders als bei sonstigen Dienstleistungen (Abs. 4) muss der Vertrag bei Downloads (Abs. 5) für das Erlöschen des Widerrufsrechts also *nicht vollständig* erfüllt sein, d. h. der Download muss dafür nicht abgeschlossen worden sein. Der Verbraucher muss dafür allerdings seinen entsprechenden Wunsch ausdrücklich bestätigen, etwa indem er einen entsprechenden Hinweis mit einem Häkchen akzeptiert. Die Zustimmung des Verbrauchers muss eine Bestätigung der Kenntnis über das Erlöschen des Widerrufsrechts enthalten

Daneben finden sich in § 312g Abs. 2 BGB eine Reihe von **Ausnahmen** vom Widerrufsrecht bei Fernabsatzverträgen, insbesondere bei solchen[51]

- zur Lieferung von **nicht vorgefertigten Waren**, die eindeutig auf die persönlichen Bedürfnisse des Bestellers zugeschnitten sind („Kundenspezifische Waren") oder die auf Grund ihrer Beschaffenheit nicht für eine Rücksendung geeignet sind oder schnell verderben können oder deren Verfallsdatum überschritten würde,
- zur Lieferung versiegelter Waren, die aus Gründen des **Gesundheitsschutzes oder der Hygiene** nicht zur Rückgabe geeignet sind, wenn ihre Versiegelung nach der Lieferung entfernt wurde,
- zur Lieferung von Waren, wenn diese nach der Lieferung auf Grund ihrer Beschaffenheit **untrennbar mit anderen Gütern vermischt** wurden,
- zur Lieferung von **Audio- oder Videoaufzeichnungen oder von Software**, sofern die gelieferten Datenträger vom Verbraucher entsiegelt worden sind,
- zur Lieferung von **Zeitungen, Zeitschriften und Illustrierten** mit Ausnahme von Abonnement-Verträgen,
- zur Lieferung von Waren oder zur Erbringung von Dienstleistungen, deren Preis von **Schwankungen auf dem Finanzmarkt abhängt**, auf die der Unternehmer keinen Einfluss hat und die innerhalb der Widerrufsfrist auftreten können,

[51] Vgl. dazu Spindler/Schuster/*Schirmbacher*, Recht der elektronischen Medien, BGB § 312g Rn. 7 ff.

- über Dienstleistungen im Zusammenhang mit **Beherbergung, Beförderung von Waren** und **Kfz-Vermietung, Lieferung von Speisen und Getränken** sowie zur Erbringung weiterer Dienstleistungen im Zusammenhang mit **Freizeitbetätigungen**, wenn der Vertrag für die Erbringung einen spezifischen Termin oder Zeitraum vorsieht; dies gilt allerdings nicht für Pauschalreisen (Abs. 2 S. 2),
- die in der Form öffentlich zugänglicher Versteigerungen geschlossen werden,
- bei denen der Verbraucher den Unternehmer ausdrücklich aufgefordert hat, ihn aufzusuchen, um dringende Reparatur- oder Instandhaltungsarbeiten vorzunehmen,
- zur Erbringung von **Wett- und Lotterie-Dienstleistungen**,[52]
- notariell beurkundete Verträge.

Gem. § 312g Abs. 3 BGB ist das Widerrufsrecht zudem auch bei Fernabsatzverträgen ausgeschlossen, bei denen dem Verbraucher bereits ein Widerrufsrecht nach §§ 495, 506 bis 512 BGB zusteht. Dies betrifft Widerrufsrechte bei Verbraucherdarlehen, Finanzierungshilfen, Leasing- und Teilzahlungsgeschäfte sowie Ratenlieferungsvereinbarungen.

Keinen rechtlichen Bedenken begegnet es schließlich, wenn Versandhandelsunternehmen bei mehrfachem Widerruf von Onlinebestellungen nach dem Fernabsatzrecht weitere Vertragsabschlüsse mit dem Kunden verweigern (sog. **Vielretournierer**, also Kunden, die über einen bestimmten Zeitraum sehr viele Waren wieder zurücksenden). Denn weder unterliegen die Verkäufer wegen dem im Zivilrecht geltenden Grundsatz der Vertragsfreiheit einem zivilrechtlichen Kontrahierungszwang noch ist darin ein Verstoß gegen §§ 356 f. BGB zu sehen, die bei Verbraucherverträgen Widerrufs- bzw. Rückgaberechte gesetzlich vorschreiben. Insbesondere bei vorhergehenden Warnungen werden Kunden in die Lage versetzt, ihr Bestellverhalten zu überprüfen und abzuwägen.[53] Werden allerdings Kunden schon beim ersten oder zweiten Widerruf darauf hingewiesen, dass sie in Zukunft nicht mehr beliefert werden können, wenn sie von ihrem Widerrufsrecht Gebrauch machen, könnte darin auch eine Druckausübung und eine Umgehung der verbraucherrechtlichen Vorschriften i. S. v. § 312k Abs. 1 S. 1 zu sehen sein.[54]

3.2.3.3 Vorvertragliche Informationspflichten bei Fernabsatzgeschäften (§ 312d BGB)

Grundsätzlich ist es allein Sache der Vertragsparteien, sich die Informationen zu beschaffen, die sie in den Stand setzen, eine eigenverantwortliche Entscheidung zu treffen. Von diesem Grundsatz abweichend sind in den §§ 312d und 312f BGB i. V. m. Art. 246 EGBGB besondere Informationspflichten für zwischen Unternehmern und Verbrauchern geschlossene Fernabsatzverträge geregelt, wobei zwischen vor- und nachvertraglichen Informationspflichten unterschieden wird. Weitere Informationspflichten ergeben sich aus den Vorschriften über den elektronischen Geschäftsverkehr (§§ 312i f. BGB).

---

[52] Dies gilt aber nicht für sonstige „Außergeschäftsraumverträge" und am Telefon geschlossene Verträge; demgegenüber bleiben insbesondere online geschlossene Verträge über Sportwetten nicht vom Ausschluss erfasst.

[53] OLG Hamburg, MMR 2005, 617.

[54] Spindler/Schuster/*Schirmbacher*, Recht der elektronischen Medien, BGB § 312 g Rn. 6.

Nach § 312d Abs. 1 BGB ist der Unternehmer bei außerhalb von Geschäftsräumen geschlossenen Verträgen und bei Fernabsatzverträgen, die keine Finanzdienstleistungen betreffen, verpflichtet, den Verbraucher nach Maßgabe des Artikels 246a des Einführungsgesetzes zum Bürgerlichen Gesetzbuche (EGBGB) zu informieren. Der Verbraucher soll durch die vorvertragliche Information in die Lage versetzt werden, eine informierte Entscheidung über den Vertragsschluss zu treffen. Dazu ist erforderlich, dass er **vor Abgabe seiner auf den Vertragsschluss gerichteten Erklärung** ausreichend über die vertragsrelevanten Daten informiert ist. Nach Art. 246a § 4 Abs. 1 EGBGB müssen die gesetzlich vorgeschriebenen Informationen dem Verbraucher zudem in **klarer und verständlicher Weise** zur Verfügung gestellt werden. Der Unternehmer muss dem Verbraucher die Informationen in einer den benutzten Fernkommunikationsmitteln angepassten Weise zur Verfügung stellen. Soweit die Informationen auf einem dauerhaften Datenträger zur Verfügung gestellt werden, müssen sie lesbar sein und die Person des erklärenden Unternehmers muss genannt sein (Art. 246a § 4 Abs. 3 EGBGB).

Nach § 312d Abs. 1 S. 2 BGB werden die in Erfüllung dieser Pflicht gemachten Angaben des Unternehmers Inhalt des Vertrags, es sei denn, die Vertragsparteien haben ausdrücklich etwas anderes vereinbart. Dies kann weitreichende Konsequenzen haben, weil fehlerhafte Angaben unmittelbar zu einer Vertragsverletzung führen können. Zu beachten ist aber, dass es nicht immer vermeidbar ist, dass die Informationen auch noch nach Vertragsschluss unzutreffend werden können, weil sich die tatsächlichen Umstände, wie etwa der Ort der Unternehmensniederlassung, ändern. Wegen der unternehmerischen Handlungsfreiheit, die nicht ungerechtfertigt beschnitten werden darf, darf die Beachtung von Satz 2 daher nicht dazu führen, dass die bei Vertragsschluss gemachten Angaben, wie etwa zu einem Kundendienst oder einer Anschrift, nach Abschluss des Vertrages selbst aus berechtigten Gründen nicht mehr geändert werden dürfen.[55]

(1.) Allgemeine Informationspflichten nach Art. 246a § 1 Abs. 1 EGBGB
Der Unternehmer ist nach § 1 des Art. 246a EGBGB verpflichtet, dem Verbraucher insbesondere folgende Informationen zur Verfügung zu stellen:

1. die **wesentlichen Eigenschaften** der Waren oder Dienstleistungen in dem für das Kommunikationsmittel und für die Waren und Dienstleistungen angemessenen Umfang,
2. **seine Identität**, sowie die ladungsfähige Anschrift, seine Telefonnummer und gegebenenfalls seine Telefaxnummer und E-Mail-Adresse sowie gegebenenfalls die Anschrift und die Identität des Unternehmers, in dessen Auftrag er handelt,
3. die Geschäftsanschrift des Unternehmers, an die sich der Verbraucher mit jeder Beschwerde wenden kann,
4. den **Gesamtpreis** der Waren oder Dienstleistungen einschließlich aller Steuern und Abgaben, oder in den Fällen, in denen der Preis auf Grund der Beschaffenheit der Waren oder Dienstleistungen vernünftigerweise nicht im Voraus berechnet werden kann, die Art der Preisberechnung sowie gegebenenfalls alle zusätzlichen **Fracht-, Liefer-**

---

[55] Spindler/Schuster/*Schirmbacher*, Recht der elektronischen Medien, BGB § 312d Rn. 19 ff.

oder Versandkosten und alle sonstigen Kosten, oder in den Fällen, in denen diese Kosten vernünftigerweise nicht im Voraus berechnet werden können, die Tatsache, dass solche zusätzlichen Kosten anfallen können,

Hierbei ist auch die Regelung in § 312e BGB von Bedeutung, wonach der Unternehmer von dem Verbraucher Fracht-, Liefer- oder Versandkosten und sonstige Kosten nur verlangen kann, soweit er den Verbraucher über diese Kosten entsprechend den gesetzlichen Anforderungen informiert hat.

5. im Falle eines unbefristeten Vertrags oder eines Abonnement-Vertrags den Gesamtpreis; dieser umfasst die **pro Abrechnungszeitraum anfallenden Gesamtkosten** und, wenn für einen solchen Vertrag Festbeträge in Rechnung gestellt werden, ebenfalls die monatlichen Gesamtkosten; wenn die Gesamtkosten vernünftigerweise nicht im Voraus berechnet werden können, ist die Art der Preisberechnung anzugeben,

6. die **Kosten für den Einsatz des für den Vertragsabschluss genutzten Fernkommunikationsmittels**, sofern dem Verbraucher Kosten berechnet werden, die über die Kosten für die bloße Nutzung des Fernkommunikationsmittels hinausgehen,

7. die **Zahlungs-, Liefer- und Leistungsbedingungen**, den Termin, bis zu dem der Unternehmer die Waren liefern oder die Dienstleistung erbringen muss, und gegebenenfalls das Verfahren des Unternehmers zum Umgang mit Beschwerden,

8. das **Bestehen eines gesetzlichen Mängelhaftungsrechts** für die Waren,

9. gegebenenfalls das Bestehen und die **Bedingungen von Kundendienst, Kundendienstleistungen und Garantien**,

10. gegebenenfalls bestehende einschlägige **Verhaltenskodizes** und wie Exemplare davon erhalten werden können,

11. gegebenenfalls die **Laufzeit des Vertrags oder die Bedingungen der Kündigung** unbefristeter Verträge oder sich automatisch verlängernder Verträge,

12. gegebenenfalls die **Mindestdauer** der Verpflichtungen, die der Verbraucher mit dem Vertrag eingeht,

13. gegebenenfalls die Tatsache, dass der Unternehmer vom Verbraucher die Stellung einer **Kaution** oder die Leistung anderer finanzieller Sicherheiten verlangen kann, sowie deren Bedingungen,

14. gegebenenfalls die **Funktionsweise digitaler Inhalte**, einschließlich anwendbarer technischer Schutzmaßnahmen für solche Inhalte,

15. gegebenenfalls, soweit wesentlich, Beschränkungen der **Interoperabilität und der Kompatibilität** digitaler Inhalte mit Hard- und Software, soweit diese Beschränkungen dem Unternehmer bekannt sind oder bekannt sein müssen, und

16. gegebenenfalls Angaben zu einem etwaigen **außergerichtliches Beschwerde- und Rechtsbehelfsverfahren**, dem der Unternehmer unterworfen ist.

(2.) Informationspflichten zum Widerrufsrecht nach Art. 246a § 1 Abs. 2 EGBGB
Steht dem Verbraucher ein **Widerrufsrecht** nach § 312g Abs. 1 BGB zu, ist der Unternehmer darüber hinaus verpflichtet, den Verbraucher zu informieren:

1. über die **Bedingungen, die Fristen und das Verfahren** für die Ausübung des Widerrufsrechts nach § 355 Abs. 1 BGB sowie das **Muster-Widerrufsformular in der Anlage 2 des EGBGB**,
2. gegebenenfalls über etwaige **Kosten für die Rücksendung** und
3. über einen **etwaigem Wertersatz nach § 357 Abs. 8 BGB**, wenn der Verbraucher bei einem Vertrag über Dienstleistungen oder über die nicht in einem bestimmten Volumen oder in einer bestimmten Menge vereinbarte Lieferung von Wasser, Gas, Strom oder die Lieferung von Fernwärme das Widerrufsrecht ausübt, *nachdem* er auf Aufforderung des Unternehmers von diesem ausdrücklich den Beginn der Leistung vor Ablauf der Widerrufsfrist verlangt hat.

Onlinehändler sind somit **verpflichtet**, dem Verbraucher das sog. „Muster-Widerrufsformular" wie es **Anlage 2** des Gesetzes zu entnehmen ist, zur Verfügung zu stellen. Zudem *kann* der Unternehmer die übrigen Informationspflichten dadurch erfüllen, dass er das in der **Anlage 1** vorgesehene Muster für die Widerrufsbelehrung zutreffend ausgefüllt in Textform übermittelt.

Der Unternehmer hat den Verbraucher nach Abs. 3 der Vorschrift schließlich auch darüber zu informieren, dass der Verbraucher seine Willenserklärung wegen einer in § 312g BGB geregelten Ausnahme (siehe dazu oben) nicht widerrufen kann bzw. das Widerrufsrecht des Verbrauchers vorzeitig erlöschen kann.

(3.) Erleichterte Informationspflichten bei begrenzter Darstellungsmöglichkeit (Art. 246a § 3 EGBGB)

Erleichterte Informationspflichten bestehen nach Art. 246a § 3 EGBGB allerdings für Fernabsatzverträge, die mittels eines Fernkommunikationsmittels geschlossen werden, das nur **begrenzten Raum oder begrenzte Zeit** für die dem Verbraucher zu erteilenden Informationen bietet, wie dies etwa bei **Smartphones** anzunehmen ist. Die Informationspflichten beschränken sich in diesem Fall auf Informationen zur Identität des Unternehmers, den wesentlichen Eigenschaften der Waren oder Dienstleistungen, zum Gesamtpreis sowie gegebenenfalls zu einem etwaigen Widerrufsrecht und zu einer etwaigen Vertragslaufzeit bzw. zu den Bedingungen für die Kündigung eines Dauerschuldverhältnisses.

3.2.3.4 Nachvertragliche Informationspflichten bei Fernabsatzgeschäften (§ 312 f BGB)

Während mit den *vorvertraglichen* Informationspflichten sichergestellt werden soll, dass die Verbraucher vor Vertragsschluss über alle vertragsrelevanten Daten informiert werden, dienen die *nachvertraglichen* Informationspflichten in erster Linie der **dauerhaften Verfügbarkeit der Informationen** für etwaige nach Vertragsschluss auftretende Fragen und Auseinandersetzungen. Vor allem soll Klarheit darüber bestehen, wann, mit wem und über welche Leistungen der Vertrag geschlossen wurde und welche Rechte dem Verbraucher zustehen. Daher ist bei Fernabsatzverträgen nach § 312 f Abs. 2 BGB der Unternehmer verpflichtet, dem Verbraucher eine **Bestätigung des Vertrags**, in der der Vertragsinhalt wiedergegeben ist, innerhalb einer angemessenen Frist nach Vertragsschluss, spätestens jedoch bei der Lieferung der Ware oder bevor mit der Ausführung der Dienstleistung begonnen wird, auf einem **dauerhaften Datenträger** zur Verfügung zu stellen. Die Bestätigung muss die in Artikel 246a EGBGB genannten Angaben enthalten, es sei denn, der Unternehmer hat dem Verbraucher diese Informationen bereits vor Vertragsschluss in Erfüllung seiner Informationspflichten nach § 312d Abs. 1 BGB auf einem dauerhaften Datenträger zur Verfügung gestellt.

Dies bedeutet, dass alle Informationen, die vorvertraglich zur Verfügung zu stellen sind, grundsätzlich auch nachvertraglich noch einmal übermittelt werden müssen. Dies gilt insbesondere auch für die Einzelheiten der Widerrufsbelehrung die sich aus Art. 246a § 1 Abs. 2 EGBGB ergeben. Der Verbraucher soll möglichst **in zeitlichem Zusammenhang** mit dem Abschluss des Vertrages auch auf einem **dauerhaften Datenträger** über seine Rechte in Kenntnis gesetzt werden.

Ein dauerhafter Datenträger ist gem. § 126b S. 1 BGB „jedes Medium, das es dem Empfänger ermöglicht, eine auf dem Datenträger befindliche, an ihn persönlich gerichtete Erklärung so aufzubewahren oder zu speichern, dass sie ihm während eines für ihren Zweck angemessenen Zeitraums zugänglich ist, und geeignet ist, die Erklärung unverändert wiederzugeben". Darunter fallen insbesondere Papier, CD-ROMs, DVDs, aber auch die Festplatten von Computern und damit auch **E-Mails**.[56] Demgegenüber genügt die Zurverfügungstellung auf einer Webseite oder ein Link zu einem Download grundsätzlich nicht,[57] da diese Darstellungsmethoden nicht außerhalb des rechtlichen und tatsächlichen Einflussbereichs des Unternehmers liegen und daher regelmäßig gerade nicht gewährleistet ist, dass die Informationen nachvertraglich noch geändert werden.

Besonderheiten bestehen schließlich nach Abs. 3 der Vorschrift für Verträge über nicht auf einem körperlichen Datenträger befindlichen Daten, die in digitaler Form hergestellt und bereitgestellt werden (**digitale Inhalte**), wie etwa zum Download angebotene Videos, Musik oder Computerprogramme. Nach § 356 Abs. 5 BGB kann das Verbraucherwiderrufsrecht bei solchen Verträgen unter bestimmten Voraussetzungen bereits mit Beginn der Ausführung des Vertrags erlöschen. Auf die Umstände, die zu diesem Ausschluss führen, muss der Unternehmer den Verbraucher (auch) nach Vertragsschluss auf einem dauerhaften Datenträger hinweisen.

Hinzuweisen ist darauf, dass der Verbraucher vor Ausführung des Vertrags (1.) ausdrücklich zugestimmt hat, dass der Unternehmer mit der Ausführung des Vertrags vor Ablauf der Widerrufsfrist beginnt, und (2.) seine Kenntnis davon bestätigt hat, dass er durch seine Zustimmung mit Beginn der Ausführung des Vertrags sein Widerrufsrecht verliert.

3.2.3.5 Rechtsfolgen der Verletzung vor- oder nachvertraglicher Informationspflichten

Eine Verletzung vor- oder nachvertraglicher Informationspflichten kann **lauterkeitsrechtliche Ansprüche** seitens der Mitbewerber und klagebefugten Organisationen begründen

---

[56] Begr. RegE BT-Drs. 17/12637, S. 44.
[57] EuGH, MMR 2012, 730 – Content Services; *Schirmbacher/Schmidt*, CR 2014, 107, 111.

(§§ 3, 4 Nr. 11 i. V. m § 8 UWG), da die Regelungen dazu bestimmt sind, im Interesse der Marktteilnehmer das Marktverhalten zu regeln. Zu prüfen ist aber stets, ob die Interessen von Verbrauchern oder Mitbewerbern spürbar i. S. v. § 3 UWG beeinträchtigt sind. Schadensersatzansprüche kommen bei Verletzung vorvertraglicher Informationspflichten nach §§ 280 Abs. 1, 241 Abs. 2, 311 Abs. 2 BGB (Verschulden bei Vertragsverhandlungen) und bei Verletzung nachvertraglicher Informationspflichten nach §§ 280 Abs. 1, 241 Abs. 2 BGB in Betracht, allerdings nur wenn der Verbraucher geltend machen kann, dass ihm gerade durch die Pflichtverletzung ein Schaden entstanden ist. Schließlich kommt auch ein Rücktrittsrecht nach § 324 BGB nur in Betracht, wenn dem Verbraucher wegen der Pflichtverletzung ein Festhalten am Vertrag nicht mehr zuzumuten ist.

3.2.3.6 Besonderheiten bei Vereinbarungen zu Nebenleistungen, Zahlungsmitteln sowie kostenpflichtigen Anrufen (§ 312a Abs. 3–5 BGB)

Zu beachten sind beim Abschluss von Fernabsatzverträgen schließlich auch die Vorgaben nach § 312a Abs. 3 bis 5 BGB für Vereinbarungen zu Nebenleistungen, Zahlungsmitteln und kostenpflichtigen Anrufen. Zum einen bedürfen nach Abs. 3 der Vorschrift Vereinbarungen über ein zusätzliches Entgelt, das über das vereinbarte Entgelt für die Hauptleistungspflicht des Unternehmers hinausgeht, einer **ausdrückliche Zustimmung** des Verbrauchers. Der Verbraucher soll dadurch vor Verpflichtungen geschützt werden, die er bei Vertragsschluss nur mit Mühe erkennen kann und die ihn später überraschen können. Zu beachten ist außerdem, dass nach Satz 2 eine im elektronischen Geschäftsverkehr geschlossene Vereinbarung (wie z. B. bei einem Vertragsabschluss im Internet) nur dann Vertragsbestandteil wird, wenn der Unternehmer die Vereinbarung nicht durch eine **Voreinstellung** herbeiführt. Dies bedeutet, dass bei einem Bestellprozess insbesondere **vorangekreuzte Häkchenfelder** (sog. pre-ticked-boxes), deren Erklärungsinhalt auf die Bestätigung der Hinzubuchung einer weiteren Leistungen abzielt und der Verbraucher also aktiv werden muss, wenn er die entsprechende Rechtsfolge vermeiden möchte („Opt-out"), unzulässig sind. Wird gegen diese Bestimmung verstoßen, ist (nur) die in Frage stehende Vereinbarung über die Nebenleistung nichtig (§ 312a Abs. 6 BGB).

Zudem kann nach § 312a Abs. 4 BGB in einem Verbrauchervertrag der Verbraucher nicht verpflichtet werden, ein Entgelt für ein Zahlungsmittel zu entrichten, wenn für ihn keine gängige und zumutbare unentgeltliche Zahlungsmöglichkeit besteht (Nr. 1) oder das vereinbarte Entgelt über die dem Unternehmer entstandenen Kosten für dessen Nutzung hinausgeht (Nr. 2). Zweck dieser Vorschrift ist zum einen, dass Verbraucher regelmäßig jedenfalls *eine* realistische Möglichkeit haben sollen, **ohne Zusatzkosten zu bezahlen**. Nicht ausreichend ist beispielsweise, wenn das einzige kostenfreie Zahlungsmittel eine ungebräuchliche Zahlkarte, wie etwa die Visa Electron-Karte, ist.[58] Zum anderen sollen Verbraucher vor **überhöhten Kosten für die Verwendung eines bestimmten Zahlungsmittels** geschützt werden. Der Unternehmer darf nur die Kosten berechnen, die

---

[58] BGH, MMR 2010, 677, 679.

ihm infolge des Einsatzes des bestimmten Zahlungsmittels durch den Kunden tatsächlich entstehen. Allerdings gehören zu den Kosten des Zahlungsmittels nicht nur die vom Zahlungsdiensteanbieter erhobenen Kosten, sondern auch etwaige interne Verwaltungskosten des Unternehmers.[59] Die genaue Berechnung dieser Kosten dürfte vielfach schwierig sein, wobei jedenfalls die Beweislast für die Kosten des Zahlungsmittels der Unternehmer trägt.

Schließlich dürfen dem Verbraucher vom Unternehmer nach § 312a Abs. 5 BGB keine **Gebühren für Anrufe** zu Vertragsangelegenheiten in Rechnung gestellt werden, wenn das vereinbarte Entgelt das Entgelt für die bloße Nutzung des Telekommunikationsdienstes übersteigt. Dadurch soll verhindert werden, dass Unternehmer **kostenpflichtige Hotlines** zur Vertragsabwicklung einrichten und auf diese Weise ihren Gewinn erhöhen oder Verbraucher von der Geltendmachung von Rechten abhalten.

3.2.4 Informationspflichten im elektronischen Geschäftsverkehr (§§ 312i f. BGB)

Schrifttum
Bergt, Praktische Probleme bei der Umsetzung neuer gesetzlicher Vorgaben im Webshop, NJW 2012, 3541; *Boos/Bartsch/Volkamer*, Rechtliche und technische Nutzerunterstützung bei der Button-Lösung, CR 2014, 119; *Heinig*, Verbraucherschutz – Schwerpunkte der EU-Verbraucherrechte-Richtlinie, MDR 2012, 323; *Hoene/Föhlisch*, Ausgewählte Probleme des Gesetzes zur Umsetzung der Verbraucherrechterichtlinie, CR 2014, 242; *Oelschlägel*, Neues Verbraucherrecht mit Auswirkungen auf den Fernabsatz/E-Commerce, MDR 2013, 1317; *Raue*, „Kostenpflichtig bestellen" – ohne Kostenfallen? Die neue Informations- und Formpflicht im Internethandel, MMR 2012, 438; *Schirmbacher/Schmidt*, Verbraucherrecht 2014 – Handlungsbedarf für den E-Commerce, CR 2014, 107; *Schomburg*, Mehr Verbraucherschutz bei Kosten für Nebenleistungen – Die Regelungen des § 312a Abs. 2 bis 6, VuR 2014, 18; *Tamm*, Informationspflichten nach dem Umsetzungsgesetz zur Verbraucherrechterichtlinie, VuR 2014, 9; *Weiss*, Die Untiefen der Button-Lösung, JuS 2013, 590.

Weitere Pflichten für den Unternehmer bestehen gemäß §§ 312i und 312j BGB dann, wenn dieser sich zum Zwecke des Abschlusses eines Vertrags über die Lieferung von Waren oder über die Erbringung von Dienstleistungen eines Telemediendienstes bedient, der Vertrag also im **elektronischen Geschäftsverkehr**, wie insbesondere im Internet, abgeschlossen wird. Der Anwendungsbereich ist damit enger als der von §§ 312–312h BGB, da §§ 312i und 312j BGB *nicht jeden* mit einem Fernkommunikationsmittel abgeschlossenen Vertrag erfassen, sondern sich nur auf elektronische Kommunikationsmittel beziehen. Die Vorschriften dienen der Umsetzung der E-Commerce-Richtlinie und sollen dem im Internet bestellenden „Kunden" effektiven Schutz vor den typischen Gefahren gewähren, die sich im elektronischen Geschäftsverkehr ergeben und die zu „übereilten Vertragsschlüssen" führen können.[60]

---

[59] Spindler/Schuster/*Schirmbacher*, Recht der elektronischen Medien, BGB § 312a Rn. 46.
[60] Spindler/Schuster/*Schirmbacher*, Recht der elektronischen Medien, BGB § 312i Rn. 2 m. V. a. Bamberger/Roth/*Schmidt-Räntsch*, BGB, § 312 g BGB Rn. 1.

Während für Internet-Vertragsabschlüsse zwischen Unternehmern allein § 312i BGB Anwendung findet („B2B"), ist bei Verträgen, die ein Unternehmer mit einem Verbraucher im Internet abschließt, zusätzlich § 312j BGB einschlägig, der neben den verbraucherschützenden Vorschriften des Fernabsatzrechts nach §§ 312 ff. BGB zu beachten ist.

3.2.4.1 Elektronischer Geschäftsverkehr zwischen Unternehmern untereinander und zwischen Unternehmern und Verbrauchern (§ 312i BGB)

Setzt ein Unternehmer Telemedien zum Abschluss eines Vertrages ein, so hat er nach § 312i BGB dem Kunden:

1. angemessene, wirksame und zugängliche technische Mittel zur Verfügung zu stellen, mit deren Hilfe der Kunde **Eingabefehler vor Abgabe seiner Bestellung erkennen und berichtigen kann.** Den Anforderungen wird bei einem **Online-Shop** beispielsweise genüge getan, wenn am Ende des Bestellvorgangs alle Bestellangaben zusammengefasst auf dem Bildschirm zur Bestätigung angezeigt werden, bevor der Bestellbutton endgültig angeklickt wird, so dass dem eine Möglichkeit zur Überprüfung und Korrektur gegeben wird.
2. Der Unternehmer hat dem Kunden ferner die in **Art. 246c EGBGB** bestimmten Informationen **rechtzeitig vor Abgabe** von dessen Bestellung **klar und verständlich** mitzuteilen. Der Unternehmer muss den Kunden (1.) über die **einzelnen technischen Schritte**, die zu einem Vertragsschluss führen, unterrichten, sowie (2.) darüber, ob der Vertragstext nach dem Vertragsschluss von dem Unternehmer **gespeichert wird und ob er dem Kunden zugänglich** ist und wie er (3.) **Eingabefehler** vor Abgabe der Vertragserklärung erkennen und berichtigen kann, genauso wie (4.) über die für den Vertragsschluss zur Verfügung stehenden **Sprachen** und (5.) über sämtliche einschlägigen **Verhaltenskodizes**, denen sich der Unternehmer unterwirft, sowie über die Möglichkeit eines elektronischen Zugangs zu diesen Regelwerken.
3. Außerdem ist der Unternehmer verpflichtet, den Zugang von dessen Bestellung unverzüglich („ohne schuldhaftes Zögern") auf elektronischem Wege zu bestätigen. Der Kunde soll Gewissheit darüber bekommen, dass der Unternehmer die Bestellung erhalten hat und dadurch vor Doppelbestellungen geschützt werden. Dabei gelten Bestellung und Empfangsbestätigung als zugegangen, wenn die Parteien, für die sie bestimmt sind, sie unter gewöhnlichen Umständen abrufen können (vgl. Abs. 1 S. 2).
4. Schließlich muss der Unternehmer dem Kunden die Möglichkeit verschaffen, die **Vertragsbestimmungen bei Vertragsschluss abzurufen und in wiedergabefähiger Form zu speichern.**

3.2.4.2 Besondere Pflichten im elektronischen Geschäftsverkehr gegenüber Verbrauchern (§ 312j BGB)

Für Verträge zwischen Unternehmern und Verbrauchern (vgl. § 13 BGB) sind in § 312j BGB weitere Vorgaben vorgesehen, die insbesondere Verbraucherinformation **zu Beginn**

des Bestellvorgangs, und den **Schutz vor Kosten- oder sog. „Abofallen"** betreffen. Anders als § 312i BGB (Allgemeine Pflichten) ist § 312j BGB ausschließlich auf Verträge zwischen Unternehmern und Verbrauchern anwendbar. Für den „B2B-Bereich" gilt die Vorschrift nicht.

Zum einen hat der Unternehmer nach dieser Vorschrift auf Webseiten für den elektronischen Geschäftsverkehr mit Verbrauchern zusätzlich zu den Angaben nach § 312i Abs. 1 BGB spätestens bei Beginn des Bestellvorgangs klar und deutlich anzugeben, ob **Lieferbeschränkungen bestehen und welche Zahlungsmittel akzeptiert** werden. Der Verbraucher soll vorab und nicht erst im Laufe des Bestellvorgangs erkennen können, ob etwaige zeitliche, örtliche oder persönliche Beschränkungen bzw. besondere Modalitäten bei der Lieferung bestehen und ob ihm eines der akzeptierten Zahlungsmittel überhaupt zur Verfügung steht, damit er gegebenenfalls einen Bestellprozess gar nicht erst einleitet.

Ferner hat der Unternehmer dem Verbraucher bei einem im elektronischen Geschäftsverkehr geschlossenen, entgeltlichen Vertrag „klar und in hervorgehobener Weise, und **unmittelbar bevor** dieser seine Bestellung tätigt" die Informationen gemäß Artikel 246a § 1 Abs. 1 S. 1 Nrn. 1, 4, 5, 11 und 12 EGBGB zur Verfügung zu stellen. Davon erfasst sind also:

- Informationen über **wesentliche Eigenschaften der Ware** (Nr. 1),
- Informationen über den **Gesamtpreis** der Ware oder der Dienstleistung (Nr. 4),
- bei Abonnement-Verträgen Informationen über den Gesamtpreis pro Abrechnungszeitraum (Nr. 5) und
- gegebenenfalls Informationen über die Laufzeit des Vertrages (Nr. 11) sowie gegebenenfalls über die Mindestdauer der Verpflichtung (Nr. 12).

Die Informationen werden grundsätzlich nur dann auch **unmittelbar vor** der Bestellung bereitgehalten, wenn dies auf der gleichen Seite geschieht, wo auch der Bestellvorgang abgeschlossen wird.[61] Der Verbraucher soll gerade in dem Moment, in dem er seine Bestellung abgeben möchte, noch einmal über die wesentlichen Umstände des Vertrages informiert und auf etwaige Fehler aufmerksam werden. Daher genügt es grundsätzlich nicht, wenn zwischen der Information und dem Abschluss des Vertrages noch weitere Informationen erteilt oder abgefragt werden oder die Informationen nicht auf den ersten Blick erkennbar, sondern versteckt sind, bzw. lediglich per Verlinkung, durch „Mouse-Over-Effekte" oder als Download zur Verfügung gestellt werden.[62]

Schließlich hat der Unternehmer nach Abs. 3 der Vorschrift die Bestellsituation so zu gestalten, dass der Verbraucher mit seiner Bestellung ausdrücklich bestätigt, dass er sich zu einer Zahlung verpflichtet. Erfolgt die Bestellung über eine Schaltfläche (**„Button"**), ist diese Pflicht des Unternehmers nur erfüllt, wenn diese Schaltfläche gut lesbar mit nichts anderem als den Wörtern **„zahlungspflichtig bestellen"** oder mit einer entsprechenden

---

[61] Spindler/Schuster/*Schirmbacher*, Recht der elektronischen Medien, BGB § 312j Rn. 22 ff.; *Bergt*, NJW 2012, 3541.
[62] Palandt/*Grüneberg*, BGB, § 312 g Rn. 12.

eindeutigen Formulierung beschriftet ist. Als entsprechend eindeutige Formulierungen kommen insbesondere auch die Formulierungen „kostenpflichtig bestellen", „Kaufen" oder „Gebot abgeben" bzw. „Gebot bestätigen" in Betracht.[63] Dem Verbraucher soll durch die Gestaltung der gesamten Bestellsituation bewusst werden, dass er mit seiner Bestellung eine rechtsgeschäftliche Handlung vornimmt und zur Zahlung eines Entgelts für die Leistung verpflichtet sein wird. Es darf nicht die Gefahr bestehen, dass der Verbraucher durch weitergehende Angaben oder eine besondere grafische Umsetzung von dem Erkennen der Rechtsverbindlichkeit seines Handelns abgelenkt wird. Verletzt der Unternehmer diese Pflicht kommt der Vertrag per Gesetz nicht zustande (Abs. 4).

---

[63] Palandt/*Grüneberg*, BGB § 312 g Rn. 14.

Schrifttum

Apel/Steden, Urheberrechtsverletzungen durch Werbeblocker im Internet?, WRP 2001, 112; *Ayad*, E-Mail-Werbung – Rechtsgrundlagen und Regelungsbedarf, CR 2001, 533; *Bahlmann*, Möglichkeiten und Grenzen der rechtlichen Kontrolle unverlangt zugesandter E-Mail-Werbung, 2004; *Barowski/Müller*, Online Marketing, 2000; *Bettinger/Leistner*, Werbung und Vertrieb im Internet, 2003; *Boehme-Neßler*, Rechtsprobleme der Internet-Werbung, ZUM 2001, 547; *Bornkamm/Seichter*, Das Internet im Spiegel des UWG, CR 2005, 747; *Brömmelmeyer*, Internetwettbewerbsrecht, 2007; *Dieselhorst/Lutz Schreiber*, Die Rechtslage zum E-Mail-Spamming in Deutschland, CR 2004, 680; *Dietrich/Ziegelmayer*, Facebook's „Sponsored Stories" – ein personenbezogenes unlauteres Vergnügen, CR 2013, 104; *Engels*, Haftung für Anzeigen in Online-Angeboten, K&R 2001, 338; *Heermann*, Manipulierte Produktbewertungen im Lichte des Lauterkeitsrechts, WRP 2014, 509; *Janal*, Lauterkeitsrechtliche Betrachtungen zum Affiliate-Marketing, CR 2009, 317; *Janisch*, Online-Werbung, 2004; *Kaumanns/Wießner*, Vermarktung durch den fingierten Konsumenten – geniale Marketingstrategie oder wettbewerbsrechtlicher Verstoß?, K&R 2013, 145; *Krieg/Roggenkamp*, Astroturfing – Rechtliche Probleme bei gefälschten Kundenbewertungen im Internet, K&R 2010, 689; *Ladeur*, Neue Werbeformen und der Grundsatz der Trennung von Werbung und Programm, ZUM 1999, 672; *ders.*, Das Werberecht der elektronischen Medien, 2004; *Leistner/Pothmann*, E-Mail-Direktmarketing im neuen europäischen Recht und in der UWG-Reform, WRP 2003, 815; *Leitgeb*, Virales Marketing- Rechtliches Umfeld für Werbefilme auf Internetportalen wie Youtube, ZUM 2009, 39; *Lettl*, Rechtsfragen des Direktmarketings per Telefon und E-Mail, GRUR 2000, 977; *Lichtnecker*, Die Werbung in sozialen Netzwerken und mögliche hierbei auftretende Probleme, GRUR 2013, 135; *ders.*, Ausgewählte Werbeformen im Internet unter Berücksichtigung der neueren Rechtsprechung, GRUR 2014, 523; *Marwitz*, Sind Unternehmens-Homepages Werbung?, MMR 1998, 188; *Pierson*, Online-Werbung nach der UWG-Reform, K&R 2006, 489 und 547; *Pohle*, Rechtliche Aspekte des Mobile Marketing, K&R 2008, 711; *Remmertz*, Werbebotschaften per Handy, MMR 2003, 314; *Schaar*, Rechtliche Grenzen des „In-Game-Advertising", GRUR 2005, 812; *Schmittmann*, Bannerwerbung – Rechtsprobleme insbesondere bei kammergebundenen Berufen, MMR 2001, 792; *ders.*, Kosten beim Empfänger unerwünschter E-Mail-Werbung, K&R 2002, 135; *ders.*, Werbung im Internet, 2003; *Sieber/Klimek*, Werbung in Push-Diensten: unaufgeforderte kommerzielle Kommunikation?, K&R 1999, 305; *Steinhoff*, Nutzerbasierte Online Werbung 2.0, K&R 2014, 86; *Vykydal/Diemar*, Gatoring – Eine zulässige Form der Werbung im Internet?, WRP 2004, 1237; *Weiler*, Spamming – Wandel des europäischen Rechtsrahmens, MMR 2003, 223; *Wendlandt*, Cybersquatting, Metatags und

Spam – Gemeinsamkeiten und Gegensätze im amerikanischen und deutschem Wettbewerbs- und
Markenrecht, 2002.

4.1 Werbung im Internet

Das Internet eröffnet völlig neue Möglichkeiten der gezielten Werbung. Denn zum einen
können potentielle Kunden durch Erfassung ihres Verhaltens im Internet mit speziell auf
sie zugeschnittenen Werbeangeboten individuell angesprochen werden. Zum anderen wird
auch die Reaktion der angesprochenen Verbraucher über die „Klickrate", die „Conversion-
Rate" oder die „Page Impressions" unmittelbar messbar, wodurch die Werbung und ihr
Erfolg besser gesteuert und bewertet werden kann. Von diesen Besonderheiten abgesehen, gelten aber für Werbung im Internet keine anderen Regeln als außerhalb. Dies gilt
insbesondere für das Verschleierungsverbot, das Irreführungsverbot, für die unlautere Behinderung fremder Werbung sowie für die unlautere unzumutbare Belästigung der Werbeadressaten.

4.1.1 Verschleierungsverbot sowie Trennungs- und Transparenzgebot (§ 4 Nr. 3 UWG, § 6 TMG)

Für Werbung jeglicher Art gelten das Verschleierungsverbot nach § 4 Nr. 3 UWG sowie
das eng damit zusammenhängende Trennungs- und Transparenzgebot, die ihre europarechtliche Grundlage in der Richtlinie über audiovisuelle Mediendienste (2010/13/EU,
umgesetzt im RStV und im JMStV) und der Richtlinie über den elektronischen Geschäftsverkehr (umgesetzt im TMG) finden und in verschiedenen Regelungen des nationalen
Rechts ihren Niederschlag gefunden haben. Zu nennen ist insbesondere § 6 Abs. 1 des für
Werbung im Internet maßgeblichen Telemediengesetzes (TMG). Nach dieser Vorschrift
haben Diensteanbieter von Telemedien bei kommerziellen Kommunikationen mindestens
die folgenden Voraussetzungen zu beachten:

1. **Kommerzielle Kommunikationen müssen klar als solche zu erkennen sein.**
2. Die **natürliche oder juristische Person**, in deren Auftrag kommerzielle Kommunikationen erfolgen, muss **klar identifizierbar** sein.
3. **Angebote zur Verkaufsförderung** wie Preisnachlässe, Zugaben und Geschenke müssen klar als solche erkennbar sein und die Bedingungen für ihre Inanspruchnahme
   müssen **leicht zugänglich sein sowie klar und unzweideutig** angegeben werden.
4. **Preisausschreiben oder Gewinnspiele mit Werbecharakter** müssen **klar als solche
   erkennbar und die Teilnahmebedingungen leicht zugänglich sein sowie klar und
   unzweideutig angegeben werden**.

Ganz ähnlich ist es auch lauterkeitsrechtlich unzulässig, den Werbecharakter von geschäftlichen Handlungen zu verschleiern und die Bedingungen von Verkaufsfördermaß-

nahmen und Gewinnspielen nicht klar und eindeutig anzugeben (§ 4 Nr. 3 – 5 UWG) bzw. den Werbeadressaten über den kommerziellen Zweck einer geschäftlichen Handlung in die Irre zu führen und dadurch die Entscheidungsfähigkeit von Verbrauchern zu beeinflussen (§§ 5, 5a UWG). Eine Verletzung des Trennungs- und Transparenzgebots und damit eine unlautere Verschleierung und Irreführung liegt vor, wenn das äußere Erscheinungsbild einer geschäftlichen Handlung so gestaltet wird, dass die Marktteilnehmer den Werbecharakter bzw. den kommerziellen Zweck nicht klar und eindeutig erkennen können.[1] Erfasst ist damit jede Äußerung mit dem Ziel, den Absatz oder Bezug eines Unternehmens zu fördern.

Zweck der Vorschriften ist es vor allem, der Marktgegenseite für ihre konkrete Entscheidung den Werbecharakter eines Angebots bewusst zu machen, weil dessen Verschleierung in besonderem Maße geeignet ist, das wirtschaftliche Verhalten des Adressaten wesentlich zu beeinflussen. Der Verbraucher soll wissen, ob er es mit einer geschäftlichen Werbebotschaft zu tun hat oder mit objektiven Informationen von neutraler Seite.

Das Verschleierungsverbot gilt für jede Art von Werbung, wie etwa **Bannerwerbung**, **Pop-up-Werbefenster**, „**Cursor-Werbung**" oder **Werbe-Emails**. Daneben gilt das Verschleierungsverbot aber vor allem auch für Werbeformen, die der angesprochene Verkehr den Umständen nach als unabhängige und neutrale Stellungnahme ansehen muss. Hierzu gehört einerseits die **redaktionell getarnte Werbung**. Der Werbeadressat soll davor geschützt werden, dass ihm unter dem Deckmantel redaktioneller Beiträge Informationen mit Werbecharakter untergeschoben werden. Denn der angesprochene Verkehr tritt einem Beitrag mit redaktionellem Charakter unkritischer gegenüber und misst ihm größere Bedeutung und Beachtung bei, als wenn es sich erkennbar um werbende Äußerungen des Unternehmens selbst handelt. Das gleiche trifft aber auch auf **als private Äußerung getarnte Werbung in Internet-Blogs**, auf **Bewertungsportalen** oder auf sonstigen Internetseiten zu („Fake-Bewertungen", „Astroturfing").[2]

Beispiel

Unternehmer, die in Internetblogs oder auf Bewertungsportalen Bewertungen in eigener Sache veröffentlichen, ohne dabei die eigene Identität offenzulegen, verstoßen regelmäßig gegen § 4 Nr. 3 UWG sowie gegen § 5a UWG (Irreführung durch Unterlassen). Darüber hinaus kommt aber auch eine unzulässige unsachliche Beeinflussung im Sinne von § 4 Nr. 1 UWG in Betracht, wenn die Bewertungen nicht selbst abgegeben werden, sondern versucht wird, Dritte durch Zugaben oder sonstige Vergünstigungen zu positiven Bewertungen zu veranlassen.[3]

---

[1] BGH, GRUR 2012, 184, 186 – Branchenbuch Berg.
[2] Vgl. hierzu auch *Ahrens/Richter*, WRP 2011, 814, 816; *Heermann*, WRP 2014, 509, 512; *Lichtnecker*, GRUR 2013, 135, 139.
[3] Vgl. zur Verknüpfung eines Gewinnspiels mit einer positiven Bewertung LG Hamburg, MMR 2013, 250; siehe auch *Lichtnecker*, GRUR 2014, 523, 524.

Ein konkretes Verbot von „als Information getarnter Werbung" ergibt sich aber auch bereits aus Nr. 11 des Anhangs zu § 3 Abs. 4 UWG. Danach gilt der **vom Unternehmer finanzierte Einsatz redaktioneller Inhalte zu Zwecken der Verkaufsförderung** als stets unzulässige Handlung, wenn sich dieser Zusammenhang aus dem Inhalt oder aus der Art der optischen oder akustischen Darstellung **nicht eindeutig** ergibt. Die Regelung entspricht damit ebenfalls dem presserechtlichen Gebot der Trennung von Werbung und redaktionellem Teil und nennt drei Tatbestandsvoraussetzungen: Erstens müssen redaktionelle Inhalte zu Zwecken der Verkaufsförderung eingesetzt werden. Dieser Einsatz muss zweitens von einem Unternehmen finanziert worden sein und drittens muss dies geschehen sein, ohne dass sich dieser Zusammenhang aus dem Inhalt oder aus der Art der optischen oder akustischen Darstellung eindeutig ergibt.[4] Ein Beitrag hat einen redaktionellen Inhalt, wenn er aus der Sicht eines Durchschnittsadressaten als objektive neutrale Berichterstattung durch das Medienunternehmen selbst erscheint.[5]

Zu beachten ist ferner, dass nach Nr. 23 des Anhangs auch das Erwecken des unzutreffenden Eindrucks bezüglich des gewerblichen Charakters eines Angebots eine stets unzulässige Handlung darstellt. Ein solcher Eindruck kann für die Entscheidung des Verbrauchers aus mehreren Gründen relevant werden, etwa wenn es um die Verschleierung der ihm zustehenden Verbraucherrechte geht oder fehlender Eigennutz bei gemeinnützigen oder wohltätigen Zwecken vorgespiegelt wird. Letzteres kommt z. B. in Betracht, wenn wahrheitswidrig behauptet wird, der Vertrieb einer Ware oder einer angebotenen Dienstleistung diene sozialen oder humanitären Zwecken.

Allerdings werden die zuletzt genannten Vorschriften regelmäßig nicht auf **gefälschte Kundenbewertungen** anwendbar sein.[6] Zum einen stellen vom werbenden Unternehmen unmittelbar oder mittelbar manipulierte positive Produktbewertungen in Bewertungs- oder Vergleichsportalen, Blogs oder sonstigen Internet-Foren regelmäßig keine redaktionellen Inhalte i. S. v. Nr. 11 des Anhangs dar. Zum anderen ist im Hinblick auf Nr. 23 des Anhangs zu beachten, dass es jedenfalls bei der Manipulation von Produktbewertungen nicht um eine Irreführung über eine Person geht, mit der letzten Endes das Geschäft abgeschlossen werden soll. Vielmehr wird regelmäßig lediglich über eine Person getäuscht, die außerhalb dieses geschäftlichen Verhältnisses steht. Angesichts der für die Tatbestände des Anhangs gebotenen engen Auslegung, ist davon auszugehen, dass sich die Regelung allein auf Irreführungen über den gewerblichen Charakters eines *Angebots* bezieht. Insoweit sind aber jedenfalls § 4 Nr. 3 UWG (Verschleierung) bzw. § 5 Abs. 1 UWG (Irreführung) einschlägig.

Zudem können die oben genannten Grundsätze auch bei **Schleichwerbung** und „**Product Placement**" im Internet verletzt sein. Unter „Schleichwerbung" ist jede Erwähnung oder Darstellung von Waren, Dienstleistungen, Namen, Marken oder Tätigkeiten eines Herstellers von Waren oder eines Erbringers von Dienstleistungen in Sendungen und Bei-

---

[4] OLG Hamburg, WRP 2012, 476 Rn. 13 ff.; OLG Karlsruhe, WRP 2012, 1131 Rn. 38.
[5] OLG Hamburg, WRP 2012, 476 Rn. 11; OLG Karlsruhe, WRP 2012, 1131 Rn. 32; *Köhler*/Bornkamm, UWG, Anh. § 3 Abs. 3 Rn. 11.2; *Ohly*/Sosnitza, UWG, Anh. zu § 3 Abs. 3 Rn. 32.
[6] Siehe *Ahrens/Richter*, WRP 2011, 814, 816; *Heermann*, WRP 2014, 509, 512; *Lichtnecker*, GRUR 2013, 135, 139.

trägen zu verstehen, „wenn sie vom Veranstalter absichtlich zu Werbezwecken vorgesehen ist und mangels Kennzeichnung die Allgemeinheit hinsichtlich des eigentlichen Zwecks dieser Erwähnung oder Darstellung irreführen kann" (§ 2 Abs. 2 Nr. 8 RStV).[7] Demgegenüber wird unter „Product Placement" die *gekennzeichnete* Erwähnung in Sendungen und Beiträgen gegen Entgelt oder eine ähnliche Gegenleistung mit dem Ziel der Absatzförderung verstanden (§ 2 Abs. 2 Nr. 11 S. 1 RStV).[8]

Grundsätzlich ist es aber nicht zu beanstanden, wenn im Rahmen eines redaktionellen oder künstlerischen Beitrages Produkte eines bestimmten Unternehmens erwähnt oder dargestellt werden, da diese Bestandteile der realen Welt sind. Ein Beispiel ist die Einblendung von Bandenwerbung bei der Übertragung einer Sportveranstaltung.[9] Unzulässig wird das „Product Placement" aber, wenn damit eine **Werbeabsicht** verfolgt wird und die Allgemeinheit über den eigentlichen Zweck der Erwähnung oder Darstellung irregeführt werden kann.[10] Die erforderliche Wettbewerbsabsicht wird dann angenommen, wenn ein Unternehmen oder ein **Produkt auffallend häufig gezeigt oder genannt wird**, ohne dass dafür ein sachlicher Grund besteht. Bei unterhaltenden Werken, wie etwa Filmen und Videoclips ist allerdings ein weniger strenger Maßstab anzulegen als bei Schleichwerbung in redaktionellen Beiträgen, da der Zuschauer weiß oder damit rechnet, dass der Filmhersteller dabei auch Requisiten verwendet, die ihm ein Gewerbetreibender um des Werbeeffekts willen kostenlos zur Verfügung stellt.[11] Die Grenze des Zulässigen ist erst dann überschritten, wenn Zahlungen oder andere geldwerte Leistungen „von einigem Gewicht" dafür erbracht werden, dass Unternehmen oder ihre Erzeugnisse in irgendeiner Weise im Film in Erscheinung treten.[12] Wird das „Product Placement" gezielt zur Finanzierung des Filmes genutzt, so müssen die Zuschauer vorab darüber informiert werden, dass es sich um bezahlte Werbung handelt.[13]

Schließlich sind auch im Internet die gesetzlichen Vorgaben zur Angabe von Preisen zu beachten, wie sie insbesondere die **Preisangabenverordnung (PAngV)** vorsehen. Nach diesen Vorgaben muss beispielsweise ein Online-Buchungsportal für Flüge bei jeder Preisangabe den zu zahlenden Endpreis ausweisen, und zwar von Anfang an, also auch bei der erstmaligen Angabe von Preisen.[14]

---

[7] Vgl. auch die Definition in Art. 1 Abs. 1 Buchst. j Richtlinie 2010/13/EU über audiovisuelle Mediendienste.

[8] Vgl. auch die etwas abweichende Definition in Art. 1 Abs. 1 Buchst. m Richtlinie 2010/13/EU über audiovisuelle Mediendienste.

[9] *Köhler*/Bornkamm, UWG, § 4 Nr. 3 Rn. 3.44 f.

[10] Harte/Hennig/*Frank*, UWG, § 4 Nr. 3 Rn. 101 f.; *Köhler*/Bornkamm, UWG, § 4 Nr. 3 Rn. 3.46.

[11] BGHZ 130, 205, 217 f. = GRUR 1995, 744 – Feuer, Eis & Dynamit I; Ullmann, FS Traub, 1994, 411, 418.

[12] BGH, ebenda.

[13] BGHZ 130, 205, 217 = GRUR 1995, 744 – Feuer, Eis & Dynamit I.

[14] EuGH, MMR 2015, 178 – Air Berlin.

4.1.2   Behinderung fremder Werbung („Werbeblocker")

Das Internet bietet aber nicht nur vielfältige Möglichkeiten, eigene Werbung gezielt zu platzieren. Vielmehr ist es häufig auch einfacher, fremde Internetwerbung zu umgehen oder ganz „auszuschalten", sei es, dass potentielle Kunden durch sog. „Deep-Links", „Framing" oder „Screen-Scraping" an den Werbeseiten vorbeigeleitet werden oder sei es durch den Einsatz sog. Werbeblocker, mit denen fremde Werbung ausgeblendet oder auf andere Weise verhindert wird.

Grundsätzlich kann die **gezielte Ausschaltung fremder Werbung** den Tatbestand der unlauteren gezielten Behinderung nach § 4 Nr. 10 UWG erfüllen, wenn dabei die Absicht verfolgt wird, ein konkurrierendes Unternehmen daran zu hindern, seine Leistungen auf dem Markt werbemäßig in angemessener Weise zur Geltung zu bringen. Unzulässig ist damit insbesondere das Manipulieren bzw. „**Hacken**" fremder Websites bzw. Werbung. Grundsätzlich zulässig ist dagegen der Vertrieb von technischen Vorrichtungen, wie etwa „**Werbeblocker**", die es erlauben, sich der Werbung eines Konkurrenten zu entziehen.[15] Dies gilt jedenfalls dann, wenn dabei **keine technischen Schutzmaßnahmen der Betreiber überwunden werden** und der Werbeblocker nicht den Zweck verfolgt, das Betreiben einer werbefinanzierten Internetseite als ein rechtlich grundsätzlich zulässiges Geschäftsmodell vollkommen unmöglich zu machen. Zulässig sind damit insbesondere Werbeblocker, deren Standardeinstellung darauf gerichtet ist, nur „nervige" Werbung zu unterdrücken, „akzeptable" Werbung aber zuzulassen.[16] Das bloße Interesse der Betreiber von werbefinanzierten Internetseiten, dass Nutzer die Werbung auch wahrnehmen, tritt in diesem Fall hinter den Interessen der Nutzer, von aufdringlicher Werbung verschont zu bleiben, und dem Interesse der Allgemeinheit an der Funktionsfähigkeit des Internet zurück.[17]

Das gleiche gilt für andere Methoden, mit denen Nutzer von der mit Werbung versehenen Startseite der Website eines Konkurrenten ferngehalten oder an ihr vorbeigeführt werden, wie dies etwa durch „**Deep Links**" und „**Screen Scraping**" möglich ist.[18] Denn ein Unternehmer, der sein Angebot im Internet öffentlich zugänglich macht, muss sich im Allgemeininteresse an der Funktionsfähigkeit des Internets daran festhalten lassen, dass die von ihm eingestellten Informationen durch übliche Suchdienste in einem automatisierten Verfahren aufgefunden und dem Nutzer entsprechend seinen Suchbedürfnissen aufbereitet zur Verfügung gestellt werden. Er muss es deshalb auch hinnehmen, dass ihm Einnahmen aus Werbung und Zusatzangeboten verlorengehen, weil die Nutzer seine Internetseite oder Teile seines Internetauftritts nicht aufsuchen. Dies gilt jedenfalls dann, wenn

---

[15] BGH, GRUR 2004, 877, 878 f. – Werbeblocker.
[16] Vgl. *Köhler*, WRP 2014, 1017, 1021.
[17] BGH, GRUR 2014, 785 Rn. 29 ff. – Flugvermittlung im Internet.
[18] BGH, GRUR 2003, 958, 963 – Paperboy; BGH, GRUR 2011, 1018 Rn. 70, 72 – Automobil-Onlinebörse; BGH, GRUR 2014, 785 Rn. 29 ff. – Flugvermittlung im Internet.

die Informationen nicht durch technische Maßnahmen gegen eine automatisierte Abfrage gesichert sind, sondern der Allgemeinheit öffentlich zugänglich gemacht wurden.[19]

4.1.3   Unzumutbare Belästigung der Werbeadressaten (§ 7 UWG)

Schließlich sind nach § 7 Abs. 1 UWG auch geschäftliche Handlungen, durch die ein Marktteilnehmer in unzumutbarer Weise belästigt wird, unzulässig. Dies gilt insbesondere für Werbung die getätigt wird, obwohl erkennbar ist, dass der angesprochene Marktteilnehmer **diese Werbung nicht wünscht**. Insbesondere bei Werbung im Internet liegt eine unzumutbare Belästigung gemäß § 7 Abs. 2 UWG vor bei

- Werbung im Internet, durch die ein Verbraucher hartnäckig angesprochen wird, obwohl er dies erkennbar nicht wünscht,
- bei Werbung durch **E-Mail**, ohne dass eine **vorherige ausdrückliche Einwilligung** des Adressaten vorliegt, oder
- bei Werbung mit einer Nachricht, bei der die **Identität des Absenders**, in dessen Auftrag die Nachricht übermittelt wird, verschleiert oder verheimlicht wird oder bei der keine gültige Adresse vorhanden ist, an die der Empfänger eine Aufforderung zur Einstellung solcher Nachrichten richten kann, ohne dass hierfür andere als die Übermittlungskosten nach den Basistarifen entstehen.

Erfasst wird von der Vorschrift insbesondere das sog. **Spamming**, das heißt die massenhafte Versendung unerbetener E-Mails, insbesondere zu Werbezwecken.[20] Nach § 7 Abs. 2 Nr. 3 UWG ist die Werbung unter Verwendung von automatischen Anrufmaschinen, Faxgeräten oder elektronischer Post (E-Mail) **nur mit Einwilligung** des Adressaten zulässig. Nach dem klaren Wortlaut der Vorschrift ist eine ausdrückliche Einwilligung erforderlich, so dass eine konkludente Einwilligung nicht genügt.[21] Der Adressat muss zum Ausdruck bringen, dass er im konkreten Fall mit der Werbung einverstanden ist.

Beispiele

Unbeschränkte Generaleinwilligungen genügen genauso wenig, wie die Angabe einer E-Mail-Adresse auf der Webseite eines Verbrauchers oder Unternehmers.[22] Geben demgegenüber potentielle Kunden im Internet ihre E-Mail-Adresse für Anfragen und Bestellungen als Kontaktadresse an, so ist darin regelmäßig eine ausdrückliche Einwilligung in die Übersendung von der Anfrage entsprechender Angebote oder Werbung zu

---

[19] BGH, GRUR 2014, 785 Rn. 29 ff – Flugvermittlung im Internet.
[20] Vgl. hierzu *Mankowski*, JZ 2005, 95, 97.
[21] A. A. *Ohly*/Sosnitza, UWG, § 7 Rn. 66 mit Verweis auf die Vorgaben der Datenschutzrichtlinie für elektronische Kommunikation. Zu beachten ist aber, dass die Richtlinie nur für Voraussetzungen und Schranken des Datenschutzes eine Vollharmonisierung anstrebt.
[22] BGH, GRUR 2008, 925 Rn. 22 – FC Troschenreuth; LG Ulm, WRP 2009, 1016, 1917 ff.

sehen. Auch wenn ein Unternehmen auf seiner Internetseite die Möglichkeit für Nutzer schafft, Dritten unverlangt eine so genannte Empfehlungs-E-Mail zu schicken (**Weiterempfehlungen**, **E-Cards**, **Einladungen zu sozialen Netzwerken**, etc.), ist dies nach Auffassung des BGH nicht anders zu beurteilen als eine unverlangt versandte Werbe-E-Mail des Unternehmens selbst.[23] Ein generelles Verbot von Weiterempfehlungen erscheint aber zu weitgehend. Zu prüfen ist, ob die Zusendung noch im Rahmen der freien privaten Kommunikation erfolgt, bei der davon auszugehen ist, dass sie Absender und Empfänger gutheißen, wie etwa im Falle von **Geburtstagsgrüßen per E-Card** oder bei einer **Weiterempfehlung eines als gut empfundenen Buches**.[24] Gleiches gilt für **werbefinanzierte E-Mails und SMS**, die solange zulässig sind, wie die Nachricht selbst im Vordergrund steht und es durch die beigefügte Werbung nicht zu einer zusätzlichen Belästigung kommt, weil sie nicht gelesen werden muss.[25]

Keine Einwilligung ist nach § 7 Abs. 3 UWG aber dann erforderlich, wenn ein Unternehmer im Zusammenhang mit dem Verkauf einer Ware oder Dienstleistung von dem Kunden dessen elektronische Postadresse erhalten hat, der Unternehmer die Adresse zur Direktwerbung für eigene ähnliche Waren oder Dienstleistungen verwendet und der Kunde der Verwendung nicht widersprochen hat obwohl dieser bei Erhebung der Adresse und bei jeder Verwendung klar und deutlich darauf hingewiesen wurde, dass er der Verwendung jederzeit widersprechen kann, ohne dass hierfür andere als die Übermittlungskosten nach den Basistarifen entstehen.

Beispiel

Sofern der Werbende die E-Mail-Adresse eines Kunden im Zusammenhang mit dem Verkauf einer Ware oder Dienstleistung erhalten hat, darf er sie unter bestimmten Voraussetzungen auch für die Direktwerbung nutzen (§ 7 Abs. 3 UWG). Erforderlich ist aber, dass der Unternehmer die Adresse zur Direktwerbung für eigene *ähnliche* Waren oder Dienstleistungen verwendet (Abs. 3 Nr. 2). Erfasst sind nur Waren oder Dienstleistungen, die dem gleichen Bedarf dienen, die also aus Verbrauchersicht substituierbar sind. Zudem darf der Kunde der Verwendung nicht widersprochen haben (Abs. 3 Nr. 3), wobei er bei Erhebung der Adresse sowie bei jeder Verwendung klar und deutlich darauf hingewiesen worden sein muss, dass er der Verwendung jederzeit widersprechen kann, ohne dass hierfür andere als die Übermittlungskosten nach den Basistarifen entstehen (Abs. 3 Nr. 4).

Voraussetzung für eine unzulässige Werbung nach § 7 UWG ist aber stets, dass die Werbung den Adressaten unzumutbar belästigt. **Belästigend** ist eine Werbung, die dem

---

[23] BGH, GRUR 2013, 1259 Rn. 23 – Empfehlungs-E-Mail; OLG Nürnberg GRUR-RR 2006, 26, 27 – Kunden-E-Mail; OLG München, MMR 2004, 324; KG, GRUR-RR 2005, 66; *Köhler*/Bornkamm, UWG, § 7 Rn. 201; differenzierend *Ohly*/Sosnitza, UWG, § 7 Rn. 67.
[24] *Ohly*/Sosnitza, UWG, § 7 Rn. 67.
[25] *Ohly*/Sosnitza, UWG, § 7 Rn. 68.

Empfänger aufgedrängt wird und die bereits wegen ihrer Art und Weise unabhängig von ihrem Inhalt als störend empfunden wird.[26] Nicht erfasst ist Werbung, die lediglich wegen ihres Inhalts als anstößig gilt.[27] Das Tatbestandsmerkmal der **Unzumutbarkeit** trägt demgegenüber dem Umstand Rechnung, dass nicht jede geringfügige Belästigung ausreichen kann. Denn zu berücksichtigen ist, dass jeder Werbung ein gewisses Maß an Belästigung innewohnt, das der Einzelne als „Gemeinschaftswesen" hinnehmen muss, da er keinen Anspruch darauf hat, im öffentlichen Raum von jeder ihm unangenehmen werblichen Beeinflussung abgeschottet zu werden. Zudem ist nicht jede Belästigung durch Werbung in einer Marktwirtschaft vermeidbar und auch die Interessen des Werbenden verdienen Berücksichtigung. Auf der Seite des Adressaten sind insbesondere die durch Art. 8 EMRK, Art. 7 EU-Grundrechtecharta, Art. 2 Abs. 1 i. V. m. Art. 1 Abs. 1 GG geschützte Privatsphäre sowie im Fall von Werbung gegenüber Gewerbetreibenden, die Berufsfreiheit (Art. 15 EU-Grundrechtecharta und Art. 12 GG) zu berücksichtigen. Zudem garantiert Art. 5 Abs. 1 GG die negative Informationsfreiheit, also den Schutz vor aufgedrängter Information. Demgegenüber ist auf Seiten des Werbenden der Schutz seiner Meinungsfreiheit (Art. 10 EMRK; Art. 11 EU-Grundrechtecharta; Art. 5 GG) und der Berufsfreiheit zu beachten (Art. 15 EU-Grundrechtecharta und Art. 12 GG).

Dementsprechend wird auch in der Amtlichen Begründung des Gesetzes hervorgehoben, dass durch den Tatbestand der unzumutbaren Belästigung nur Fälle erfasst werden sollen, in denen sich die Belästigung zu einer solchen Intensität verdichtet hat, dass sie von einem großen Teil der Verbraucher als **unerträglich** empfunden wird.[28] Abzustellen ist bei der Konkretisierung der „Unzumutbarkeit" auf einen durchschnittlich empfindlichen und verständigen Adressaten, also weder einer besonders robusten noch einer übersensiblen Person.[29] Da die „Unzumutbarkeit" in § 7 Abs. 1 UWG eine spezielle Bagatellschwelle darstellt, braucht aber nicht mehr zusätzlich geprüft werden, ob die Handlung geeignet ist, die Interessen der Marktteilnehmer spürbar i. S. v. § 3 UWG zu beeinträchtigen.[30]

Für die Beurteilung ist zum einen die **Intensität des Eingriffs** maßgeblich.[31] Zu fragen ist insbesondere, ob der Eingriff in die Intim- oder Privatsphäre erfolgt, oder ob er sich lediglich als Störung in der Öffentlichkeit oder der betrieblichen Abläufe darstellt. Zu berücksichtigen ist ferner, inwiefern der Werbende auf die fragliche Werbemethode angewiesen ist und welche **Ausweichmöglichkeiten** auf andere, ähnlich effektive Werbemittel bestehen. Gleiches gilt für etwaige Ausweichmöglichkeiten des Adressaten, also die Frage, welches Maß an Zeit, Arbeit und Kosten der Adressat aufwenden muss, um der Werbung zu entgehen oder sich ihrer zu entledigen. Schließlich ist auch die drohende

---

[26] BGH, GRUR 2011, 747 Rn. 17 – Kreditkartenübersendung m. w. N.
[27] BVerfG, GRUR 2001, 170, 173 f. – Benetton-Werbung I; BVerfG, GRUR 2003, 442, 444 – Benetton-Werbung II.
[28] Begr. RegE, BT-Drucks. 15/1487, S. 21 (zu § 7 Abs. 1 UWG).
[29] BGH, GRUR 2010, 939 Rn. 24 – Telefonwerbung nach Unternehmenswechsel; BGH, GRUR 2010, 1113 Rn. 15 – Grabmalwerbung; BGH, GRUR 2011, 747 Rn. 17 – Kreditkartenübersendung.
[30] Begr. RegE UWG 2008, BT-Drucks 16/10 145 S. 28.
[31] Vgl. zum folgenden auch *Köhler*/Bornkamm, UWG, § 7 Rn. 23 ff.; *Ohly*/Sosnitza; UWG, § 7 Rn. 25.

Sogwirkung bzw. die Nachahmungsgefahr der Werbemethode zu bewerten. Gerade bei der Verwendung kostengünstiger Werbemethoden besteht die Gefahr, dass andere Mitbewerber zur Nachahmung gezwungen sind, um im Wettbewerb nicht zurückzufallen. Somit kann die Unlauterkeit auch für Fälle gegeben sein, in denen zwar eine einzelne Handlung lediglich als unerhebliche Belästigung anzusehen ist, in Zukunft aber mit einer erheblichen Zahl weiterer Handlungen gerechnet werden muss, die in ihrer Summe eine wesentliche Belästigung darstellen (Summenwirkung).

In diesem Sinne mögen auch besondere Werbemethoden im Internet wie eingeblendete **Werbebanner** oder „**Pop-up-Fenster**" für den Nutzer zwar lästig sein. Zu beachten sind aber die berechtigten Interessen an der Finanzierung von Websites durch Werbung. Derartige Werbemethoden stellen daher regelmäßig keine unlautere Belästigung dar, sofern keine übermäßige Ladezeit beansprucht wird und dem Nutzer die Möglichkeit verbleibt, das Fenster ohne weiteres zu schließen oder nach angemessen kurzer Zeit weg zu klicken.[32] Etwas anderes kann dagegen gelten, wenn der Internetnutzer mit Werbung regelrecht überflutet wird.

4.2 Beeinflussung und Manipulation von Suchmaschinen

Schrifttum

Becker, Positive und negative Zeichenberechtigung im Internet, WRP 2010, 467; *Bernreuther*, Die suchmaschinenoptimierte Webseite – eine urheberrechtlich geschützte Unlauterkeit mit und ohne Markenverletzung, WRP 2008, 1057; *Dietrich*, Rechtliche Probleme bei der Verwendung von Metatages, K&R 2006, 71; *Dörre/Jüngst*, Aktuelle Entwicklung der AdWord-Rechtsprechung, K&R 2007, 239; *Engels*, Keyword Advertising – Zwischen beschreibender, unsichtbarer und missbräuchlicher Verwendung, MarkenR 2009, 289; *Ernst*, Suchmaschinenmarketing (Keyword-Advertising, Doorwaypages u. ä.) im Wettbewerbs- und Markenrecht, WRP 2004, 278; *Hackbarth*, Erste Anmerkungen zu „Bananabay II" – Gelöste Probleme und offene Fragen, WRP 2011, 1124; *Hartl*, Fremde Kennzeichen im Quelltext von Webseiten – Marken- und wettbewerbsrechtliche Zulässigkeit, MMR 2007, 12; *Hüsch*, Keyword Advertising und Keyword Buying, 2006; *ders.*, Keyword Advertising – Rechtmäßigkeit suchwortabhängiger Werbebanner in der aktuellen Rechtsprechung, MMR 2006, 357; *ders.*, Der Gebrauch geschützter Kennzeichen als Advertising Keywords (AdWords) – ein Fall für das Marken oder das Wettbewerbsrecht, K&R 2006, 223; *Illmer*, Keyword Advertising – Quo vadis?, WRP 2007, 399; *Knaak*, Keyword Advertising – Das aktuelle Key-Thema des Europäischen Markenrechts, GRUR Int. 2009, 551, *ders.*, Metatags und Keywords als vergleichende Werbung, GRUR Int. 2014, 209; *Kur*, Meta Tags – pauschale Verurteilung oder differenzierende Betrachtung?, CR 2000, 448; *Meyer*, Google AdWords: Wer haftet für vermeintliche Rechtsverletzungen?, K & R 2006, 557; *Miller*, Die rechtliche Beurteilung der Irreführung von Internet-Suchmaschinen, 2001; *Ohly*, Keyword-Advertising auf dem Weg von Karlsruhe nach Luxemburg, GRUR 2009, 709; *ders.*, Keyword Advertising auf dem Weg zurück von Luxemburg nach Paris, Wien, Karlsruhe und Den Haag, GRUR 2010, 776; *Ott*, Keyword Advertising mit fremden Marken, K&R 2010, 448; *Rath*, Das Recht der Internet-Suchmaschinen, 2005; *ders.*, Suchmaschinen sind auch nicht mehr das, was sie einmal waren, WRP 2005, 826; *Röhl*, Nutzung von AdWords

---

[32] LG Berlin GRUR-RR 2011, 332, 334; LG Düsseldorf, MMR 2003, 486; *Leupold/Bräutigam/Pfeiffer*, WRP 2000, 575, 591; siehe hierzu auch Fezer/*Mankowski*, UWG, § 4-S 12 Rn. 151.

nach Bananabay II, NJW 2011, 3005; *Rössel*, Der Wettlauf um Suchmaschinen, CR 2003, 349; *Scheuerl*, Keyword Advertising des Wiederverkäufers, GRUR 2014, 1167; *Schröler/Dümenil*, Die markenrechtliche Entwicklung des Keyword-Advertising, WRP 2014, 800; *Schultz/Störing*, Die wettbewerbsrechtliche Beurteilung von Keyword-Advertising mit fremden Marken, WRP 2008, 741; *Tietge*, Ist die Verwendung fremder Marken im Rahmen des Keyword-Advertising nach jüngster Rechtsprechung zulässig?, K&R 2007, 503; *Varadinek*, Trefferlisten von Suchmaschinen im Internet als Werbeplatz für Wettbewerber, GRUR 2000, 279; *Zöllner/Lehmann*, Kennzeichen- und lauterkeitsrechtlicher Schutz für Apps, GRUR 2014, 431.

Mehr noch als ein schlagkräftiger und einprägsamer Domainname oder eine zielgerichtete Werbestrategie ist für den Erfolg eines Internetauftritts vor allem entscheidend, dass die eigene Website von Suchmaschinen nach Eingabe eines bestimmten Suchwortes auch gefunden und in der Ergebnisliste an möglichst prominenter Stelle angezeigt wird. Hier können verschiedene suchmaschinenoptimierende Strategien ansetzen, wie etwa „Cross Referencing", „Klick-Betrug", „Suchmaschinen-Spamming", „Meta Tagging", „Keyword-Advertising" oder „Paid-Listing". Solche Strategien können geeignet sein, dass der Nutzer einer Suchmaschine ein Ergebnis erhält, das nicht mehr (allein) auf der objektiven Relevanz der Website beruht. Da bevorzugt nur die ersten 10–20 Treffer eines Suchaufrufs überhaupt auch nur zur Kenntnis genommen werden, behindert diese Praxis die „zurückgesetzten" Mitbewerber. Eine solche Praxis kann als eine unlautere geschäftliche Handlung i. S. v. § 3 UWG anzusehen sein, wenn sie sich nicht mehr als Auswirkung des erlaubten Wettbewerbs um Aufmerksamkeit im Internet darstellt, sondern besondere Unlauterkeitsaspekte hinzutreten, wie insbesondere eine gezielte Behinderung von Mitbewerbern (§ 4 Nr. 10 UWG), eine Täuschung von Internet-Nutzern (Irreführung nach § 5 UWG) oder eine unzumutbare Belästigung (§ 7 UWG).

4.2.1   Metatags und Keyword-Advertising

Eine Möglichkeit, Suchmaschinenergebnisse zu eigenen Gunsten zu beeinflussen, stellt die Verwendung von sog. Metatags und Keywords dar. Als **Metatags** werden Begriffe im Header der eigenen Website bezeichnet die nur für Suchmaschinen erkennbar sind. Mit diesen soll erreicht werden, dass für den Fall, dass bei Eingabe ganz bestimmter Begriffe gerade auch die eigene Seite von den Suchmaschinen berücksichtigt wird. Allerdings dürfte diese Methode mittlerweile technisch wohl weitgehend überholt sein, weil die Suchmaschinenbetreiber entsprechend darauf reagiert haben. Dagegen werden **AdWords** (**Keywords**) bei einer Suchmaschine „gebucht" und führen dazu, dass neben der Anzeige des Suchergebnisses für den verwendeten Begriff eine als solche gekennzeichnete Werbung für den AdWord-Nutzer erscheint, in der das gebuchte AdWords selbst aber nicht unbedingt sichtbar sein muss. Je nachdem ob bei diesen Methoden fremde Kennzeichen (Marken oder Unternehmenskennzeichen) oder beschreibende Begriffe verwendet werden, kann die Verwendung von Metatags oder Adwords nach den Vorschriften des

MarkenG gegen Kennzeichenrechte verstoßen oder eine unlautere geschäftliche Handlung i. S. d. UWG darstellen.

4.2.1.1 Verwendung beschreibender Begriffe

Bei der rechtlichen Beurteilung ist grundlegend zwischen der Nutzung beschreibender Begriffe und fremder Kennzeichen zu unterscheiden. Werden lediglich beschreibende Begriffe in Metatags und Adwords zur Beschreibung des eigenen Angebots verwendet, so kommen **grundsätzlich keine kennzeichenrechtlichen Ansprüche** in Betracht, selbst wenn der Begriff als Kennzeichen geschützt sein sollte. Denn die Verwendung beschreibender Begriffe zur Beschreibung des eigenen Angebots stellt regelmäßig schon keine kennzeichenmäßige Benutzung dar und ist überdies nach § 23 Nr. 2 MarkenG ausdrücklich erlaubt.

Beispiel

Wird die Bezeichnung „pcb" als Keyword angemeldet, so liegt darin keine kennzeichenmäßige Verwendung der Wortmarke „pcb-pool", wenn die Bezeichnung von den angesprochenen Verkehrskreisen als eine beschreibende Angabe über Merkmale und Eigenschaften von Waren verstanden wird („pcb" als Abkürzung von „printed circuit board"). Zudem handelt es sich bei dieser Abkürzung um eine zulässige beschreibende Angabe über Merkmale und Eigenschaften von Waren i. S. von § 23 Nr. 2 MarkenG, die nicht gegen die guten Sitten verstößt.[33]

Aber auch aus lauterkeitsrechtlicher Sicht ist die Verwendung beschreibender Begriffe **grundsätzlich selbst dann nicht zu beanstanden,** wenn Begriffe verwendet werden, die mit dem eigenen Angebot nur mittelbar zu tun haben.[34] Insbesondere ist es zulässig, bei der eigenen Werbung an das sachliche Interesse anzuknüpfen, welches der Internetnutzer mit der Eingabe eines bestimmten Suchbegriffes signalisiert.[35]

Denn zum einen werden Internetnutzer nicht über das Suchergebnis in relevanter Weise i. S. v. § 5 UWG getäuscht, da sich der Verkehr bei allgemein gehaltenen Suchbegriffen regelmäßig keine konkreteren Vorstellungen über den Inhalt der „Trefferliste" machen wird. Dem Internet-Benutzer ist bekannt, dass sämtliche Webseiten angezeigt werden, in denen diese Suchbegriffe in einem auch nur irgendwie gearteten Zusammenhang, und sei es auch nur am Rande, auftauchen.[36] Mitunter wird in der Rechtsprechung sogar darauf hingewiesen, dass dem durchschnittlich informierten, verständigen und aufmerksamen Verbraucher heute bekannt sei, dass Webseiten-Betreiber durch Metatags die Suchmaschinen manipulieren können, so dass er auch mit Trefferanzeigen rechne, die mit der Suchanfrage wenig gemein haben.[37]

---

[33] BGH, GRUR 2009, 502 Rn. 25 – pcb; *Ohly*, GRUR 2009, 709, 713 f.
[34] OLG Düsseldorf, GRUR-RR 2003, 48; Fezer/*Mankowski*, UWG, § 4-S 12 Rn. 90 ff; a. A. *Rössel*, CR 2003, 349, 352; *Pohle*, MMR 2003, 408, 410.
[35] Bettinger/*Leistner*, Werbung und Vertrieb im Internet, Teil 1 A Rn. 52.
[36] OLG Düsseldorf, GRUR-RR 2003, 48.
[37] OLG Düsseldorf, GRUR-RR 2006, 265 – Post-DomainPfad.

Beispiel

Ein Anbieter von Roben, der den Begriff „Urteil" als Metatag verwendet, handelt nicht unlauter, selbst wenn ein Internetnutzer, der den entsprechenden Begriff in einer Suchmaschine eingibt, wohl kaum nach Richterroben suchen wird.

Allerdings wird jedenfalls bei der Verwendung von **Metatags, die mit dem Angebot der Website gar nichts zu tun haben**, eine irreführende geschäftliche Handlung i. S. v. § 5 UWG bejaht oder zumindest in Betracht gezogen.[38] Zwar wird der Internetnutzer, selbst wenn er nicht mit einem völlig genauen Sucherergebnis rechnet, durchaus davon ausgehen, dass die Suchalgorithmen der Suchmaschinen zumindest gewährleisten, dass die gefundenen Webseiten wenigstens irgendeinen Zusammenhang mit dem gesuchten Begriff aufweisen. In dieser Hinsicht haben die Nutzer einer Suchmaschine also sehr wohl konkrete Vorstellungen.[39] Zudem kann eine etwaige Irreführung nicht schon dadurch ausgeschlossen sein, dass Internetnutzer grundsätzlich mit Manipulationen und Irreführungen im Internet rechnen, da damit eine Aushöhlung des wettbewerbsrechtlichen Irreführungsschutzes drohen würde. Zu bedenken ist aber, dass Internetnutzer durch die Verwendung auch vollkommen sachfremder Metatags oder Adwords wohl nicht in einer für § 5 UWG relevanten Weise irregeführt werden. Denn der Begriff der Irreführung ist nicht formal, sondern **funktional** zu verstehen. Der Irreführungstatbestand **bezweckt nicht den Schutz der Wahrheit** um ihrer selbst willen. Vielmehr soll verhindert werden, dass der Werbeadressat seine Entscheidung auf unrichtige Informationen stützt. Das bedeutet, dass die festgestellte Irreführung objektiv geeignet sein muss, die angesprochenen Verkehrskreise **zu einer geschäftlichen Entscheidung zu veranlassen, die sie andernfalls nicht getroffen hätten**. Entscheidend ist die Eignung, den Verkehr in seinen wirtschaftlichen Entschließungen irgendwie, im Sinne einer allgemeinen Wertschätzung zu beeinflussen, so dass die Werbeangabe dem Publikum irgendwelche Vorteile in Aussicht stellt.[40] Gerade aber wenn die verwendeten Metatags rein gar nichts mit dem eingegebenen Suchbegriff zu tun haben, ist kaum vorstellbar, dass der Internetnutzer durch eine entsprechend manipulierte Trefferliste in seiner geschäftlichen Entscheidung beeinflusst wird. Dies muss erst recht auch für Adwords gelten, weil diese lediglich dazu führen, dass die Werbeanzeige desjenigen, der das AdWord gebucht hat, in einer eigens als Werbung kenntlich gemachten Rubrik erscheint. Bei offensichtlicher und eindeutig neben dem Suchergebnis erscheinen-

[38] LG Mannheim, MMR 1998, 217; LG Düsseldorf, MMR 2002, 557; Fezer/*Mankowski*, UWG, § 4-S 12 Rn. 94 ff.; *Pohle*, MMR 2003, 409, 410.
[39] Vgl. auch *Pohle*, MMR 2003, 409, 410; *Ernst*, WRP 2004, 278.
[40] BGH, GRUR 1981, 71, 73 – Lübecker Marzipan; BGH, GRUR 1992, 70, 72 – „40 % weniger Fett"; BGH, GRUR 1999, 1011, 1013 – Werbebeilage; i. d. S. auch Art. 6 Abs. 1 der Richtlinie über unlautere Geschäftspraktiken (abgedruckt in GRUR Int. 2005, 569, 573 f.), wonach eine Geschäftspraxis als irreführend gilt, „wenn sie in irgendeiner Weise . . . den Durchschnittsverbraucher . . . zu einer geschäftlichen Entscheidung veranlasst, die er ansonsten nicht getroffen hätte."; Art. 6 Abs. 2 lautet: „Eine Geschäftspraxis gilt ferner als irreführend, wenn sie im konkreten Fall unter Würdigung aller tatsächlichen Umstände einen Durchschnittsverbraucher zu einer geschäftlichen Entscheidung veranlasst oder zu veranlassen geeignet ist, die er sonst nicht getroffen hätte, . . .".

der Werbung besteht für den Internetnutzer aber kein Anlass zu der Annahme, dass beides zwingend in Zusammenhang stehen muss.

Allerdings kann eine **unzulässige Form der Schleichwerbung** (§ 4 Nr. 3 UWG) in bestimmten Fällen in Erwägung zu ziehen sein. Zwar werden die als Metatags verwendeten Begriffe regelmäßig gerade nicht nach außen hin in Erscheinung treten. Allerdings hat der EuGH für eine ähnlich gelagerte Frage klargestellt, dass der Umstand, dass Metatags für den Internetnutzer unsichtbar bleiben und ihr unmittelbarer Empfänger nicht dieser Internetnutzer, sondern die Suchmaschine ist, nicht von Belang ist.[41] Zu beachten sei nämlich, dass der Begriff jedenfalls nach der Richtlinie 2006/114/EG über irreführende und vergleichende Werbung ausdrücklich jede Form von Kommunikation umfasse, also auch Formen indirekter Kommunikation mit einschließe – erst recht, wenn diese das wirtschaftliche Verhalten der Verbraucher beeinflussen und damit einen Mitbewerber beeinträchtigen können, auf dessen Namen oder Produkte die Metatags anspielen. Zudem bestehe kein Zweifel daran, dass eine solche Nutzung von Metatags insofern eine Werbestrategie darstelle, als sie den Internetnutzer dazu bewegen soll, die Website des Nutzers zu besuchen und sich für dessen Produkte oder Dienstleistungen zu interessieren. Gleiches wird man auch für den Begriff der Werbung in § 4 Nr. 3 UWG annehmen müssen, der seine unionsrechtliche Grundlage in anderen Richtlinien, wie insbesondere der Richtlinie über audiovisuelle Mediendienste und der Richtlinie über den elektronischen Geschäftsverkehr hat.

In Betracht zu ziehen ist aber auch eine unzulässige **unsachliche Beeinflussung** i. S. v. § 4 Nr. 1 UWG. Auch wenn die Verwendung vollkommen sachfremder Begriffe als Metatags oder Adwords noch nicht zu einer Irreführung der Internetnutzer führt, so wird doch auf die Auswahl von Angeboten, die ebenfalls mit zur geschäftlichen Entscheidungsfindung zu zählen ist, auf unsachliche Weise eingewirkt. Allerdings wird diese Fallgruppe im Zuge der UGP-richtlinienkonformen Auslegung zunehmend restriktiv angewendet. Der Anwendungsbereich soll sich nur auf aggressive Geschäftspraktiken beschränken.[42] Richtigerweise zeigen aber gerade Fälle, wie die Manipulation von Suchmaschinen, dass der Bereich, in dem auch neue Formen geschäftlicher Handlungen auf ihre Unlauterkeit hin überprüft werden, nicht vorschnell eingeengt werden darf.[43]

Davon abgesehen werden durch die Verwendung von Metatags oder Keywords jedenfalls etwaige Mitbewerber **nicht nach § 4 Nr. 10 UWG in unlauterer Weise behindert**. Es erfolgt kein Eingriff in den Zuweisungsgehalt von Rechten, die anderen zugeordnet sind.[44] Insbesondere wird deren Werbung nicht unmittelbar beeinträchtigt und eine Kaufentscheidung eines Kunden wird nicht vereitelt. Der Nutzer wird von der fremden

---

[41] EuGH, GRUR 2013, 1049, 1051 – Belgian Electronic Sorting Technology.

[42] BGH, GRUR 2010, 455 Rn. 17 – Stumme Verkäufer II; BGH, GRUR 2010, 850 Rn. 13 – Brillenversorgung II; BGH, WRP 2010, 1388 Rn. 16 – Ohne 19 % Mehrwertsteuer; BGH, GRUR 2011, 747 Rn. 26 – Kreditkartenübersendung; *Köhler*/Bornkamm, UWG, § 4 Nr. 1 Rn. 1.7; GroßkommUWG/*Pahlow*, § 4 Nr. 1 Rn. 19.

[43] Vgl. zur richtlinienkonformen Auslegung *Hetmank*, GRUR 2015, 323.

[44] OLG Düsseldorf, GRUR-RR 2003, 48; a. A. *Rössel*, CR 2003, 349, 352; *Pohle*, MMR 2003, 408, 410.

Werbung nicht abgehalten, sondern lediglich zur eigenen Werbung hingelenkt. Im Übrigen besteht kein wettbewerbsrechtlich schutzwürdiger Anspruch auf eine der tatsächlichen Relevanz entsprechende Platzierung in der Ergebnisliste einer Suchmaschine, zumal es den Mitbewerbern unbenommen bleibt, die beschreibenden Begriffe ihrerseits als Metatags oder Keywords zu nutzen.

Die Schwelle zur Unlauterkeit ist aber jedenfalls überschritten, wenn ein Unternehmer Metatags oder Schlüsselwörter im Text so massiv einsetzt, dass Suchmaschinen überflutet werden und auf den ersten Seiten der Suchergebnisse nur noch sein eigenes Angebot wahrnehmbar wird, so dass Internetnutzer nicht mehr nach anderen Anbietern suchen wird („**Index-Spamming**").[45]

Schließlich kann auch zu prüfen sein, ob in der Verwendung von Begriffen in Metatags, die sich ausschließlich auf andere Unternehmen beziehen, eine **unlautere vergleichende Werbung** i. S. v. § 6 UWG zu sehen ist. Als vergleichende Werbung wird dabei jede Werbung verstanden, die unmittelbar oder mittelbar einen Mitbewerber oder die von einem Mitbewerber angebotenen Waren oder Dienstleistungen erkennbar macht. Eine solche Werbung ist unlauter, wenn es an der Substituierbarkeit der verglichenen Waren oder Dienstleistungen fehlt (1.), der Vergleich nicht objektiv auf eine oder mehrere wesentliche, relevante, nachprüfbare und typische Eigenschaften oder den Preis dieser Waren oder Dienstleistungen bezogen ist (2.), zu einer Verwechslungsgefahr führt (3.) oder eine unlautere Rufausnutzung, Rufbeeinträchtigung, Herabsetzung, Verunglimpfung oder Nachahmung darstellt (4.–5.).

Beispiel

Das Unternehmen „BEST" (*Belgian Electronic Sorting Technology*) findet heraus, dass ein ehemaliger Mitarbeiter des Unternehmens den Begriff „BEST" auf der Internetseite seiner neu gegründeten Firma, die in der gleichen Branche tätig ist, als Metatag verwendet. Da der Begriff „BEST" sowohl als Marke als auch als Handelsname nicht unterscheidungskräftig ist, kommt keine Kennzeichenrechtsverletzung in Betracht. Nach dem EuGH kann aber in der Nutzung von Metatags eine vergleichende Werbung zu sehen sein.[46] Denn diese Nutzung habe zur Folge, dass der Link zur Website des Metatag-Nutzers in der Liste der Suchergebnisse erscheint. Der Internetnutzer, der eine Marke als Suchbegriff eingibt, könne diese Links entweder als Angebot einer Alternative zu den von ihm gesuchten Waren verstehen oder denken, dass diese Links zu Websites führen, auf denen Produkte dieser Marke angeboten werden. Allerdings ist die Verwendung von Metatags als vergleichende Werbung in aller Regel deshalb unlauter, weil sie zu einer Verwechslungsgefahr führt. Denn durch den Metatag kann der Eindruck erweckt werden, die so gefundene Seite stamme von dem durch den Suchbe-

---

[45] LG Frankfurt a. M., GRUR-RR 2002, 81, 82 – Wobenzym.
[46] EuGH, GRUR Int. 2013, 937 – Belgian Electronic Sorting Technology [BEST].

griff identifizierten Mitbewerber oder zwischen ihm und dem Werbenden bestehe eine wirtschaftliche Verbindung.[47]

4.2.1.2 Markenrechtsverletzung durch Verwendung fremder Kennzeichen

Typischerweise werden als Metatags oder Adwords nicht nur beschreibende Begriffe, sondern vor allem auch fremde Unternehmens- oder Produktbezeichnungen verwendet, damit die eigene Seite oder die eigene Werbung gerade auch dann an prominenter Stelle platziert wird, wenn der Internetnutzer eigentlich nach den Angeboten der Konkurrenz gesucht hat. Die Zulässigkeit der Verwendung **fremder Kennzeichen** als Metatags oder Adwords beurteilt sich zunächst nach dem **Markengesetz**. Entscheidend ist also, ob die Verwendung fremder Kennzeichen als Metatags ohne Zustimmung des Zeicheninhabers eine Kennzeichenbenutzung im markenrechtlichen Sinne darstellt und ob unter dem Gesichtspunkt des Identitäts-, des Verwechslungs- oder des Bekanntheitsschutzes (§§ 14 Abs. 1, 15 Abs. 2 MarkenG) das betreffende Kennzeichenrecht verletzt wird.[48]

(1.) Markenmäßige Benutzung

Wer ein fremdes Kennzeichen als Metatag verwendet oder als AdWord für die eigene Werbung „bucht", benutzt dieses markenmäßig für seine eigenen Waren und Dienstleistungen. Demgegenüber liegt auf Seiten des Suchmaschinenbetreibers regelmäßig keine markenmäßige Benutzung vor, weil das Kennzeichen in diesem Fall nicht selbst für eigene Waren oder Dienstleistungen benutzt wird. Der Suchmaschinenbetreiber ist daher nur unter dem Aspekt der Störerhaftung verantwortlich.[49]

Einem markenrechtlichen Anspruch steht außerdem nicht entgegen, dass das Suchwort für den Nutzer in der Werbeanzeige oder auf der entsprechenden Internetseite überhaupt nicht sichtbar wird. Denn insofern genügt es für eine markenmäßige Benutzung des fremden Kennzeichens, dass mit Hilfe des Suchworts das Ergebnis des Auswahlverfahrens der Suchmaschine bzw. der Werbeanzeige beeinflusst und der Nutzer auf diese Weise zu dem Angebot des Nutzers des Metatag bzw. des AdWords geführt wird. Das Suchwort dient somit gerade dazu, den Nutzer auf das dort werbende Unternehmen und sein Angebot hinzuweisen.[50]

Etwas anderes soll aber für die Verwendung von Metatags gelten, wenn sich für den Nutzer bei Betrachtung der Kurzangaben in der Trefferliste ergibt, dass es sich nur um einen „Zufallstreffer" handelt, bei dem die fremde Marke nicht in verwechselbarer Form verwendet wird. Der Internetnutzer sei darauf eingerichtet, dass sich nicht alle Treffer auf das von ihm gesuchte Ziel beziehen.[51] Zu beachten ist aber, dass nach der jüngeren Rechtsprechung des EuGH und des BGH zu Keyword-Advertising von der (Nicht-)Beeinträchtigung der Marke gerade noch nicht auf die markenmäßige

---

[47] Vgl. *Knaak*, GRUR Int. 2014, 209.

[48] BGH, GRUR 2007, 65, 66 Rn. 15 f. – Impuls; BGH, GRUR 2007, 784 – AIDOL; vgl. auch EuGH, GRUR 2013, 1049, 1051 – Belgian Electronic Sorting Technology.

[49] EuGH, GRUR 2010, 445 Rn. 50 ff. – Google France; BGH, GRUR 2011, 828 Rn. 20 – Bananabay II.

[50] BGH, a. a. O.

[51] OLG Frankfurt a. M., GRUR-RR 2008, 292 f.

Benutzung geschlossen werden kann und der Werbende die fremde Marke auch dann für seine eigenen Waren und Dienstleistungen benutzt, wenn er sie in einer die Verwechslung ausschließenden Weise als Keyword anmeldet.[52] Gleiches muss auch für die Verwendung von fremden Marken für Metatags gelten.

(2.) Identitäts-, Verwechslungs- und Bekanntheitsschutz bei Verwendung von Kennzeichen

(a) Metatags

Im Hinblick auf Metatags kommt nach § 14 Abs. 1 Nr. 1 MarkenG eine Markenrechtsverletzung in Betracht, wenn als Metatag ein mit der fremden Marke *identisches* Zeichen für *identische* Waren oder Dienstleistungen verwendet wird (Identitätsschutz). Fehlt es an der Kennzeichen- oder an der Waren-, bzw. Dienstleistungsidentität oder geht es nicht um den Schutz von Marken, sondern von Unternehmenskennzeichen ist nach § 14 Abs. 1 Nr. 2 bzw. § 15 Abs. 2 MarkenG für einen markenrechtlichen Schutz im Ähnlichkeitsbereich eine **Verwechslungsgefahr** erforderlich. Eine Verwechslungsgefahr kann sich bei der Verwendung von fremden Kennzeichen als Metatags bereits daraus ergeben, dass die Internetnutzer, die das Kennzeichen des Zeicheninhabers kennen und als Suchwort eingeben, um sich über dessen Angebot zu informieren, auch auf die Leistung des Metatagverwenders hingewiesen werden. Zwar rechnet der Internetnutzer grundsätzlich damit, dass sich nicht alle Treffer auf das von ihm gesuchte Ziel beziehen. Weist aber ein Treffer auf eine Internetseite des Metatagverwenders hin, auf der dieser die gleichen Leistungen anbietet wie der Zeicheninhaber, besteht die Gefahr, dass der Internetnutzer dieses Angebot aufgrund der Kurzhinweise mit dem Angebot des Zeicheninhabers verwechselt und sich näher mit ihm befasst.[53]

Schließlich kommt ein markenrechtlicher Schutz auch bei völliger Branchenverschiedenheit in Betracht, wenn es sich bei dem fremden Kennzeichen um eine im Inland **bekannte Marke bzw. geschäftliche Bezeichnung** handelt, wie es etwa für „Coca Cola" oder „McDonalds" der Fall ist (§ 14 Abs. 1 Nr. 3, § 15 Abs. 3 MarkenG). Damit wird dem Umstand Rechnung getragen, dass bekannte Kennzeichen in besonderem Maße Ausnutzungsversuchen ausgesetzt sind, und zwar gerade auch außerhalb des Waren-, bzw. Dienstleistungsähnlichkeitsbereichs.

(b) Adwords (Keywords)

Werden fremde Kennzeichen im Rahmen des Keyword-Advertising verwendet, ist zu beachten, dass der EuGH für eine Kennzeichenverletzung zusätzlich verlangt, dass durch die Benutzung der Marke eine der geschützten Markenfunktionen, wie insbesondere die Herkunftsfunktion, beeinträchtigt wird.[54] Die **Herkunftsfunktion** wird beeinträchtigt, wenn durch den Metatag oder das Keyword fälschlich eine geschäftliche Verbindung zwischen

---

[52] EuGH, GRUR 2010, 445 Rn. 50 ff. – Google France; BGH, GRUR 2011, 828 Rn. 20 – Bananabay II.
[53] BGH, GRUR 2007, 65 – Impuls.
[54] EuGH, GRUR 2009, 756 Rn. 58 – L'Oréal/Bellure.

dem Werbenden und dem Markeninhaber suggeriert wird, bzw. Nutzer nicht erkennen können, ob eine solche Verbindung besteht.[55] Während diese Funktion der Marke bei der Verwendung von **Metatags** ohne weiteres beeinträchtigt sein kann, ist bei **AdWords-Werbung** zu berücksichtigen, dass die „gekaufte" Werbung in aller Regel klar und eindeutig als solche gekennzeichnet ist, d. h. in einem durch die Überschrift „Anzeigen" gekennzeichneten, deutlich abgesetzten besonderen Werbeblock erscheint und diese selbst weder das Zeichen noch sonst einen Hinweis auf den Markeninhaber oder auf die von diesem angebotenen Produkte enthält. Aus diesem Grund **wird die Herkunftsfunktion einer Marke im Falle ihrer Verwendung als Keyword regelmäßig nicht verletzt** sein.[56]

Zu den Funktionen der Marke gehören neben der Gewährleistung der Herkunft als Hauptfunktion aber auch andere Funktionen, wie unter anderem die Gewährleistung der Qualität der mit ihr gekennzeichneten Waren oder Dienstleistungen sowie die Kommunikations-, Investitions- und Werbefunktion. Allerdings werden auch diese Funktionen durch die Benutzung eines mit der Marke identischen Zeichens als Schlüsselwort für AdWords-Werbung nicht beeinträchtigt.[57] Zwar berührt die Verwendung des Schlüsselworts die Möglichkeiten des Markeninhabers, die Marke in seiner eigenen Werbung einzusetzen. Möchte er zum Beispiel seine Marke selbst als Schlüsselwort registrieren, um in der Rubrik „Anzeigen" eine Anzeige erscheinen zu lassen, muss er mit anderen Verwendern des Schlüsselworts um die vordere Position der Werbeanzeige konkurrieren. Diese Auswirkungen reichen jedoch für eine rechtlich relevante Beeinträchtigung der Werbefunktion nicht aus. Denn bei Eingabe der Marke als Suchbegriff durch den Internetnutzer erscheint der Internetauftritt des Markeninhabers meist bereits in der Trefferliste, und zwar normalerweise an einer der vorderen Stellen. Infolgedessen ist die Sichtbarkeit der Waren oder Dienstleistungen des Markeninhabers für den Internetnutzer unabhängig davon gewährleistet, ob es dem Markeninhaber gelingt, eine Anzeige auch in der Rubrik „Anzeigen" unter den Ersten zu platzieren.[58] Es kann zwar nicht völlig ausgeschlossen werden, dass die Werbekraft der Marke durch das Anzeigen einer Werbung für Drittprodukte geschwächt wird. Dieser mögliche Effekt reicht aber nach den vom EuGH entwickelten Grundsätzen nicht aus, um von einer rechtserheblichen Beeinträchtigung der Werbefunktion auszugehen, und ist deshalb hinzunehmen.

Schließlich kommt vor diesem Hintergrund auch eine Kennzeichenverletzung unter dem Aspekt des erweiterten Schutzes **bekannter Marken und Unternehmenskennzeichen** gegen die Ausnutzung von Wertschätzung und Unterscheidungskraft nach § 14 Abs. 2 Nr. 3, § 15 Abs. 3 MarkenG jedenfalls dann nicht in Betracht, wenn die durch

---

[55] EuGH, GRUR 2010, 445 Rn. 89 f. – Google France; EuGH, GRUR 2010, 451 Rn. 36 – BergSpechte.

[56] BGH, GRUR 2011, 828 Rn. 22 ff. – Bananabay II; BGH, GRUR 2013, 290 Rn. 26 – MOST-Pralinen; BGH, GRUR 2013, 1044 Rn. 14 – Beate Uhse.

[57] EuGH, GRUR 2011, 1124 Rn. 54 ff., 60 ff. – Interflora; BGH, GRUR 2011, 828 Rn. 30 f. – Bananabay II.

[58] EuGH, GRUR 2010, 445 Rn. 97 – Google France.

das Keyword ausgelöste Werbung in erster Linie dazu dient, eine Alternative zum Ange-bot des Markeninhabers aufzuzeigen.[59]

4.2.1.3 Lauterkeitsrechtliche Beurteilung

Die Verwendung von fremden Kennzeichen als Metatags oder Keywords wird schließ-lich regelmäßig **keine lauterkeitsrechtlichen Ansprüche** auslösen. Insofern gilt nichts anderes als bei der Verwendung von beschreibenden Begriffen.[60] So ist jedenfalls das Keyword-Advertising unter dem Gesichtspunkt der Irreführung (§ 5 UWG) oder der ver-schleiernden Werbung (§ 4 Nr. 3 UWG) lauterkeitsrechtlich grundsätzlich nicht zu bean-standen, solange nur der **Werbecharakter für den durchschnittlichen Nutzer deutlich erkennbar** ist. Aber auch eine Rufausbeutung (§ 4 Nr. 9 UWG) bzw. eine gezielte Behin-derung (§ 4 Nr. 10 UWG) kommt grundsätzlich nicht in Betracht. Der Internetnutzer ist darauf eingerichtet, zwischen den Treffern in der Liste der Suchergebnisse, die unmittelbar von der Suchmaschine aufgelistet werden, und den bezahlten Anzeigen zu unterscheiden, über die sich die Suchmaschine finanziert. Insofern fehlt es insbesondere an einer Übertra-gung von Güte- oder Wertvorstellungen, also einem für die Rufausbeutung erforderlichen Imagetransfer.[61] Darüber hinaus erhöht das Keyword-Advertising die Markttransparenz, weil Verbraucher auf Alternativen zum Angebot des Markeninhabers hingewiesen wer-den[62] und Internetnutzer frei darüber entscheiden können, ob sie die Werbeanzeige oder die Website des Kennzeicheninhabers benutzen.

Wird allerdings der Umstand, dass für die Platzierung ein Entgelt bezahlt wurde, nicht kenntlich gemacht, kann dies eine verdeckte (§ 4 Nr. 3 UWG) und irreführende Werbung (§ 5 Abs. 1 UWG) darstellen.[63] Zudem liegt ein gezielte Behinderung vor, wenn ein Mar-keninhaber nach erfolgreicher Einlegung einer Markenbeschwerde bei Google, durch die die Verwendung der Marke in Adwords-Anzeigen unterbunden wird, die Zustimmung zu der Adwords-Werbung eines Mitbewerbers nicht erteilt, obwohl die beabsichtigte Wer-bung das Markenrecht nicht verletzt.[64]

Zu beachten ist schließlich, dass Keyword Advertising grundsätzlich auch eine **vergleichende Wer-bung** darstellen kann, die nach den Vorgaben in § 6 UWG zu beurteilen ist.[65] Denn derartige Werbemaßnahmen sind indirekte Äußerungen mit dem Ziel der Absatzförderung, die dem Inter-netnutzer den Eindruck vermitteln können, dass die durch die Suchmaschine platzierten Angebote eine Alternative zu den von ihm gesuchten Waren enthalten. Diese Werbung macht andere Wettbe-werber auch „erkennbar" im Sinne von § 6 Abs. 1 UWG, weil durch ihre Verknüpfung mit den Links zur Webseite des Markeninhabers jedenfalls mittelbar auf diesen Wettbewerber Bezug genommen

---

[59] EuGH, GRUR 2011, 1124 Rn. 91 – Interflora, BGH, GRUR 2013, 1046 Rn. 23 – Beate Uhse.
[60] Siehe dazu oben; a. A. Fezer/*Mankowski*, UWG, § 4-S 12 Rn. 87 f.; *Varadinek*, GRUR 2000, 279, 284.
[61] BGH, GRUR 2009, 500 Rn. 16 – Beta Layout; BGH, GRUR 2011, 828 Rn. 34 – Bananabay II.
[62] EuGH, GRUR 2011, 1124 Rn. 91 – Interflora.
[63] *Ohly*/Sosnitza, UWG, § 4 Rn. 10/53c.
[64] BGH, MMR 2015, 446 – Uhrenankauf im Internet.
[65] Vgl. zu Metatags auch EuGH, GRUR Int. 2013, 937 – Belgian Electronic Sorting Technology [BEST] sowie *Knaak*, GRUR Int. 2014, 209.

wird. Jedenfalls in Fällen, in denen der Keyword-Nutzer in seiner Anzeige substituierbare Produkte bewirbt, wird in dieser Werbung daher eine vergleichende Werbung i. S. d. § 6 Abs. 1 UWG liegen, die zulässig ist, solange sie sich im Rahmen der in § 6 Abs. 2 UWG genannten Voraussetzungen hält (insbesondere darf keine Verwechslungsgefahr und keine unlautere Rufausbeutung vorliegen). Eine Verwechslungsgefahr wird regelmäßig nicht bestehen, weil der durchschnittliche Internetnutzer weiß, dass Anzeigen, die bei einer Suchanfrage in einem Werbeblock außerhalb der Trefferliste eingeblendet werden, in den meisten Fällen nicht vom Markeninhaber oder einem mit ihm verbundenen Unternehmen stammen.

4.2.2   Paid Listing

Zu unterscheiden ist das Keyword-Advertising aber vom „Paid Listing" (oder auch „Keyword Buying"). Bei diesem werden Listingplätze gekauft, d. h. der Anbieter trifft mit dem Betreiber der Suchmaschine eine Vereinbarung, dass der Link zum Angebot in der Trefferliste bevorzugt, möglichst an erster Stelle erscheinen soll.[66] Parallel zu den vom BGH in seiner Rechtsprechung zur Verwendung von generischen Begriffen als Domain angestellten Erwägungen,[67] ist davon auszugehen, dass der maßgebliche durchschnittlich informierte Nutzer nicht schon aufgrund einer schlechteren Platzierung auf der Ergebnisliste vom Angebot des betreffenden Anbieters abgelenkt oder von einer Prüfung weiterer Angebote abgehalten wird. Allerdings liegt eine unzulässige verdeckte (§ 4 Nr. 3 UWG) oder irreführende Werbung (§ 5 UWG) vor, wenn die Tatsache, dass der hohe Listenplatz auf Bezahlung beruht, nicht offen gelegt wird. Ohne einen entsprechenden Hinweis erwartet der Nutzer halbwegs objektive Rankinglisten, deren Zustandekommen nicht auf eine Bezahlung für entsprechend hohe Platzierungen zurückzuführen ist.[68]

4.2.3   Manipulation von Suchmaschinen

Von den oben genannten Möglichkeiten der Suchmaschinenoptimierung abgesehen, kann in Techniken, die nicht mehr als Suchmaschinen*optimierung*, sondern als eine Suchmaschinen*manipulation* anzusehen sind, ein Wettbewerbsverstoß in der Form der **gezielten Behinderung i. S. v. § 4 Nr. 10 UWG** gesehen werden[69] („**Doorway Pages**", „**Cloaking**" etc.).[70] Dies gilt jedenfalls dann, wenn die Behinderung dazu führt, dass die Angebote der beeinträchtigten Mitbewerber nicht mehr in angemessener Weise von den Internetnutzern gefunden und wahrgenommen werden können.[71]

---

[66] Fezer/*Mankowski*, UWG,§ 4-S 12 Rn. 96.
[67] BGHZ 148, 1 = GRUR 2001, 1061, 1063 f. – Mitwohnzentrale.de.
[68] Fezer/*Mankowski*, UWG, § 4-S 12 Rn. 111.
[69] OLG Hamm, MMR 2010, 36.
[70] Vgl. *Ott*, MMR 2008, 222.
[71] LG Frankfurt GRUR-RR 2002, 81, 82 – Wobenzym.

Allerdings wird in der Literatur auch vertreten, dass in bestimmten geschäftlichen Handlungen, wie etwa dem Austauschen des Webseiteinhalts allein zur Täuschung des Suchmaschineninhalts (dem Webcrawler der Suchmaschinen wird eine andere Seite präsentiert als dem Besucher, sog. „Cloaking"), eine **unlautere Irreführung nach §§ 5 f. UWG** zu sehen ist.[72] Zu beachten ist aber, dass der Irreführungstatbestand nicht den Schutz der Wahrheit um ihrer selbst willen bezweckt. Vielmehr soll verhindert werden, dass die Marktgegenseite als Werbeadressat ihre Entscheidung auf unrichtige Informationen stützt. Dies bedeutet aber, dass genau zu prüfen ist, wem gegenüber die Täuschung gilt: Der Suchmaschine oder (auch) dem Internetnutzer. Die Täuschung der Suchmaschine (bzw. ihres Betreibers) allein kann **mangels Beeinflussung der geschäftlichen Entscheidungsfreiheit** für eine Irreführung nach §§ 5 UWG grundsätzlich nicht genügen. Erforderlich ist vielmehr, dass die Täuschung in einer geschäftlich relevanten Irreführung des Internetnutzers mündet – und zwar gerade in dem Zeitpunkt, in dem sich ihm das Suchmaschinenergebnis repräsentiert. Die festgestellte Täuschung muss objektiv geeignet sein, die angesprochenen Verkehrskreise zu einer geschäftlichen Entscheidung zu veranlassen, die sie andernfalls nicht getroffen hätten. Entscheidend ist die Eignung, den Verkehr in seinen wirtschaftlichen Entschließungen irgendwie, im Sinne einer allgemeinen Wertschätzung zu beeinflussen, so dass die Werbeangabe dem Publikum irgendwelche Vorteile in Aussicht stellt. Aufgabe des lauterkeitsrechtlichen Irreführungsschutzes kann es nur sein, die Marktgegenseite als Adressaten einer geschäftlichen Handlung vor unzulässigen Beeinflussungen ihrer geschäftlichen Entscheidungsfreiheit zu schützen, nicht aber, die Funktionsfähigkeit von Suchmaschinen sicherzustellen.

---

[72] Fezer/*Mankowski*, UWG, § 4–5 12 Rn. 113 ff.

Das Urheberrecht ist in besonderem Maße von den Veränderungen durch das Internet betroffen. Das Internet hat nicht nur neue Fragen zur Schutzfähigkeit bekannter und neuer Werkarten aufgeworfen, sondern vor allem auch im Hinblick auf die Reichweite des urheberrechtlichen Schutzes. Während das Internet vollkommen neue Formen der Nutzung von urheberrechtlich geschützten Werken und Leistungen ermöglicht, sind viele Regelungen des geltenden Urheberrechts noch mit Blick auf analoge Techniken entstanden. Dabei werden aber regelmäßig nicht nur einzelne Regelungen in Frage gestellt, sondern mit der Verlagerung des Blicks vom „Werk" zur „Information" bisweilen sogar der gesamte regulatorische Schwerpunkt des Urheberrechts[1] genauso wie der durch das Urheberrecht auszugleichende Konflikt zwischen Exklusivitäts- und Zugangsinteressen durch das Internet in noch viel schärferer Form zu Tage tritt.[2]

5.1 Urheberrechtlich geschützte Werke im Internet

Schrifttum

Barnitzke/Möller/Nordmeyer, Die Schutzfähigkeit graphischer Benutzeroberflächen nach europäischem und deutschem Recht, CR 2011, 277; *Bullinger/Czychowski*, Digitale Inhalte: Werk und/oder Software? Ein Gedankenspiel am Beispiel von Computerspielen, GRUR 2011, 19; *Cichon*, Urheberrechte an Webseiten, ZUM 1998, 897; *Dreier*, Urheberrecht auf dem Weg zur Informationsgesellschaft – Anpassung des Urheberrechts an die Bedürfnisse der Informationsgesellschaft, GRUR 1997, 859; *ders./Leistner*, Urheberrecht im Internet: die Forschungsherausforderungen, GRUR-Beilage Heft 1/2014, 13; *Heermann/John*, Lizensierbarkeit von Spielplänen im deutschen Ligasport, K&R 2011, 753; *Heutz*, Freiwild Internetdesign?, MMR 2005, 567; *Lambrecht*, Der urheberrechtliche Schutz von Bildschirmspielen, 2006; *Leistner*, Der europäische Werkbegriff, ZGE 2013 4; *Loewenheim*, Urheberrechtliche Probleme bei Multimedia-Anwendungen, GRUR 1996, 830; *Schack*, Urheberrechtliche Gestaltung von Webseiten unter Einsatz von Links und Frames,

---

[1] Vgl. *Dreier*/Leistner, GRUR-Beilage 1/2014, 13.
[2] Siehe *Peukert*, GRUR-Beilage 1/2014, 77.

© Springer Fachmedien Wiesbaden 2016

S. Hetmank, *Internetrecht*, DOI 10.1007/978-3-658-08976-4_5

MMR 2001, 9; *G. Schulze*, Urheber- und leistungsschutzrechtliche Fragen virtueller Figuren, ZUM 1997, 77; *ders.*, Schleichende Harmonisierung des urheberrechtlichen Werkbegriffs, GRUR 2009, 1019; *Solmecke/Bärenfänger*, Urheberrechtliche Schutzfähigkeit von Dateifragmenten, MMR 2011, 567; *Veigel,* Zur urheberrechtlichen Schutzfähigkeit und Verwertung von Elektronischen Programmführern (EPG), AfP 2008, 551; *Wiebe/Funkat*, Multimedia-Anwendungen als urheberrechtlicher Schutzgegenstand, MMR 1998, 69.

Das Urheberrecht schützt den Urheber schöpferischer Werke auf dem Gebiet der Literatur, Wissenschaft und Kunst. Geschützt werden für die Dauer von 70 Jahren nach Tod des Urhebers kreative Leistungen, die ein Mindestmaß an Originalität und Individualität aufweisen. Das Urheberrecht will damit wissenschaftlichen und kulturellen Fortschritt belohnen und Anreize für kreative Leistungen geben.

Voraussetzung des Schutzes ist, dass es sich bei den menschlichen Hervorbringungen um **persönliche geistige Schöpfungen** handelt (§§ 1, 2 Abs. 2 UrhG). Absolute Neuheit ist dagegen nicht erforderlich. Vielmehr reicht es aus, dass das Werk ein Mindestmaß an Originalität und Individualität aufweist und sich hinreichend vom vorbekannten Formenschatz abhebt.[3] Entscheidend für die Schutzfähigkeit sind das Vorhandensein und die Ausnutzung eines gewissen Gestaltungsspielraums, der gerade verhindert, dass jeder andere zwangsläufig oder sehr wahrscheinlich zu demselben Ergebnis gekommen wäre. Geschützt ist aber nur die **Form** eines Werkes, **nicht hingegen die Idee** oder ein bestimmter Stil. Mit Blick auf die Besonderheiten im Internet kommen als geschützte Werke insbesondere Sprachwerke (z. B. Texte, E-Books, E-Mails), Audiodateien, Bilder, Grafiken, Videos, Landkarten, Datenbanken (z. B. Linksammlungen oder Messwerttabellen) und Computerprogramme in Betracht.

Neben den in § 2 Abs. 1 und § 4 UrhG genannten Werken kennt das Urhebergesetz auch so genannte **verwandte Schutzrechte**, wie der Schutz wissenschaftlicher Ausgaben und nachgelassener Werke (§§ 70 f. UrhG), einfache Lichtbilder (also Fotos ohne ein Mindestmaß an Originalität, § 72 UrhG), Darbietungen ausübender Künstler (§§ 73 ff. UrhG), Tonträger (§§ 85 ff. UrhG), Sendungen (§ 87 UrhG), die Investitionsleistungen des Datenbankerstellers (§§ 87a ff. UrhG) sowie Produktionsleistungen der Filmhersteller (§§ 94 f. UrhG). Die Schutzdauerfristen der verwandten Schutzrechte reichen von 15 Jahren ab Erstellung bzw. Veröffentlichung einer Datenbank für den Datenbankersteller über 25 Jahren ab Erscheinen von wissenschaftlichen Ausgaben bis hin zu 50 bzw. 70 Jahren für die Persönlichkeits- und Verwertungsrechte von ausübenden Künstlern oder Tonträgerherstellern.

Zuletzt wurde in §§ 87f, 88 UrhG ein Leistungsschutzrecht für Presseverleger aufgenommen, das dem Schutz von Presseerzeugnissen im Internet dienen und die Stellung der Verleger gegenüber gewerblichen Betreibern von Internetsuchmaschinen und „News-Aggregatoren" verbessern soll. Verleger von Zeitungen und Zeitschriften sollen so vor „systematischen Zugriffen" auf ihre Leistung geschützt werden. Nicht vom Schutz erfasst sind aber „einzelne Wörter oder kleinste Textausschnitte". Zumindest recht kurze Auszüge aus indexierten Presseartikeln in Form von „Snippets" können

---

[3] Vgl. Dreier/Schulze, UrhG Einl. 1 ff.

also weiterhin für eigene Zwecke verwendet werden. In der Praxis hat die als „Lex-Google" bezeichnete Änderung des Urheberrechts bislang jedoch noch keine Bedeutung erlangt.

Internetseiten können als **Sprachwerke** oder als **Werke der angewandten Kunst** urheberrechtlichen Schutz genießen.[4] Dies soll insbesondere dann der Fall sein, wenn die Auswahl, die Einteilung und die Anordnung der Suchbegriffe aus der Alltagssprache auf den Webseiten und im Quelltext deutlich das Schaffen eines durchschnittlichen Webdesigners übersteigt und der Webdesigner die Internetseite durch gezielte Verwendung von Sprache so optimiert, dass sie bei der Eingabe von Alltagsbegriffen in eine Suchmaschine unter den ersten Suchergebnissen erscheint, so dass sich die Internetseite deutlich aus der Vielzahl durchschnittlicher Internetauftritte anderer Anbieter heraushebt.[5] Bejaht wurde auch ein urheberrechtlicher Schutz als Multimediawerk für eine optisch sehr ansprechende Menüführung und in Form eines Kurzfilms ablaufende Effekte.[6]

Ein **Schutz der Benutzeroberfläche** als Computerprogramm kommt demgegenüber nicht in Betracht. Denn Computerprogramme liegen nur vor, wenn sie eine Folge von Befehlen enthalten, die zur Kontrolle bzw. Steuerung des Programmablaufs benutzt werden.[7] Dagegen ist die grafische Benutzeroberfläche lediglich eine Interaktionsschnittstelle, die eine Kommunikation mit dem Benutzer ermöglicht.[8] Gleiches gilt grundsätzlich aber auch im Hinblick auf den **HTML-Code von Internetseiten**. Denn die Webseite ist nicht Ausdrucksform des zugrunde liegenden HTML-Codes. Der HTML-Code allein enthält keine ablauffähige Folge von Einzelanweisungen im engeren, programmiertechnischen Sinne, die dazu dient, den Computer zur Ausführung einer bestimmten Funktion zu veranlassen. Vielmehr werden mit Hilfe der im Internet gebräuchlichen HTML-Codierung die Formatierung der Seite niedergelegt und Texte sowie Grafiken sichtbar gemacht. Die HTML-Befehle im Quelltext einer Webseite bewirken daher nur, dass die vorgegebene Bildschirmgestaltung im Internet kommuniziert werden kann.[9] Etwas anderes kann aber gelten, wenn eine Internetseite auf Programmiersprachen wie **Java** oder **PHP** beruht.

Soweit Internetseiten **Datenbankwerke** enthalten, wie z. B. umfangreiche Sammlungen von Hyperlinks, Bewertungen, Kleinanzeigen oder Flugdaten, kommt auch ein Schutz nach § 4 Abs. 1 und § 87a ff. UrhG in Betracht.[10] Nach § 4 Abs. 1 UrhG werden Sammlungen, deren Elemente systematisch oder methodisch angeordnet und einzeln mit Hilfe elektronischer Mittel oder auf andere Weise zugänglich sind, wie selbständige Werke geschützt, wenn die Auswahl oder Anordnung ihrer Elemente eine persönliche geistige

---

[4] Dreier/*Schulze*, UrhG, § 2 Rn. 101; Schricker/*Loewenheim*, Urheberrecht, § 2 Rn. 93.

[5] OLG Rostock, GRUR-RR 2008, 1.

[6] LG München I, ZUM-RD 2004, 81, 83.

[7] OLG Hamburg, NJW-RR 1999, 483.

[8] EuGH, K&R 2011, 105 Rn. 42 – BSA/Kulturministerium; OLG Frankfurt, GRUR-RR 2005, 299; OLG Hamm, MMR 2005, 106.

[9] OLG Rostock GRUR-RR 2008, 1 – Urheberrechtsschutz von Webseiten; OLG Frankfurt GRUR-RR 2005, 299 – Online-Stellenmarkt.

[10] Vgl. z. B. OLG Köln, ZUM 2009, 578; OLG Hamburg, GRUR-RR 2009, 293 – AUTOBINGOOO; OLG Frankfurt a. M., MMR 2009, 400.

Schöpfung darstellt, die über die Summe der Inhalte hinausgeht. Entscheidend ist also, ob die Sammlung eigenständiger Ausdruck der schöpferischen Freiheit des Urhebers oder eine rein handwerkliche, schematische oder routinemäßige Leistung ist. Geschützt wird nicht der Inhalt des Datenbankwerks, sondern allein der informationelle Mehrwert der Daten*ordnung*. Der Sammlung muss also ein individuelles Auswahl- oder Ordnungsprinzip zugrunde liegen, bei dem ein gewisser Gestaltungsspielraum bestand. Dagegen kommt ein urheberrechtlicher Schutz nach § 4 Abs. 2 UrhG nicht in Betracht, wenn die Erstellung der Datenbank durch technische Erwägungen, Regeln oder Zwänge bestimmt wird, die für schöpferische Freiheit keinen Raum lassen.

Beispiele

Als Sammelwerke i. S. v. § 4 Abs. 1 UrhG wurden etwa wissenschaftliche Zeitschriften angesehen, deren einzelne Elemente systematisch ausgewählt und hierin nach fachlichen Kriterien angeordnet sind.[11] Etwas anderes kann aber gelten, wenn in der thematischen Zuordnung eines Aufsatzes zu einem Untersachgebiet keine derartige schöpferische Leistung gesehen werden kann, weil sich eine solche Zuordnung ohne Weiteres aus objektiven Kriterien ergibt, die keinen Raum für eine schöpferische Tätigkeit lassen.[12] Ferner können z. B. Spielpläne für Fußballbegegnungen nur dann Schutz nach § 4 Abs. 2 UrhG genießen, sofern die Auswahl oder Anordnung der in der Datenbank enthaltenen Daten einen eigenständigen Ausdruck der schöpferischen Freiheit ihres Urhebers darstellt.[13] Dies wird man bei der bloßen Berücksichtigung nahe liegender Kriterien, wie die Beachtung der Anzahl der Heim- und Auswärtsspiele, Kollisionen mit anderen Ereignissen und TV-Übertragungszeiten, noch nicht annehmen können. Insbesondere sind ein bedeutender Arbeitsaufwand und eine bedeutende Sachkenntnis unbeachtlich.[14]

Aber auch ohne eine persönliche geistige Schöpfung wird dem Datenbankhersteller nach §§ 87a ff. UrhG ein 15-jähriger Schutz **sui generis** für die zur Herstellung einer Datenbank erforderliche wesentliche Investition gewährt.[15] An die Wesentlichkeit der Investition sind aber keine zu hohen Anforderungen zu stellen. Sie müssen insbesondere nicht notwendig finanzieller Natur sein, sondern können zusätzlich oder alternativ auch im Einsatz von Zeit, Arbeit und Energie bestehen. Ausreichend ist, wenn bei objektiver Betrachtung keine ganz unbedeutenden, von jedermann leicht zu erbringenden Aufwendungen erforderlich waren, um die Datenbank zu erstellen.[16] Entscheidend ist mithin nicht nur der finanzielle und zeitliche Aufwand, sondern auch die Verfügbarkeit und Zugäng-

---

[11] OLG Hamm, GRUR-RR 2008, 276 – Online-Veröffentlichung.
[12] OLG München, MMR 2007, 525 – Kopienversanddienst Subito.
[13] EuGH, GRUR 2012, 386 – Football Dataco.
[14] Vgl. hierzu *Heermann/John*, K&R 2011, 753.
[15] Vgl. dazu Dreier/*Schulze*, UrhG, § 87a 1 ff.; EuGH, GRUR 2005, 244 – BHB/Hill; EuGH, GRUR 2005, 254 – Fixtures-Fußballspielpläne II.
[16] Vgl. BGH, GRUR 2011, 724 Rn. 18 – Zweite Zahnarztmeinung II.

lichkeit der gesammelten Daten. Zu den maßgeblichen Investitionen gehören die Mittel, die für die Ermittlung von vorhandenen Elementen und deren Zusammenstellung in der Datenbank aufgewandt werden, nicht dagegen die Mittel, die für die Erzeugung von Elementen eingesetzt werden, aus denen der Inhalt einer Datenbank besteht.[17] Nicht zur schutzbegründenden Investition zählen zudem Aufwendungen für den Erwerb einer fertigen Datenbank oder Nutzung an einer solchen Datenbank, genauso wenig wie die Kosten für die bloße Fortführung und Unterhaltung, da es sich dabei um keine Investition in die *Herstellung* einer Datenbank handelt.[18]

Die Daten müssen aber jedenfalls voneinander getrennt werden können, ohne dass der Wert ihres Inhalts dadurch beeinträchtigt wird, und die Sammlung muss eine Methode oder ein System beliebiger Art enthalten, mit der bzw. mit dem sich jeder der Bestandteile der Sammlung wieder auffinden lässt.[19] Dies bedeutet, dass kein Schutz für bloße „Datenhaufen" und die noch nicht besonders geordnete Ansammlung der sog. Rohdaten besteht.

Beispiele

Als Datenbankwerke i. S. v. § 87a UrhG wurden angesehen: die Sammlung von Daten für Pferde- und Fußballwetten,[20] von Rechtssetzungsakten,[21] Gedichttitellisten,[22] von Kfz-Daten[23] oder auf einem Internetportal veröffentlichte Bewertungen für Zahnärzte.[24]

5.2 Urheberrechtsverletzende Handlungen im Internet

Das Urheberrecht gewährleistet neben dem Schutz der persönlichkeitsrechtlichen Belange des Urhebers (Veröffentlichungsrecht, Anerkennung der Urheberschaft und Entstellungsschutz, §§ 12 ff. UrhG) vor allem auch den Schutz der **Verwertungsinteressen**, indem es in §§ 15 ff. UrhG umfassende, ausschließlich dem Urheber vorbehaltene Verwertungsrechte oder Vergütungsansprüche gewährt, wobei die unerlaubte Verwertung urheberrechtlich geschützter Werke gem. § 106 UrhG strafbar ist. Zum Schutz der Interessen der Allgemeinheit bestehen aber in den so genannten Schrankenbestimmungen viele Beschränkungen.

---

[17] EuGH, GRUR 2005, 244 – British Horseracing Board; EUGH, GRUR 2005, 254 – Fixtures-Fußballspielpläne II; BGH, GRUR 2011, 724 Rn. 19 – Zweite Zahnarztmeinung II.
[18] BGH, GRUR 2009, 852 – Elektronischer Zolltarif.
[19] EuGH, GRUR 2005, 254 – Fixtures-Fußballspielpläne II.
[20] EuGH, GRUR 2005, 244 – British Horseracing Board.
[21] EuGH, GRUR 2009, 572 – Apis-Hristovich.
[22] EuGH, GRUR 2008, 1077 – Directmedia Publishing; s. dazu BGH, GRUR 2007, 685 und 688 sowie NJW 2010, 778 – Gedichttitelliste I–III.
[23] BGH, GRUR 2011, 1018 Rn. 27 ff. – Automobil-Onlinebörse.
[24] BGH, GRUR 2011, 724 – Zweite Zahnarztmeinung II.

Im Internet relevante Verwertungsrechte sind vor allem das Vervielfältigungsrecht (§ 16 UrhG) sowie das Recht der öffentlichen Zugänglichmachung (§ 19a UrhG). Dabei haben die voranschreitende Digitalisierung und die globale Vernetzung im Internet teilweise erhebliche Auswirkungen auf das Urheberrecht. Während beispielsweise im analogen Bereich das private Lesen eines Buches ebenso wenig einem Verbotsrecht unterworfen ist wie das Betrachten eines Filmes, bestehen mit der digitalen Nutzung neue Möglichkeiten der weltweiten, direkten und individuellen Lizenzierung mit Auswirkungen auf Privatkopien, technischen Schutzmaßnahmen oder auch den Meinungsbildungsprozess.[25]

5.2.1   Öffentliches Zugänglichmachen (§ 19a UrhG)

Schrifttum

Adolphsen/Lutz, Das Google Book Settlement, GRUR Int. 2009, 789; *Ahrens*, Napster, Gnutella, FreeNet & Co. – die immaterialgüterrechtliche Beurteilung von Internettauschbörsen, ZUM 2000, 1029; *Becker*, Rechteerwerb und Rechteinhaberschaft im digitalen Zeitalter, ZUM 2011, 1; *Berberich*, Die urheberrechtliche Zulässigkeit von Thumbnails bei der Suche nach Bildern im Internet, MMR 2005, 145; *Bullinger/Garbers-von-Boehm*, Google-Bildsuche – Schlichte Einwilligung des Urhebers als Lösung?, GRUR-Prax 2010, 257; *Busch*, Zur urheberrechtlichen Einordnung der Nutzung von Streamingangeboten, GRUR 2011, 496; *Eichelberger*, Vorübergehende Vervielfältigungen und deren Freistellung zur Ermöglichung einer rechtmäßigen Werknutzung im Urheberrecht, K&R 2012, 393; *Fangerow/Schulz*, Die Nutzung von Angeboten auf www.kino.to – Eine urheberrechtliche Analyse des Film-Streamings im Internet, GRUR 2010, 677; *Flatau*, Neue Verbreitungsformen für Fernsehen und ihre rechtliche Einordnung – IPTV aus technischer Sicht, ZUM 2007, 1; *Gey*, Das Recht der öffentlichen Zugänglichmachung i. S. d § 19a UrhG, 2009; *Hauröder*, Urheberrechtliche Bewertung der peer-to-peer-Netze unter besonderer Berücksichtigung der Musiktauschbörsen, 2009; *Haupt*, „E-Mail-Versand" – eine neue Nutzungsart im urheberrechtlichen Sinn?, ZUM 2002, 797; *Heinemeyer/Kreitlow*, Umgehung technischer Schutzmaßnahmen von Medienangeboten, Rechtmäßige Nutzung von Streaming-Technologie und RTMPE gem. § 95a UrhG, MMR 2013, 623; *Hendel*, Die urheberrechtliche Relevanz von Hyperlinks, ZUM 2014, 102; *Hüsch*, Thumbnails in Bildersuchmaschinen, CR 2010, 452; *Jani*, Alles eins? – Das Verhältnis des Rechts des öffentlichen Zugänglichmachens zum Vervielfältigungsrecht, ZUM 2009, 722; *Klatt*, Die urheberrechtliche Einordnung personalisierter Internet-Radios – Eine öffentliche Wiedergabe zwischen Senderecht und dem Recht der öffentlichen Zugänglichmachung, CR 2009, 517; *Klickermann*, Urheberschutz bei zentralen Datenspeichern, MMR 2007, 7; *Koch*, Der Content bleibt im Netz – gesicherte Werkverwertung durch Streaming-Verfahren, GRUR 2010, 574; *Leistner/Stang*, Die Bildersuche im Internet aus urheberrechtlicher Sicht, CR 2008, 499; *Malcher*, Personalisierte Webradios – Sendung oder Abruf?, 2011; *Metzner*, Die Auswirkungen der Urheberrechtsnovelle 2003 auf Online-Übermittlung und –zugriff im Urheberrecht, 2010; *Ott*, Die Google Buchsuche – Eine massive Urheberrechtsverletzung? GRUR Int. 2007, 562; *ders.*, Bildersuche und Urheberrecht, ZUM 2009, 345; *Poll*, Neue internetbasierte Nutzungsformen, GRUR 2007, 476; *ders.*, Vom Broadcast zum Podcast – Urheberrechtliche Einordnung neuer Internetgeschäftsmodelle, MMR 2011, 226; *Prill*, Webradio-Streamripping, 2013; *Schulze*, Der individuelle E-Mail-Versand als öffentliche Zugänglichmachung, ZUM 2008, 836; *ders.*, Aspekte zu Inhalt und Reichweite von § 19a

---

[25] Vgl. *Dreier*/Schulze, UrhG, Einl. Rn. 25 ff.

UrhG, ZUM 2011, 2; *Sievers*, Ist erlaubt, was gefällt? Urheberrechtsverletzung und Verantwortlichkeit beim Social Sharing, GRUR-Prax 2012, 229; *Spindler*, Europäisches Urheberrecht in der Informationsgesellschaft, GRUR 2002, 105; *ders.*, Urheberrecht und Tauschplattformen im Internet, JZ 2002, 60; *ders.*, Bildersuchmaschinen, Schranken und konkludente Einwilligung im Urheberrecht, Besprechung der BGH-Entscheidung „Vorschaubilder", GRUR 2010, 785; *Spohn/Hullen*, Lizenzierung von Musik zur Online-Verwertung – statt One-Stop-Shop ein Rechte-Puzzle, GRUR 2010, 1053; *Ullrich*, Webradioportale, Embedded Videos & Co. – Inline-Linking und Framing als Grundlage urheberrechtlich relevanter (Anschluss-)Wiedergaben, ZUM 2010, 853; *v. Ungern-Sternberg*, Senderecht und Recht der öffentlichen Zugänglichmachung – Verwertungsrechte in einer sich wandelnden Medienwelt, in: Institut für Rundfunkrecht, Werkvermittlung und Rechtemanagement im Zeitalter von Google und YouTube, 2011, 51; *ders.*, Übertragung urheberrechtlich geschützter Werke durch Internetanbieter und Online-Verbreitungsrecht, FS Loschelder, 2010, 415; *Völtz*, Öffentliche Zugänglichmachung durch Inline-Links, AfP 2013, 110; *Wiebe*, Der virtuelle Videorekorder – Neue Dienste zwischen Privatkopie und öffentlicher Zugänglichmachung, CR 2007, 28; *ders.*, Vertrauensschutz und geistiges Eigentum am Beispiel der Suchmaschinen, GRUR 2011, 888.

Das **Bereitstellen urheberrechtlich geschützter Werke im Internet** oder anderen Netzwerken (WLAN, LAN, File-Sharing-Systeme, etc.) in einer Weise, dass diese den Mitgliedern der Öffentlichkeit von Orten und zu Zeiten ihrer Wahl zugänglich sind, stellt eine öffentliche Zugänglichmachung i. S. v. § 19a UrhG dar, die ausschließlich dem Urheber zusteht.[26] Zur Öffentlichkeit gehört jeder, der nicht mit demjenigen, der das Werk verwertet, oder mit den anderen Personen, denen das Werk in unkörperlicher Form wahrnehmbar oder zugänglich gemacht wird, durch persönliche Beziehungen verbunden ist (§ 15 Abs. 3 S. 2 UrhG).

Wird ein geschütztes Werk per E-Mail versendet, fehlt es an einer öffentlichen Zugänglichmachung, wenn die Übermittlung nur an bestimmte Personen erfolgt.[27]

5.2.1.1 Zugänglichmachen auf Websites, Internetportalen, File-Sharing-Systemen, etc.

Maßgebliche Verwertungshandlung i. S. d. § 19a UrhG ist das Zugänglichmachen des Werks für den interaktiven Abruf. Es kommt nicht darauf an, ob von der Möglichkeit des Zugangs tatsächlich Gebrauch gemacht wurde.[28] Dies gilt sowohl für das **Einstellen auf eigenen Internetseiten**,[29] in **File-Sharing-Systemen**, in **Podcasts** (Ermöglichung eines zeitversetzten Zugriffs), in Suchmaschinen (z. B. als Vorschaubilder)[30] als auch für

---

[26] BGH, GRUR 2011, 415 Rn. 10 – Kunstausstellung im Online-Archiv; BGH, GRUR 2010, 628 Rn. 19 – Vorschaubilder; BGH, GRUR 2010, 623 Rn. 14 – Restwertbörse; BGH, GRUR 2009, 864 Rn. 16 – CAD Software.

[27] OLG München, ZUM-RD 2007, 347, 348 – Kopienversanddienst Subito.

[28] EuGH, GRUR 2014, 360 Rn. 19 – Nils Svensson u. a./Retriever Sverige AB.

[29] BGH, GRUR 2010, 616 Rn. 21 – marions-kochbuch.de.

[30] BGH, GRUR 2010, 628 – Vorschaubilder und BGH, GRUR 2012, 602 – Vorschaubilder II; allerdings geht der BGH hier von einer schlichten Einwilligung desjenigen aus, der seine Werke ohne technische Schutzmaßnahmen zumindest in Form einer robot.txt-Datei zum freien Zugriff ins Netz stellt.

das **Streaming** auf Internetportalen, wie etwa YouTube (Ermöglichung des Zugriffs zu beliebigen Zeiten und Orten).[31] Zugriff auf ein geschütztes Werk kann aber auch durch Einbindung in einer **Flash-Präsentation** eröffnet sein,[32] ebenso wie bei der Einbindung geschützter Werke mittels **RSS-Feed**[33] oder **Newsletter**.

Beispiel

Soll die eigene Internetseite oder ein selbst gedrehter und der Öffentlichkeit im Internet zugänglich gemachter Videoclip musikalisch untermalt werden (**Hintergrundmusik, Funktionsmusik** oder **Streaming von Musik auf Internetseiten**), so kann in der Verwendung des Musiktitels ein urheberrechtswidriges Zugänglichmachen i. S. v. § 19a UrhG liegen, wenn dies ohne Zustimmung der Rechteinhaber geschieht. Urheberrechte oder verwandte Schutzrechte werden häufig von Verwertungsgesellschaften treuhänderisch für eine große Anzahl von Urhebern oder Inhabern verwandter Schutzrechte zur gemeinsamen Auswertung wahrgenommen. Lizenzen für die öffentliche Wiedergabe bzw. das für das öffentliche Zugänglichmachen von Musik können bei der GEMA eingeholt werden, die auch für die GVL im Wege des Inkassos tätig ist. Etwas anderes gilt nur, wenn sog. „GEMA-freie Musik" verwendet wird, also Musik, für die kein Berechtigungsvertrag mit einer Verwertungsgesellschaft abgeschlossen wurde oder der Komponist länger als 70 Jahre tot ist und somit die Schutzfrist abgelaufen ist (§ 64 UrhG). Allerdings bestehen aufgrund gesetzlicher Vermutungsregelungen (§ 13b f. UrhWahrnG) Auskunftsansprüche zu den benutzten Werken und deren Urheberschaft. Wird der Nachweis der „GEMA-Freiheit" nicht erbracht, kann die GEMA auch für GEMA-freie Musikwerke die Zahlung von Lizenzgebühren geltend machen.[34]

Nicht von § 19a UrhG erfasst sind dagegen das Zugänglichmachen von Werken, die nicht „zu Zeiten der Wahl" zugänglich sind. Beim so genannten **Streaming von Rundfunkprogrammen** wird jedoch in der Regel das Vervielfältigungsrecht nach § 16 UrhG sowie das Senderecht nach § 20 UrhG greifen. Denn bei solchen Sendungen wird der Zeitpunkt der Übermittlung ebenso wie die Reihenfolge der Programmbestandteile vom Sendenden vorgeben, der zeitgleich für alle möglichen Empfänger auch das Sendesignal ausschickt und mithin über den Zeitpunkt der Übertragung entscheidet. Demgegenüber ist für § 19a UrhG erforderlich, dass der Empfänger (Nutzer) über Zeitpunkt, Reihenfolge und Umfang des Empfangs bestimmt und seinerseits die Übermittlung der angeforderten Daten veranlasst.[35] An diesem Erfordernis fehlt es allerdings auch, wenn die Übermittlung eines Werkes nicht auf individuellen Abruf hin stattfindet, sondern die Werke den Abnehmern vom Anbieter (und allein auf dessen Veranlassung hin) zur Verfügung gestellt

---

[31] OLG Hamburg, ZUM 2009, 575, 577; OLG Stuttgart, GRUR-RR 2008, 289 Rn. 12 – Music-on-demand-Dienst.
[32] LG Köln, ZUM-RD 2010, 426.
[33] AG Hamburg, GRUR-RR 2011, 162 – RSS-Feed.
[34] Vgl. AG Frankfurt a. M. ZUM-RD 2013, 211.
[35] OLG Stuttgart, GRUR-RR 2008, 289 Rn. 10 – Music-on-demand-Dienst.

werden (wie z. B. bei **Push-Diensten** oder bei zeitversetzter Ausstrahlung durch **Near-on-demand**). Auch für solche Formen der Werksnutzung kann entweder auf das Senderecht nach § 20 UrhG abgestellt werden oder man nimmt eine unbenannte Art der öffentlichen Wiedergabe i. S. v. § 15 Abs. 2 UrhG oder eine analoge Anwendung von § 19a UrhG an.[36] Gleiches gilt für **Internetradios**, für die nur bei individueller Bestimmbarkeit der Programmabfolge § 19a UrhG unmittelbar anwendbar ist.

Schließlich liegt kein Zugänglichmachen der Öffentlichkeit i. S. v. § 19a UrhG vor, wenn Nutzern angeboten wird, Fernsehsendungen aufzuzeichnen und sie ihnen auf „**Online-Videorekordern**" zur Verfügung zu stellen und eine Zugriffsmöglichkeit nur für den jeweiligen Kunden besteht.[37]

Allerdings wird das Werk nach zutreffender Ansicht regelmäßig nicht schon durch das Einstellen in ein Netzwerk (also das bloße **Ablegen des geschützten Werkes auf einem Server**) der Öffentlichkeit zugänglich gemacht, sondern **erst, wenn der Link dritten Personen uneingeschränkt zur Verfügung gestellt** wird.[38] Nach anderer Auffassung soll es demgegenüber genügen, dass ein geschütztes Werk durch **bloße Eingabe einer URL** für jedermann zumindest theoretisch erreichbar ist. Eine Verlinkung mit der Homepage des Verletzers soll gerade nicht notwendig sein.[39] Zu beachten ist aber, dass es auch für einen ausnahmslos rechtstreuen Nutzer keineswegs mehr fern liegt, z. B. seine Sammlung von Lieblingsmusikstücken bei einem Web Hoster zu speichern, um auf sie überall von seinen Mobilgeräten aus zugreifen zu können oder auch nur, um dezentral eine Sicherungskopie vorzuhalten. Denn die unbeschränkte Verfügbarkeit aller Daten überall ist gerade das Charakteristikum der gegenwärtigen IT-Nutzungsgewohnheiten.[40]

Allerdings kann im Ablegen des geschützten Werkes auf einem Server ein der öffentlichen Zugänglichmachung vorgelagerter Akt der Vervielfältigung gem. § 16 UrhG liegen.[41] Das ist insbesondere von Bedeutung, wenn für die Vervielfältigung und für die öffentliche Zugänglichmachung unterschiedliche Personen verantwortlich sind oder diese Schritte in unterschiedlichen Ländern vorgenommen werden. Dagegen handelt es sich bei der Vervielfältigung i. R. d. Heraufladens (Upload) auf einen Server zum Zwecke der Onlinenutzung jedenfalls nicht um eine selbstständige, als solche selbständig lizenzierbare Nutzungsart.[42]

5.2.1.2   Verlinkung und „Framing"

Im Hinblick auf das bloße Setzen eines einfachen **Hyperlinks** oder eines **Deep-Links**, also einem Link, der unter Umgehung der Startseite auf eine andere, tieferliegende Sei-

---

[36] *Dreier*/Schulze, UrhG, § 19a Rn. 10.

[37] BGH, GRUR 2009, 845 – Internet-Videorekorder.

[38] OLG Hamburg, MMR 2012, 393 – Rapidshare II, unter Aufgabe von OLG Hamburg, MMR 2008, 823; vgl. auch OLG Düsseldorf, MMR 2010, 483, 485 – Rapidshare; OLG Düsseldorf, MMR 2010, 702 – Rapidshare II.

[39] OLG Hamburg, NJOZ 2010, 2111; OLG Hamburg, MMR 2009, 133 – Stadtplan-Kartenausschnitte; LG Berlin, ZUM 2010, 609, 610 und BVerfG, GRUR 2010, 1033 – Kartenausschnitt.

[40] OLG, Hamburg MMR 2012, 393 – Rapidshare II.

[41] BGH, GRUR 2010, 628 Rn. 17 f. – Vorschaubilder.

[42] OLG München, GRUR-RR 2011, 1, 3 m. w. N. – Videodateien.

te der Website führt, hat der EuGH in einer jüngeren Entscheidung klargestellt, dass das Bereitstellen von anklickbaren Links zu geschützten Werken entgegen der früheren Rechtsprechung des BGH als Zugänglichmachung einzustufen ist.[43] Für die Frage aber, ob es auch der *Öffentlichkeit* zugänglich gemacht worden ist, sei entscheidend, ob sich die Wiedergabe **an ein neues Publikum richtet**, d. h. an ein Publikum, das die *Inhaber des Urheberrechts* nicht hatten erfassen wollen, als sie die ursprüngliche öffentliche Wiedergabe erlaubten.[44] Entscheidend ist also zum einen, ob der Inhaber des Urheberrechts die öffentliche Wiedergabe seines Werkes **erlaubt hat**.[45] Eine Verlinkung auf ein urheberrechtlich geschütztes Werk, das ohne Zustimmung des Rechteinhabers auf der verlinkten Seite abrufbar ist, stellt somit ein öffentliches Zugänglichmachen i. S. d. § 19a UrhG dar. Hat der Inhaber des Urheberrechts die öffentliche Zugänglichmachung auf der verlinkten Seite dagegen erlaubt, erfolgt keine urheberrechtliche Nutzungshandlung, weil lediglich auf das Werk in einer Weise verwiesen wird, die den Nutzern den bereits eröffneten Zugang erleichtert. Das geschützte Werk wird weder öffentlich zum Abruf bereitgestellt noch an Dritte übermittelt, sondern derjenige, der das Werk ins Internet gestellt hat, entscheidet selbst darüber, ob das Werk der Öffentlichkeit zugänglich bleibt.[46]

Zum anderen ist aber auch zu fragen, ob der Zugang zu den Werken auf verlinkten Seite einer **beschränkenden Maßnahme** unterlag oder ob sie für sämtliche Internetnutzer frei zugänglich war. Die Grenze des zulässigen Verlinkens wird also überschritten, wenn beim Verlinken technische Schutzmaßnahmen wie etwa eine **Session-ID** umgangen werden.[47] Dabei ist unerheblich, ob es sich um wirksame technische Schutzmaßnahmen i. S. v. § 95a UrhG handelt. Vielmehr genügt es, dass die Schutzmaßnahme den Willen des Berechtigten erkennbar macht, den öffentlichen Zugang zu den geschützten Werken nur mit den von ihm vorgesehenen Einschränkungen zu ermöglichen.[48] Demgegenüber spielt es aber keine Rolle, ob sich der Verlinkende das Werk so zu eigen macht, dass der Eindruck vermittelt wird, das verlinkte Werk erscheine auf der Seite des Verlinkenden, obwohl es in Wirklichkeit einer anderen Seite entstammt.[49] Für den Fall, dass auf der verlinkten Seite, auf der das geschützte Werk zu finden ist, beschränkende Maßnahmen getroffen wurden, um den Zugang der Öffentlichkeit gerade allein auf ihre Abonnenten zu beschränken, sind die Nutzer, die durch die beschränkenden Maßnahmen ausgeschlossen sein sollten und erst durch die Bereitstellung des Links auf die verbreiteten Werke zugreifen können, als **neues Publikum** anzusehen, das der Inhaber des Urheberrechts gerade nicht hatte erfassen wollen, als er die ursprüngliche Wiedergabe erlaubte. Dies ist insbesondere dann der Fall,

---

[43] EuGH, GRUR 2014, 360 Rn. 20 – Nils Svensson u. a./Retriever Sverige AB.

[44] EuGH, GRUR 2014, 360 Rn. 24 – Nils Svensson u. a./Retriever Sverige AB.

[45] EuGH, GRUR 2014, 360 Rn. 15 – Nils Svensson u. a./Retriever Sverige AB.

[46] BGH, GRUR 2011, 56, 58 Rn. 24 Session-ID.

[47] *Dreier*/Schulze, UrhG, § 19a Rn. 6 a; siehe im Umkehrschluss bereits BGH, GRUR 2003, 958 – Paperboy; BGH, GRUR 2010, 628, 632 Rn. 37 – Vorschaubilder I; BGH, GRUR 2012, 602, 604 Rn. 18 – Vorschaubilder II.

[48] BGH, GRUR 2011, 56 1. LS, 59 Rn. 30 – Session-ID.

[49] EuGH, GRUR 2014, 360 Rn. 29 – Nils Svensson u. a./Retriever Sverige AB.

wenn das Werk auf der Seite, auf der die ursprüngliche Wiedergabe erfolgte, nicht oder nicht mehr öffentlich zugänglich ist oder wenn es auf dieser Seite nur einem begrenzten Publikum zugänglich ist, während es auf einer anderen Internetseite ohne Erlaubnis der Urheberrechtsinhaber uneingeschränkt zugänglich ist.[50]

Unklar ist allerdings, was der EuGH unter **„beschränkenden Maßnahmen"** versteht. Insbesondere fragt sich, ob es insofern nur auf technische Maßnahmen ankommt, oder auch der bloße nach außen hin erkennbare Wille, dass der Rechteinhaber ein Nutzungsrecht gerade nur einem bestimmten Plattformbetreiber einräumen wollte, ausreichend ist.[51] Allerdings spricht viel dafür, die theoretische Abrufbarkeit für die gesamte Öffentlichkeit genügen zu lassen. In diesem Fall wird das Werk durch einen Link oder eine Einbettung nicht in einer neuen Art und Weise der Öffentlichkeit zugänglich gemacht, sondern **ein bereits bestehender öffentlicher Zugang nur ausgenutzt**.

Gleiches gilt auch für das sog. **Framing** („Inline Linking", „Hotlinking" oder „Embedded Videos").[52] Beim Framing werden externe Dateien in das Erscheinungsbild einer Internetseite in einer Weise eingebunden, dass zwar keine physikalische Kopie der Dateien auf dem eigenen Server erstellt werden, aber der Browser veranlasst wird, den fremden Inhalt direkt von einem externen Server auf die eigene Internetseite zu laden. Auch hier ist entscheidend, ob sich die Zugänglichmachung an ein neues Publikum richtet, d. h. an ein Publikum, das der Inhaber des Urheberrechts nicht hatte erfassen wollen, als er die ursprüngliche öffentliche Wiedergabe erlaubte. Eine Einbindung urheberrechtlich geschützter Werke durch Framing stellt somit grundsätzlich kein öffentliches Zugänglichmachen dar, wenn der Inhaber des Urheberrechts die öffentliche Erreichbarkeit im Internet erlaubt hat – also insbesondere dann, wenn der Urheberrechtsinhaber das betreffende Werk selbst der Öffentlichkeit zugänglich gemacht hat. In diesen Fällen entscheidet allein der Inhaber des Urheberrechts darüber, ob das auf der ursprünglichen Internetseite bereit gehaltene Werk für die Öffentlichkeit zugänglich bleiben soll oder nicht. Dabei kommt es nicht darauf an, ob sich jemand das Werk durch Einbettung in seine Webseiten zu Eigen gemacht hat.[53]

Beispiel

Zulässig ist es also, ein auf YouTube hochgeladenes Video durch Framing als Teil der eigenen Homepage einzubinden, solange dieses Video auf YouTube mit Zustimmung der Rechteinhaber der Öffentlichkeit frei zugänglich sein soll. Umgekehrt bedeutet dies, dass ein öffentliches Zugänglichmachen – und damit eine Urheberrechtsverletzung dann vorliegt, wenn ein Video genutzt wird, dass ohne Zustimmung des Recht-

---

[50] EuGH, GRUR 2014, 360 Rn. 31 – Nils Svensson u. a./Retriever Sverige AB.
[51] Vgl. hierzu z. B. *Schulze*, ZUM 2005, 106, 109.
[52] EuGH, ZUM 2015, 141 – BestWater; BGH, Az. I ZR 46/12 – Die Realität II.
[53] BGH, GRUR 2013, 818 f. Rn. 9 – Die Realität, unter Hinweis auf OLG Köln, GRUR-RR 2013, 49 – Kirschkerne; Schricker/Loewenheim/*von Ungern-Sternberg*, Urheberrecht, § 19a Rn. 46; Wandtke/*Bullinger*, Urheberrecht, § 19a Rn. 29; *Ott*, ZUM 2004, 357, 363 f.; *ders.*, MMR 2007, 260, 263 ff.; *ders.*, ZUM 2008, 556, 559; *Conrad*, ZR 2013, 305, 314; a. A. OLG Düsseldorf, ZUM 2012, 327, 328; *Schulze*, ZUM 2011, 2, 10; *Reinemann/Remmertz*, ZUM 2012, 216, 222 f.

einhabers auf YouTube hochgeladen wurde. Der Nutzer, der ein fremdes Video durch Verlinken oder Framing nutzt, kann sich also nicht darauf verlassen, dass dessen Abruf auf Internetportalen, wie etwa YouTube auch mit Zustimmung der Rechteinhaber erfolgt.

Im Übrigen hatte der BGH erwogen, dass das Framing bei einer mit Blick auf Art. 3 Abs. 1 RL 2001/29/EG gebotenen richtlinienkonformen Auslegung des § 15 Abs. 2 UrhG jedenfalls ein **unbenanntes Verwertungsrecht der öffentlichen Wiedergabe** verletzen könnte.[54] Dieser Überlegung ist aber der EuGH nicht gefolgt.[55]

Zu beachten ist aber in jedem Fall, dass etwaige Urheberpersönlichkeitsrechte auch dann zu beachten sind, wenn die fragliche Handlung keine Verwertungsrechte des Urhebers verletzt. Insbesondere hat der Urheber nach § 13 UrhG das Recht auf Anerkennung seiner Urheberschaft am Werk. Er kann bestimmen, ob das Werk mit einer **Urheberbezeichnung** zu versehen, und welche Bezeichnung zu verwenden ist. Dieses Recht ist grundsätzlich für jede Form der Nutzung zu beachten. Wird beispielsweise ein Foto in mehreren Varianten sichtbar, wie etwa als Miniatur auf einer Übersichtsseite und als Vollbild, gilt die Bezeichnungspflicht für sämtliche Darstellungsarten. Wer ein urheberrechtlich geschütztes Werk im Internet nutzt muss daher entweder technische Möglichkeiten ergreifen, um eine isolierte Anzeige und Auffindbarkeit über eine Internetsuchmaschine gänzlich zu unterbinden, oder aber den **Urhebervermerk im Bild selbst anbringen**, wie es jedem durchschnittlichen Internetnutzer mit einer Standardbildbearbeitungssoftware ohne weiteres möglich ist.[56] Zudem kann bei einer im geschäftlichen Verkehr betriebenen Einbettung fremder Leistungen in den eigenen Internetauftritt eine unlautere Herkunftstäuschung oder Rufausbeutung nach § 4 Nr. 9 UWG in Betracht kommen, wenn der Umstand, dass es sich um die Leistung eines Mitbewerbers handelt, nicht kenntlich gemacht wird.[57]

Der Copyright-Vermerk „©" genügt den Anforderungen des § 13 UrhG grundsätzlich nicht, da damit regelmäßig der Rechtsinhaber und nicht der Werkschöpfer bezeichnet wird.[58]

5.2.1.3 Vorschaubilder („Thumbnails")

Eine öffentliche Zugänglichmachung i. S. v. § 19a UrhG liegt auch dann vor, wenn der Betreiber einer Suchmaschine Abbildungen von Werken, die Dritte ins Internet gestellt haben, als Vorschaubilder (sog. Thumbnails) in der Trefferliste einer Suchmaschine auf-

---

[54] BGH, GRUR 2013, 818 f. Rn. 10 – Die Realität, unter Hinweis auf *Ott*, Urheber- und wettbewerbsrechtliche Probleme von Linking und Framing, 2004, S. 330 ff.; *ders.*, ZUM 2004, 357, 364; *ders.*, MMR 2007, 260, 264 f.; *ders.*, ZUM 2008, 556, 560; a. A. Schricker/Loewenheim/*von Ungern-Sternberg*, Urheberrecht, § 15 Rn. 27.
[55] EuGH, ZUM 2015, 141 – BestWater.
[56] LG Köln, MMR 2014, 265.
[57] Siehe *Jahn*, K&R 2015, 1, 5 f.
[58] OLG München, AfP 1995, 503, 504 – Gründer; siehe auch LG Köln, MMR 2014, 265.

listet.[59] Allerdings fehlt es nach Ansicht des BGH an der Rechtswidrigkeit des Eingriffs, da diese durch eine sog. **schlichte Einwilligung** des Berechtigten ausgeschlossen wird, wenn dieser seine Werke ohne technische Schutzmaßnahmen zum freien Zugriff ins Netz stellt.[60]

Die Rechtsfigur der „schlichten Einwilligung" erscheint allerdings bedenklich. Den begrifflichen Kern einer Einwilligung bildet eine Willensäußerung des Berechtigten, durch die er sein Einverständnis erklärt. Genau hieran fehlte es aber im vom BGH zu entscheidenden Fall. Denn die Inhaberin der Urheberrechte hatte gegenüber dem Betreiber der Suchmaschine klar und deutlich erklärt, dass sie mit dem Zugriff auf ihre Bilder nicht einverstanden ist. Vorzugswürdig erscheint es, das Ergebnis mit dem Rückgriff auf ein rechtsmissbräuchliches *venire contra factum proprium* (Zuwiderhandlung gegen das eigene frühere Verhalten) zu begründen.[61]

5.2.2   Vervielfältigung durch Herunterladen oder Einstellen ins Internet (§ 16 UrhG)

Schrifttum
Eichelberger, Vorübergehende Vervielfältigungen und deren Freistellung zur Ermöglichung einer rechtmäßigen Werknutzung im Urheberrecht, K&R 2012, 393; *Loschelder*, Vervielfältigung oder Bearbeitung? Zum Verhältnis des § 16 UrhG zu § 23 UrhG, GRUR 2011, 1078; *Schack*, Urheberrechtliche Gestaltung von Websites unter Einsatz von Links und Frames, MMR 2001, 9; *Schrader/Weber*, Das Vervielfältigungsrecht: Dogmatischer Ausgangspunkt oder praktischer Auffangtatbestand des Urheberschutzes?, UFITA 2011, 494.

Neben dem Recht auf öffentliche Zugänglichmachung nach § 19a UrhG gewährt § 16 i. V. m. § 15 Abs. 1 UrhG dem Urheber auch das umfassende Recht, über die Vervielfältigung seines Werks selbst zu entscheiden und dadurch seine ideellen und materiellen Interessen wahrzunehmen. Vervielfältigung ist jede körperliche Festlegung des Werkes, die geeignet ist, das Werk den menschlichen Sinnen auf irgendeine Weise unmittelbar oder mittelbar wahrnehmbar zu machen, gleichviel ob vorübergehend oder dauerhaft, in welchem Verfahren und in welcher Zahl (vgl. § 16 Abs. 1 UrhG).[62] Demnach stellt auch das **Herunterladen von Dateien** aus dem Internet und das **Speichern auf die Festplatte** eine dem Urheber vorbehaltene Vervielfältigungshandlung i. S. v. § 16 UrhG dar (insbesondere im Rahmen von sog. **File-Sharing-Systemen**). Eine Vervielfältigungshandlung kann aber auch in dem **Upload** von Dateien auf einen Server, im **Laden in den Arbeitsspeicher** oder im **Einstellen auf eine Internetseite** liegen.[63] Da es nach § 16 Abs. 1 und Abs. 2 UrhG

---

[59] BGH, GRUR 2010, 628, 1. LS, 629 Rn. 19 – Vorschaubilder; Schricker/Loewenheim/*von Ungern-Sternberg*, Urheberrecht, § 19a Rn. 47.
[60] BGH, GRUR 2010, 632 Rn. 36 – Vorschaubilder; BGH, GRUR 2012, 602 Rn. 17 – Vorschaubilder II.
[61] Siehe dazu die kritische Anmerkung von *Götting*, LMK 2010, 309481.
[62] *Dreier*/Schulze, UrhG, § 16 Rn. 6 ff.
[63] OLG Hamburg, ZUM 2001, 512, 513; KG, ZUM-RD 2001, 485, 488; a. A. KG, ZUM 2002, 828, 839.

nicht auf die Art der Vervielfältigungstechnik ankommt, kann sich das Vervielfältigungsrecht zudem auch auf flüchtige Fragmente der **Werke auf einem Bildschirm** erstrecken.[64]
Auch ist es unbeachtlich, wenn wie im Falle des **Streaming** nur einzelne Elemente eines
Werks in einzelnen Abschnitten (Datenpaketen) übertragen werden, die je nach Arbeitsweise des Browsers unverzüglich wieder gelöscht werden. Zu beachten ist allerdings, dass
sich aus den in §§ 44a ff. UrhG geregelten **Schrankenbestimmungen** Beschränkungen
des dem Urheber vorbehaltenen Vervielfältigungsrechts ergeben können.

5.2.3   Verbreitung im Internet (§ 17 UrhG)

Schrifttum
Berger, Urheberrechtliche Erschöpfungslehre und digitale Informationstechnologie, GRUR 2002,
198; *Bergmann*, Zur Reichweite des Erschöpfungsprinzips bei der Online-Übermittlung urheberrechtlich geschützter Werke, FS Erdmann, 2002, S. 17; *Eichelberger*, (Wieder-)Ausdehnung des
urheberrechtlichen Verbreitungsrechts durch den EuGH?, ZUM 2012, 954; *Ganea*, Ökonomische
Aspekte der urheberrechtlichen Erschöpfung, GRUR Int. 2005, 102; *Hansen*, Keine Erschöpfung
beim Online-Vertrieb von eBooks, GRUR-Prax 2013, 207; *Hartmann*, Weiterverkauf und „Ver-
leih" online vertriebener Inhalte – Zugleich Anmerkung zu EuGH, Urteil vom 3. Juli 2012, Rs. C-
128/11 – UsedSoft ./. Oracle, GRUR Int. 2012, 980; *Hoeren/Försterling*, Onlinevertrieb „gebrauchter" Software – Hintergründe und Konsequenzen der EuGH-Entscheidung „UsedSoft", MMR 2012,
642; *Jani*, Es gibt keinen Flohmarkt für gebrauchte E-Books, K&R 2012, 297; *Kloth*, Der digitale Zweitmarkt: Aktuelle Entwicklungen zum Weiterverkauf gebrauchter E-Books, Hörbücher und
Musikdaten, GRUR-Prax 2013, 239; *Marly*, Der Handel mit so genannter „Gebrauchtsoftware",
EuZW 2012, 654; *Orthmann/Kuß*, Der digitale Flohmarkt – das EuGH-Urteil zum Handel mit Gebrauchtsoftware und dessen Auswirkungen, BB 2012, 2262; *Schneider/Spindler*, Der Kampf um die
gebrauchte Software – Revolution im Urheberrecht?, CR 2012, 489; *Senftleben*, Die Fortschreibung
des urheberrechtlichen Erschöpfungsgrundsatzes im digitalen Umfeld, NJW 2012, 2924; *Spindler*,
Der Handel mit Gebrauchtsoftware – Erschöpfungsgrundsatz quo vadis?, CR 2008, 69.

Das Verbreitungsrecht ist das Recht, das Original oder Vervielfältigungsstücke des
Werkes der Öffentlichkeit anzubieten oder in Verkehr zu bringen (§ 17 Abs. 1 UrhG). Da
sich die Verbreitung aber auf die Verwertung des Werkes in *körperlicher* Form beschränkt,
handelt es sich **bei einer reinen Datenübertragung nicht um eine Verbreitung** i. S. v.
§ 17 UrhG.[65] Das Verbreitungsrecht erlangt daher für Fallgestaltungen im Internet allenfalls beim Verkauf von körperlichen Gegenständen im Internet Bedeutung, wenn diese
urheberrechtlich geschützt sind, wie etwa beim Vertrieb von Fotoleinwänden oder Film-
und Tonträgern. Zu beachten ist allerdings der Erschöpfungsgrundsatz nach § 17 Abs. 2
und § 69c Nr. 3 S. 2 UrhG, wonach die weitere körperliche Verbreitung nicht mehr unter
dem Vorbehalt der Zustimmung und Kontrolle durch den Urheber steht, wenn das Original oder Vervielfältigungsstücke davon mit Zustimmung des zur Verbreitung Berechtigten

---

[64] EuGH, ZUM 2011, 803 Rn. 159 – Football Association Premier League; *Berger*, FS Pfennig,
2012, S. 3, 10 ff.; G. Schulze, ZUM 2000, 432, 441; a. A. *Hoeren/Bilek*, CR 2011, 734, 740.
[65] *Dreier*/Schulze, UrhG, § 17 Rn. 5.

im gesamten Gebiet des Europäischen Wirtschaftsraums in Verkehr gebracht worden ist. Aus diesem Grund kann z. B. eine einmal mit Wissen und Wollen des Rechteinhabers im Handel erworbene Musik-CD ohne dessen Zustimmung weiterveräußert werden.

Problematisch ist in diesem Zusammenhang allerdings die Frage der Erschöpfung beim **Handel mit gebrauchten Softwarelizenzen.** Grundsätzlich bezieht sich die Erschöpfungswirkung nach dem Wortlaut des § 69c Nr. 3 S. 2 UrhG nur auf das ganz konkret in Verkehr gebrachte Vervielfältigungsstück. Insbesondere in Fällen, in denen die Software nicht auf einem körperlichen Träger vertrieben, sondern nur über das Internet zum Download bereitgestellt wurde und das körperliche Vervielfältigungsstück somit erst beim Erwerber entsteht, stellt sich die Frage, ob der Erschöpfungsgrundsatz auch nichtkörperliche Computerprogrammkopien erfasst. Der EuGH hat hierzu klargestellt, dass die Erschöpfung des Verbreitungsrechts sowohl körperliche als auch nicht körperliche Programmkopien und somit auch Kopien von Computerprogrammen betrifft, die bei ihrem Erstverkauf aus dem Internet auf den Computer des Ersterwerbers heruntergeladen wurden. Die maßgeblichen Bestimmungen, wie insb. Art. 1 Abs. 2 der ComputerRL, ließen deutlich den Willen des Unionsgesetzgebers erkennen, im Hinblick auf den in dieser Richtlinie vorgesehenen Schutz körperliche und nicht körperliche Programmkopien einander gleichzustellen. Voraussetzung ist allerdings, dass der Veräußernde alle auf seinen Rechnern noch befindlichen Kopien des Computerprogramms löscht.[66] Es muss also dargelegt werden, dass die Kopie beim Ersterwerber unbrauchbar gemacht wurde.[67]

Allerdings gilt der Erschöpfungsgrundsatz nur für körperliche Originale oder Vervielfältigungsstücke und für Computerprogramme, nicht aber für Multimediadateien oder **Hörbücher.** Auf diese digitalen Produkte lassen sich die für Software geltenden Grundsätze nicht übertragen.[68]

5.2.4 Entnahme aus Datenbankwerken

Schrifttum

Benecke, Was ist „wesentlich" beim Schutz von Datenbanken?, CR 2004, 608; *Deutsch*, Die Zuverlässigkeit des so genannten „Screen-Scraping" im Bereich der Online-Flugvermittler, GRUR 2009, 1027; *Ehmann*, Datenbankurheberrecht, Datenbankherstellerrecht und die Gemeinschaft der Rechtsinhaber – Zugleich Besprechung von BGH „Gedichttitelliste I und II", GRUR 2008, 474; *Fusbahn*, Der Schutz des Datenbankherstellers, IPRB 2012, 114; *Gierke*, Amtliche Datenbanken?, FS Loschelder, 2010, 87; *Haberstumpf*, Der Schutz elektronischer Datenbanken nach dem Urheberrechtsgesetz, GRUR 2003, 14; *Heermann/John*, Lizenzierbarkeit von Spielplänen im deutschen Ligasport, K&R 2011, 753; Heinrich, Der rechtliche Schutz von Datenbanken, WRP 1997, 275; *Herrmann/Dehißelles*, Das Schutzrecht sui generis an Datenbanken, K&R 2009, 23; *Jung*, Software zur Auswertung von Datenbanken zulässig – „Automobil-Onlinebörse", K&R 2011, 710; *Kahler/Helbig*, Umfang und Grenzen des Datenbankschutzes bei dem Screen Scraping von Online-Datenbanken durch Online-Reiseportale, WRP 2012, 48; *Kindler*, Leistungsschutz für Datenbanken

---

[66] EuGH, GRUR 2012, 904, 906 Rn. 58 – Used Soft; siehe auch BGH, GRUR 2014, 264 – Used Soft I.
[67] OLG Frankfurt a. M., GRUR 2013, 279, 282 – Adobe/UsedSoft.
[68] OLG Hamm, MMR 2014, 689.

ohne Werkcharakter – Eine Zwischenbilanz, K&R 2000, 265; *Krekel*, Die digitale Datenbank – aktuelle Probleme im Recht des Datenbankherstellers, WRP 2011, 436; *Leistner*, „Last exit" withdrawal? – Die Zukunft des Europäischen Datenbankschutzes nach der EuGH-Entscheidung in Sachen BHB v. Hill und dem Evaluierungsbericht der Kommission, K&R 2007, 457; *Rieger*, Der rechtliche Schutz wissenschaftlicher Datenbanken, 2010; *Sendrowski*, Datenbanken und die Summe ihrer Teile, Mitt. 2011, 113; *Wiebe*, Der Schutz von Datenbanken – Ungeliebtes Stiefkind des Immaterialgüterrechts, Eine Zwischenbilanz sechzehn Jahre nach Einführung der §§ 87a ff. UrhG, CR 2014, 1; *Zieger/Smirra*, Fallstricke bei Big Data-Anwendungen – Rechtliche Gesichtspunkte bei der Analyse fremder Datenbestände, MMR 2013, 418.

Nach § 87b Abs. 1 UrhG hat der Datenbankhersteller das ausschließliche Recht, eine nach § 87a UrhG geschützte Datenbank insgesamt oder einen nach Art oder Umfang **wesentlichen Teil** der Datenbank zu vervielfältigen, zu verbreiten und öffentlich wiederzugeben. Diesen Rechten steht nach Satz 2 der Vorschrift die wiederholte und systematische Vervielfältigung, Verbreitung oder öffentliche Wiedergabe von nach Art und Umfang **unwesentlichen Teilen** der Datenbank gleich, sofern diese Handlungen einer normalen Auswertung der Datenbank zuwiderlaufen oder die berechtigten Interessen des Datenbankherstellers unzumutbar beeinträchtigen. Demnach kann ein Eingriff in ein Datenbankrecht gegeben sein, wenn es sich bei der Übernahme von Elementen der Datenbank um die Übertragung eines in qualitativer oder quantitativer Hinsicht **wesentlichen Teils** des Inhalts der geschützten Datenbank oder um die Übertragung **unwesentlicher Teile** handelt, die durch ihren wiederholten und systematischen Charakter dazu führt, dass ein wesentlicher Teil dieses Inhalts wiederhergestellt wird. Unerheblich ist, ob die Übertragung auf einem technischen Verfahren, wie einem elektronischen, elektromagnetischen, elektrooptischen oder ähnlichen Verfahren beruht oder auf einem einfachen manuellen Verfahren.[69]

Ziel dieser Vorschrift ist es insbesondere, eine wiederholte und systematische Entnahme bzw. Weiterverwendung auch unwesentlicher Teile des Inhalts einer Datenbank zu verhindern, die durch ihre kumulative Wirkung die Investition des Datenbankherstellers schwerwiegend beeinträchtigen würde. Die Vorschrift verbietet folglich Entnahmehandlungen, die durch ihren wiederholten und systematischen Charakter darauf hinauslaufen würden, ohne Genehmigung der Person, die diese Datenbank erstellt hat, diese in ihrer Gesamtheit oder zumindest zu einem wesentlichen Teil wieder zu erstellen, sei es zur Erstellung einer anderen Datenbank oder zur Ausübung einer anderen Tätigkeit.[70]

Demgegenüber ermöglicht es das Datenbankschutzrecht nach § 87a ff. UrhG nicht, sich den **Abfragen einer Datenbank** durch Dritte zu Informationszwecken entgegenzustellen, wenn der Hersteller einer Datenbank deren Inhalt Dritten – und sei es gegen Entgelt – zugänglich macht. Erst wenn für die Darstellung des Inhalts der Datenbank auf dem Bildschirm die ständige oder vorübergehende Übertragung der Gesamtheit oder eines wesentlichen Teils dieses Inhalts auf einen anderen Datenträger erforderlich ist, kann

---

[69] EuGH, GRUR 2008, 1077; BGH, GRUR 2005, 857 – Hit Bilanz.
[70] BGH, GRUR 2011, 1018 Rn. 58 – Automobil-Onlinebörse; BGH, GRUR 2011, 724 Rn. 35 – Zweite Zahnarztmeinung II.

die betreffende Abfrage von der Genehmigung des Inhabers des Schutzrechts abhängig gemacht werden.[71]

Umstritten ist vor diesem Hintergrund insbesondere das sog. **„Screen Scraping"**, bei dem fremde Datenbanken und Webseiten für plattformübergreifende Informationsangebote ausgelesen werden, wie etwa wenn frei zugängliche Onlinebörsen für Automobile oder Flugverbindungsdaten von den Internetseiten der Fluggesellschaften gleichzeitig und automatisiert durchgesucht und unter Aussparung dieser Internetseiten auf einem eigenen Internetportal ausgewertet werden.[72] Der EuGH sieht in der Bereitstellung einer derartigen **Metasuchmaschine** eine Verletzung der Rechte des Datenbankherstellers.[73] Dies gelte jedenfalls dann, wenn die spezialisierte Metasuchmaschine (1.) dem Endnutzer ein Suchformular zur Verfügung stellt, das im Wesentlichen dieselben Optionen wie das Suchformular der Datenbank bietet; (2.) die Suchanfragen der Endnutzer „in Echtzeit" in die Suchmaschine übersetzt, mit der die Datenbank ausgestattet ist, so dass alle Daten dieser Datenbank durchsucht werden, und (3.) dem Endnutzer die gefundenen Ergebnisse unter dem Erscheinungsbild ihrer Website präsentiert werden, wobei sie Dubletten in einem einzigen Element zusammenführt, aber in einer Reihenfolge, die auf Kriterien basiert, die mit denen vergleichbar sind, die von der Suchmaschine der betreffenden Datenbank für die Darstellung der Ergebnisse verwendet werden. Diese Tätigkeit des Betreibers einer spezialisierten Metasuchmaschine berge die Gefahr in sich, dass dem Hersteller der Datenbank Einnahmen entgehen, insbesondere die aus der Werbung auf seiner Website, und ihm so Einnahmen entzogen werden, die es ihm hätten ermöglichen sollen, die Kosten seiner Investition bei der Erstellung und dem Betrieb der Datenbank zu amortisieren. Dies käme der Herstellung eines parasitären Konkurrenzprodukts nahe. Angesichts der angebotenen Suchmöglichkeiten ähnle eine solche Metasuchmaschine einer Datenbank, ohne jedoch selbst über Daten zu verfügen.[74]

Demgegenüber hatte der BGH zuvor in seinem Urteil „Automobil-Onlinebörse" entschieden, dass durch solche Abfragen keine wesentlichen Teile einer Datenbank vervielfältigt werden, denn selbst mehrere parallel laufende Suchanfragen im automatisierten Verfahren beträfen immer nur einen unwesentlichen Teil der Datenbank. Auch eine wiederholte und systematische Entnahme oder Weiterverwendung unwesentlicher Teile des Inhalts einer Datenbank i. S. v. § 87b UrhG liege nicht vor. Denn diese Vervielfältigungen stünden der Verwertung eines nach Art oder Umfang wesentlichen Teils der Datenbank nicht gleich, da sie nicht darauf gerichtet seien, durch ihre kumulative Wirkung die Gesamtheit oder einen wesentlichen Teil des Inhalts der geschützten Datenbank wieder zu erstellen.[75] Diese Rechtsprechung des BGH dürfte aber nach der jüngeren Entscheidung des EuGH nicht mehr aufrecht zu halten sein.

---

[71] EuGH, GRUR 2008, 1077.

[72] Vgl. BGH, GRUR 2011, 1018 Rn. 58 – Automobil-Onlinebörse; BGH, GRUR 2014, 785 – Flugvermittlung im Internet.

[73] EuGH, GRUR 2014, 166 – Innoweb; *Berberich*, MMR 2014, 188; *Rammos*, CR 2014, 160, *Ehmann*, ZUM 2014, 300; *Dietrich*, GRUR Int. 2014, 284.

[74] EuGH, GRUR 2014, 166 Rn. 48 – Innoweb.

[75] BGH, GRUR 2011, 1018 Rn. 57 ff. – Automobil-Onlinebörse.

5.2.5 Schranken des Urheberrechts

Schrifttum

Busch, zur urheberrechtlichen Einordnung der Nutzung von Streamingangeboten, GRUR 2011, 496; *Dresel*, Privatvervielfältigungen urheberrechtlich geschützter Werke, WRP 2011, 1289; *Euler*, Web-harvesting vs. Urheberrecht – Was Bibliotheken und Archive dürfen und was nicht, CR 2008, 64; *Fangerow/Schulz*, Die Nutzung von Angeboten auf www.kino.to – Eine urheberrechtliche Analyse des Film-Streamings im Internet, GRUR 2010, 677; *Fangerow/Schwartz*, Kopieren an der Quelle? Über die Notwendigkeit ungeschriebener Merkmale in § 53 I 1 UrhG, GRUR 2011, 597; *Freiwald*, Die private Vervielfältigung im digitalen Kontext am Beispiel des Filesharing, 2003; *Fringuelli/Nink*, Auswirkungen der Rechtsprechung zum internetbasierten Videorekorder auf das Webhosting, CR 2008, 79; *Gutman*, Abruf im Internet von unbekannten und offensichtlich urheberrechtlich unrechtmäßigen Werken, MMR 2003, 706; *Hoffmann*, Die Auslegung des Begriffs der „offensichtlich rechtswidrig hergestellten Vorlage" in § 53 I UrhG, WRP 2006, 55; *Jani*, Was sind offensichtlich rechtswidrig hergestellte Vorlagen? – Erste Überlegungen zur Neufassung von § 53 Abs. 1 Satz 1 UrhG; *Kamps/Koops*, Online-Videorecorder im Lichte des Urheberrechts, CR 2007, 581; *Kianfar*, Die Weitersenderechte für den Betrieb des Online-Videorecorders (OVR) – Zugleich Besprechung von OLG Dresden – save.tv, GRUR 2011, 393; *Koch*, Privatkopien von offensichtlich rechtswidrigen Vorlagen, ITRB 2004, 277; *ders.*, Der Content bleibt im Netz – gesicherte Werkverwertung durch Streaming-Verfahren, GRUR 2010, 574; *Knies*, Redtube.com: Kann denn Streamen Sünde sein?, Zur Rechtmäßigkeit privaten Streamens und der Vorlagefrage des OGH in Sachen kino.to/UPC, CR 2014, 140; *Lauber-Rönsberg*, Urheberrecht und Privatgebrauch, 2011; *Lenz/Würtenberger*, Digitale Privatkopie und Eigentumsschutz des Urhebers, NVwZ 2010, 168; *Marx*, Möglichkeiten zum Schutz von musikalischen und filmischen Werken vor privaten digitalen Raubkopien nach dem deutschen und US-amerikanischen Urheberrecht, 2005; *Mitsdörffer/Gutleisch*, „Geo-Sperren" – wenn Videoportale ausländische Nutzer aussperren – Eine urheberrechtliche Betrachtung, MMR 2009, 731; *Peifer*, Selbstbestimmung im digitalen Netz – Privatkopie, Flatrate und Fair Use, ZUM 2014, 86; *Radmann*, Kino.to – Filmegucken kann Sünde sein – Zur Rechtswidrigkeit der Nutzung von (offensichtlich) illegalen Streaming-Portalen, ZUM 2010, 387; *Röhl/Bosch*, Musiktauschbörsen im Internet, NJW 2008, 1415; *Schack*, Schutz digitaler Werke vor privater Vervielfältigung – zu den Auswirkungen der Digitalisierung auf § 53 UrhG, ZUM 2002, 497; *ders.*, Private Vervielfältigung von einer rechtswidrigen Vorlage?, in: FS Erdmann 2002, S. 165; *Schapiro*, Die neuen Musiktauschbörsen unter „Freunden" – Ein legaler Weg zum Austausch von Musikdateien?, ZUM 2008, 273; *Solmecke*, Der Redtube-Fall, Eine Streaming-Abmahnwelle mit Risiken und Nebenwirkungen, CR 2014, 137; *Solpek/Steigüber*, Die digitale Kopie im Urheberrecht – Schnee von gestern oder offenes Problemfeld?, ZUM 2010, 288; *Stickelbrock*, Die Zukunft der Privatkopie im digitalen Zeitalter, GRUR 2004, 736; *Stieper*, Rechtfertigung, Rechtsnatur und Disponibilität der Schranken des Urheberrechts, 2009; *ders.*, Rezeptiver Werkgenuss als rechtmäßige Nutzung – Urheberrechtliche Bewertung des Streaming vor dem Hintergrund des EuGH-Urteils in Sachen FAPL/Murphy, MMR 2012, 12; *Vianello*, Abruf und Aufzeichnung von Video- und Audiostreams zum privaten Gebrauch, CR 2010, 728; *Wenzel*, Musiktauschbörsen im Internet, 2005; *Wiebe*, Der „virtuelle Videorecorder" – Neue Dienste zwischen Privatkopie und öffentlicher Zugänglichmachung (§ 19a UrhG), CR 2007, 28.

Zum Ausgleich der Interessen der Urheber und Rechtsinhaber mit den Interessen Dritter an Zugang und Nutzung der geschützten Werke sind in §§ 44a ff. UrhG Schranken des Urheberrechts vorgesehen, von denen hier nur die für Internetsachverhalte typischerweise in Betracht kommenden Regelungen dargestellt werden.

5.2.5.1 Zulässige vorübergehende Vervielfältigungshandlungen (§ 44a UrhG)

Nach § **44a UrhG** sind **vorübergehende Vervielfältigungshandlungen** zulässig, die flüchtig oder begleitend sind und einen integralen und wesentlichen Teil eines technischen Verfahrens darstellen und deren alleiniger Zweck es ist, (1.) eine Übertragung in einem Netz zwischen Dritten durch einen Vermittler *oder* (2.) eine *rechtmäßige* Nutzung zu ermöglichen, und die **keine eigenständige wirtschaftliche Bedeutung** haben. Damit soll sichergestellt werden, dass nicht sämtliche technischen Vervielfältigungsvorgänge, die bei einer Übermittlung oder Nutzung im Internet erforderlich sind, vom Vervielfältigungsrecht des Urhebers erfasst werden.

Zulässig ist somit zum einen das zeitlich begrenzte Zwischenspeichern von Inhalten auf den Servern der Zugangsvermittler und damit alle Vervielfältigungshandlungen, die im Zuge der Online-Übertragung geschützter Werke als deren integraler Bestandteil anfallen. Privilegiert ist nach § 44a Nr. 1 UrhG aber allein der **Vermittler einer Übertragung im Netz**, nicht hingegen deren Absender und Empfänger.[76]

Erfasst werden von § 44a UrhG somit diejenigen vorübergehenden Vervielfältigungen, die bei der Übermittlung eines Werkes in digitaler Form aufgrund der Konfiguration des Telekommunikationssystems aus rein technischen Gründen vorgenommen und nach einer nicht ins Gewicht fallenden Zeit automatisch wieder gelöscht werden.[77] Zu nennen sind vor allem Handlungen, die das „**Browsing**" oder „**Caching**" (sog. Update- oder Proxy-Caching) ermöglichen,[78] also alle vorübergehenden und flüchtigen bzw. begleitenden Speichervorgänge auf Datenspeichern von Routern oder Servern, ohne die eine Übermittlung an den Nutzer nicht möglich ist oder die zum besseren Funktionieren des Internet beitragen. Zulässig sind also insbesondere auch die von einem Endnutzer bei der Betrachtung einer Internetseite erstellten Kopien auf dem Bildschirm seines Computers und im „Cache" dieses Computers während des Internet-Browsings.[79] Gleiches gilt für die zeitlich begrenzte Zwischenspeicherung von bereits aufgerufenen Netzinhalten auf dem Server des Anbieters, um so einen schnelleren Zugriff der Nutzer auf diese Netzinhalte bei erneutem Abruf zu gewährleisten und zugleich das Netz zu entlasten.[80] Dagegen ist das Content-Caching (also das nicht nur vorübergehende Zwischenspeichern) keine nur vorübergehende Vervielfältigung i. S. v. § 44a UrhG. Dasselbe gilt für den Cache von Suchmaschinen.[81]

Zum anderen ist nach § 44a Nr. 2 UrhG das zeitlich begrenzte Vervielfältigen durch Zwischenspeichern von Inhalten auch dann zulässig, wenn dadurch lediglich die *rechtmäßige* **Nutzung** eines Werkes oder sonstigen Schutzgegenstandes ermöglicht werden soll. Eine rechtmäßige Nutzung liegt aber nur vor, wenn die Vervielfältigung **vom Rechtsinhaber zugelassen** ist oder wenn sie **durch gesetzliche Bestimmungen erlaubt wird.**

---

[76] KG, GRUR-RR 2004, 228 – Ausschnittdienst.

[77] EuGH, Rs C-5/08, Slg. 2009 I-6569 Rn. 62 ff – Infopaq; siehe auch EuGH, Rs C-403/08, Slg 2011 I-0000 Rn. 161 ff. – Football Association Premiere League.

[78] Erwägungsgrund 33 der Richtlinie 2001/29/EG Urheberrecht in der Informationsgesellschaft.

[79] EuGH, GRUR 2014, 654 – Public Relations Consultants Association Ltd/Newspaper Licensing Agency Ltd u. a.

[80] Vgl. auch Begr., BT-Drucks 15/38, S. 18.

[81] BGH, GRUR 2012, 604 Rn. 14 – Vorschaubilder II.

Von Bedeutung ist dabei vor allem die Schrankenregelung in § 53 Abs. 1 UrhG, wonach Vervielfältigungen zum **privaten Gebrauch** zulässig sind, soweit nicht eine offensichtlich **rechtswidrig hergestellte oder öffentlich zugänglich gemachte Vorlage** verwendet wird (siehe dazu sogleich).

Während § 44a Nr. 1 UrhG allein die Zwischenspeicherung zur *Übertragung* im Netz betrifft, werden also von Nr. 2 darüber hinaus alle vorübergehenden Vervielfältigungen erfasst, die bei der rechtmäßigen *Nutzung* eines Werkes in digitaler Form aufgrund der Konfiguration des Computersystems aus rein technischen Gründen vorgenommen und nach einer nicht ins Gewicht fallenden Zeit automatisch wieder gelöscht werden.[82]

Bedeutung erlangt die Privilegierung nach § 44a Nr. 2 UrhG vor allem für das sog. **Streaming**, bei dem die Vervielfältigung von einzelnen Datenpaketen im Arbeitsspeicher des Computers typischerweise flüchtig oder begleitend und Bestandteil eines technischen Verfahrens sind. Da aber § 44a Nr. 2 UrhG nur die rechtmäßige Nutzung privilegiert, kommt es darauf an, ob der Rechteinhaber in die Vervielfältigung wenigstens stillschweigend eingewilligt hat oder ob nach § 53 Abs. 1 UrhG eine erlaubte Vervielfältigung zum privaten (oder sonstigen) Gebrauch vorliegt. Im letzteren Fall käme es dann darauf an, ob das Streaming auf einer offensichtlich rechtswidrig hergestellten oder öffentlich zugänglich gemachten Vorlage beruht. Allerdings soll nach Ansicht des EuGH der bloße Empfang von Sendungen, also die Erfassung ihres Signals und ihre visuelle Darstellung im privaten Kreis, schon keine durch das Urheberrecht beschränkte Handlung darstellen und demzufolge (auch ohne Vorliegen einer Privilegierung nach § 53 UrhG) grundsätzlich rechtmäßig sein.[83] Dies könnte dafür sprechen, dass auch der Empfang von Streaming-Signalen grundsätzlich zulässig ist, selbst wenn diese aus einer offensichtlich rechtswidrigen Quelle stammen.

Demgegenüber wird in der Literatur teilweise vertreten, Zweck des § 44a UrhG sei es lediglich, auch im digitalen Bereich eine Werknutzung zu erlauben, die im analogen Bereich zulässig wäre. Für das Streaming solle dies bedeuten, dass beispielsweise die vollständige Filmbetrachtung nicht erfasst sei, weil dies in der analogen Welt kaum jemals ohne Zustimmung des Berechtigten möglich wäre. Auch ein Kinobesitzer werde den Betrachter ohne Eintrittskarte aus dem Kino weisen. Die Norm stelle daher nur für ein „digitales Hineinsehen" frei.[84] Es erscheint aber fraglich, ob ein solcher Vergleich wegen der Besonderheiten der digitalen Nutzung eines Werkes tragfähig ist. Zu beachten ist vor allem, dass der reine Werksgenuss gerade keine urheberrechtlich relevante Nutzungsart darstellt und daher kaum als maßgebliches Kriterium für die Reichweite der Privilegierung des § 44a UrhG geeignet erscheint. Die Vorschrift sollte gerade sicherstellen, dass der grundsätzlich urheberrechtsfreie reine Werksgenuss nicht allein dadurch dem Regime des Urheberrechts unterstellt wird, weil

---

[82] EuGH, Rs C-5/08, Slg. 2009 I-6569 Rn. 62 ff. – Infopaq; EuGH, GRUR 2012, 156 – Football Association Premier League.

[83] EuGH, GRUR 2012, 156 Rn. 171 – Football Association Premier League; vgl. auch *Stieper*, MMR 2012, 12, 15 ff.; *Redlich*, K&R 2012, 713; *Fangerow/Schulz*, GRUR 2010, 677, 681; *Koch*, GRUR 2010, 574, 575; a. A. *Leistner*, JZ 2011, 1040, 1145; *Radmann*, ZUM 2010, 387, 389 ff.; *Vianello*, CR 2010, 728, 729 f.

[84] *Ensthaler*, NJW 2014, 1553, 1555.

für den Werksgenuss technisch bedingte kurzzeitige Vervielfältigungen in einem Zwischenspeicher notwendig sind. Der Hinweis auf den Kinobetreiber verfängt jedenfalls nicht, weil auch dieser den Werksgenuss ohne Eintrittskarte nicht auf Grund des Urheberrechts unterbinden kann, sondern allein wegen seines Hausrechts.

Schließlich dürfen nach § 44a UrhG die vorübergehenden Vervielfältigungshandlungen **keine eigenständige wirtschaftliche Bedeutung** haben, um vom ausschließlichen Vervielfältigungsrecht des Urhebers ausgenommen zu sein. Für die Privilegierung ist also erforderlich, dass der sich aus der vorübergehenden Vervielfältigungshandlung ergebende wirtschaftliche Vorteil nicht von dem wirtschaftlichen Vorteil aus der rechtmäßigen Nutzung des betreffenden Werks unterscheidet oder zu trennen ist und die Handlung keinen zusätzlichen wirtschaftlichen Vorteil schafft, der über den Vorteil hinausgeht, der durch die an sich erlaubte Nutzung besteht.[85] Entscheidend ist, ob die vorübergehende Vervielfältigung eine neue, eigenständige Nutzungsmöglichkeit eröffnet. Ein aus einer vorübergehenden Vervielfältigungshandlung gezogener Vorteil ist nur dann verschieden und abtrennbar, wenn der Urheber auch aus der wirtschaftlichen Verwertung der vorübergehenden Vervielfältigungen selbst Gewinne erzielen kann. Eine Privilegierung nach § 44a UrhG scheidet daher beispielsweise aus, wenn Werke als Vorschaubilder in einer werbefinanzierten Bildersuchmaschine angezeigt werden[86] oder im Rahmen eines Online-Videorekorders Nutzern Vervielfältigungen von urheberrechtlich geschützten Werken zum Abruf zur Verfügung gestellt werden.[87] Demgegenüber unterscheidet sich der Werksgenuss beim Onlinestreaming mangels Mehrwert nicht vom von dem rezeptiven Werksgenuss aus der Originalquelle.

5.2.5.2 Zulässige Vervielfältigungen zum privaten und sonstigen Gebrauch (§ 53 UrhG)

Neben der Regelung in § 44a UrhG ist für die Vervielfältigung von urheberrechtlich geschützten Werken im Internet vor allem auch die Schrankenregelung in § 53 Abs. 1 UrhG von Bedeutung, wonach Vervielfältigungen zum privaten Gebrauch zulässig sind, soweit nicht eine *offensichtlich* **rechtswidrig hergestellte oder öffentlich zugänglich gemachte Vorlage** verwendet wird.

Wann eine Vorlage offensichtlich rechtswidrig hergestellt bzw. öffentlich zugänglich gemacht worden ist und wann nicht ist nach wie vor strittig.[88] Nach der Formulierung des Gesetzes ist von einer offensichtlichen Rechtswidrigkeit nur dann auszugehen, wenn die Möglichkeit einer Erlaubnis durch den Rechtsinhaber sowie irgendeiner Zulässigkeit den Umständen nach **ausgeschlossen werden kann.**[89] Maßgebliche Kriterien sind

---

[85] EuGH, Rs C-403/08, Slg. 2011 I-0000 Rn. 177 – Football Association Premiere League: keine eigenständige wirtschaftliche Bedeutung der Vervielfältigungen in einem Satellitenempfangsdecoder; ebenso EuGH, Rs C-302/10, Slg. 2012 I-0000 Rn. 50 ff – Infopaq II.
[86] BGH, GRUR 2010, 628 Rn. 24 – Vorschaubilder.
[87] BGH, ZUM-RD 2013, 314 Rn. 20.
[88] Siehe hierzu etwa *Reinbacher*, GRUR 2008, 394.
[89] *Dreier*/Schulze, UrhG, § 53 Rn. 23.

insbesondere die Art des Werkstücks, die Begleitumstände, unter denen das betreffende Vervielfältigungsstück angeboten wird, der verlangte Preis und der Zeitpunkt des Angebots im Vergleich zum Alter des Werks. Werden beispielsweise im Rahmen eines **File-Sharing-Systems** aktuelle Kinofilme oder Fernsehserien kurz nach oder sogar vor der DVD-Veröffentlichung kostenlos angeboten, muss es sich dem durchschnittlichen Internetnutzer aufdrängen, dass die öffentliche Zugänglichmachung ohne Zustimmung des Rechtsinhabers erfolgt ist.[90]

Insbesondere auf etablierten Streaming-Plattformen, wie etwa YouTube, dürfte die Rechtmäßigkeit von Inhalten für die Nutzer schwierig zu beurteilen sein, da dort regelmäßig sowohl Inhalte mit Zustimmung der Rechteinhaber als auch solche ohne eine Zustimmung der Öffentlichkeit zugänglich gemacht werden. Die Vervielfältigung von Videos durch ihr Herunterladen auf den eigenen Rechner zum eigenen privaten Gebrauch ist daher regelmäßig mangels Offensichtlichkeit der Rechtswidrigkeit von der Privatkopieschranke des § 53 UrhG gedeckt. Dies gilt grundsätzlich auch dann, wenn der Plattformbetreiber den Download nicht erlaubt hat, weil der nach dem Urheberrecht zulässige private Gebrauch nicht einseitig oder vertraglich eingeschränkt werden kann.

Der zur Vervielfältigung Befugte darf die Vervielfältigungsstücke schließlich auch durch einen anderen herstellen lassen, sofern dies unentgeltlich geschieht. Werden von einem Anbieter eines „**Online-Videorekorder**" Vervielfältigungen im Auftrag eines Dritten für dessen privaten Gebrauch angefertigt, ist die Herstellung der Vervielfältigungsstücke unter den Voraussetzungen des § 53 Abs. 1 S. 2 UrhG dem Auftraggeber als Vervielfältigungshandlung zuzurechnen. Eine solche Zurechnung erfordert eine – am Schutzzweck des § 53 Abs. 1 UrhG ausgerichtete – normative Bewertung. Dabei ist maßgeblich darauf abzustellen, ob der Hersteller sich darauf beschränkt, gleichsam „an die Stelle des Vervielfältigungsgeräts" zu treten und als „notwendiges Werkzeug" des anderen tätig zu werden – dann ist die Vervielfältigung dem Besteller zuzurechnen – oder ob er eine urheberrechtlich relevante Nutzung in einem Ausmaß und einer Intensität ermöglicht, die sich mit den Erwägungen, die eine Privilegierung des Privatgebrauchs rechtfertigen, nicht mehr vereinbaren lässt – dann ist die Vervielfältigung dem Hersteller zuzuordnen und damit nicht von der Schrankenregelung in § 53 Abs. 1 UrhG gedeckt.[91] Die Speicherung einer Sendung auf einem Aufnahmeserver des Betreibers eines Online-Videorecorders durch einen Nutzer ist jedenfalls dann keine Vervielfältigung zu privaten Zwecken, wenn die Kopie auch anderen Nutzern als zentrale Kopiervorlage dient. Darüber hinaus ist eine solche Vervielfältigung keine des Nutzers, sondern dem Betreiber zuzuordnen, wenn der Betreiber und nicht der Nutzer die Kontrolle über die „Masterkopie" ausübt.[92]

Weitere wichtige Schranken finden sich in § 53 UrhG unter anderem für den eigenen wissenschaftlichen Gebrauch sowie zur Veranschaulichung des Unterrichts in Schulen oder in vergleichbaren nichtgewerblichen Einrichtungen. Neben anderen Voraussetzungen ist vor allem zu beachten, dass

---

[90] *Dreier*/Schulze, UrhG, § 53 Rn. 12b; *Stieper*, MMR 2012, 12, 17; *Radmann*, ZUM 2010, 387; a. A. *Fangerow/Schulz*, GRUR 2010, 677.
[91] BGH, K&R 2009, 573 – Online-Videorekorder.
[92] BGH, ZUM-RD 2013, 314.

die Vervielfältigung nur insoweit erlaubt ist, als es zu dem Zweck geboten ist. Ein schrankenloses Zugänglichmachen eines urheberrechtlich geschützten Werkes im Internet wird von diesen Schrankenregelungen nicht erfasst.

5.2.5.3   Zitatrecht, Pressespiegel und Berichterstattung über Tagesereignisse (§§ 49 f. UrhG)

Schließlich ist nach § 51 UrhG auch die Vervielfältigung, Verbreitung und öffentliche Wiedergabe eines veröffentlichten Werkes zum Zweck des Zitats **zustimmungs- und vergütungsfrei** zulässig, sofern die Nutzung in ihrem Umfang durch den besonderen Zweck gerechtfertigt ist. Zulässig ist dies nach Satz 2 der Vorschrift insbesondere, wenn (1.) **einzelne Werke** nach der Veröffentlichung in ein selbständiges wissenschaftliches Werk zur Erläuterung des Inhalts aufgenommen werden, (2.) **Stellen eines Werkes** nach der Veröffentlichung in einem selbständigen Sprachwerk angeführt werden oder (3.) einzelne Stellen eines erschienenen **Werkes der Musik** in einem selbständigen Werk der Musik angeführt werden.

Diese Privilegierung dient dem Allgemeininteresse an freier geistiger Auseinandersetzung, an Dialog, Kritik und kultureller Entwicklung. Voraussetzung ist aber, dass das zitierte Werk als erkennbar fremde Zutat **zur Erläuterung** des Inhalts des *aufnehmenden* – und nicht etwa des zitierten Werkes – aufgenommen wird (sog. Zitatzweck).[93] Für den Zitatzweck ist erforderlich, dass eine innere Verbindung zwischen den verwendeten fremden Werken oder Werkteilen und den eigenen Gedanken des Zitierenden hergestellt wird. Zitate sollen als Belegstelle oder Erörterungsgrundlage für selbstständige Ausführungen des Zitierenden der Erleichterung der geistigen Auseinandersetzung dienen. Nicht ausreichend ist dagegen, wenn durch die Verwendung des fremden Werks nur der Zugang zum Endnutzer erleichtert oder eigene Ausführungen erspart werden sollen.[94] Nicht vom Zitatrecht gedeckt ist vor allem aber auch die Nutzung zu lediglich rein dekorativen und illustrierenden Zwecken.

Beispiele

Ein Internetauftritt mit einer Sammlung von Zitaten und Sprüchen kann Urheberrechte verletzen. Denn jedenfalls von Wortakrobatik oder Wortwitz geprägte Zitate wie etwa *„Mögen hätte ich schon wollen, aber dürfen habe ich mich nicht getraut"* von *Karl Valentin* sind als urheberrechtlich geschützte Sprachwerke i. S. v. § 2 UrhG anzusehen und eine bloße Sammlung solcher Zitate ohne inhaltliche Auseinandersetzung ist nicht vom Zitatrecht gedeckt.[95] Zu beachten ist aber, dass auch die Verwendung eines einzelnen Zitats auf einer Internetseite als künstlerisches Stilmittel oder als freie Meinungsäußerung gerechtfertigt sein kann.

---

[93] *Dreier*/Schulze, UrhG, § 51 Rn. 3.
[94] BGH, GRUR 2011 415 Rn. 22 – Kunstausstellung im Online-Archiv; BGH, GRUR 2010, 628 Rn. 26 – Vorschaubilder; BGH, GRUR 2008, 693 Rn. 42 – TV-Total.
[95] LG München I, AfP 2011, 610; dazu kritisch *Raue*, GRUR 2011, 1088.

Auch Vorschaubilder in Suchmaschinen (**sog. Thumbnails**) wie etwa der Google-Bildersuchmaschine sind nicht von § 51 UrhG gedeckt.[96] Denn die Darstellung von Vorschaubildern in der Trefferliste einer Bildersuchmaschine dient regelmäßig nur dazu, das Werk um seiner selbst willen als Vorschaubild der Allgemeinheit zur Kenntnis zu bringen, ohne dass dieser Vorgang als solcher der geistigen Auseinandersetzung mit dem übernommenen Werk dienen soll. Die von der Suchmaschine generierte Trefferliste ist lediglich Hilfsmittel zum möglichen Auffinden von Inhalten im Internet. Die Anzeige der Vorschaubilder erschöpft sich demnach in dem bloßen Nachweis der von der Suchmaschine aufgefundenen Abbildungen.

Neben dem Zitatrecht ist nach § 50 UrhG im Rahmen der **Berichterstattung über Tagesereignisse** auch die Vervielfältigung, Verbreitung und öffentliche Wiedergabe von Werken zulässig, die im Verlauf dieser Ereignisse wahrnehmbar werden. Die Vorschrift dient damit dem Informationsinteresse der Allgemeinheit. Tagesereignis ist jedes aktuelle Geschehen, das für die Öffentlichkeit von Interesse ist, wobei ein Ereignis solange aktuell ist, wie ein entsprechender Bericht darüber von der Öffentlichkeit noch als Gegenwartsberichterstattung empfunden wird.[97] Zulässig ist daneben nach § 49 UrhG auch die Vervielfältigung und Verbreitung von einzelnen Rundfunkkommentaren und einzelnen Artikeln sowie mit ihnen im Zusammenhang veröffentlichten Abbildungen, die politische, wirtschaftliche oder religiöse Tagesfragen betreffen. Sofern der Urheber sein Werk nicht mit einem gegenteiligen Vermerk versieht, ist diese Übernahme in informierenden Internetportalen grundsätzlich zustimmungsfrei, jedoch nicht vergütungsfrei, wobei dieser Vergütungsanspruch nur durch eine Verwertungsgesellschaft wahrgenommen werden kann (§ 49 Abs. 1 Satz 2 und 3 UrhG).

5.2.6   Umgehung technischer Schutzmaßnahmen (§ 95a ff. UrhG)

Schrifttum
Arlt, Digital Rights Management Systeme, 2006; *ders.*, Digital Rights Management-Systeme, GRUR 2004, 548; *ders.*, Ansprüche des Rechteinhabers bei Umgehung seiner technischen Schutzmaßnahmen, MMR 2005, 148; *Arnold*, Rechtmäßige Anwendungsmöglichkeiten zur Umgehung von technischen Kopierschutzmaßnahmen?, MMR 2008, 144; *ders./Timmann*, Ist die Verletzung des § 95a Abs. 3 UrhG durch den Vertrieb von Umgehungsmitteln keine Urheberrechtsverletzung?, MMR 2008, 286; *Heinemeyer/Kreitlow*, Umgehung technischer Schutzmaßnahmen von Medienangeboten, Rechtmäßige Nutzung von Streaming-Technologie und RTMPE gem. § 95a UrhG, MMR 2013, 623; *Janisch/Lachenmann*, Konvertierung von Musikvideo-Streams in Audiodateien, Eine Analyse aus Sicht des deutschen Urheberrechts, MMR 2013, 213; *Mitsdöffer/Gutfleisch*, „Geo-Sperren" – wenn Videoportale ausländische Nutzer aussperren – Eine urheberrechtliche Betrachtung, MMR 2009, 731; *Schippman*, § 95a UrhG – eine Vorschrift (erstmals richtig) auf dem Prüfstand, ZUM 2006, 853; *Schröder*, Rechtmäßigkeit von Modchips, Stellt der Vertrieb von Modchips eine Urheberrechtsverletzung dar?, MMR 2013, 80; *Schulz, D.*, Der Bedeutungswandel

---

[96] BGH, GRUR 2010, 628 Rn. 25 – Vorschaubilder.
[97] BGH, GRUR 2011, 415 Rn. 11 – Kunstausstellung im Online-Archiv.

des Urheberrechts durch Digital Rights-Management – Paradigmenwechsel im deutschen Urheberrecht?, GRUR 2006, 470; *Strömer/Gaspers*, Umgehen des Kopierschutzes nach neuem Recht, K&R 2004, 14; *Wand*, Technische Schutzmaßnahmen und Urheberrecht, 2001.

Nach §§ 95a ff. UrhG dürfen wirksame technische Mechanismen zum Schutz eines urheberrechtlich geschützten Schutzgegenstandes ohne Zustimmung des Rechtsinhabers nicht umgangen werden, soweit dem Handelnden bekannt ist oder den Umständen nach bekannt sein muss, dass die Umgehung erfolgt, um den Zugang zu einem solchen Werk oder Schutzgegenstand oder deren Nutzung zu ermöglichen. Technische Schutzmaßnahmen sind Technologien, Vorrichtungen und Bestandteile, die im normalen Betrieb dazu bestimmt sind, Handlungen, die geschützte Werke oder andere nach dem Gesetz geschützte Schutzgegenstände betreffen, und die vom Rechtsinhaber nicht genehmigt sind, zu verhindern oder einzuschränken. Die technischen Maßnahmen sind wirksam im Sinne des § 95a Abs. 1 UrhG, soweit durch sie die Nutzung eines geschützten Werkes oder eines anderen nach diesem Gesetz geschützten Schutzgegenstandes von dem Rechtsinhaber durch eine **Zugangskontrolle**, einen Schutzmechanismus wie **Verschlüsselung**, Verzerrung oder sonstige Umwandlung oder einen Mechanismus zur Kontrolle der Vervielfältigung, die die Erreichung des Schutzziels sicherstellen, unter Kontrolle gehalten wird (§ 95a Abs. 2 UrhG).[98] Die Schutzmaßnahme muss dabei aber keinen *absoluten* Schutz bieten, sondern vielmehr eine Hürde darstellen, die für einen normalen Nutzer nicht ohne weiteres überwunden werden kann. Dies wäre dann nicht der Fall, wenn der Schutz mit den allgemein verfügbaren, legalen und nicht ausschließlich oder offensichtlich vorwiegend für die Umgehung bereitgestellten Programmwerkzeugen umgangen werden könnte. Die Inhaber der ausschließlichen Nutzungsrechte an urheberrechtlich geschützten Werken sind berechtigt, gegen eine Umgehung von Schutzmaßnahmen nach § 95a UrhG vorzugehen, selbst wenn die Schutzmaßnahmen nicht von ihnen entwickelt worden sind.[99]

Beispiele

Als wirksame technische Schutzmaßnahmen wurden beispielsweise auf dem freien Markt nicht erhältliche Speicherkarten mit einer **speziellen Formatierung** angesehen, die nur von einer bestimmten Spielkonsole ausgelesen werden kann, wenn dadurch verhindert werden soll, dass Raubkopien von Original-Spielen mit Hilfe von Adapterkarten auf der Spielkonsole abgespielt werden können.[100] Eine Umgehung einer technischen Schutzmaßnahmen liegt aber auch dann vor, wenn eine Software es ermöglicht, ein **Musikvideo von einer Internetseite herunterzuladen**, obwohl der Betreiber der Internetseite den Videostream hiervor mit einem Verschlüsselungsverfahren geschützt hat (z. B. durch Übertragung über ein spezielles Protokoll wie etwa „Real-Time

[98] Vgl. aber zur Frage, ob die Vorschrift auch greift, wenn die in Rede stehende technische Maßnahme zugleich nicht nur Werke oder sonstige Schutzgegenstände, sondern auch Computerprogramme schützt: BGH, GRUR 2013, 1035.
[99] LG München, ZUM-RD 2013, 76 ff..
[100] OLG München, ZUM 2013, 806.

Messaging Protocol (RTMPE)" und einer zusätzlichen „Token-URL") und dadurch gerade verhindert wird, dass sich zu irgendeinem Zeitpunkt die vollständige Videodatei auf dem PC des Betrachters befindet, so dass darin eine Hürde für eine Vervielfältigung mittels Download zu sehen ist, die für einen normalen Nutzer nicht ohne weiteres überwunden werden kann.[101]

Demgegenüber wird in der Umgehung einer sog. **„Geo-Sperre"** durch Verwendung eines Proxy oder mittels VPN (Virtual Private Network) regelmäßig kein Verstoß gegen § 95a UrhG liegen. Durch diese Sperren wird zwar versucht, anhand der IP-Adresse den Aufenthaltsort des Nutzers zu bestimmen, um dadurch die Nutzung (und damit auch die Lizenzierung) bestimmter (auch urheberrechtlich geschützter) Inhalte länderspezifisch kontrollieren zu können. Allerdings wird auch beim Einsatz eines Proxy oder mittels VPN die IP-Adresse, von der die Abfrage unmittelbar stammt, korrekt übertragen, so dass durch die Zwischenschaltung eines Proxy oder VPN der Zweck der Geo-Sperre weder ausgeschaltet noch manipuliert, also auch nicht umgangen wird.[102]

5.2.7 Besonderheiten bei der Rechtsverfolgung (Abmahnkosten und Auskunftsansprüche)

Schrifttum

Bierekoven, Das gewerbliche Ausmaß in § 101 UrhG, ITRB 2009, 158; *Bohne*, Zum Erfordernis eines gewerblichen Ausmaßes der Rechtsverletzung in § 101 Abs. 2 UrhG, CR 2010, 104; *Brüggemann*, Urheberrechtsdurchsetzung im Internet – Ausgewählte Probleme des Drittauskunftsanspruchs nach § 101 UrhG, MMR 2013, 278; *Chudziak*, Die Erstattung der Rechtsanwaltskosten des unbegründet Abgemahnten, GRUR 2012, 133; *Forch*, Antwortpflicht des Abgemahnten bei privatem Filesharing?, GRUR-Prax 2014, 367; *Hewicker/Marquardt/Neurauter*, Der Abmahnkosten-Ersatzanspruch im Urheberrecht, NJW 2014, 2753; *Klein*, Kein Kostenerstattungsanspruch bei zu weit gefasster Filesharing-Abmahnung gegenüber rechtsunkundigem Verletzer, GRUR-Prax 2011, 312; *Lorenz*, Die modifizierte Unterlassungserklärung in Tauschbörsenfällen, VuR 2011, 323; *Maaßen*, Neuregelung der Abmahnung im Urheberrecht – Analyse von § 97a UrhG-E, GRUR-Prax 2013, 153; *Mantz*, Die Risikoverteilung bei urheberrechtlicher Abmahnung – Neue Wege mit § 97a UrhG?, CR 2014, 189; *ders.*, Die Rechtsprechung zum neuen Auskunftsanspruch nach § 101 UrhG, K&R 2009, 21; *Müller/Rößner*, Die Gebührendeckelung im neuen § 97a UrhG: Alles wird besser, Zur Begrenzung der Kosten von Abmahnungen wegen Filesharings, K&R 2013, 695; *Nordemann/Wolters*, Schwerwiegende Regeländerungen bei urheberrechtlichen Abmahnungen: Neufassung des § 97a UrhG, ZUM 2014, 25; *Otten*, Die auskunftsrechtliche Anordnung nach § 101 Abs. 9 UrhG in der gerichtlichen Praxis, GRUR-RR 2009, 369; *Raue*, Erfolgreiche Abwendung von Mehrfachabmahnungen Unterlassungserklärung nach illegalem Download eines Musiksamplers, MMR 2011, 290; *Spindler*, „Die Tür ist auf" – Europarechtliche Zulässigkeit von Auskunftsansprüchen gegenüber Providern – Urteilsanmerkung zu EuGH „Promusicae/Telefónica", GRUR 2008, 574; *ders.*, Der Auskunftsanspruch gegen Verletzer und Dritte im Urheberrecht nach neuem Recht, ZUM 2008, 640; *Stein*, Der Auskunftsanspruch gegen Access-Provider nach § 101 UrhG; *Süme*, Auskunftsansprüche gegen Provider – Letzte Runde, MMR 2007, 341; *Wegener/Schlingloff*,

---

[101] LG Hamburg, GRUR-RR 2014, 241.
[102] *Mitsdörffer/Gutfleisch*, MMR 2009, 731, 735.

Urheberrechtsverletzendes Filesharing – unerhebliche Rechtsverletzung (§ 97a Abs. 2 UrhG) gewerblichen Ausmaßes (§ 101 UrhG)?, ZUM 2012, 877; *Welp*, Die Auskunftspflicht von Access-
Providern nach dem Urheberrechtsgesetz, 2009; *Wilhelmi*, Das gewerbliche Ausmaß als Voraussetzung der Auskunftsansprüche nach dem Durchsetzungsgesetz, ZUM 2008, 942.

Auf der Rechtsfolgenseite ist vor allem § 97a UrhG von Bedeutung, wonach der Verletzte den Verletzer vor Einleitung eines gerichtlichen Verfahrens zunächst **abmahnen**
und ihm Gelegenheit geben soll, den Streit durch Abgabe einer mit einer angemessenen
Vertragsstrafe bewehrten Unterlassungsverpflichtung beizulegen. Soweit die Abmahnung
berechtigt ist, kann nach § 97a Abs. 3 UrhG der Ersatz der erforderlichen Aufwendungen
verlangt werden – allerdings beschränkt auf Gebühren nach einem Gegenstandswert für
den Unterlassungs- und Beseitigungsanspruch von 1000 Euro, wenn (1.) der Abgemahnte
nicht im Rahmen einer gewerblichen oder selbständigen beruflichen Tätigkeit gehandelt hat und (2.) **kein „Wiederholungsfall"** vorliegt. Dies soll nach Satz 4 der Vorschrift
aber nicht gelten, wenn der genannte Wert nach den besonderen Umständen des Einzelfalles **unbillig** ist.

Ausgehend von einer 1,3 Geschäftsgebühr (VV 2300 RVG) aus dem Gegenstandswert von 1000 Euro, einer Auslagenpauschale von 20,00 Euro (VV 7002 RVG) ergibt sich dabei ein Betrag von
124,00 Euro. Eine gewerbliche oder selbständige berufliche Tätigkeit liegt vor, wenn eine planvolle,
auf gewisse Dauer angelegte, selbständige und wirtschaftliche Tätigkeit ausgeübt wird und dies nach
außen hervortritt. Hinsichtlich der zweiten Voraussetzung ist zu beachten, dass ein „Wiederholungsfall" nach dem ausdrücklichen Wortlaut der Vorschrift nur dann vorliegt, wenn der Abgemahnte
bereits wegen eines Anspruchs des Abmahnenden durch Vertrag, auf Grund einer *rechtskräftigen*
gerichtlichen Entscheidung oder einer einstweiligen Verfügung zur Unterlassung verpflichtet ist.
Erforderlich ist also, dass die vertragliche oder gerichtliche Unterlassungsverpflichtung gerade zwischen dem Abmahnenden (und nicht mit irgend einem anderen Rechteinhaber) und der abgemahnten
natürlichen Person besteht.

Ferner kommt bei einer Verletzung von Urheberrechten neben Unterlassungs- und
Schadensersatzansprüchen (§ 97 UrhG) insbesondere auch ein Anspruch auf unverzüg-
liche **Auskunft** über die Herkunft und den Vertriebsweg der rechtsverletzenden Vervielfältigungsstücke oder sonstigen Erzeugnisse in Betracht, wenn das Urheberrecht oder
ein anderes nach dem UrhG geschütztes Recht **in gewerblichem Ausmaß** widerrechtlich verletzt wurde und die Inanspruchnahme im Einzelfall nicht unverhältnismäßig ist
(§ 101 UrhG). Ein gewerbliches Ausmaß liegt vor, wenn die Handlung „zwecks Erlangung eines unmittelbaren oder mittelbaren wirtschaftlichen oder kommerziellen Vorteils
vorgenommen wird".[103] Dabei kann sich das gewerbliche Ausmaß sowohl aus der Anzahl
der Rechtsverletzungen als auch aus der Schwere der Rechtsverletzung ergeben. Maßgeblich sind also neben der Häufigkeit der Rechtsverletzung auch der kommerzielle Wert des
fraglichen Schutzgegenstands und die Frage, ob z. B. ganze Musikalben oder Filme vervielfältigt wurden oder nur einzelne Teile davon. Der kommerzielle Wert bestimmt sich

---

[103] Erwägungsgrund 14 der Enforcement-Richtlinie.

wiederum insbesondere nach dem aktuellen Marktpreis und der relevanten Verkaufs- und Verwertungsphase in der das Werk zum Download angeboten wird.[104]

Teilweise wurde für ein gewerbliches Ausmaß für ausreichend gehalten, dass eine besonders umfangreiche Datei, etwa ein vollständiger Kinofilm, ein Musikalbum oder ein Hörbuch, vor oder unmittelbar nach der Veröffentlichung in Deutschland widerrechtlich im Internet einer unbestimmten Vielzahl von Dritten zugänglich gemacht wird.[105] Demgegenüber soll nach Auffassung anderer Gerichte dem Angebot einer Datei mit urheberrechtlich geschütztem Inhalt auf einer Internettauschbörse grundsätzlich gewerbliches Ausmaß zukommen, ohne dass es weiterer erschwerender Umstände bedürfte.[106] Schließlich soll nach Auffassung anderer Gerichte ein einmaliges Herunter- und/oder Hochladen von Dateien für sich alleine noch kein gewerbliches Ausmaß begründen.[107]

In Fällen **offensichtlicher Rechtsverletzung** oder in Fällen, in denen der Verletzte gegen den Verletzer **Klage erhoben hat**, besteht der Anspruch gem. § 101 Abs. 2 UrhG zudem auch **gegen Dritte („Nichtverletzer")**, insbesondere **Access-Provider**, wenn diese für die rechtsverletzende Tätigkeiten genutzte Dienstleistungen erbrachten, wobei auch hier die **Verhältnismäßigkeit der Inanspruchnahme** gewahrt sein muss (§ 101 Abs. 4 UrhG). Dabei setzt allerdings ein Anspruch auf Auskunft gegen eine Person, die für rechtsverletzende Tätigkeiten genutzte Dienstleistungen erbracht hat, nur voraus, dass diese Dienstleistungen in gewerblichem Ausmaß erfolgten, **nicht dagegen, dass auch die rechtsverletzenden Tätigkeiten selbst ein nach dem Urheberrechtsgesetz geschütztes Recht in gewerblichem Ausmaß verletzt haben**.[108] Nach Auffassung des BGH widerspräche es dem Ziel des Gesetzes, Rechtsverletzungen vor allem im Internet wirksam zu bekämpfen, wenn die Hauptansprüche auf Unterlassung und Schadensersatz nur bei einer Rechtsverletzung in gewerblichem Ausmaß durchgesetzt werden könnten. Das gewerbliche Ausmaß der Rechtsverletzung könne deshalb nicht Voraussetzung des Anspruchs aus Abs. 2 der Vorschrift sein.[109]

Kann die Auskunft nur unter Verwendung von Verkehrsdaten (also Daten, die bei der Erbringung eines Telekommunikationsdienstes erhoben, verarbeitet oder genutzt werden, vgl. § 3 Nr. 30 des TKG) erteilt werden, ist für ihre Erteilung eine **vorherige richterliche Anordnung** über die Zulässigkeit der Verwendung der Verkehrsdaten erforderlich, die von dem Verletzten zu beantragen ist und mit einer **Beschwerde** angefochten werden kann (§ 101 Abs. 9 UrhG).[110] Dadurch wird der Internetprovider oder das Telekommuni-

---

[104] OLG Köln, GRUR-RR 2012, 70; OLG Köln, GRUR-RR 2011, 85.
[105] OLG Köln, GRUR-RR 2011, 85; OLG Köln, BeckRS 2009, 27119; OLG Köln, MMR 2010, 421; OLG Köln, BeckRS 2011, 02929.
[106] OLG München, GRUR-RR 2012, 68.
[107] OLGR Zweibrücken, 2009, 656; OLG Oldenburg, K&R 2009, 51.
[108] BGH, GRUR 2012, 1026 – Alles kann besser werden; BGH, ZUM 2013, 38 Rn. 11 – Two Worlds II.
[109] BGH, GRUR 2012, 1026 Rn. 23 – Alles kann besser werden.
[110] Vgl. OLG Karlsruhe, GRUR-RR 2009, 379.

kationsunternehmen von der Prüfung entlastet, ob die Voraussetzungen der Verwendung von Verkehrsdaten und einer offensichtlichen Rechtsverletzung vorliegen.[111]

Für den Erlass dieser Anordnung ist das Landgericht, in dessen Bezirk der zur Auskunft Verpflichtete seinen Wohnsitz, seinen Sitz oder eine Niederlassung hat, ohne Rücksicht auf den Streitwert ausschließlich zuständig, wobei die Vorschriften der Freiwilligen Gerichtsbarkeit nach dem FamFG entsprechend gelten. Von großer Bedeutung ist der mit dem Hauptantrag häufig verbundene Antrag auf Erlass einer einstweiligen Anordnung gem. § 49 FamFG. Dadurch kann der Antragsteller verhindern, dass der Auskunftsanspruch durch die Löschung der Daten bis zur endgültigen Entscheidung vereitelt wird. Die Kosten der richterlichen Anordnung trägt zunächst der Verletzte, welche sich gem. § 128e KostO auf 200 Euro belaufen. Allerdings können diese Kosten später als Schaden gegenüber dem Verletzer geltend gemacht werden.[112]

Hierbei ist davon auszugehen, dass die Geltendmachung der Rechtsverletzung hinsichtlich einer Vielzahl unterschiedlicher Werke in einer einzigen Antragsschrift gebührenrechtlich als mehrere Anträge mit jeweils gesonderter Gebühr anzusehen ist.[113]

Neben § 101 UrhG kommt für den Rechteinhaber auch in Betracht, Strafanzeige gegen Unbekannt, beispielsweise wegen unerlaubter Verwertung geschützter Tonaufnahmen im Internet gemäß §§ 108, 77, 78 Nr. 1, 85, 16, 19a UrhG zu erstatten und durch **Akteneinsicht nach § 406e StPO** die von der Staatsanwaltschaft eingeholte Auskunft über die Bestandsdaten zu der genannten IP-Adresse in Erfahrung zu bringen. Unter welchen Voraussetzungen ein dazu erforderliches berechtigtes Interesse auf die Gewährung von Akteneinsicht gegeben ist, wird nach wie vor unterschiedlich beurteilt. Während es einerseits nicht Aufgabe der Strafverfolgungsbehörden sein kann, die Geltendmachung bloßer zivilrechtlicher Ansprüche, ohne dass auch eine Straftat nachweisbar wäre, zu ermöglichen, wird auch vertreten, dass zivilrechtliche Ansprüche aus § 101 UrhG alleine keinen ausreichenden Schutz böten um dem Interesse des Verletzten gerecht zu werden.[114]

---

[111] OLG Düsseldorf, ZUM-RD 2013, 330.
[112] BGH, GRUR 2014, 1239.
[113] OLG Karlsruhe, GRUR-RR 2012, 230 – Kosten der IP-Abfrage; OLG Düsseldorf, MMR 2009, 476; a. A. OLG München, GRUR 2011, 230 – IP Daten-Gebühr; OLG Frankfurt, MMR 2009, 551; OLG Karlsruhe, WRP 2009, 335; OLG München ZUM 2011, 75.
[114] Vgl. LG München, NStZ 2010, 110; LG Darmstadt NStZ 2010, 111; LG München, K&R 2008, 472 einerseits und LG Saarbrücken, MMR 2009, 639 andererseits.

6.1 Datenschutz im Internet

Schrifttum

Ernst, Social Plugins: Der „Like-Button" als datenschutzrechtliches Problem, NJOZ 2010, 1917; *Fetzer*, Internet und Datenschutz im Telemediengesetz, DRiZ 2007, 206; *Freund/Schnabel*, Bedeutet IPv6 das Ende der Anonymität im Internet? Technische Grundlagen und rechtliche Beurteilung des neuen Internet-Protokolls, MMR 2011, 495; *Gennen/Kremer*, Social Networks und der Datenschutz, ITRB 2011, 59; *Gerlach*, Personenbezug von IP-Adressen, CR 2013, 478; *Härting*, Anonymität und Pseudonymität im Datenschutzrecht, NJW 2013, 2065; *ders.*, Praxisfolgen der BVerfG-Rechtsprechung zu Onlinedurchsuchung und Vorratsdatenspeicherung, ITRB 2009, 35; *Jandt/Laue*, Profilbildung bei Location Based Services, K&R 2006, 316; *Kirchberg-Lennartz/Weber*, Ist die IP-Adresse ein personenbezogenes Datum, DuD 2010, 479; *Knopp*, Datenschutzherausforderung Webtracking, DuD 2010, 783; *Krüger/Maucher*, Ist die IP-Adresse wirklich ein personenbezogenes Datum? Ein falscher Trend mit großen Auswirkungen auf die Praxis, MMR 2011, 433; *Kühling/Klar*, Unsicherheitsfaktor Datenschutzrecht – Das Beispiel des Personenbezugs und der Anonymität, NJW 2013, 3611; *Lienemann*, What's the Way the Cookie Crumbles?, K&R 2011, 609; *Lober/Falker*, Datenschutz bei mobilen Endgeräten – Roadmap für App-Anbieter, K&R 2013, 357; *Lundevall/Tranvik*, Was sind personenbezogene Daten? Die Kontroverse um IP-Adressen, ZD-Aktuell 2012, 03004; *Merati-Kashani*, Der Datenschutz im E-Commerce, 2005; *Maisch*, Nutzertracking im Internet, ITRB 2011, 13; *Meyer*, Cookies & Co. – Datenschutz und Wettbewerbsrecht, WRP 2002, 1028; *Meyerdierks*, Sind IP-Adressen personenbezogene Daten?, MMR 2009, 8; *ders.*, Personenbeziehbarkeit statischer IP-Adressen – Datenschutzrechtliche Einordnung der Verarbeitung durch Betreiber von Webseiten, MMR 2013, 705; *Moos*, Unzulässiger Handel mit Persönlichkeitsprofilen? – Erstellung und Vermarktung kommerzieller Datenbanken mit Personenbezug, MMR 2006, 718; *Nietsch*, Datenschutzrechtliches Gebot zur Vergabe dynamischer IP-Adressen im IPv6, CR 2011, 763; *Nink*, Rechtliche Rahmenbedingungen von Serviceorientierten Architekturen mit Web Services, 2010; *Ohrtmann/Schwiering*, Big Data und Datenschutz – Rechtliche Herausforderungen und Lösungsansätze, NJW 2014, 2984; *Pahlen-Brandt*, Zur Personenbezogenheit von IP-Adressen, K&R 2008, 288; *Piltz*, Soziale Netzwerke im Internet – Eine Gefahr für das Persönlichkeitsrecht?, Berlin 2012; *ders.*, Der Like-Button von Facebook, CR 2011, 657; *Räther/Seitz*, Übermittlung personenbezogener Daten in Drittstaaten – Angemessenheitsklausel, Safe Harbor und die Einwilligung, MMR 2002, 425; *Schaar*, Datenschutz bei Web-Services, RDV

2003, 59; *Schmidtmann/Schwiering*, Datenschutzrechtliche Rahmenbedingungen bei Smart-TV-Zulässigkeit von HbbTV-Applikationen, ZD 2014, 448; *Schneider*, WhatsApp & Co – Dilemma um anwendbare Datenschutzvorschriften, ZD 2014, 231; *Spindler*, Persönlichkeitsschutz im Internet – Anforderungen und Grenzen einer Regulierung, Gutachten F zum 69. Deutschen Juristentag (DJT), München 2012; *Steidle*, Datenschutz bei Location Based Services im Unternehmen, MMR 2009, 167; *Stiemerling/Lachenmann*, Erhebung personenbezogener Daten beim Aufruf von Webseiten – Notwendige Informationen in Datenschutzerklärungen, ZD 2014, 133; *Voigt*, Datenschutz bei Google, MMR 2009, 377; *Woitke*, Web-Bugs – Nur lästiges Ungeziefer oder datenschutzrechtliche Bedrohung, MMR 2003, 310.

6.1.1 Recht auf informationelle Selbstbestimmung und Gewährleistung der Vertraulichkeit und Integrität informationstechnischer Systeme

Ausgangspunkt des Daten- und Persönlichkeitsschutz im Internet bildet das Recht auf informationelle Selbstbestimmung, dass 1983 vom BVerfG im so genannten **Volkszählungsurteil** aus Art. 2 Abs. 1 i. V. m. Art. 1 Abs. 1 GG abgeleitet wurde.[1] Davon umfasst ist das Recht, grundsätzlich selbst über die Preisgabe und Verwendung seiner persönlichen Daten zu bestimmen und zu wissen, „wer, was, wann und bei welcher Gelegenheit" über die eigene Person weiß. Es erschöpft sich nicht in der Funktion des Abwehrrechts des Bürgers gegen den Staat, sondern entfaltet als Grundrecht Drittwirkung und beeinflusst hierdurch auch die **Werteordnung des Privatrechts**.[2]

Mit dem Recht auf informationelle Selbstbestimmung ist es unvereinbar, den Menschen zwangsweise in seiner Persönlichkeit zu registrieren und zu katalogisieren und ihn durch eine Totalabbildung zum bloßen Objekt zu degradieren. Dabei ermöglichen vor allem die modernen Informations- und Kommunikationstechniken, immer größere und detailreichere Datenmengen aus vielfältigen verschiedenen Quellen zu erheben und nahezu in Echtzeit auszuwerten. Gleichzeitig sind Internetnutzer zunehmend bereit, persönliche Informationen, beispielsweise im geschäftlichen Verkehr oder in so genannten sozialen Netzwerken, preiszugeben. Hinzu kommt, dass durch die Kombination verschiedener Datenbestände qualitativ neue und umfassende Rückschlüsse – beispielsweise auf die Lebensgewohnheiten einer Person – gezogen werden können („**Personenprofile**"). Ganze Marketingabteilungen und sogenannte „Data Mining-" bzw. „Data Warehousing-Unternehmen" beschäftigen sich einzig mit dem systematischen Sammeln und Auswerten von Informationen über Konsumverhalten, Bonität oder sonstige persönliche Sachverhalte. „**Big Data**" kann Unternehmen helfen, Werbung und Leistungen gezielt anzupassen, Marktpotentiale und Kundenverhalten besser einzuschätzen und Risiken und Gefahren besser zu begegnen.

---

[1] BVerfGE 65, 1, 42.
[2] BGH, MMR 2009, 608 – spickmich.de.

Allerdings wird das Recht auf informationelle Selbstbestimmung nicht unbeschränkt gewährleistet. Nach dem BVerfG können personenbezogene Informationen als Abbild sozialer Realität nicht ausschließlich dem Betroffenen allein zugeordnet sein, so dass dieser eine Einschränkung, unter Beachtung des Grundsatzes der Verhältnismäßigkeit, im überwiegenden Allgemeininteresse hinnehmen muss.[3] Einschränkungen bedürfen aber nach Art. 2 Abs. 1 GG einer gesetzlichen Grundlage, wie sie insbesondere im **Telemediengesetz (TMG)** und im **Bundesdatenschutzgesetz (BDSG)** zu finden sind.

Das deutsche Datenschutzrecht ist durch verschiedene Richtlinien der Europäischen Union geprägt worden, insbesondere die Richtlinie 95/46/EG zum Schutz natürlicher Personen bei der Verarbeitung personenbezogener Daten und zum freien Datenverkehr (Datenschutzrichtlinie), die durch die Richtlinie 2002/58/EG (Datenschutzrichtlinie für elektronische Kommunikation) ergänzt wurde. Allerdings sollen die genannten Richtlinien durch die geplante **Datenschutz-Grundverordnung**[4] ersetzt und die für die Verarbeitung von personenbezogenen Daten durch private Unternehmen und öffentliche Stellen geltenden Regeln EU-weit noch weiter vereinheitlicht werden. Im Gegensatz zu den genannten Richtlinien, die von den EU-Mitgliedsstaaten in nationales Recht umgesetzt werden mussten, wird die Datenschutz-Grundverordnung ohne Umsetzungsakt *unmittelbar* in allen EU-Mitgliedsstaaten gelten.

Zudem hat das BVerfG aus Anlass der verfassungsrechtlichen Überprüfung des heimlichen Zugriffs auf informationstechnische Systeme (Online-Durchsuchungen) festgestellt, dass das allgemeine Persönlichkeitsrecht (Art. 2 Abs. 1 i. V. m. Art. 1 Abs. 1 GG) auch das Grundrecht auf **Gewährleistung der Vertraulichkeit und Integrität informationstechnischer Systeme** umfasst.[5] Geschützt ist zunächst das Interesse des Nutzers, dass die von einem vom Schutzbereich erfassten informationstechnischen System erzeugten, verarbeiteten und gespeicherten Daten **vertraulich bleiben**. Ein Eingriff in dieses Grundrecht ist zudem dann anzunehmen, wenn die Integrität des geschützten informationstechnischen Systems angetastet wird, indem auf das System so zugegriffen wird, dass dessen Leistungen, Funktionen und Speicherinhalte durch Dritte genutzt werden können.

Damit ist die **heimliche Infiltration eines informationstechnischen Systems**, mittels derer die Nutzung des Systems überwacht und seine Speichermedien ausgelesen werden können, verfassungsrechtlich nur zulässig, wenn tatsächliche Anhaltspunkte einer konkreten Gefahr für ein überragend wichtiges Rechtsgut bestehen. Überragend wichtig sind Leib, Leben und Freiheit der Person oder solche Güter der Allgemeinheit, deren Bedrohung die Grundlagen oder den Bestand des Staates oder die Grundlagen der Existenz der Menschen berührt. Die Maßnahme kann schon dann gerechtfertigt sein, wenn sich noch nicht mit hinreichender Wahrscheinlichkeit feststellen lässt, dass die Gefahr in näherer Zukunft eintritt, sofern bestimmte Tatsachen auf eine im Einzelfall durch bestimmte Per-

---

[3] BVerfGE 65, 1, 41.

[4] Legislative Entschließung des Europäischen Parlaments vom 12.3.2014 zu dem Vorschlag für eine Verordnung des Europäischen Parlamentes und Rates zum Schutz natürlicher Personen bei der Verarbeitung personenbezogener Daten und zum freien Datenverkehr (allg. Datenschutzverordnung), COM (2012) 0011 – C7–0025/2012 –2012/0011(COD).

[5] BVerfG, MMR 2008, 315.

sonen drohende Gefahr für das überragend wichtige Rechtsgut hinweisen. Allerdings ist die heimliche Infiltration eines informationstechnischen Systems grundsätzlich unter den Vorbehalt **richterlicher Anordnung** zu stellen. Das Gesetz, das zu einem solchen Eingriff ermächtigt, muss Vorkehrungen enthalten, um den Kernbereich privater Lebensgestaltung zu schützen. Im Übrigen stellt das heimliche Aufklären des Internet auch einen Eingriff in Art. 10 Abs. 1 GG dar, wenn der Staat zugangsgesicherte Kommunikationsinhalte ohne oder gegen den Willen der Kommunikationsbeteiligten überwacht.

6.1.2 Erhebung und Verarbeitung personenbezogener Daten nach dem TMG

6.1.2.1 Anwendungsbereich des TMG

Im Telemediengesetz (TMG) ist die Frage geregelt, inwieweit personenbezogene Daten zur Bereitstellung von Telemedien erhoben und verwendet werden dürfen. Die datenschutzrechtlichen Bestimmungen des TMG verdrängen als spezialgesetzliche Regelungen die allgemeinen Bestimmungen des Bundesdatenschutzgesetzes (BDSG, vgl. § 1 Abs. 3 BDSG). Das BDSG findet daher nur Anwendung, soweit im TMG keine speziellen Regelungen bestehen.

Normadressaten des TMG sind **Diensteanbieter**, die eigene oder fremde elektronische Informations- und Kommunikationsdienste zur Nutzung bereithalten oder den Zugang zur Nutzung vermitteln, wobei unerheblich ist, ob für die Nutzung ein Entgelt verlangt wird. Da auch Internetseiten Telemedien i. S. d. TMG darstellen, finden die datenschutzrechtlichen Vorschriften des TMG insbesondere Anwendung auf die **Bereitstellung** von Diensten, die auf **Internetseiten** angeboten werden, wie z. B. **Online-Shops, Internetportale, Chatrooms oder Internetsuchmaschinen**.

Nicht als Dienstanbieter i. d. S. wird man Betreiber von Seiten, innerhalb eines **sozialen Netzwerks, wie etwa bei Facebook** oder XING ansehen können.[6] Denn die Tätigkeit der Betreiber solcher Seiten erschöpft sich regelmäßig in der inhaltlichen Gestaltung der Seite. Unternehmen, die bei Facebook ein eigenes Unternehmens-Profil betreiben, sind daher nicht für mögliche datenschutzrechtliche Verstöße durch Facebook verantwortlich, da die Entscheidung über die Datenverarbeitung oder -verwendung letztlich bei diesem Seitenbetreiber liegt. Eine bloße „Veranlassung" ist nicht ausreichend.

Allerdings regelt das TMG nach dessen § 12 die datenschutzrechtlichen Belange der Internetnutzer ausdrücklich nur soweit es um die Datenerhebung **zur** *Bereitstellung* **von Telemedien** geht. Daher sollen die Regelungen des TMG zum Datenschutz nach nahezu einhelliger Auffassung nicht für sogenannte **Inhaltsdaten** gelten, die zwar unter Verwendung eines Telemediendienstes erhoben oder übermittelt werden, die aber anschließend **einem anderen Zweck ohne Telemedienbezug** dienen. Für sie sollen ausschließlich die

---

[6] Vgl. VG Schleswig-Holstein, K&R 2013, 824, 826.

Regelungen des **Bundesdatenschutzgesetzes (BDSG)**, wie insbesondere §§ 27 ff. BDSG, Anwendung finden.[7] Es erscheint zwar durchaus bemerkenswert, dass bei einem Onlineshop zwar die Daten der Registrierung dem TMG unterfallen sollen, nicht aber die weiteren Daten des Online-Kaufes, die für den eigentlichen Zweck des Onlinedienstes ebenfalls erforderlich sind (und ohne die auch die Daten der Registrierung in aller Regel nicht ihrem Zweck entsprechend verwendet werden könnten). Allerdings lässt auch der enge Wortlaut der Regelungen in § 14 TMG (Bestandsdaten, die für ein Vertragsverhältnisses *über die Nutzung von Telemedien* erforderlich sind) und § 15 TMG (Nutzerdaten, die erforderlich sind, die Inanspruchnahme von Telemedien zu ermöglichen *und* abzurechnen) in der Tat nur den Schluss zu, dass das TMG für die Erhebung und Verarbeitung sonstiger Daten nicht gelten soll.

Beispiele

Dementsprechend sind bei einem **Onlineshop** nur Daten, die bei der *Registrierung* für die Nutzung der Plattform erforderlich sind, nach dem TMG zu beurteilen, da es sich dabei um Daten für die Nutzung des Telemediendienstes *als solchen* handelt. Gleiches gilt für die Daten, die anfallen, wenn ein Nutzer einen **Onlineshop** nach für ihn passenden Angeboten durchsucht. Bestellt er jedoch eine Ware und hinterlässt die für die Bestellabwicklung notwendigen Daten, so bestimmt sich deren Erhebung, Verarbeitung und Nutzung nach dem BDSG, weil das Rechtsverhältnis außerhalb des Internet abgewickelt wird. Entsprechend soll auch das Ausfüllen von Online-Kontaktformularen nicht unter das TMG, sondern unter das BDSG fallen.[8] Die Bereitstellung des Online-Formulars stelle zwar einen Telemediendienst zur Übermittlung von Daten dar. Allerdings dienten die eingegebenen Daten nicht der Übermittlung (und daher nicht dem Online-Formular), sondern der Erfüllung des durch den Telemediendienst ermöglichten Vertragsverhältnisses. Gleiches wird auch für die **Angaben zur Person eines Lehrers auf einer Internetplattform** angenommen, genauso wie für Daten, die bei einem elektronischen Registrierungsvorgang für die Begründung einer Clubmitgliedschaft erhoben werden.[9]

Keine Anwendung findet das TMG schließlich für **reine Telekommunikationsdienste** nach § 3 Nr. 24 des TKG, die ganz in der Übertragung von Signalen über Telekommunikationsnetze bestehen sowie für telekommunikationsgestützte Dienste nach § 3 Nr. 25 des TKG oder für Rundfunk nach § 2 des RStV. Da das TMG somit nicht den Bereich der Übertragung (Telekommunikation) betrifft, muss sich die elektronische Erbringung von Diensten auf die **Bereitstellung der Inhalte** für den Dienst beziehen. Reine Telekommunikationsdienstanbieter sind so genannte „**Internet-Access-Provider**", die nur

---

[7] Siehe hierzu *Weichert*, DuD 2009, 1; *Imhof*, CR 2000, 110, 113 ff.; *Karg/Fahl*, K&R 2011, 453, 458; *Schmidtmann/Schwiering*, ZD 2014, 448, 450; Spindler/Schuster/*Spindler/Nink*, Recht der elektronischen Medien, § 15 TMG Rn. 3.

[8] *Weichert*, DuD 2009, 1 m. w. N.

[9] BGH, NJW 2009, 2888 – spickmich.de; OLG Frankfurt, GRUR 2005, 785.

die Erreichbarkeit eines Peeringpunktes mit dem Internet herstellen und die keinerlei Inhalt anbieten, aufbereiten oder aussuchen. Nicht anwendbar sind die datenschutzrechtlichen Vorschriften des TMG ferner für Dienste, die im Dienst- und Arbeitsverhältnis zu ausschließlich beruflichen oder dienstlichen Zwecken oder innerhalb von oder zwischen Stellen ausschließlich zur Steuerung von Arbeits- oder Geschäftsprozessen erfolgen (§ 11 Abs. 1 TMG).

6.1.2.2 Personenbezogene Daten

Dem datenschutzrechtlichen Regime unterfallen grundsätzlich nur personenbezogene Daten. Da das TMG keine Definition dieses Begriffs enthält, ist auf § 3 Abs. 1 BDSG zurückzugreifen. Demnach sind unter personenbezogene Daten **alle Einzelangaben über persönliche oder sachliche Verhältnisse einer bestimmten oder bestimmbaren natürlichen Person** zu verstehen. Bestimmt bzw. bestimmbar sind solche Daten, die mit dem Namen des Betroffenen verbunden sind oder zu denen sich ein Bezug ohne unverhältnismäßigen Aufwand unmittelbar herstellen lässt. Lassen sich Daten nicht direkt einer bestimmten Person zuordnen, so liegt nur dann ein Personenbezug vor, wenn die Person bestimmbar ist. Umstritten ist aber, ob eine Person auch dann „**bestimmbar**" ist, wenn sie nur indirekt identifiziert werden kann, insbesondere durch Zuordnung zu einer Kennung wie einem Namen, zu einer Kennnummer, zu Standortdaten oder zu einem oder mehreren spezifischen Elementen, die Ausdruck der physischen, physiologischen, genetischen, psychischen, wirtschaftlichen, kulturellen, sozialen oder geschlechtlichen Identität dieser Person sind.[10] Für die Beurteilung der Bestimmbarkeit müssen jedenfalls alle Kenntnisse, Mittel und Möglichkeiten berücksichtigt werden, die nach allgemeinem Ermessen aller Voraussicht nach zum Identifizieren genutzt werden, wie insbesondere etwaige Kosten, Zeitaufwand und die aller Wahrscheinlichkeit nach künftig zur Verfügung stehenden Technologien.[11] Während einerseits davon ausgegangen wird, dass es dabei nur auf die tatsächlichen Kenntnisse, Mittel und Möglichkeiten **der speichernden Stelle** ankomme („relative Beurteilung des Personenbezugs"),[12] vertreten andere, dass bereits die **theoretische Möglichkeit der Bestimmbarkeit** einer Person genügen soll („objektive Bestimmung des Personenbezugs").[13] Zu berücksichtigen ist aber, dass die bloße theoretische Möglichkeit der Bestimmbarkeit nahezu immer gegeben sein dürfte, was zur Konsequenz hätte, dass jedes Datum, bei dem auch nur irgendein beliebiger Dritter die dahinter stehende Person durch Zusatzwissen bestimmen könnte, für jede speichernde Stelle ein personenbezogenes Datum darstellen würde. Das Genügenlassen einer lediglich abstrakten und auch künftige vage Entwicklungsaussichten mitberücksichtigenden Gefahr, würde die Datenerhebung und -verarbeitung auf diese Weise nahezu unmöglich

---

[10] Vgl. hierzu Gola/Schomerus/*Gola/Klug/Körffer*, BDSG, § 3 Rn. 10; Simitis/*Dammann*, BDSG, § 3 Rn. 32 ff.; *Härting*, NJW 2013, 2065, 2066.

[11] Vgl. auch Art. 4 des Vorschlags einer europäischen Datenschutzgrundverordnung vom 12.3.2014.

[12] Siehe *Gola/Schomerus*, BDSG, § 3 Rn. 10; *Plath/Schreiber*, BDSG, § 3 Rn. 14; *Roßnagel/Scholz*, MMR 2000, 721, 723; *Schefzig*, K&R 2014, 772, 773 ff.

[13] *Pahlen/Brandt*, DuD 2008, 34, 36 ff.

machen. Zu bedenken ist außerdem, dass auch Erwägungsgrund 26 der Datenschutzrichtlinie (RL 95/46/EG) nur von Mitteln spricht, die „*vernünftigerweise*" eingesetzt werden
können, um die betreffende Person zu bestimmen. Wollte man anders entscheiden, ergä-
ben sich kaum aufzulösende Schwierigkeiten, weil die verarbeitende Stelle ohne das ihr
zugerechnete Zusatzwissen von dritten Stellen (noch) gar nicht wissen kann, wer bei Ausübung etwaiger Auskunftsrechte als Betroffener anzusehen ist. Zudem bestünde dann auch
kein Anreiz mehr, auf die Erhebung mit konkretem Personenbezug zu verzichten und die
Datenerhebung auf andere Daten zu beschränken, weil ohnehin nahezu sämtlichen Daten
Personenbezug zugesprochen werden müsste.[14] Erforderlich ist daher eine hinreichend
konkrete Gefahr der Bestimmbarkeit. Die Beurteilung des Personenbezugs kann daher
richtigerweise immer nur in Bezug zu dem Datenverwender erfolgen, dem gerade nicht
alle theoretisch denkbaren Mittel zur Verfügung stehen. Zu berücksichtigen ist aber auf
der anderen Seite auch, dass das Gesetz ausdrücklich zwischen bestimmten und bestimmbaren Daten unterscheidet und sich der Datenverwender nicht dadurch den Vorgaben des
Datenschutzes entledigen kann, dass er die Mittel, die zur Bestimmung des Personenbezugs erforderlich sind, nicht in den eigenen Händen hält, aber durch Zusatzwissen von
kooperierenden Stellen unschwer erhalten kann. Abzustellen ist also auf die **jedenfalls
nicht fernliegende und konkret gegebene Möglichkeit** des Datenverwenders, den Personenbezug gegebenenfalls unter Mitwirkung anderer Stellen herzustellen.

Fraglich ist insbesondere, ob auch **dynamische IP-Adressen** personenbezogene Daten darstellen. Dynamische IP-Adressen werden vom Access-Provider bei der Einwahl
ins Internet zeitlich auf die jeweilige Session begrenzt vergeben. Nach der Trennung
der Verbindung steht diese dem Access-Provider wieder zur Vergabe an andere Internetnutzer zur Verfügung. Eine IP-Adresse stellt sich daher zumindest für denjenigen als
personenbezogen dar, der – wie der Access-Provider – den sich hinter der IP-Adresse
verbergenden Nutzer identifizieren kann. Hinzu kommt, dass eine Identifizierung nicht
selten auch durch weitere Mittel möglich ist, beispielsweise, wenn sich der Nutzer bei
dem Anbieter während der Nutzung mit einer ihn identifizierenden Kennung zu erkennen geben muss. Demgegenüber wird hinsichtlich des einfachen Internetseitenbetreibers
vertreten, dass dieser aufgrund der datenschutzrechtlichen Unzulässigkeit der Weitergabe
des hinter der IP-Adresse stehenden Nutzers durch den Access-Provider (vgl. § 113b S. 1
TKG) keinen Personenbezug herstellen könne.

Der BGH hat die Streitfrage bzgl. des Personenbezugs der IP-Adresse inzwischen
dem EuGH vorgelegt.[15] Entscheidende Bedeutung hat der Personenbezug der IP-Adressen nicht nur für die Frage, wie lange bzw. unter welchen Voraussetzungen **Provider** IP-
Adressen speichern dürfen, sondern auch für so genannte **Cookies** und sonstige Verfahren (**Web Analytics**, **Web Controlling**, **Web-Bugs** oder auch **Webtracking**), mit denen
Einstellungen auf einer Internetseite sowie Interessen und das Surfverhalten des Nutzers
verfolgt und gespeichert werden können und für welche in aller Regel erst in Kombinati-

---

[14] Vgl. *Schefzig*, K&R 2014, 772, 773 ff.
[15] BGH, GRUR 2015, 192.

on mit der IP-Adresse ein Personenbezug hergestellt werden kann. Sieht man IP-Adressen als personenbezogenen Daten, wäre die Erhebung und Verwendung der IP-Adresse ohne Einwilligung des Internetnutzers datenschutzwidrig und somit auch die Verwendung von Analyse-Tools unzulässig, sofern sie die IP-Adresse erfassen. Ähnliche Fragen stellen sich ferner für Verfahren, mit denen eine Gerätekennziffer, wie etwa von einem Smartphone, ausgelesen wird, für die von anderer Seite auch der Name des Nutzers erhoben wurde.

6.1.2.3   Verbot mit Erlaubnisvorbehalt (§ 12 TMG)

Gem. § 12 Abs. 1, 2 TMG darf der Diensteanbieter personenbezogene Daten *zur Bereit-stellung* von Telemedien nur erheben und verwenden, wenn das TMG oder eine andere Rechtsvorschrift, die sich ausdrücklich auf Telemedien bezieht, es **erlaubt oder der Nut-zer eingewilligt** hat. Gesetzliche Erlaubnistatbestände sind insbesondere jene aus §§ 14 und 15 TMG zur Verarbeitung von Bestands-, Nutzungs- und Abrechnungsdaten. Sons-tige Erlaubnistatbestände außerhalb des TMG kommen wegen dessen Vorrangigkeit nur hinsichtlich solcher Daten in Betracht, die nicht im Zusammenhang mit der Durchfüh-rung der Telemediendienste erhoben oder verwendet werden. Die Erlaubnis ist dabei strikt zweckbezogen und erstreckt sich nicht auch auf andere Zwecke, die von der Einwilligung oder dem Erlaubnistatbestand nicht gedeckt sind. Bezieht sich der Dienst beispielswei-se auf die Ermöglichung eines Internetzugangs oder auf ein Internet-Auktionshaus, so dürfen die dabei erhobenen personenbezogenen Daten nur für die damit unmittelbar im Zusammenhang stehenden Zwecke verwendet werden. Eine Speicherung außerhalb des ursprünglichen Zweckes oder eine **Vorratsdatenspeicherung** ist nur in den Fällen ei-nes gesonderten Erlaubnistatbestandes bzw. bei einer gesonderten Einwilligung möglich. Durch dieses so genannte **Zweckbindungsgebot** soll sichergestellt werden, dass die Er-hebung, Verarbeitung und Nutzung der Daten rekonstruierbar und kontrollierbar bleibt. Vorsätzliche oder fahrlässige Verstöße werden nach den §§ 43 und 44 BDSG mit Bußgel-dern (bis zu 300.000 Euro, bzw. mehr bei höherem wirtschaftlichen Vorteil, den der Täter aus der Ordnungswidrigkeit gezogen hat), Freiheits- oder Geldstrafe geahndet.

Soweit durch das Datenschutzrecht auch marktbezogene Verbraucherinteressen geregelt werden, wie dies etwa bei Vorschriften der Fall ist, die bei der Datenerhebung und -verwendung im Zusam-menhang mit der Anbahnung, dem Abschluss und der Durchführung von Verträgen zu beachten sind, kommen bei einem Verstoß nach der Rechtsprechung ferner nach §§ 3, 4 Nr. 11 UWG lauter-keitsrechtliche Ansprüche seitens der Mitbewerber und der klagebefugten Verbände in Betracht.[16]

(1.) Einwilligung

Die Form der Einwilligung richtet sich nach § 4a BDSG und bedarf wegen ihrer Warn- und Beweisfunktion grundsätzlich der **Schriftform**.[17] Gemäß § 13 Abs. 2–3 TMG kann

---

[16] OLG Hamburg, WRP 2013, 1203; OLG Köln, GRUR-RR 2010, 34, 35; OLG Karlsruhe, GRUR-RR 2012, 396, 399; *Linsenbarth/Schiller*, WRP 2013, 578, 580; *Köhler*/Bornkamm, UWG, § 4 Rn. 11.42; a. A. *Ohly*/Sosnitza, UWG, § 4 Rn. 11/79.

[17] Vgl. dazu Spindler/Schuster/*Spindler/Nink*, Recht der elektronischen Medien, § 4a BDSG Rn. 6 ff.

die Einwilligung aber auch in **elektronischer Form**, unter den dort genannten Voraussetzungen erfolgen. Der Diensteanbieter muss sicherstellen, dass (1.) der Nutzer seine Einwilligung bewusst und eindeutig erteilt hat, (2.) die Einwilligung protokolliert wird, (3.) der Nutzer den Inhalt der Einwilligung jederzeit abrufen kann und (4.) der Nutzer die Einwilligung jederzeit mit Wirkung für die Zukunft widerrufen kann, worauf der Nutzer hinzuweisen ist. Nach § 4a Abs. 1 S. 2 BDSG ist der Nutzer außerdem auf den vorgesehenen Zweck der Erhebung, Verarbeitung oder Nutzung sowie, soweit nach den Umständen des Einzelfalles erforderlich oder auf Verlangen, auf die Folgen der Verweigerung der Einwilligung hinzuweisen. Zu beachten ist ferner, dass vorformulierte Einwilligungserklärungen der Inhaltskontrolle des § 307 BGB unterliegen.[18]

Darüber hinaus ist das in § 28 Abs. 3b BDSG geregelte und über § 12 Abs. 3 TMG auch für Telemediendienste geltende **Kopplungsverbot** zu beachten. Danach darf der Abschluss eines Vertrags nicht von einer Einwilligung des Betroffenen zur Erhebung und Nutzung von personenbezogenen Daten abhängig gemacht werden, wenn dem Betroffenen ein anderer Zugang zu gleichwertigen vertraglichen Leistungen ohne die Einwilligung nicht oder nicht in zumutbarer Weise möglich ist. Eine unter solchen Umständen erteilte Einwilligung ist unwirksam. Das Koppelungsverbot soll die freie und eigenständige Willensbetätigung des Nutzers bei der Einwilligung gewährleisten und einen Zwang zur Einwilligung in die Datenverwendung verhindern.

Schließlich ist zu beachten, dass die Einwilligung nicht auf einen rechtsgeschäftlichen Erfolg zielt, sondern einen sog. Realakt darstellt. Dies hat zu Konsequenz, dass auch **Minderjährige**, sofern sie über die nötige Einsichtsfähigkeit verfügen, in die Datenverarbeitung einwilligen können.[19]

(2.) Einwilligung für „Cookies" nach der „Cookie-Richtlinie"

Cookies sind kleine Datenpakete, die auf der Festplatte des Nutzers abgelegt werden. Bei einem erneuten Aufsuchen des Web-Servers des Anbieters werden diese Datenpakete, sofern der Cookie eine über den einmaligen Besuch hinausgehende Lebensdauer hat, wieder an den Anbieter zurückgesandt. Damit können die Daten also einem Profil zugeordnet werden, wodurch sich unter Umständen ein Personenbezug herstellen lässt. Eine typische Anwendung von Cookies ist das Speichern persönlicher Einstellungen auf Internetseiten. So kann z. B. der Kunde eines Online-Shops Artikel in den Einkaufskorb legen und sich weiter auf der Webseite umschauen. Die Artikel-Kennungen werden in einem Cookie gespeichert und erst beim Bestellvorgang serverseitig ausgewertet. Für diese Cookies kann vorgesehen sein, dass sie nach Erfüllung ihres Zwecks (wie z. B. nach Abschluss des Kaufvorgangs) gelöscht (temporäre Cookies), oder dauerhaft bzw. für einen längeren Zeitraum gespeichert werden (permanente Cookies).

---

[18] BGH, NJW 2000, 2677 – Telefonwerbung VI.
[19] Spindler/Schuster/*Spindler/Nink*, Recht der elektronischen Medien, § 4 a BDSG Rn. 4; Gola/Schomerus/*Klug/Körffer*, BDSG, § 4a Rn. 10; § 4 BDSG Rn. 8; *Zscherpe*, MMR 2004, 724.

Soweit mit sog. „Cookies" personenbezogene Daten erhoben oder verwendet werden, ist dafür ohne Frage eine Einwilligung bzw. ein gesetzlicher Erlaubnistatbestand erforderlich. Die gängigen Internetbrowser haben werkseitig die Grundeinstellung, dass Cookies vom Nutzer akzeptiert werden. Der Nutzer muss diese Voreinstellung also in den Browsereinstellungen deaktivieren (Opt-Out).

Zu beachten ist aber, dass nach europarechtlichen Vorgaben, auch die Speicherung von Informationen oder der Zugriff auf Informationen, die bereits im Endgerät eines Nutzers gespeichert sind, nur gestattet sein soll, wenn der betreffende Nutzer auf der Grundlage von klaren und umfassenden Informationen, seine Einwilligung hierzu gegeben hat.[20] Obwohl die Datenschutzrichtlinie für elektronische Kommunikation einerseits nach ihrem Art. 3 Abs. 1 nur für die Verarbeitung *personenbezogener* Daten gilt, scheint sie andererseits nach dem Wortlaut in Art. 5 **für alle Cookies, egal ob dadurch personenbezogene Daten erhoben werden oder nicht**, eine Einwilligung zu fordern. Ausnahmen von diesem Einwilligungserfordernis bestehen nach Art. 5 Abs. 3 Satz 2 der Datenschutzrichtlinie für elektronische Kommunikation lediglich dann, „wenn dies unbedingt erforderlich ist, damit der Anbieter eines Dienstes (...), der vom Teilnehmer oder Nutzer ausdrücklich gewünscht wurde, diesen Dienst zur Verfügung stellen kann." Die Vorgaben hätten eigentlich bis Mai 2011 in deutsches Recht umgesetzt werden müssen, so dass fraglich ist, ob sie nun nach Verstreichen dieser Frist durch direkte Anwendung bzw. richtlinienkonforme Auslegung zu beachten sind.[21] Allerdings gilt der europarechtliche Grundsatz, nach dem eine Richtlinie unmittelbar anwendbar ist, wenn sie nicht rechtzeitig in nationales Recht umgesetzt wurde, nur dann, wenn der Text der Richtlinie hinreichend konkret ist.[22] Unklarheiten bestehen aber nicht nur im Hinblick auf die Frage, ob die Richtlinie überhaupt für die Erhebung nicht-personenbezogener Daten gilt (vgl. nur Art. 3 Abs. 1 der Richtlinie), sondern auch bezüglich der konkreten Umsetzung des Einwilligungserfordernisses. Die Mitgliedstaaten, welche die Richtlinie bislang ungesetzt haben, sehen teilweise völlig unterschiedliche Anforderungen an die Einwilligung vor. Es bestehen daher erhebliche Zweifel, ob die „Cookie-Regelung" der Richtlinie tatsächlich hinreichend bestimmt ist, um sie unmittelbar oder im Rahmen der richtlinienkonformen Auslegung anzuwenden.[23]

Das unabhängige Beratungsgremium der Europäischen Kommission in Fragen des Datenschutzes („Art.-29-Datenschutzgruppe") hat zwei Stellungnahmen zur Auslegung der Richtlinie und Handhabung der Regeln erlassen.[24] Danach sollen insbesondere die folgenden Cookies in der Regel für den Dienst erforderlich sein, die daher keiner Information oder Einwilligung durch den Nutzer bedürfen: „Login-Session-Cookies", „Warenkorb Cookies" sowie Sicherheits-Cookies, wie z. B. zur

---

[20] Vgl. Richtlinie 2009/136/EG durch die Art. 5 Abs. 3 der Datenschutzrichtlinie für elektronische Kommunikation (Richtlinie 2002/58/EG) geändert wurde.

[21] Hoeren/Sieber/Holznagel/*Schmitz*, Multimedia-Recht, Teil 16.2. Rn. 172 ff.

[22] *Grabitz/Hilf/Nettesheim, Das Recht der Europäischen Union, Art. 288 AEUV* Rn. 142 ff.

[23] So auch Spindler/Schuster/*Spindler/Nink*, Recht der elektronischen Medien, § 13 TMG Rn. 6.

[24] „Stellungnahme 2/2010 zur Werbung auf Basis von Behavioural Targeting" sowie „Stellungnahme 16/2011 zur Best-Practice-Empfehlung von EASA und IAB zu verhaltensorientierter Online-Werbung".

Erkennung „zurückkehrender Nutzer", die sich bereits angemeldet haben. Demgegenüber soll insbesondere bei Cookies zur Analyse des Nutzerverhaltens und zu Werbezwecken eine Einwilligung des Nutzers erforderlich sein, weil sie für die Diensterbringung nicht erforderlich seien (wie z. B. „Tracking-Cookies", „soziale Plugins", wie etwa der *„Like-Button"* bei Facebook, „Third-Party-Cookies" zu Werbezwecken oder „First-Party-Analyse-Cookies").

(3.) Gesetzliche Erlaubnistatbestände

Gesetzliche Erlaubnistatbestände sind insbesondere jene aus §§ 14 und 15 TMG zur Verarbeitung von Bestands-, Nutzungs- und Abrechnungsdaten. Zum einen ist nach § 14 TMG die Erhebung und Verwendung selbst von personenbezogenen Daten dann erlaubt, wenn sie für die Begründung, inhaltliche Ausgestaltung oder Änderung **eines Vertragsverhältnisses zwischen dem Diensteanbieter und dem Nutzer über die Nutzung von Telemedien erforderlich sind** (**Bestandsdaten**). Solche Daten können beispielsweise Name, Anschrift, Rufnummer, E-Mail, IP-Adresse, Kenn- und Passwörter, Zahlungsart, Zahlungsdaten, Geburtsdatum sowie Zuordnung der vereinbarten Leistungsmerkmale oder Leistungsbeschränkungen sein. Erforderlich ist die Erhebung und Verwendung von Bestandsdaten aber nur dann, wenn sie für die Gestaltung des konkreten Vertragsverhältnisses **unerlässlich** ist. Zudem ist der strenge Grundsatz der Zweckbindung zu beachten. Bestandsdaten können für andere Zwecke, wie etwa für E-Mail-Werbung nur verwendet werden, wenn zuvor hierfür eine Einwilligung eingeholt wurde.

Gemäß § 14 Abs. 2 TMG darf der Diensteanbieter auf Anordnung der zuständigen Stellen im Einzelfall Auskunft über Bestandsdaten erteilen, soweit dies für Zwecke der Strafverfolgung, zur Gefahrenabwehr durch die Polizeibehörden der Länder, zur Erfüllung der gesetzlichen Aufgaben der Verfassungsschutzbehörden des Bundes und der Länder, des Bundesnachrichtendienstes oder des Militärischen Abschirmdienstes oder des Bundeskriminalamtes im Rahmen seiner Aufgabe zur Abwehr von Gefahren des internationalen Terrorismus **oder zur Durchsetzung der Rechte am geistigen Eigentum** erforderlich ist. Zu beachten ist jedoch, dass § 14 Abs. 2 TMG selbst **keine Ermächtigungsgrundlage für die Auskunftserteilung** darstellt, sondern lediglich klarstellt, dass Diensteanbieter bestehende Auskunftsansprüche nicht aus datenschutzrechtlichen Erwägungen zurückweisen dürfen.[25] Wegen der Verweisung in § 15 Abs. 5 S. 4 TMG gilt die Vorschrift auch für Abrechnungs- und Nutzungsdaten nach § 15 TMG.

Im Gegensatz zu den bloßen Bestandsdaten beziehen sich **Nutzungsdaten** i. S. v. § 15 TMG auf sämtliche Aspekte der Nutzung eines Dienstes. § 15 Abs. 1 TMG nennt insbesondere Merkmale zur Identifikation des Nutzers, Angaben über Beginn und Ende sowie des Umfangs der jeweiligen Nutzung und Angaben über die vom Nutzer in Anspruch genommenen Telemedien. Auf ein Vertragsverhältnis zwischen dem Telemediendienstanbieter und dem Nutzer kommt es anders als bei § 14 TMG nicht an. Solche Daten darf der Diensteanbieter nur erheben und verwenden, soweit dies **erforderlich ist, um die Inanspruchnahme von Telemedien zu ermöglichen *und* abzurechnen**, wo-

---

[25] Ermächtigungsgrundlagen sind insbesondere § 95 Abs. 1 StPO, § 8a Abs. 1 BVerfSchG, § 20a Abs. 1 BKAG, § 2a BNDG i. V. m § 8a Abs. 1 BVerfSchG, § 140b PatG, § 24b GebrMG, § 19 MarkenG, § 101 UrhG und § 46 GeschmMG.

bei sich allerdings Nutzungsdaten häufig nicht klar von Bestandsdaten abgrenzen lassen. Insbesondere Merkmale zur Identifikation des Nutzers wie z. B. **IP-Adressen, Nutzernamen** und **Passwörter**, können sowohl Nutzungsdaten als auch Bestandsdaten sein, die für die Begründung und inhaltliche Ausgestaltung des Vertragsverhältnisses erforderlich sind. Sobald die Nutzungsdaten nicht mehr für die Ermöglichung und Abrechnung von Telemedien erforderlich sind, müssen diese gelöscht, bzw., falls dies nicht möglich ist, gesperrt werden. Die Frage, ob die Erhebung und Verwendung von Nutzungsdaten erforderlich ist, ist anhand des für den Nutzer erkennbaren **Zwecks des jeweiligen Dienstes** zu beurteilen. Entscheidend ist, ob sich die jeweilige Webseite auch ohne die Erhebung bzw. Verwendung dieser Daten sinnvoll betreiben lässt.

Keine Nutzungsdaten sind die so genannten **Inhaltsdaten**, die zwar mit Hilfe eines Telemediendienstes erhoben werden, die aber gerade nicht zur Inanspruchnahme (und Abrechnung) des Telemediums notwendig sind und deren Zweck in der Begründung oder Erfüllung von Rechtsverhältnissen außerhalb des konkreten Telemediendienstes besteht. Dies gilt beispielsweise für die Übermittlung von Daten durch ein Online-Auftragsformular, weil die eingegebenen Daten nur der Erfüllung des durch einen Telemediendienst ermöglichten Vertragsverhältnisses dienen. Soweit demnach Inhaltsdaten nicht als Nutzungsdaten zu qualifizieren sind, ist aber jedenfalls auf die Erlaubnistatbestände des BDSG zurückzugreifen.[26]

Der Diensteanbieter darf dabei nach § 15 Abs. 3 TMG auch **Nutzungsprofile** erstellen, soweit dies für Zwecke der **Werbung**, der **Marktforschung** oder zur **bedarfsgerechten Gestaltung** der Telemedien geschieht, **Pseudonyme** verwendet werden und der Nutzer dem nicht widerspricht. Unter einem Nutzungsprofil sind personenbezogene Datensätze zu einem Nutzer zu verstehen, die zumindest ein Teilabbild über seine Persönlichkeit geben.[27] Die so gewonnenen Daten dürfen jedoch nicht mit Daten über den Träger des Pseudonyms zusammengeführt werden und der Nutzer ist auf sein Widerspruchsrecht im Rahmen der Unterrichtung nach § 13 Abs. 1 TMG hinzuweisen. Damit schreibt § 15 Abs. 3 TMG eine strikte Trennung bzw. ein Zusammenführungsverbot und eine **jederzeitige Widerspruchsmöglichkeit** für den Nutzer vor.

Während § 15 Abs. 1 TMG also nur die Erhebung und Verwendung von Daten erlaubt, die erforderlich sind, um die Inanspruchnahme von Telemedien zu ermöglichen *und* abzurechnen (Nutzerdaten), ermöglicht § 15 Abs. 3 TMG mit der dort lediglich unter Widerspruchsvorbehalt gestellten Zulässigkeit der Kombination dieser Daten mit dem *weiteren* (nicht personenbezogenen) Nutzerverhalten, wie etwa besuchte Webseiten, angeschaute Produkte, eingegebene Suchwörter, etc. umfassende Nutzungsprofile. Zwar wird aus der Vorschrift nicht klar ersichtlich, ob zu den Nutzerdaten nach § 15 Abs. 1 TMG auch Inhaltsdaten, also Daten, die nicht erforderlich sind, um die Nutzung des Telemediendienstes zu ermöglichen und abzurechnen, hinzugespeichert werden dürfen.[28] Der

---

[26] Siehe dazu bereits oben, 2. a) sowie Spindler/Schuster/*Spindler/Nink*, Recht der elektronischen Medien, § 15 TMG Rn. 3;.
[27] Spindler/Schuster/*Spindler/Nink*, Recht der elektronischen Medien, § 15 TMG Rn. 9.
[28] Abl. *Steinhoff*, K&R 2014, 86, 88.

Wortlaut der Vorschrift spricht aber jedenfalls nicht für ein enges Verständnis. Vielmehr ist pauschal von „Nutzungsprofilen" die Rede, die in aller Regel erst durch Hinzuspeichern weiterer Daten ihren Sinn und Wert erhalten und andernfalls kaum aussagekräftig wären. Zu beachten ist aber, dass diese Nutzungsprofile nicht mit personenbezogenen Daten über den Träger des Pseudonyms zusammengeführt werden dürfen (§ 15 Abs. 3 S. 3 TMG). Für die Verarbeitung oder Nutzung *personenbezogener* Daten für Zwecke des Adresshandels oder der **gezielten individuellen Werbung** kann daher allein auf § 28 Abs. 3 BDSG abgestellt werden.

Zu beachten ist in diesem Zusammenhang auch § 13 Abs. 4 Nr. 4–6 TMG. Nach Nr. 4 der Vorschrift ist sicherzustellen, dass die personenbezogenen Daten über die Nutzung verschiedener Telemedien durch denselben Nutzer getrennt verwendet werden können. Dadurch soll verhindert werden, dass Nutzerprofile durch die Zusammenführung von Daten aus der Nutzung verschiedener Telemedien erstellt werden. Durch die Nrn. 5 und 6 soll klargestellt werden, dass Nutzungsprofile nicht mit Daten über den Träger des Pseudonyms zusammengeführt werden dürfen.

Verschärft wird die Frage der Weite der Regelung aber noch durch die recht ungenauen Angaben zur geforderten Pseudonymisierung. Zwar verlieren die gesammelten Daten dadurch zunächst ihren Personenbezug, allerdings ändert dies nichts daran, dass der Personenbezug jederzeit wiederherstellbar ist, insbesondere wenn die Datensammlungen – wenngleich getrennt – beim Anbieter verbleiben. Es erscheint erstaunlich, dass sich der Gesetzgeber an dieser Stelle mit dem Verbot der Zusammenführung begnügt und auf dessen Einhaltung durch die Datenerheber vertraut.

Für die Beantwortung der Frage, welche Anforderungen an die notwendige **Pseudonymisierung** zu stellen sind, ist auf § 3 Abs. 6a BDSG abzustellen. Danach ist das Pseudonymisieren das Ersetzen des Namens und anderer Identifikationsmerkmale durch ein Kennzeichen zu dem Zweck, die Bestimmung des Betroffenen auszuschließen oder wesentlich zu erschweren. Damit gilt grundsätzlich ein weniger strenger Maßstab als für die Frage der Bestimmbarkeit des Personenbezugs.[29] Denn während der Personenbezug von Daten selbst bei einer erschwerten Bestimmbarkeit der dahinter stehenden Person regelmäßig zu bejahen sein wird (vgl. § 3 Abs. 1 BDSG), muss bei der Pseudonymisierung die Bestimmbarkeit gerade nicht ausgeschlossen oder praktisch fernliegend, sondern nur „erschwert" sein.

Die Frage, inwieweit darüber hinaus **Abrechnungsdaten**, die zum Zwecke der Abrechnung mit dem Nutzer erforderlich sind, verwendet werden dürfen, ist schließlich in § 15 Abs. 4–7 TMG geregelt. Insbesondere darf danach die Abrechnung über die Inanspruchnahme von Telemedien Anbieter, Zeitpunkt, Dauer, Art, Inhalt und Häufigkeit bestimmter von einem Nutzer in Anspruch genommener Telemedien nicht erkennen lassen, es sei denn, der Nutzer verlangt einen Einzelnachweis. Das heißt, dass z. B. bei **nutzungsunabhängigen Flatrates weder IP-Adressen noch andere Nutzungsdaten** zu Abrechnungszwecken gespeichert werden dürfen genauso wie bei einer Abrechnung nach **genutzter Zeit** lediglich die Protokollierung der Dauer der Nutzung, und bei **volumenabhängiger**

---

[29] A. A. *Schefzig*, K&R 2014, 773, 776.

Abrechnung nur die übertragenen Datenmengen erforderlich sind.[30] Zudem besteht eine Löschungspflicht, sobald die Daten zum Zwecke der Abrechnung nicht mehr benötigt werden. Der Diensteanbieter darf Abrechnungsdaten nach § 15 Abs. 7 TMG höchstens bis zum Ablauf des sechsten Monats nach Versendung der Rechnung speichern. Werden gegen die Entgeltforderung innerhalb dieser Frist Einwendungen erhoben oder diese trotz Zahlungsaufforderung nicht beglichen, dürfen die Abrechnungsdaten weiter gespeichert werden, bis die Einwendungen abschließend geklärt sind oder die Entgeltforderung beglichen ist. Längere Speicherfristen bestehen aber für Fälle der Missbrauchsverfolgung (Abs. 8). § 15 Abs. 5 TMG regelt ferner die Zulässigkeit der Übermittlung von Nutzungsdaten, wie insbesondere zum Zwecke des Inkassos.

6.1.2.4 Unterrichtungspflicht und Vorkehrungspflichten (§ 13 TMG)

Damit der Internetnutzer von der Erhebung seiner Daten überhaupt Kenntnis erlangen kann, hat der Diensteanbieter gem. § 13 Abs. 1 TMG den Nutzer spätestens zu Beginn des Nutzungsvorgangs über Art, Umfang und Zwecke der Erhebung und Verwendung personenbezogener Daten in allgemein verständlicher Form zu **unterrichten**. Bei einem Verstoß gegen die Unterrichtungspflicht drohen **Bußgelder** nach § 16 Abs. 2 Nr. 3, Abs. 3 TMG. Auch wenn Daten zunächst automatisiert **ohne Personenbezug** erhoben werden, ein solcher aber jederzeit hergestellt werden kann, ist der Nutzer gem. § 13 Abs. 1 S. 2 TMG zu Beginn dieses Verfahrens zu unterrichten, wobei der Inhalt der Unterrichtung für den Nutzer jederzeit abrufbar sein muss. Automatisiert ist ein Verfahren, wenn es programmgesteuert, ohne auf einer individuellen Entscheidung des Verantwortlichen zu beruhen, initiiert wird.[31] Dies ist beispielsweise beim Einsatz so genannter **Cookies** der Fall, durch welche zunächst nur Informationen über die Nutzung eines Dienstes erhoben werden und erst später ein Bezug zum Nutzer hergestellt wird.

Die Unterrichtung kann beispielsweise durch eine Information auf der Internetseite oder auch über einen deutlich erkennbaren und hervorgehobenen Hinweis mit einem Hyperlink auf eine andere Unterseite erfolgen. Jederzeit abrufbar sind Informationen, wenn sie für die Dauer des Vertragsverhältnisses ohne großen Suchaufwand ständig zur Nutzung bereitgehalten werden.[32] Nicht ausreichen dürfte aber die Unterrichtung über ein Pop-up-Fenster, da eine im Browser durch den Nutzer eingestellte Unterdrückung von Pop-up-Fenstern mittlerweile üblich ist und viele Nutzer die Unterrichtung dann tatsächlich nicht wahrnehmen können.

Neben dem in § 3a BDSG verankerten Gebot der **Datensparsamkeit** und **Datenvermeidung**, wonach das System organisatorisch und technisch so ausgerichtet werden soll, dass zum Anbieten eines Dienstes bei dem jeweiligen Betroffenen nur wenige Daten erhoben und verarbeitet werden müssen, hat der Diensteanbieter nach § 13 Abs. 4 TMG weitere konkrete **technische und organisatorische Vorkehrungen** zu treffen. Diese be-

---

[30] Spindler/Schuster/*Spindler/Nink*, Recht der elektronischen Medien, § 15 TMG Rn. 15.
[31] Spindler/Schuster/*Spindler/Nink*, Recht der elektronischen Medien, § 13 TMG Rn. 3 ff.
[32] Siehe dazu Spindler/Schuster/*Spindler/Nink*, Recht der elektronischen Medien, § 13 TMG Rn. 8.

treffen den jederzeitigen Nutzungsabbruch (Nr. 1), die sofortige Löschungspflicht von Nutzungsdaten nach Nutzungsende (Nr. 2), den Schutz der Vertraulichkeit (Nr. 3), die getrennte Nutzungsmöglichkeit der Daten durch den Nutzer bei verschiedenen Telemedien (Nr. 4), das Zusammenführungsverbot von Abrechnungsdaten (Nr. 5) und die Sicherstellung der Pseudonymität von Nutzungsprofilen nach § 15 Abs. 3 TMG (Nr. 6).

Die Nrn. 4–6 betreffen die Erstellung von Nutzerprofilen. Zum einen soll durch die Pflicht zur informationellen Trennung (Nr. 4) verhindert werden, dass Nutzerprofile durch die Zusammenführung von Daten aus der Nutzung verschiedener Telemedien erstellt werden. Zum anderen soll durch die Nrn. 5 und 6 sichergestellt werden, dass Nutzungsprofile nicht mit Daten über den Träger des Pseudonyms zusammengeführt werden.

Darüber hinaus hat der Diensteanbieter nach § 13 Abs. 6 TMG die Nutzung von Telemedien und ihre Bezahlung **anonym oder unter Verwendung eines Pseudonyms** zu ermöglichen, soweit dies technisch möglich und zumutbar ist. Der Nutzer ist über diese Möglichkeit zu informieren, genauso wie der Diensteanbieter dem Nutzer gemäß § 13 Abs. 7 TMG i. V. m. § 34 BDSG auf Verlangen **Auskunft** über die zu seiner Person oder zu seinem Pseudonym gespeicherten Daten erteilen muss. Allerdings verpflichtet die Vorschrift den Anbieter eines Telemediendienstes nicht, den *Vertragsschluss* anonym oder pseudonym zu ermöglichen, sondern nur die *Nutzung* des Telemediums. Eine anonyme Registrierung ist dem Anbieter eines Telemediums regelmäßig schon wegen der Gefahr von Rechtsverletzungen nicht zumutbar.[33] Somit kann auf Internetportalen und Foren zwar bei der Anmeldung die Angabe der wahren Identität verlangt werden, nicht aber auch ein „**Klarnamenzwang**" bei der Nutzung des Dienstes, wie etwa bei Forenbeiträgen oder öffentlich sichtbaren Nutzerprofilen.

6.1.3 Erhebung und Verarbeitung personenbezogener Daten nach dem TKG

Die Erhebung und Verwendung von personenbezogenen Daten im Rahmen von Diensten, die ganz oder überwiegend die Übertragung von Signalen über Telekommunikationsnetze **ohne Rücksicht auf deren Inhalt** zum Gegenstand haben, richtet sich nach den §§ 91 ff. TKG. Dabei ist auch das TKG von den im Datenschutzrecht geltenden übergeordneten allgemeinen Grundsätzen, wie etwa der **Grundsatz des Verbots mit Erlaubnisvorbehalt** oder der **Grundsatz der Zweckbindung**, bestimmt, so dass insoweit auf die Ausführungen zum TMG verwiesen werden kann. Entsprechend ist die Erhebung und Verwendung von personenbezogenen Daten nur zulässig, soweit ein gesetzlicher Erlaubnistatbestand oder die Einwilligung des Betroffenen gegeben ist, genauso wie personenbezogene Daten zu einem anderen als ihrem ursprünglichen Erhebungszweck nur verwendet werden dürfen, wenn eine gesetzliche Bestimmung dies vorsieht oder der Betroffene eingewilligt hat.

---

[33] Spindler/Schuster/*Spindler/Nink*, Recht der elektronischen Medien, § 13 TMG Rn. 22.

Erlaubnistatbestände finden sich in §§ 95 ff. TKG für **Bestandsdaten** und **Verkehrsdaten**. Bestandsdaten darf der Diensteanbieter gemäß § 95 TKG nur dann erheben und verwenden, soweit dies für die Begründung, inhaltliche Ausgestaltung, Änderung oder Beendigung eines Vertragsverhältnisses über Telekommunikationsdienste erforderlich ist. Darüber hinaus dürfen personenbezogene Daten als Verkehrsdaten nach § 96 TKG nur erhoben, verarbeitet oder genutzt werden, wenn dies zum Herstellen und Aufrechterhalten einer Telekommunikationsverbindung erforderlich ist. Ein weiterer Erlaubnistatbestand findet sich in § 100 TKG zum **Erkennen, Eingrenzen oder Beseitigen von Störungen oder Fehlern an Telekommunikationsanlagen**.

Ferner haben auch Diensteanbieter nach dem TKG ihre Teilnehmer bei Vertragsabschluss durch allgemein zugängliche Informationen über Art, Umfang, Ort und Zweck der Erhebung und Verwendung personenbezogener Daten so zu unterrichten, dass die Teilnehmer in allgemein verständlicher Form Kenntnis von den grundlegenden Verarbeitungstatbeständen der Daten erhalten (§ 93 TKG).

6.1.4   Erhebung und Verarbeitung personenbezogener Daten nach dem BDSG

Schließlich gelten auch nach den Vorschriften des Bundesdatenschutzgesetzes (BDSG) der **Grundsatz des Verbots mit Erlaubnisvorbehalt** sowie der **Grundsatz der Zweckbindung**. Somit ist die Erhebung und Verwendung von personenbezogenen Daten nur zulässig, soweit ein gesetzlicher Erlaubnistatbestand oder die Einwilligung des Betroffenen gegeben ist (§ 4 Abs. 1 BDSG), genauso wie personenbezogene Daten zu einem anderen als ihrem ursprünglichen Erhebungszweck nur verwendet werden dürfen, wenn eine gesetzliche Bestimmung dies vorsieht (siehe etwa § 28 Abs. 2 BDSG) oder der Betroffene einwilligt. Gleiches gilt für die bereits oben dargestellte Verpflichtung zur **Datenvermeidung und Datensparsamkeit** (§ 3a BDSG) und die Verpflichtung zur **Unterrichtung des Betroffen** – insbesondere über die Identität der verantwortlichen Stelle, den Zweck der Erhebung bzw. Verwendung sowie über die Empfänger der Daten, soweit der Betroffene nach den Umständen des Einzelfalles nicht mit der Übermittlung an diese rechnen muss (§ 4 Abs. 3 BDSG).

6.1.4.1   Anwendungsbereich

Während das TMG nur Anwendung findet, soweit personenbezogene Daten als Bestands- oder Nutzungsdaten zur Bereitstellung und Durchführung von Telemediendiensten, wie z. B. Internetseiten, erhoben und verwendet werden, finden die Regelungen des BDSG dann Anwendung, wenn es um so genannte **Inhaltsdaten** geht, die zwar unter Verwendung eines Telemediendienstes erhoben oder übermittelt werden, die aber anschließend einem anderen Zweck ohne Telemedienbezug dienen.[34] Dem BDSG unterfallen daher Daten, die sich aus dem Inhalt der Kommunikation zwischen Nutzer und Anbieter ergeben und die für den **hinter dem Internetgebrauch stehenden Dienst** anfallen.

Beispiele

Angaben über bestimmte Personen, wie etwa Ärzte oder Lehrer auf „Bewertungsportalen" und Daten, die bei einem Registrierungsvorgang im Internet für die Begründung einer Mitgliedschaft erhoben werden, unterfallen somit dem BDSG und nicht etwa dem TMG.

Für die Behörden der Länder und Gemeinden gelten ferner die jeweiligen Landes-datenschutzgesetze. Sonderregelungen gibt es auch für die öffentlich-rechtlichen Rund-funkanstalten. Zu beachten ist schließlich das sog. **Medienprivileg** nach § 41 BDSG und § 57 RStV, wonach für Anbieter von Telemedien, die personenbezogene Daten aus-schließlich zu eigenen **journalistisch-redaktionellen oder literarischen Zwecken** erhe-ben, verarbeiten oder nutzen, weitgehende Befreiungen von den datenschutzrechtlichen Vorschriften bestehen. Denn ohne die Erhebung, Verarbeitung und Nutzung personenbe-zogener Daten auch ohne Einwilligung der jeweils Betroffenen wäre journalistische Arbeit nicht möglich. Allerdings ist die sich daraus ergebende datenschutzrechtliche Sonderstel-lung der Medien daran gebunden, dass die Erhebung und Nutzung personenbezogener Daten gerade einer pressemäßigen Veröffentlichung dient. Maßgebend ist, dass die Daten „ausschließlich für eigene journalistisch-redaktionelle oder literarische Zwecke" bestimmt sind. Die reine Übermittlung von erhobenen Daten an Nutzer oder die bloße automatische Auflistung von redaktionellen Beiträgen fallen daher grundsätzlich nicht unter den beson-deren Schutz der Presse. Erst wenn die meinungsbildende Wirkung für die Allgemeinheit prägender Bestandteil des Angebots und nicht nur schmückendes Beiwerk ist, kann von einer solchen Gestaltung gesprochen werden. Daher genießen beispielsweise Bewertungs-portale im Internet nicht den Schutz von § 41 BDSG.[35]

6.1.4.2   Personenbezogene Daten

Personenbezogene Daten sind Einzelangaben über persönliche oder sachliche Verhältnis-se einer bestimmten oder bestimmbaren natürlichen Person (§ 3 Abs. 1 BDSG), wie etwa deren Name und Adresse. Erfasst sind aber auch Angaben und Meinungen, die sich auf eine bestimmte oder bestimmbare Person beziehen,[36] wenn und soweit diese geeignet sind, die Verhältnisse des Betroffenen zu umreißen.[37] Damit gelten die datenschutzrecht-

---

[34] *Weichert*, DuD 2009, 1; *Imhof*, CR 2000, 110, 113 ff.; *Karg/Fahl*, K&R 2011, 453, 458; *Schmidt-mann/Schwiering*, ZD 2014, 448, 450; Spindler/Schuster/*Spindler/Nink*, Recht der elektronischen Medien, § 15 TMG Rn. 3.

[35] BGH, MMR 2009, 608, 610 Rn. 19b ff. – spickmich.de.

[36] BGH, MMR 2009, 608 – spickmich.de.

[37] Simitis/*Dammann*, BDSG, § 3 Rn. 12.

lichen Vorschriften auch für **Personenbewertungsportale**, wie etwa „spickmich.de" oder „meinprof.de".

6.1.4.3   Einwilligung (§ 4a BDSG)

Nach § 4a Abs. 1 S. 3 BDSG bedarf die Einwilligung der **Schriftform**, soweit nicht wegen „besonderer Umstände" eine andere Form angemessen ist. Die Anforderungen an die Schriftform sind in § 126 BGB geregelt, wonach eigentlich eine **eigenhändige Unterschrift** erforderlich ist (oder eine qualifizierte elektronische Signatur nach § 126a BGB). Während also in § 13 Abs. 2 TMG ausdrücklich erleichterte Anforderungen für Einwilligungen in die Erhebung und Nutzung bestimmter Daten im Internet vorgesehen sind, spricht § 4a Abs. 1 BDSG lediglich von „besonderen Umständen" und nennt als Beispiel wissenschaftliche Forschung, wenn durch die Schriftform der bestimmte Forschungszweck erheblich beeinträchtigt würde (§ 4a Abs. 2 BDSG). Damit fragt sich, ob auch im Internet bei online abzugebenden Einwilligungen regelmäßig „**besonderer Umstände**" i. S. d. der Vorschrift vorliegen, so dass auch hier regelmäßig eine andere Form als die Schriftform angemessen und damit ausreichend ist.[38] Im Schrifttum sieht man als besondere Umstände, die eine andere Form als die Schriftform angemessen erscheinen lassen, insbesondere langjährige Geschäftsbeziehungen[39] sowie die besondere Eilbedürftigkeit im Interesse der Nutzer[40] aber auch bereits soweit ein **Wechsel des einmal gewählten Kommunikationsmittels** (von Internet hin zum schriftlichen Briefwechsel) erforderlich wäre.[41] In Betracht kommen soll auch eine „**konkludente" Einwilligung**, d. h. eine Erklärung, bei der das Gewollte nicht ausdrücklich erklärt wird, sondern sich nur aus den Handlungen des Betroffenen ergibt.[42] Zudem soll die Einwilligung nach Auffassung des BGH in datenschutzrechtlich zulässiger Weise auch innerhalb von **Allgemeinen Geschäftsbedingungen** vorformuliert und als Opt-out-Variante ausgestaltet werden können, sofern sie entsprechend hervorgehoben wird.[43]

Zwar spricht angesichts der Grundrechtsbezogenheit der in Frage stehenden Rechtsgüter und der **Warnfunktion** des Schriftformerfordernisses vieles dafür, dass die Besonderheiten des Internet für sich allein betrachtet noch nicht genügen können, um besondere Umstände i. S. v. § 4a Abs. 1 S. 3 BDSG anzunehmen. Denn andernfalls würde die Datenerhebung im Internet in einer unüberschaubaren Weite und selbst in hoch sensible Bereiche *per se* privilegiert werden, wofür aber eine ausdrückliche gesetzliche und mit weiteren Vorgaben flankierte Ausnahmeregelung, wie sie in § 13 Abs. 2 TMG zu finden ist, zu erwarten und erforderlich wäre. Allerdings führen jedenfalls die **Vorgaben der Datenschutzrichtlinie** gleichwohl dazu, dass im Sinne einer richtlinienkonformen Ausle-

---

[38] Dies offenbar als selbstverständlich annehmend BGH, MMR 2008, 731; BGH, NJW 2010, 864 ff. – Happy Digits.

[39] Simitits/*Simitis*, BDSG, § 4a Rn. 46; *Gola/Schomerus*, BDSG, § 4a Rn. 29.

[40] Simitits/*Simitis*, BDSG, § 4a Rn. 45.

[41] *Taeger*/Gabel, BDSG, § 4a Rn. 37.

[42] *Taeger*/Gabel, BDSG, § 4a Rn. 41.

[43] BGH, MMR 2008, 731; BGH, NJW 2010, 864 ff. – Happy Digits.

gung **ein Schriftformerfordernis jedenfalls nicht grundsätzlich** gefordert werden kann. Denn Art. 7 der Richtlinie nennt gerade keine solche Voraussetzung, sondern verlangt lediglich, dass die betroffene Person ohne jeden Zweifel ihre Einwilligung gegeben hat. Der EuGH hat jedoch klargestellt, dass die von der Datenschutzrichtlinie angestrebte Harmonisierung nicht auf eine Mindestharmonisierung beschränkt ist, sondern grundsätzlich zu einer umfassenden „Vollharmonisierung" führt.[44] Denn Sinn und Zweck der Richtlinie sei es, den freien Verkehr personenbezogener Daten herzustellen und zugleich ein hohes Niveau des Schutzes der Rechte und Interessen der Betroffenen zu gewährleisten. Aus der Zielsetzung der Datenschutzrichtlinie, ein gleichwertiges Schutzniveau in allen Mitgliedstaaten herzustellen, ergebe sich die Schlussfolgerung, dass die Datenschutzrichtlinie in Art. 7 eine *erschöpfende* und *abschließende* Liste derjenigen Fälle enthält, in denen die Verarbeitung personenbezogener Daten zulässig ist. Die Mitgliedstaaten dürften daher weder neue Grundsätze in Bezug auf die Zulässigkeit der Verarbeitung personenbezogener Daten neben der Richtlinie einführen, noch zusätzliche Bedingungen stellen, die die Tragweite eines der in Art. 7 enthaltenen Erlaubnistatbestände einschränken. Zulässig seien ausschließlich Konkretisierungen der in Art. 7 enthaltenen Regelungen.[45]

Da aber auch Art. 7 der Richtlinie insoweit verlangt, dass der Betroffene „ohne jeden Zweifel" seine Einwilligung gegeben hat, ist jedenfalls genau zu prüfen, ob angesichts der konkreten Situation oder der Tragweite der Entscheidung Zweifel an einer wirklich **bewussten Einwilligung** bestehen müssen. Abzustellen ist daher auf die **Art der Daten** (Sensibilität) die **konkrete Situation**, in welcher die Einwilligung eingeholt wird (Überrumpelungsgefahr) und der **Zweck**, zu dem die Daten erhoben bzw. verarbeitet werden sollen sowie die Erkennbarkeit der Tragweite der Entscheidung.

Erforderlich ist zudem in jedem Fall eine **hinreichende Bestimmtheit** der Aufforderung zur Abgabe der Einwilligung. Der Betroffene ist auf den **vorgesehenen Zweck** der Erhebung, Verarbeitung oder Nutzung sowie, soweit nach den Umständen des Einzelfalles erforderlich oder auf Verlangen, auf die Folgen der Verweigerung der Einwilligung hinzuweisen. Er muss erkennen können, welche Daten unter welchen konkreten Bedingungen und für welche Zwecke verwendet werden sollen, damit der Betroffene die Tragweite seines Einverständnisses erkennen kann.

6.1.4.4 Erlaubnistatbestände nach §§ 28 ff. BDSG

Als besondere Erlaubnistatbestände kommen für nicht-öffentliche Stellen die §§ 28 ff. BDSG in Betracht. Erlaubt sind unter bestimmten Voraussetzungen demnach insbesondere:

- das Erheben, Speichern, Verändern, Übermitteln und Nutzen von personenbezogenen Daten für die **Erfüllung eigener Geschäftszwecke** der verantwortlichen Stelle (§ 28 Abs. 1 S. 1 Nr. 1, 2 und 3 BDSG),

---

[44] EuGH, MMR 2004, 95 – Lindqvist/Schweden (m. Anm. *Roßnagel*).
[45] EuGH, EuZW 2012, 37 (Rechtssachen C-468/10 und C-469/10).

- die Übermittlung und Nutzung zu dem Zweck, die **berechtigten Interessen eines Dritten** zu wahren, zur **Abwehr von Gefahren** für die staatliche und öffentliche Sicherheit sowie zur Verfolgung von Straftaten, soweit kein Grund zu der Annahme besteht, dass der Betroffene ein **schutzwürdiges Interesse** an dem Ausschluss der Übermittlung oder Nutzung hat (§ 28 Abs. 2 Nr. 1 und 2 BDSG),
- die Übermittlung und Nutzung von personenbezogenen Daten zur Durchführung **wissenschaftlicher Forschung** (§ 28 Abs. 2 Nr. 3 BDSG),
- die Verarbeitung oder Nutzung personenbezogener Daten für Zwecke des **Adresshandels** oder der **Werbung**, soweit der Betroffene **eingewilligt** hat oder es sich um **listenmäßig** oder sonst zusammengefasste Daten i. S. v. § 28 Abs. 3 S. 2 BDSG handelt,
- unter engen Voraussetzungen ferner die Erhebung, Verarbeitung und Nutzung von **besonderen Arten personenbezogener Daten** also Angaben über die rassische und ethnische Herkunft, politische Meinungen, religiöse oder philosophische Überzeugungen, Gewerkschaftszugehörigkeit, Gesundheit oder Sexualleben (§ 28 Abs. 6 bis 9 i. V. m. § 3 Abs. 9 BDSG),
- unter engen Voraussetzungen auch die Erhebung und Verwendung eines Wahrscheinlichkeitswertes für ein bestimmtes zukünftiges Verhalten zum Zweck der Entscheidung über die Begründung, Durchführung oder Beendigung eines Vertragsverhältnisses mit dem Betroffenen (sog. **Scoring**, § 28b BDSG),
- das geschäftsmäßige Erheben, Speichern oder Verändern personenbezogener Daten zum **Zweck der Übermittlung**, insbesondere wenn dies der Werbung, der Tätigkeit von **Auskunfteien oder dem Adresshandel** dient sowie die Übermittlung solcher Daten (§ 29 Abs. 1 und 2 BDSG),
- die geschäftsmäßige Datenerhebung und -speicherung zum Zweck der Übermittlung in anonymisierter Form (§ 30 BDSG) sowie für Zwecke der Markt- oder Meinungsforschung (§ 30a BDSG).

(1.) Nutzung personenbezogener Daten für Zwecke der Werbung

§ 28 Abs. 3 BDSG erlaubt die Nutzung personenbezogener Daten **für Zwecke der Werbung** nur, soweit der Betroffene **einwilligt**. Die Einwilligung muss den Vorgaben des § 4a Abs. 1 S. 4 BDSG entsprechen. Die Einwilligung ist also nur wirksam, wenn sie auf der freien Entscheidung des Betroffenen beruht. Er ist auf den werblichen Zweck der Erhebung, Verarbeitung oder Nutzung sowie, soweit nach den Umständen des Einzelfalles erforderlich oder auf Verlangen, auf die Folgen der Verweigerung der Einwilligung hinzuweisen. Soll die Einwilligung zusammen mit anderen Erklärungen schriftlich erteilt werden, ist sie zudem **besonders hervorzuheben**. Fehlt es bei der Verwendung entsprechender Klauseln in Allgemeinen Geschäftsbedingungen an einer solchen Hervorhebung, führt dies zu einer unangemessenen Benachteiligung des Betroffenen nach § 307 Abs. 1 BGB.[46]

---

[46] Vgl. OLG Koblenz, GRUR-RR 2014, 407.

Liegt eine Einwilligung vor und wird sie in anderer Form als der Schriftform erteilt, muss die verantwortliche Stelle dem Betroffenen den Inhalt der Einwilligung **schriftlich bestätigen** oder bei einer elektronisch erklärten Einwilligung sicherstellen, dass die Einwilligung **protokolliert** wird und der Betroffene deren Inhalt jederzeit abrufen und die Einwilligung jederzeit mit Wirkung für die Zukunft widerrufen kann (vgl. § 28 Abs. 3a BDSG). Zwar wäre für die Schriftform der Bestätigung nach § 126 BGB eigentlich eine eigenhändige Unterschrift erforderlich und für die elektronische Form nach § 126a BGB eine qualifizierte elektronische Signatur zu verlangen. Allerdings dürfte angesichts der europarechtlichen Vorgaben (Datenschutzrichtlinie und Datenschutzrichtlinie für elektronische Kommunikation), die eine Schriftform nicht vorsehen und die die Vorgaben für die Zulässigkeit der Datenerhebung und Datennutzung grundsätzlich abschließend regeln,[47] in richtlinienkonformer Anwendung eine Bestätigung in **Textform** (§ 126b BGB) ausreichend sein.

Zudem müssen für Fälle des Direktmarketings die **Vorschriften des Lauterkeitsrechts** (insbesondere zur belästigenden Werbung nach § 7 UWG) beachtet werden.[48]

Die verantwortliche Stelle darf den Abschluss eines Vertrags überdies nicht von dieser Einwilligung des Betroffenen abhängig machen, wenn dem Betroffenen ein anderer Zugang zu gleichwertigen vertraglichen Leistungen ohne die Einwilligung nicht oder nicht in zumutbarer Weise möglich ist. Eine unter solchen Umständen erteilte Einwilligung ist unwirksam (**Kopplungsverbot**, vgl. § 28 Abs. 3b BDSG).

Beispiel

Wird die Nutzung eines Internetdienstes also nur freigegeben, wenn zuvor durch Setzen eines Häkchens erklärt wurde, dass den Nutzungsbedingungen des Anbieters zugestimmt wird, kann darin ein Verstoß gegen das Kopplungsverbot gesehen werden. Denn diese Formulierung verknüpft die Einwilligung in die Nutzungsbedingungen und die Datenschutzerklärung in unzulässiger Weise.[49]

Schließlich ist für Zwecke der Werbung auch die Verarbeitung oder Nutzung **listenmäßig** oder sonst zusammengefasster Daten über Angehörige einer Personengruppe, die sich auf die Zugehörigkeit des Betroffenen zu dieser Personengruppe, seine Berufs-, Branchen- oder Geschäftsbezeichnung, seinen Namen, Titel, akademischen Grad, seine Anschrift und sein Geburtsjahr beschränken unter den in § 28 Abs. 3 BDSG genannten Voraussetzungen zulässig. E-Mail-Adresse und Telefonnummer sind demgegenüber nicht genannt und somit keine privilegierten Listendaten.

---

[47] EuGH, MMR 2004, 95 – Lindqvist/Schweden (m. Anm. *Roßnagel*); EuGH, EuZW 2012, 37 (Rechtssachen C-468/10 und C-469/10).
[48] Siehe oben 4.1.3.
[49] LG Berlin, MMR 2014, 563.

Allerdings wird die Beschränkung auf Listendaten für die Eigenwerbung gegenüber Bestandskunden dadurch wieder relativiert, dass die verantwortliche Stelle gemäß § 28 Abs. 3 S. 3 BDSG **weitere Daten hinzuspeichern** darf. Darüber hinaus ist auch die Datennutzung für **Fremdwerbung** zulässig, wenn die verantwortliche Stelle bei der werblichen Ansprache für den Betroffenen eindeutig erkennbar ist. Zusammengefasste personenbezogene Listendaten dürfen außerdem auch für Zwecke der Werbung **übermittelt** werden, wenn die Stelle, die die Daten erstmalig erhoben hat, aus der Werbung eindeutig hervorgeht und die Angaben über die Herkunft der Daten und den Empfänger nach § 34 Abs. 1a BDSG gespeichert werden. Schließlich erlaubt § 28 Abs. 3 BDSG neben der Spendenwerbung auch die Verwendung von Listendaten für das tätigkeitsbezogene Direktmarketing unter der beruflichen Anschrift.

(2.) Nutzung personenbezogener Daten für Bewertungsportale und Mitarbeiterseiten

Werden in einem **Bewertungsportal** Informationen über andere Personen erhoben und gespeichert, kommt **§ 29 Abs. 1 BDSG** als Erlaubnisnorm für die Nutzung der mit den Bewertungen in Zusammenhang stehenden Daten in Betracht, da Informationen über andere geschäftsmäßig „zum Zwecke der Übermittlung" gesammelt und vermarktet werden und die Datenübermittlung selbst eigentlicher Geschäftsgegenstand ist.[50]

Demgegenüber ist § 28 BDSG nicht einschlägig, weil die Datenverarbeitung bei Bewertungsportalen regelmäßig nicht „als Mittel für die Erfüllung eigener Geschäftszwecke" erfolgt, also nicht lediglich Hilfsmittel zur Erfüllung bestimmter anderer, eigener Zwecke der datenverarbeitenden Stelle ist.[51]

Nach **§ 29 Abs. 1 BDSG** ist das Erheben, Speichern, Verändern oder Nutzen personenbezogener Daten zum Zweck der Übermittlung zulässig, wenn entweder kein Grund zu der Annahme besteht, dass der Betroffene ein entgegenstehendes schutzwürdiges Interesse hat oder die Daten aus allgemein zugänglichen Quellen entnommen werden können bzw. die verantwortliche Stelle sie veröffentlichen dürfte, es sei denn, dass das **schutzwürdige Interesse des Betroffenen** an dem Ausschluss der Erhebung, Speicherung oder Veränderung offensichtlich überwiegt.[52] Bei der Frage, ob ein schutzwürdiges Interesse der bewerteten Person entgegensteht, ist zwischen dem Recht auf informationelle Selbstbestimmung und den Kommunikationsfreiheiten der Plattformbetreiber und Nutzer abzuwägen.[53]

Da aber die Daten regelmäßig nicht nur erhoben und gespeichert, sondern den Internetnutzern auch im Sinne einer **Übermittlung** zur Verfügung gestellt werden, ist insofern auch **§ 29 Abs. 2 BDSG** einschlägig. Grundsätzlich ist die Zulässigkeit der Übermittlung der Daten gem. § 29 Abs. 2 Nr. 1 Buchst. a und Nr. 2 BDSG daran gebunden, dass der Datenempfänger ein **berechtigtes Interesse** an der Kenntnis der Daten glaubhaft darlegt und kein Grund zu der Annahme besteht, dass ein schutzwürdiges Interesse des Betroffenen an dem Ausschluss der Übermittlung besteht. Nach Auffassung der h. M. und des

---

[50] BGH, MMR 2015, 106, 106 – Ärztebewertungsportal; BGH, NJW 2009, 2888 – spickmich.de; siehe dazu Anm. *Roggenkamp*, K&R 2009, 571.
[51] BGH, MMR 2015, 106, 106 f. – Ärztebewertungsportal.
[52] BGH, a. a. O.
[53] Siehe dazu unten unter II. „Meinungsäußerungen im Internet."

BGH sind sowohl § 29 Abs. 2 BDSG als auch die weiteren Verpflichtungen des Daten-
übermittlers im Lichte der Kommunikationsfreiheiten **verfassungskonform auszulegen**.
Ein Bewertungsportal macht den Austausch über Meinungen unter nicht persönlich miteinander bekannten Personen erst möglich und wird bereits deshalb vom Schutzbereich
des Art. 5 Abs. GG Abs. 1 S. 1 GG erfasst.[54]

Schriftum

Zu bedenken sei insbesondere, dass bei Erlass der Vorschrift ein durch Portalbetreiber organisierter Informationsaustausch im Internet weder technisch möglich war noch dergleichen für denkbar
gehalten wurde. Vielmehr sollte § 29 BDSG die „klassischen" geschäftlichen Datenverarbeitungen
reglementieren, wie etwa den gewerbsmäßigen Handel mit personenbezogenen Daten im Adresshandel oder die Unterhaltung von Wirtschafts- und Handelsauskunftsdateien. Für Datenabfragen aus
Bewertungsforen führe die wortgetreue Anwendung der Vorschriften zu einem Widerspruch zu dem
sich aus Art. 5 Abs. 1 GG ergebenden Recht auf uneingeschränkte Kommunikationsfreiheit und sei
auch nicht vereinbar mit dem in den §§ 12 ff. TMG gewährleisteten Recht des Internetnutzers auf
Anonymität.[55] Jedenfalls bei der Frage des „Ob" des Betreibens einer Meinungsplattform wird daher der Meinungsfreiheit ein höheres Gewicht zugemessen, als dem Grundrecht auf informationelle
Selbstbestimmung, so dass auch die Übermittlung solcher Daten für grundsätzlich zulässig gehalten
wird.

Zulässig nach § 28 Abs. 1 S. 1 Nr. 1 BDSG ist es schließlich auch, **auf einer Un-
ternehmenshomepage funktionsbezogene Daten von Mitarbeitern** zu veröffentlichen,
soweit diese Funktionen mit Außenwirkung erfüllen. Insbesondere mit der Nennung des
Namens, der Dienstbezeichnung und dienstlichen Kontaktdaten würden keine in irgendeiner Hinsicht schützenswerten personenbezogenen Daten preisgegeben.[56]

6.1.4.5 Auftragsdatenverarbeitung (§ 11 BDSG) und Auslandsbezug bei „Cloud Computing" (§ 4b BDSG)

Schrifttum

Bergt, Rechtskonforme Auftragsdatenverarbeitung im Massengeschäft, DuD 2013, 796; *Bierekoven*, Aktuelle Entwicklungen zur Auftragsdatenverarbeitung – Präzisierte Anforderungen der
Datenschutzaufsichtsbehörden, ITRB 2012, 280; *Borges*, Cloud Computing und Datenschutz, DuD
2014, 165; *Bongers/Krupna*, Der Subauftragnehmer im Rahmen der Auftragsdatenverarbeitung –
Weisungs- und Kontrollrechte in der Auftragskette, RDV 2014, 19; *Boos/Kroschwald/Wicker*, Datenschutz bei Cloud Computing zwischen TKG, TMG und BDSG, ZD 2013, 205; *Conrad/Fechtner*,
IT-Outsourcing durch Anwaltskanzleien nach der Inkasso-Entscheidung des EuGH und dem BGH,
CR 2013, 137; *Eckhardt*, Auftragsdatenverarbeitung – Gestaltungsmöglichkeiten und Fallstricke, DuD 2013, 585; *Eckhardt/Kramer*, Auftragsdatenverarbeitung, DuD 2014, 147; *Elbel*, Zur
Abgrenzung von Auftragsdatenverarbeitung und Übermittlung, RDV 2010, 203; *Engels*, Datenschutz in der Cloud – Ist hierbei immer eine Auftragsdatenverarbeitung anzunehmen?, K&R 2011,
548; *Erd*, Auftragsdatenverarbeitung in sicheren Drittstaaten – Plädoyer für eine Reform von § 3

---

[54] BGH, MMR 2015, 106, 108 – Ärztebewertungsportal.
[55] BGH, NJW 2009, 2888 – spickmich.de.
[56] BVerwG, ZTR 2008, 406.

Abs. 8 Satz 3 BDSG, DuD 2011, 275; *Evers/Kiene*, Datenschutzrechtliche Folgen der Ausgliede-rung von Dienstleistungen, DuD 2003, 341; *Fischer*, Brauchen wir neue EG-Standardklauseln für das „Global Outsourcing"?, CR 2009, 632; *Funke/Wittmann,* Cloud Computing – ein klassischer Fall der Auftragsdatenverarbeitung? – Anforderungen an die verantwortliche Stelle, ZD 2013, 221; *Giesen*, Datenverarbeitung im Auftrag in Drittstaaten, eine misslungene Gesetzgebung, CR 2007, 543; *Grützmacher*, Datenschutz und Outsourcing, ITRB 2007, 132; *ders.*, Vertragliche Ansprüche auf Herausgabe von Daten gegenüber dem Outsourcing-Anbieter, ITRB 2004, 260; *ders.*, Außer-vertragliche Ansprüche auf Herausgabe von Daten gegenüber dem Outsourcing-Anbieter, ITRB 2004, 282; *Heidrich/Wegener*, Sichere Datenwolken – Cloud Computing und Datenschutz, MMR 2010, 803; *Hillenbrand-Beck*, Aktuelle Fragestellungen des internationalen Datenverkehrs, RDV 2007, 231; *Hoeren*, Das neue BDSG und die Auftragsdatenverarbeitung, DuD 2010, 688; *Intveen*, Fernwartung von IT-Systemen, ITRB 2001, 251; *Koos/Englisch*, Eine „neue" Auftragsdatenverar-beitung? – Gegenüberstellung der aktuellen Rechtslage und der DS-GVO in der Fassung des LIBE-Entwurfs, ZD 2014, 276; *Lensdorf*, Auftragsdatenverarbeitung in der EU/EWR und Unterauftrags-datenverarbeitung in Drittländern: Besonderheiten der neuen EU-Standardvertragsklauseln, CR 2010, 735; *Lensdorf/Mayer-Wegelin/Mantz*, Outsourcing unter Wahrung von Privatgeheimnissen, CR 2009, 62; *Mende-Stief/Uhl*, Die Deutsche Wolke, DuD 2014, 249; *Müthlein/Heck*, Outsourcing und Datenschutz, 3. Aufl., 2006; *Nägele/Jacobs*, Rechtsfragen des Cloud Computing, ZUM 2010, 281; *Nielen/Thum*, Auftragsdatenverarbeitung durch Unternehmen im Nicht-EU-Ausland, K&R 2006, 171; *Rath/Rothe*, Cloud Computing: ein datenschutzrechtliches Update, K&R 2013, 623; Räther, Datenschutz und Outsourcing, DuD 2005, 461; *Rupprich/Feik*, Praktische Auswirkungen des § 11 Abs. 5 BDSG bei Übergabe oder Rückgabe von Festplatten und anderen Endgeräten mit Datenträgern an IT-Dienstleister oder Hersteller, PinG 2014, 72; *Scholz/Lutz*, Standardver-tragsklauseln für Auftragsverarbeiter und § 11 BDSG, CR 2011, 424; *Schröder,* Franchising als Auftragsdatenverarbeitung?, ZD 2012, 106; *Schröder/Haag*, Neue Anforderungen an Cloud Com-puting für die Praxis – Zusammenfassung und erste Bewertung der „Orientierungshilfe – Cloud Computing", ZD 2011, 147; *Schuster/Reichl*, Cloud Computing & SaaS: Was sind die wirklich neuen Fragen?, CR 2010, 38; *Selzer*, Die Kontrollpflicht nach § 11 Abs. 2 S. 4 BDSG im Zeitalter des Cloud Computing, DuD 2013, 215; *Vander*, Auftragsdatenverarbeitung 2.0?, K&R 2010, 292; *ders.*, Möglichkeiten und Grenzen weisungsgebundener Datenweitergabe – Beauftragung von IT-Leistungen in geheimnisschutzrelevanten Geschäftsfeldern nach der EuGH-Rechtsprechung, ZD 2013, 492.

Immer häufiger werden Daten bzw. ihre Erhebung, Verarbeitung oder Nutzung auf ei-ne andere Stelle ausgelagert (**Outsourcing, Hosting, Cloud Computing**). Grundsätzlich ist die Übermittlung von Daten an Dritte nach § 4b BDSG an strenge Voraussetzungen gebunden. Allerdings ermöglicht § 11 BDSG die **Auftragsdatenverarbeitung** auch oh-ne hierfür an die Zulässigkeitserfordernisse einer Übermittlung gebunden zu sein, weil nach dieser Vorschrift derjenige, der im Auftrag Daten erhebt, verarbeitet oder nutzt, kein „Dritter" sondern Teil der verantwortlichen Stelle ist. Damit ist die Übertragung der Daten sowie deren Verarbeitung und Nutzung durch den Auftragnehmer auch ohne Einwilligung oder gesetzliche Erlaubnis zulässig. Allerdings bleibt der Auftraggeber für die Einhal-tung der datenschutzrechtlichen Vorschriften verantwortlich (§ 11 Abs. 1 BDSG). Zudem verpflichtet Abs. 2 der Vorschrift den Auftraggeber nicht nur dazu, den Auftragnehmer unter besonderer Berücksichtigung der Eignung der von ihm getroffenen technischen und organisatorischen Maßnahmen sorgfältig auszuwählen. Vielmehr schreibt § 11 Abs. 2 S. 2 BDSG einen umfassenden Katalog zur Einhaltung von Mindestanforderungen bei der inhaltlichen Ausgestaltung des schriftlich abzuschließenden Auftragsdatenverarbeitungsvertrages vor (sog. **10-Punkte-Katalog**). Außerdem hat sich der Auftraggeber nach § 11 Abs. 2 S. 4 und 5 BDSG vor Beginn der Datenverarbeitung und sodann regelmäßig von der Einhaltung der beim Auftragnehmer getroffenen technischen und organisatorischen Maßnahmen zu überzeugen und das Ergebnis zu dokumentieren (**Kontroll- und Dokumentationspflicht**). Allerdings wird eine Kontrolle vor Ort regelmäßig nicht erforderlich sein, es sei denn es besteht aufgrund besonderer Umstände oder Vorfälle, wie etwa in der Vergangenheit bekannt gewordene Unzulänglichkeiten, Anlass dazu. Der Auftraggeber wird sich also regelmäßig auf Zertifizierungen, veröffentlichte Informationen und Referenzen verlassen dürfen. Schließlich ist zu beachten, dass der Auftragnehmer weisungsgebunden für den Auftraggeber handeln muss (§ 11 Abs. 3 S. 1 BDSG).

Festzulegen sind im Vertrag insbesondere (1.) Gegenstand und die Dauer des Auftrags, (2.) der Umfang, die Art und der Zweck der vorgesehenen Erhebung, Verarbeitung oder Nutzung von Daten, die Art der Daten und der Kreis der Betroffenen, (3.) die nach § 9 BDSG zu treffenden technischen und organisatorischen Maßnahmen, (4.) die Berichtigung, Löschung und Sperrung von Daten, (5.) die nach § 11 Abs. 4 BDSG bestehenden Pflichten des Auftragnehmers, insbesondere die von ihm vorzunehmenden Kontrollen, (6.) die etwaige Berechtigung zur Begründung von Unterauftragsverhältnissen, (7.) die Kontrollrechte des Auftraggebers und die entsprechenden Duldungs- und Mitwirkungspflichten des Auftragnehmers, (8.) mitzuteilende Verstöße des Auftragnehmers oder der bei ihm beschäftigten Personen gegen Vorschriften zum Schutz personenbezogener Daten oder gegen die im Auftrag getroffenen Festlegungen, (9.) der Umfang der Weisungsbefugnisse, die sich der Auftraggeber gegenüber dem Auftragnehmer vorbehält und schließlich (10.) die Rückgabe überlassener Datenträger und die Löschung beim Auftragnehmer gespeicherter Daten nach Beendigung des Auftrags.

Soll ein **Auftraggeber im Ausland** beauftragt werden, so ist zu beachten, dass § 11 BDSG nicht die Auftragsdatenverarbeitung in Ländern außerhalb der EU oder außerhalb des EWR erfasst. Dies ergibt sich aus § 3 Abs. 7 und Abs. 8 BDSG, wonach zwischen der verantwortlichen Stelle und Dritten zu unterscheiden ist. Dabei ist klargestellt, dass derjenige, der personenbezogene Daten im Auftrag erhebt, wie es in § 11 BDSG geregelt ist, nur dann nicht als außerhalb der verantwortlichen Stelle stehender Dritter anzusehen ist, wenn die Datenerhebung, Datenverarbeitung oder Datennutzung im Inland oder in einem anderen Mitgliedstaat der Europäischen Union bzw. des Europäischen Wirtschaftsraum erfolgt. Soll die Datenverarbeitung also in einem Drittstaat außerhalb der EU bzw. des EWR erfolgen, richtet sich die Zulässigkeit der Übermittlung nach § 4b BDSG.

Nach § 4b Abs. 2 S. 2 BDSG hat die Übermittlung in solchen Fälle grundsätzlich zu unterbleiben, soweit der Betroffene ein schutzwürdiges Interesse an dem Ausschluss der Übermittlung hat, insbesondere wenn bei der fraglichen Stelle ein angemessenes Datenschutzniveau nicht gewährleistet ist. Die EU-Kommission kann nach Art. 25 Abs. 6 EG-DSRL verbindlich für die Mitgliedstaaten feststellen, ob ein Drittland ein angemessenes Datenschutzniveau hat. Bislang hat die Kommission für folgende Staaten ein solches angemessenes Datenschutzniveau angenommen: Argentinien, Andorra, Färöer Inseln, Israel, Uruguay, Neuseeland, Guernsey, Isle of Man, Kanada, Schweiz und Jersey.[57]

---

[57] *Spindler*/Schuster, Recht der elektronischen Medien, BDSG § 4b Rn. 12.

Im Verhältnis zur USA können sich im Rahmen einer zwischen der EU-Kommission und dem US-Handelsministerium abgeschlossenen Vereinbarung (sog. „**Safe Harbor Abkommen**") US-Unternehmen in einer entsprechenden Liste des US-Handelsministeriums eintragen lassen, wenn sie sich verpflichten, die „Safe Harbor Principles" zu beachten.[58]

Zu beachten ist schließlich, dass die **Einstellung personenbezogener Daten auf einer weltweit frei abrufbaren Internetseite**, die bei einem in der EU ansässigen Host-Provider gespeichert ist, nach Auffassung des EuGH *keine* Datenübermittlung in Drittstaaten ist.[59] Das Einstellen von Daten auf der Webseite stelle keine Übermittlung von Daten in ein Drittland dar, da keine Übermittlung zwischen dem Betreiber einer Internetseite und dem Empfänger der Daten in einem Drittland stattfände, sondern vielmehr die EDV-Infrastruktur des Host-Providers zwischengeschaltet sei. Zudem würden die personenbezogenen Daten nicht automatisch an Empfänger in Drittstaaten versandt, sondern nur im Internet hochgeladen und anschließend durch eigene Handlungen der Empfänger eingesehen.

6.2   Meinungsäußerungen im Internet

Schrifttum
Beck, Lehrermobbing durch Videos im Internet – ein Fall für die Staatsanwaltschaft?, MMR 2008, 77; *ders.*, Internetbeleidigung de lege lata und de lege ferenda – Strafrechtliche Aspekte des „spickmich"-Urteils, MMR 2009, 736; *Bernreuther*, Zur Interessenabwägung bei anonymen Meinungsäußerungen im Internet, AfP 2011, 218; *Bruns*, Persönlichkeitsschutz im Internet – medienspezifischer oder medienpersönlichkeitsrechtlicher Standard, AfP 2011, 421; *Brunst*, Anonymität im Internet, Berlin 2009; *Dörre/Kochmann*, Zivilrechtlicher Schutz gegen negative eBay-Bewertungen, ZUM 2007, 30; *Dürr*, Der Gegendarstellungsanspruch im Internet, Sinzheim 2000; *Ernst*, Recht kurios im Internet – virtuell gestohlene Phönixschuhe, Cyber-Mobbing und noch viel mehr, NJW 2009, 1320; *Flechsig*, Zur Zulässigkeit der identifizierenden Urteilsveröffentlichung durch Private im Internet, AfP 2008, 284; *Gomille*, Standardisierte Leistungsbewertungen, München 2009; *ders.*, Prangerwirkung und Manipulationsgefahr bei Bewertungsforen im Internet, ZUM 2009, 815, *Gounalakis/Klein*, Zulässigkeit von personenbezogenen Bewertungsplattformen, NJW 2010, 566; *Gounalakis/Rhode*, Persönlichkeitsschutz im Internet, München 2002; *Greve/Schärdel*, Der digitale Pranger – Bewertungsportale im Internet, MMR 2008, 644; *Härting*, „Prangerwirkung" und „Zeitfaktor". 14 Thesen zu Meinungsfreiheit, Persönlichkeitsrechten und Datenschutz im Netz, CR 2009, 21; *Hartmann*, Unterlassungsansprüche im Internet, München 2009; *Heckmann*, Öffentliche Privatheit – Der Schutz des Schwächeren im Internet, K&R 2010, 770; *Helle*, Persönlichkeitsverletzungen im Internet, JZ 2002, 593; *Krause*, Das Gegendarstellungsrecht bei den neuen Mediendiensten des Internets, 2003; *Krieg/Roggenkamp*, Astroturfing – rechtliche Probleme bei gefälschten Kundenbewertungen im Internet, K&R 2010, 689; *Kühling*, Im Dauerlicht der Öffentlichkeit – Freifahrt für personenbezogene Bewertungsportale!?, NJW 2015, 447; *Libor*, Persönlichkeitsschutz und Internet – Verändern neue Kommunikationsformen das Persönlichkeitsrecht? Bericht, AfP 2011,

---

[58] Siehe hierzu *Plath*, BDSG, § 11 Rn. 53 f.
[59] EuGH, MMR 2004, 95 ff. – Lindqvist/Schweden mit Anm. *Roßnagel* = RDV 2004, 16 ff. mit Anm. *Dammann*; eingehend *Taraschka*, CR 2004, 280 ff.; siehe auch *Spindler*/Schuster, Recht der elektronischen Medien, BDSG § 4b Rn. 6.

450; *Möllers*, Pressefreiheit im Internet, AfP 2008, 241; *G. Müller*, Der Schutzbereich des Persönlichkeitsrechts im Zivilrecht, VersR 2008, 1141; *Ohly*, Verändert das Internet unsere Vorstellung von Persönlichkeit und Persönlichkeitsrecht?, AfP 2011, 428; *Ory*, Das Internet vergisst nicht – Rechtsschutz für Suchobjekte?, MMR 2009, 158; *Petersdorff-Campen*, Persönlichkeitsrecht und digitale Archive, ZUM 2008, 102; *Petershagen,* Rechtsschutz gegen Negativkommentare im Bewertungsportal von Internetauktionshäusern – Einstweilige Verfügung oder Hauptsacheverfahren?, NJW 2008, 953; *Wittreck*, Persönlichkeitsbild und Kunstfreiheit, AfP 2009, 6; *Wüllrich*, Das Persönlichkeitsrecht des Einzelnen im Internet, 2006; *Zoebisch*, Der Gegendarstellungsanspruch im Internet, ZUM 2011, 390.

Das **allgemeine Persönlichkeitsrecht** beinhaltet auch das Recht, in gewählter Anonymität zu bleiben und die eigene Person nicht in der Öffentlichkeit dargestellt zu sehen. Dieses Grundrecht wird jedoch auch in dieser Ausprägung nicht grenzenlos gewährt. Vielmehr können im Einzelfall die **Meinungsfreiheit**, das **Informationsinteresse der Öffentlichkeit** oder die **Pressefreiheit** Vorrang haben. Dabei birgt das Internet als immer größer werdender „Meinungsmarkt" mit seinen **Meinungsforen** und **Bewertungsportalen** nicht nur Chancen, sondern auch erhebliche Risiken. Zum einen sind Persönlichkeitsrechte im Internet in gesteigertem Maße gefährdet, weil Meinungsäußerungen nach der Erstveröffentlichung langfristig und dauerhaft abrufbar sind. Zum anderen können Meinungsäußerungen in erheblicher Weise eine Prangerwirkung entfalten, da sie für jeden Nutzer leicht zugänglich sind und zwar auch für Nutzer, die aus reiner Neugier nach bestimmten Informationen suchen bzw. mehr oder weniger zufällig auf solche stoßen.[60]

Die rechtliche Beurteilung der Meinungsäußerung hängt entscheidend davon ab, ob es sich um eine falsche oder wahre Tatsachenbehauptung bzw. um ein Werturteil handelt und welche Sphäre der Persönlichkeit betroffen ist:

- Handelt es sich bei der Meinungsäußerung um eine **Tatsachenbehauptung** gilt die Wahrheitspflicht, so dass die Verbreitung falscher Tatsachen nicht auf Art. 5 GG gestützt werden kann. Tatsachenbehauptungen liegen vor, wenn die Äußerung jedenfalls im Kern dem Wahrheitsbeweis zugänglich ist.[61]
- Demgegenüber kann sich derjenige, der **wahre Tatsachen** verbreitet, grundsätzlich auf Art. 5 Abs. 1 GG berufen, es sei denn, es handelt sich um Tatsachen aus der **Intim- und Geheimnissphäre**, für deren Verbreitung kein hinreichendes **öffentliches Interesse** besteht. Gleiches gilt für **Werturteile**, die im Gegensatz zu Tatsachenbehauptungen keinem Wahrheitsbeweis zugänglich sind. Diese sind unzulässig, wenn sie die Grenze zur Schmähkritik überschreiten oder die Intim- oder Geheimnissphäre betreffen und kein hinreichendes öffentliches Interesse besteht.[62]
- So genannte sensitive Daten, die der **Intim- und Geheimsphäre** zuzurechnen sind, genießen besonders hohen Schutz. Geschützt ist aber auch das Recht auf Selbstbestimmung bei der Offenbarung von persönlichen Lebenssachverhalten, die lediglich zur

---

[60] Vgl. *Härting*, CR 2009, 21 ff.
[61] Götting/Schertz/*Seitz*, Handbuch des Persönlichkeitsrecht, § 60 Rn. 62 f.
[62] BGH, NJW 2009, 2888 – spickmich.de.

Sozial- und Privatsphäre gehören. Jedoch dürfen im Lichte der Kommunikationsfreiheit Äußerungen zur **Sozialsphäre** desjenigen, über den berichtet wird, nur im Falle schwerwiegender Auswirkungen auf das Persönlichkeitsrecht mit negativen Sanktionen verknüpft werden, etwa dann, wenn eine Stigmatisierung, soziale Ausgrenzung oder Prangerwirkung zu befürchten sind. Tritt der Einzelne als ein in der Gemeinschaft lebender Bürger in Kommunikation mit anderen und berührt er dadurch die persönliche Sphäre von Mitmenschen oder Belange des Gemeinschaftslebens, dann ergibt sich aufgrund des Sozialbezuges nach ständiger Rechtsprechung des BVerfG eine Einschränkung des Bestimmungsrechtes desjenigen, über den berichtet wird.[63]

Bei **wahren Tatsachenbehauptungen oder Werturteilen im Internet**, sind daher alle Umstände des Einzelfalls zu berücksichtigen, insbesondere, **wie herausragend und präsent** die betreffende Person in der Öffentlichkeit erscheint, ob die **Sozialsphäre oder die Intimsphäre** betroffen ist und inwieweit die fraglichen Daten weltweit und ungehindert aufrufbar sind und wie lange (**Öffentlichkeits- bzw. Breitenwirkung**).

Beispiele

Bei einem **Arztsuche- und Ärztebewertungsportal** betreffen die Bewertungen regelmäßig die berufliche Tätigkeit und damit einen Bereich, in dem sich die persönliche Entfaltung von vornherein im Kontakt mit der Umwelt vollzieht. Nach dem vom BGH entwickelten Konzept abgestufter Schutzwürdigkeit bestimmter Sphären schützt das allgemeine Persönlichkeitsrecht zwar auch im Bereich der Sozialsphäre das Recht auf Selbstbestimmung bei der Offenbarung von persönlichen Lebenssachverhalten. Der Schutz ist aber geringer als bei Daten, die etwa der Intim- oder Geheimsphäre zuzuordnen sind. Im Bereich der Sozialsphäre muss sich der Einzelne wegen der Wirkungen, die seine Tätigkeit hier für andere hat, von vornherein auf die Beobachtung seines Verhaltens durch eine breitere Öffentlichkeit und auf Kritik an seinen Leistungen einstellen. Dies gilt insbesondere auch bei freiberuflich tätigen Ärzten, die ihre Leistungen in Konkurrenz zu anderen Ärzten anbieten. Äußerungen i. R. d. Sozialsphäre dürfen nur im Falle schwerwiegender Auswirkungen auf das Persönlichkeitsrecht mit negativen Sanktionen verknüpft werden, so etwa dann, wenn eine Stigmatisierung, soziale Ausgrenzung oder Prangerwirkung zu besorgen sind.[64]

Daneben ist maßgeblich, ob die betreffenden Äußerungen auch über eine Suchmaschine oder nur über die Internetplattform mit der Eingabe eines Namens abgerufen werden können. Daher ist z. B. auch von Bedeutung, ob für die Einsicht in ein **Lehrerbewertungsportal** eine Registrierung erforderlich ist und die Registrierung die Kenntnis der Schule voraussetzt, genauso wie der Umstand, dass die eingegebenen Daten nach Ablauf von zwölf Monaten gelöscht werden, wenn innerhalb eines Jahres keine

---

[63] BGH, NJW-RR 2007, 619.
[64] BGH, MMR 2015, 106, 108 – Ärztebewertungsportal.

Neubewertung erfolgt. In diesem Fall kann von einem grundsätzlich berechtigten Informationsinteresse über das berufliche Auftreten von Lehrkräften ausgegangen werden.[65]

Gegen danach unzulässige Tatsachenbehauptungen oder Werturteile kann der Betroffene zivilrechtlich vorgehen, wobei Ansprüche nicht nur gegen den Äußernden in Betracht kommen, sondern nach den Grundsätzen zur Störerhaftung auch gegenüber dem Betreiber der Plattform, in welchem die wahrheitswidrigen Tatsachen verbreitet werden.[66]

6.3   Bildnisschutz im Internet und sonstige Persönlichkeitsrechte

Schrifttum
Bier/Spieker, Intelligente Videoüberwachungstechnik – Schreckensszenario oder Gewinn für den Datenschutz?, CR 2012, 610; *Czernik*, Heimliche Bildaufnahmen – ein beliebtes Ärgernis, GRUR 2012, 457; *Ernst*, Google StreetView – Urheber- und persönlichkeitsrechtliche Fragen zum Straßenpanorama, CR 2010, 178; *Härting*, „Prangerwirkung“ und „Zeitfaktor“ – 14 Thesen zu Meinungsfreiheit, Persönlichkeitsrechten und Datenschutz im Internet, CR 2009, 21; *Helle*, Die Einwilligung zum Eingriff in das Recht am eigenen Bild, AfP 1990, 259; *Höch/Kandelbach*, Hat der Nutzer sein Recht in sozialen Netzwerken selbst in der Hand?, WRP 2012, 1060; *Klass*, Die zivilrechtliche Einwilligung als Instrument zur Disposition über Persönlichkeitsrechte, AfP 2005, 507; *Libertus*, Die Einwilligung als Voraussetzung für die Zulässigkeit von Bildnisaufnahmen und deren Verbreitung, ZUM 2007, 621; *Marinovic*, Commercialization of Dead and Living Celebrities in the U.S. and Germany, GRUR Int. 2010, 26; *Müller*, Konkurrenz von Einwilligungsberechtigten in der Neufassung des § 22 KUG, ZUM 2002, 202; *Neukamm*, Bildnisschutz in Europa, 2007; *Petershagen*, Der Schutz des Rechts am eigenen Bild vor Hyperlinks, NJW 2011, 705; *Sauer*, Nutzungsrechte von Arbeitnehmerfotos im Unternehmen, K&R 2012, 404; *Schertz*, Die wirtschaftliche Nutzung von Bildnissen und Namen bekannter Persönlichkeiten, FS Hertin, 2000, S. 709; *Schmitt*, Aufnahmen von Doppelgängern zwischen Kunstfreiheit und Privatsphärenschutz, in Götting/Lauber-Rönsberg, Aktuelle Entwicklungen im Persönlichkeitsrecht, 2010, S. 71; *Zagouras*, Die Situationsgebundenheit der Einwilligung nach § 22 KUG, AfP 2005, 152; *Zentai*, Das Recht auf eine originalgetreue Darstellung des eigenen Bildnisses?, ZUM 2003, 363.

Neben dem Recht auf informationelle Selbstbestimmung und dem allgemeinen Persönlichkeitsrecht sind bei der Nutzung des Internet ferner die sonstigen besonderen Persönlichkeitsrechte zu beachten, wie das Urheberpersönlichkeitsrecht und insbesondere das Recht am eigenen Bild.

Das in §§ 22 ff. KUG geregelte **Recht am eigenen Bild** gewährleistet, dass jeder selbst über die Verbreitung und öffentliche Zurschaustellung seines Bildnisses entscheiden kann.[67] Verbreitet werden Bildnisse, wenn sie als körperliche Gegenstände weitergegeben werden, und öffentlich zur Schau gestellt, d. h. wenn sie für eine nicht bestimmt abgegrenzte und nicht untereinander oder zu einem Veranstalter persönlich verbundene Mehrzahl von Personen sichtbar gemacht werden.

---

[65] BGH, NJW 2009, 2888 – spickmich.de.
[66] BGH, NJW 2007, 2558; *Härting*, CR 2009, 22.
[67] Vgl. dazu z. B. Götting/Schertz/*Seitz*, Handbuch des Persönlichkeitsrecht, § 12.

Beispiel

Dies wird auch dann angenommen, wenn im Internet im anderen Zusammenhang veröffentlichte Bildnisse einer Person im Rahmen einer kritischen Auseinandersetzung mit dieser Person **verlinkt** werden und die Linksetzung bewusst eingesetzt wird, um die im Wortbericht geschilderte angebliche „Dummheit, Borniertheit und Realitätsverschiebung der Person" zu untermauern.[68]

Zulässig ist die Verbreitung und öffentliche Zurschaustellung von Bildnissen nur, wenn die **Ausnahmeregelungen** der §§ 23 und 24 KUG (z. B. Bilder aus dem Bereich der Zeitgeschichte, Personen als Beiwerk oder Bilder von Versammlungen) greifen oder der Abgebildete zumindest stillschweigend **eingewilligt** hat. Von einer stillschweigenden Einwilligung kann insbesondere ausgegangen werden, wenn die abgebildete Person die Herstellung der Aufnahme in Kenntnis ihres Zwecks billigt oder aufgrund ihrer beruflichen Tätigkeit damit rechnen muss.[69] Hinsichtlich des Umfangs und der Reichweite der Einwilligung findet die urheberrechtliche Zweckübertragungsregel analoge Anwendung. Grundsätzlich deckt die Einwilligung die Nutzung des Bildnisses nur soweit, als es der konkrete Zweck der Vereinbarung erfordert. Zu beachten ist ferner, dass die Einwilligung unter bestimmten Umständen aus wichtigem Grund widerrufbar ist. Ein solcher wichtiger Grund ist insbesondere dann anzunehmen, wenn die Weiterverwendung des Fotos aufgrund gewandelter Überzeugung persönlichkeitsrechtsverletzend ist und ein Festhalten an der Einwilligung unzumutbar ist.[70]

Als Ausnahmen vom Bildnisschutz kommen insbesondere Bildnisse aus dem Bereich der Zeitgeschichte, Bilder, auf denen die Personen nur als Beiwerk erscheinen sowie Bilder von Versammlungen, Aufzügen und ähnlichen Vorgängen oder Bildnisse, deren Verbreitung oder Schaustellung einem höheren Interesse der Kunst dient, in Betracht.[71] Voraussetzung ist aber stets, dass eine Verbreitung und Schaustellung nicht die **berechtigten Interessen** des Abgebildeten oder, falls dieser verstorben ist, seiner Angehörigen verletzt.

In gleicher Weise genießt schließlich auch die Vertraulichkeit des nicht öffentlich gesprochenen Wortes den Schutz des Art. 2 Abs. 1 i. V. m. Art. 1 Abs. 1 GG (Recht am eigenen Wort). Dazu gehört insbesondere das Recht, selbst zu bestimmen, ob der Kommunikationsinhalt einzig bestimmten Gesprächspartnern oder weiteren Personen oder gar der Öffentlichkeit zugänglich sein soll,[72] so dass insbesondere die Herstellung und Zugänglichmachung heimlicher Tonaufnahmen erfasst sind.

---

[68] OLG München, ZUM-RD 2007, 526.
[69] BGH, GRUR 1968, 652, 654 – Ligaspieler; BGH, GRUR 2015, 295 – Hostess auf Eventportal.
[70] Vgl. dazu Schricker/*Götting*, Urheberrecht, § 60 Rn. 41.
[71] Vgl. dazu Götting/Schertz/*Seitz*, Handbuch des Persönlichkeitsrecht, § 12 Rn. 25 ff.
[72] BVerfGE 54, 148 (155).

6.4 Jugendmedienschutz

Schrifttum

Alexander, Praxisanforderungen für Werbung gegenüber Kindern und Jugendlichen, GRUR-Prax 2014, 489; *Berger*, Jugendschutz im Internet: „Geschlossene Benutzergruppen" nach § 4 Abs. 2 Satz 2 JMStV – Am Beispiel personalausweiskennziffergestützter Altersverifikationssysteme, MMR 2003, 773; *Boos*, Divergenter Rechtsrahmen für Inhalte im konvergenten Fernsehgerät – Vorschläge zum gesetzlichen Umgang mit Hybrid-TV, MMR 2012, 364; *Bornemann*, Der Jugendmedienschutz-Staatsvertrag der Länder, NJW 2003, 787; *ders.*, Der „Verbreitensbegriff" bei Pornografie in audiovisuellen Mediendiensten, MMR 2012, 157; *Döring/Günter*, Jugendmedienschutz: Alterskontrollierte geschlossene Benutzergruppen im Internet gemäß § 4 Abs. 2 Satz 2 JMStV, MMR 2004, 231; *Erdemir*, Jugendschutzprogramme und geschlossene Benutzergruppen – Zu den Anforderungen an die Verbreitung entwicklungsbeeinträchtigender und jugendgefährdender Inhalte im Internet, CR 2005, 275; *ders.*, Neugewichtung des Kinder- und Jugendmedienschutzes in Zeiten der Digitalisierung der Gesellschaft, 2014; *Halves*, Zur Neuordnung des Jugendmedienschutzes im Bereich der Telemedien – Die KJM und das Prinzip der regulierten Selbstregulierung, 2007; *Hörnle*, Pornografische Schriften im Internet: Die Verbotsnormen im deutschen Strafrecht und ihre Reichweite, NJW 2002, 1008; *Köhne*, Jugendmedienschutz durch Alterskontrollen im Internet, NJW 2005, 794; *Liesching, Jugendschutzprogramm für „ab 18" – Internetangebote*, MMR 2013, 368; ZUM 2003, 425; *Stettner*, Der neue Jugendmedienschutz-Staatsvertrag – eine Problemsicht, ZUM 2003, 425; *Thaenert*, Nochmals zur Reform der Medienkontrolle durch den Zehnten Rundfunkänderungsstaatsvertrag, ZUM 2009, 131; *Ukrow*, Jugendschutzrecht, 2004.

Angesichts fortschreitender Technik und veränderter Mediennutzung von Kindern und Jugendlichen kommt schließlich auch dem Jugendmedienschutz im Internet immer größere Bedeutung zu. Das Rechtsgut des Kinder- und Jugendschutzes wird aus Art. 2 Abs. 1 i. V. m. Art. 1 Abs. 1 GG hergeleitet. Es wurde vom Bundesverfassungsgericht wiederholt als ein „Ziel von bedeutsamem Rang und ein wichtiges Gemeinschaftsanliegen" bezeichnet.[73] Regelungen zum Jugendschutz im Internet finden sich vor allem im Jugendmedienschutzstaatsvertrag (JMStV). Der JMStV wird ergänzt durch das Jugendschutzgesetz (JuSchG), das in erster Linie dem Jugendschutz bei Trägermedien (Kinofilm, Blu-ray-Disc, DVD, CD-ROM etc.) dient.

Zu beachten ist insbesondere der zentrale Verbotskatalog des § 4 JMStV, der neben indizierten und offensichtlich schwer jugendgefährdenden Angeboten vor allem die für die Medienaufsicht relevanten Bestimmungen des StGB (Volksverhetzung, Gewaltdarstellungen, Pornografie) aufgreift. Jugendgefährdende Angebote nach § 4 Abs. 2 S. 1 JMStV, wie insbesondere die einfache Pornografie oder solche, die offensichtlich geeignet sind, die Entwicklung von Kindern und Jugendlichen oder ihre Erziehung zu einer eigenverantwortlichen und gemeinschaftsfähigen Persönlichkeit unter Berücksichtigung der besonderen Wirkungsform des Verbreitungsmediums schwer zu gefährden, dürfen nach § 4 Abs. 2 S. 2 JMStV in Telemedien nur angeboten werden, wenn von Seiten des Anbieters sichergestellt ist, dass die **Angebote nur Erwachsenen zugänglich** sind („geschlossene Benutzergruppe"). Eine wirklich **zuverlässige Altersprüfung** kann nach dem derzeitigen Stand

---

[73] BVerfGE 30, 336, BVergGE 30, 348; BVerfGE 77, 346, BVerfGE 77, 356; BVerfGE 83, 139.

der Technik wohl allein durch persönliche Identifikation mit Altersüberprüfung des Nutzers – z. B. im Rahmen des Postident-Verfahrens sichergestellt werden.[74] Demgegenüber stellt ein **Altersverifikationssystem**, das den Zugang zu pornografischen Angeboten im Internet lediglich nach Eingabe einer Ausweisnummer sowie der Postleitzahl des Ausstellungsortes ermöglicht, keine effektive Barriere für den Zugang Minderjähriger zu diesen Angeboten dar und genügt nicht den Anforderungen des § 4 JMStV. Nichts anderes gilt, wenn zusätzlich die Eingabe einer Adresse sowie einer Kreditkartennummer oder Bankverbindung und eine Zahlung eines geringfügigen Betrags verlangt wird.[75]

Gemäß den Eckpunkten der Kommission für Jugendmedienschutz der Landesmedienanstalten (KJM) ist die Altersverifikation für geschlossene Benutzergruppen durch zwei miteinander verbundene Schritte sicherzustellen:[76] Erstens durch eine zumindest einmalige Identifizierung (Volljährigkeitsprüfung), die über persönlichen Kontakt erfolgen muss. Voraussetzung für eine verlässliche Volljährigkeitsprüfung ist dabei die persönliche Identifizierung von natürlichen Personen inklusive Überprüfung ihres Alters. Die persönliche Identifizierung ist notwendig, damit Fälschungs- und Umgehungsrisiken möglichst vermieden werden. Zweitens durch Authentifizierung beim einzelnen Nutzungsvorgang. Die Authentifizierung dient der Sicherstellung, dass nur die jeweils identifizierte und altersgeprüfte Person Zugang zu geschlossenen Benutzergruppen erhält, und soll die Weitergabe von Zugangsberechtigungen an unautorisierte Dritte erschweren.

Neben den grundsätzlich unzulässigen Angeboten nach § 4 JMStV ist für lediglich **entwicklungsbeeinträchtigende Angebote** § 5 JMStV zu beachten. Danach muss bei Angeboten, die geeignet sind, die Entwicklung von Kindern oder Jugendlichen zu einer eigenverantwortlichen und gemeinschaftsfähigen Persönlichkeit zu beeinträchtigen, der Anbieter dafür Sorge tragen, dass Kinder oder Jugendliche der betroffenen Altersstufen sie **üblicherweise nicht wahrnehmen**. Dabei wird die Eignung zur Beeinträchtigung der Entwicklung vermutet, wenn sie nach dem Jugendschutzgesetz für Kinder oder Jugendliche der jeweiligen Altersstufe nicht freigegeben sind. Der Anbieter kann seiner Pflicht dadurch entsprechen, dass er (1.) durch **technische oder sonstige Mittel** die Wahrnehmung des Angebots durch Kinder oder Jugendliche der betroffenen Altersstufe unmöglich macht oder wesentlich erschwert oder (2.) die **Zeit**, in der die Angebote verbreitet oder zugänglich gemacht werden, so wählt, dass Kinder oder Jugendliche der betroffenen Altersstufe üblicherweise die Angebote nicht wahrnehmen (§ 5 Abs. 3 JMStV). In Betracht kommt gem. § 11 Abs. 1 JMStV insbesondere die Programmierung oder Vorschaltung eines von der KJM anerkannten Jugendschutzprogrammes, mit dem versucht wird, jugendproblematische Inhalte durch **Filter-, Abblock- und Bewertungssysteme** aus dem Netz herauszufiltern, den Zugriff auf sie zu blockieren oder nur nach Maßgabe einer entsprechenden Bewertung und altersmäßigen Zuordnung möglich zu machen.

---

[74] BGH, NJW 2008, 1882 – ueber18.de; OLG Düsseldorf, CR 2005, 657; Spindler/Schuster/*Erdemir*, Recht der elektronischen Medien, § 4 JMStV, Rn. 78 ff.; siehe auch *BVerfG*, K&R 2009, 792 f.

[75] BGH, NJW 2008, 1882 – ueber18.de.

[76] Vgl. www.kjm-online.de.

Schrifttum

Ahrens, 21 Thesen zur Störerhaftung im UWG und im Recht des Geistigen Eigentums, WRP 2007, 1281; *Czychowski/Nordemann*, Grenzenloses Internet – entgrenzte Haftung?, GRUR 2013, 986; *Döring*, Die Haftung für eine Mitwirkung an Wettbewerbsverstößen nach der Entscheidung des BGH „Jugendgefährdende Medien bei eBay", WRP 2007, 1131; *Fülbier*, Web 2.0 – Haftungsprivilegierungen bei MySpace und YouTube, CR 2007, 515; *Fürst*, Störerhaftung – Fragen der haftungsbegründenden Zumutbarkeit und Konsequenzen – Das Ende von ebay?, WRP 2009, 378; *Holznagel*, Notice and Take-Down-Verfahren als Teil der Providerhaftung, 2013; *Jergolla*, Das Ende der wettbewerbsrechtlichen Störerhaftung?, WRP 2004, 655; *Jürgens*, Von der Provider- zur Provider- und Medienhaftung, CR 2006, 188; *Klatt*, Die Kerngleichheit als Grenze der Prüfungspflichten und der Haftung des Hostproviders, ZUM 2009, 265; *Köhler*, Die Beteiligung an fremden Wettbewerbsverstößen, WRP 1997, 897; *Lehmann/Rein*, eBay: Haftung des globalen Basars zwischen Gemeinschaftsrecht und BGH, CR 2008, 97; *Lehment*, Neuordnung der Täter- und Störerhaftung, WRP 2012, 149; *Leistner*, Störerhaftung und mittelbare Schutzrechtsverletzung, GRUR-Beil. 1/2010, 1; *ders.*, Grundlagen und Perspektiven der Haftung für Urheberrechtsverletzungen im Internet, ZUM 2012, 722; *Leistner/Stang*, Die Neuerung der wettbewerbsrechtlichen Verkehrspflichten – Ein Siegeszug der Prüfungspflichten?, WRP 2008, 533; *Mühlberger*, Die Haftung des Internetanschlussinhabers bei Filesharing-Konstellationen nach den Grundsätzen der Störerhaftung, GRUR 2009, 1022; *Neuhaus*, Sekundäre Haftung im Lauterkeits- und Immaterialgüterrecht, 2010; *Nolte/Wimmers*, Wer stört? Gedanken zur Haftung von Internetmediären im Internet, GRUR 2014, 16; *J. B. Nordemann*, Verkehrspflichten und Urheberrecht, FS Loewenheim, 2009, S. 215; *Obergfell*, Expansion der Vorbeugemaßnahmen und zumutbare Prüfungspflichten von File-Hosting-Diensten, NJW 2013, 1995; *Ohly*, Die Verantwortlichkeit von Intermediären, ZUM 2015, 308; *Peter*, Störer im Internet – Haften Eltern für ihre Kinder?, K&R 2007, 371; *Rehbinder*, Tauschbörsen, Sharehoster und UGC-Streamingdienste, ZUM 2013, 241; *Rössel*, Schadensersatzhaftung bei Verletzung von Filterpflichten, CR 2008, 35; *v. Samson-Himmelstjerna*, Haftung von Internetauktionshäusern, 2008; *Sandor*, Eltern haften für ihre Kinder? – Störerhaftung des Anschlussinhabers für fremde Urheberrechtsverletzungen, ITRB 2010, 9; *Schmitz/Laun*, Die Haftung kommerzieller Meinungsportale im Internet, MMR 2005, 208; *Schuster*, Die Störerhaftung von Suchmaschinenbetreibern bei Textausschnitten („Snippets"), CR 2007, 443; *Spindler*, Die Störerhaftung im Internet – (k)ein Ende in Sicht? Geklärte und ungeklärte Fragen, FS Köhler, 2014, S. 665; *ders.*, Präzisierungen der Störerhaftung im Internet, GRUR 2011, 101; *ders.*, Haftung für private WLANs im Delikts- und Urheberrecht, CR 2010, 592; *Spindler/Volkmann*, Die zivilrechtliche Störerhaftung der Internet-Provider,

© Springer Fachmedien Wiesbaden 2016
S. Hetmank, *Internetrecht*, DOI 10.1007/978-3-658-08976-4_7

WRP 2003, 1; *Spindler/Wiebe*, Internet-Auktionen und Elektronische Marktplätze, 2. Aufl. 2005; *Stadler*, Haftung für Informationen im Internet, 2005; *Volkmann*, Haftung für fremde Inhalte: Unterlassungs- und Beseitigungsansprüche gegen Hyperlinksetzer im Urheberrecht, GRUR 2005, 200; *ders.*, Die Unterlassungsvollstreckung gegen Störer aus dem Online-Bereich, CR 2003, 440; *ders.*, Verkehrspflichten für Internet-Provider, CR 2008, 232; *Vonhoff*, Negative Äußerungen auf Unternehmensbewertungsportalen, MMR 2012; *Wiebe*, Providerhaftung in Europa: Neue Denkanstöße durch den EuGH, WRP 2012, 893 (Teil 1), 1044 (Teil 2); *Wilmer*, Überspannte Prüfungspflichten für Host-Provider? – Vorschlag für eine Haftungsmatrix, NJW 2008, 1845; *Wimmers/Heymann*, Wer stört? – Zur Haftung der Internetprovider für fremde Inhalte, MR-Int. 2007, 222; *Witte*, Störerhaftung im Internet, ITRB 2007, 87.

Inhalte, die im Internet zum Abruf bereitgehalten werden, können gegen Immaterialgüter-, Persönlichkeits- oder Namensrechte verstoßen oder wettbewerbsrechtlich unlauter sein. Allerdings stellt sich häufig nicht nur die Frage nach der Rechtsverletzung als solche, sondern auch, ob neben demjenigen, der die Rechte unmittelbar verletzt, noch weitere Beteiligte verantwortlich gemacht werden können. Die Zurechnung fremder Tatbeiträge beurteilt sich dabei wie auch sonst nach den Grundsätzen von Täterschaft und Teilnahme sowie den Grundsätzen zur Störerhaftung. Ansprüche gegen Dritte können sich insbesondere aus §§ 823 Abs. 1, 1004 Abs. 1 analog und 824 BGB ergeben.

Eine Verantwortlichkeit als Täter oder Teilnehmer kommt in Betracht, wenn die im Internet eingestellten fremden Inhalte dem Dritten als eigene zugerechnet werden können. Dies kann insbesondere dann der Fall sein, wenn sich **fremde Inhalte zu eigen gemacht werden** oder **Verkehrspflichten dadurch verletzt werden**, dass das eigene Handeln die ernsthafte Gefahr begründet, dass Dritte die geschützten Interessen von Marktteilnehmern verletzen und diese Gefahr nicht im Rahmen des Zumutbaren und Möglichen begrenzt wurde. Scheidet dagegen eine Haftung als Täter oder Teilnehmer aus, kommt eine Haftung als **unmittelbarer oder mittelbarer Störer** in Betracht. *Unmittelbarer* Störer ist derjenige, der durch seine Handlung oder Unterlassung selbst schon die Beeinträchtigung bewirkt, während der *mittelbare* Störer die Beeinträchtigung wenigstens adäquat-kausal mitverursacht. In jedem Fall ist aber für die Verantwortlichkeit von Anbietern von Telemediendiensten die **Haftungsprivilegierung für fremde Inhalte** nach §§ 7 ff. TMG zu beachten.

Von diesen Grundsätzen abgesehen, bereitet aber insbesondere die Unterscheidung zwischen täterschaftlicher Verletzung von Verkehrspflichten einerseits und Störerhaftung andererseits erhebliche Schwierigkeiten. Der BGH hat Verkehrspflichten lediglich im Bereich des Lauterkeitsrechts als allgemeines Verhaltensunrecht anerkannt.[1] Demgegenüber wird für die Verletzung von geistigen Eigentumsrechten (z. B. Urheberrechte und Markenrechte) überwiegend auf das Haftungskonzept der Störerhaftung abgestellt.[2] Unterschiede ergeben sich vor allem daraus, dass bei einer Störerhaftung nur Unterlassungs- und Beseitigungsansprüche in Betracht kommen, wohingegen bei einer täterschaftlichen Begehung auch Schadensersatzansprüche bestehen können. Wiederrum anders wird

---

[1] BGH, GRUR 2007, 890 Rn. 36 ff. – Jugendgefährdende Medien bei ebay.
[2] BGH, GRUR 2010, 633 Rn. 13 – Sommer unseres Lebens; BGH, GRUR 2011, 1018 Rdnr. 18 – Automobil-Onlinebörse.

die täterschaftliche Verletzung von Verkehrspflichten allerdings vom Patentsenat des BGH beurteilt, wonach es bei Delikten, die wie die Patentverletzung auch fahrlässig begangen werden können im Ergebnis ohne Belang sei, ob der Verletzer als Störer oder als Täter bezeichnet wird.[3] Schließlich soll auch bei einer Markenverletzung derjenige als Täter und nicht nur als Störer anzusehen sein, der als Inhaber eines Mitgliedskontos bei der Internetplattform eBay eine Schutzrechtsverletzung dadurch ermöglicht hat, dass er seine persönlichen Zugangsdaten nicht hinreichend vor dem Zugriff durch seine Ehefrau gesichert hat.[4] Vorzugswürdig erscheint es, die deliktische Haftung einheitlich nach den Grundsätzen der Verkehrshaftung zu beurteilen. Im Bereich der deliktischen Haftung nach § 823 Abs. 1 BGB sind Verkehrspflichten als Verkehrssicherungspflichten in ständiger Rechtsprechung anerkannt und zwar sowohl im Immaterialgüterrecht als auch im Wettbewerbsrecht. Es gilt der allgemeine Rechtsgrundsatz, dass jeder, der in seinem Verantwortungsbereich eine Gefahrenquelle schafft oder andauern lässt, **die ihm zumutbaren Maßnahmen und Vorkehrungen treffen muss**, die zur Abwendung der daraus für Dritte drohenden Gefahren notwendig sind. Im Ergebnis stünden die Verkehrspflichten der täterschaftlichen Haftung mit der für die Störerhaftung relevanten so genannten Prüfpflicht überein.

7.1   Haftungsprivilegierung nach dem TMG

Um den Besonderheiten des Internet und den Bedürfnissen und Möglichkeiten der Internetdienstanbieter, die für die Nutzung oder den Betrieb von Inhalten und Diensten im Internet erforderlich sind, gerecht zu werden, hat der Gesetzgeber in den §§ 7 ff. TMG in Umsetzung der E-Commerce-Richtlinie eine **gestufte Verantwortlichkeit der Provider** je nach Umfang ihrer Mitwirkung an der Verbreitung von Inhalten vorgesehen: Während demnach die Haftung für *eigene* Inhalte, die im Internet bereitgestellt werden, unberührt bleibt (§ 7 Abs. 1 TMG), sind Diensteanbieter, die lediglich *fremde* **Inhalte** übermitteln oder speichern, grundsätzlich nicht verpflichtet, diese Informationen zu überwachen oder nach Umständen zu forschen, die auf eine rechtswidrige Tätigkeit hinweisen (§ 7 Abs. 2 TMG). Darüber hinaus sehen die §§ 8 und 10 TMG Haftungsprivilegien für die Durchleitung von Informationen durch Access-Provider und die Speicherung fremder Inhalte durch Host-Provider vor. Die Haftungserleichterungen gelten grundsätzlich auch für die strafrechtliche Verantwortlichkeit.[5]

Dagegen gelten die Haftungserleichterungen des TMG für fremde Inhalte nicht für die **datenschutzrechtliche Verantwortlichkeit**, weil die Datenschutzrichtlinie als unionsrechtliche Vorgabe grundsätzlich abschließende Regelungen zur Verantwortlichkeit aufstellt.[6] Zudem sind nach Art. 1 Abs. 5b der E-Commerce-Richtlinie die Datenschutzrichtlinie (RL 95/46/EG) und die RL 97/66/EG vom Anwendungsbereich ausgenommen, da beide Richtlinien uneingeschränkt auf die Dienste der Informationsgesellschaft anwendbar sind und der Richtliniengeber von weiteren Normen zum Datenschutz abgesehen hat. Allerdings würde eine Haftungserleichterung nach dem TMG in aller

---

[3] BGH, GRUR 2009, 1142 Rn. 30 ff. – MP3-Player-Import,.
[4] BGH, GRUR 2009, 597 = NJW 2009, 1960 – Halzband.
[5] KG, GRUR 2015, 101.
[6] Vgl. *Piltz*, K&R 2014, 80, 84 ff. m. w. N.; Taeger/Gabel/*Moos*, BDSG, TMG Einf. Rn. 21; *Voigt/Alich*, NJW 2011, 3541, 3543.

Regel auch schon deshalb nicht greifen, weil man die speichernden Stellen nach den Vorschriften des BDSG ohnehin nicht als „Dritte" wird ansehen können. Vielmehr werden sie in aller Regel selbst als verantwortliche Stellen handeln, selbst wenn es sich um „fremde" Daten handelt. Etwas anderes gilt nur dann, wenn die speichernde Stelle Auftragnehmer i. S. v. § 11 BDSG ist. In diesem Fall liegt die Verantwortlichkeit allein beim Auftraggeber, vorausgesetzt die Daten werden nur nach den Weisungen des Auftraggebers erhoben, verarbeitet oder genutzt.

7.1.1 Grundsatz: Haftung nur für eigene Inhalte und keine allgemeine Überwachungspflicht (§ 7 TMG)

Diensteanbieter haften nur für *eigene* Inhalte (§ 7 Abs. 1 TMG). Darüber hinaus ist in § 7 Abs. 2 S. 1 TMG zusätzlich klargestellt, dass im Internet proaktive Überwachungs- und Nachforschungspflichten zur Verhinderung von Rechtsverletzungen ebenfalls nur für *eigene* Inhalte bestehen. Nach dieser ausdrücklichen **Entbindung von allgemeinen Überwachungspflichten** sind Diensteanbieter im Sinne der §§ 8 bis 10 TMG also nicht verpflichtet, die von ihnen übermittelten oder gespeicherten Informationen zu überwachen oder nach Umständen zu forschen, die auf eine rechtswidrige Tätigkeit hinweisen. Dies hat zur Konsequenz, dass eine Haftung für fremde Inhalte grundsätzlich *erst ab Kenntnis* von einer Rechtsverletzung möglich ist, da eine Haftung *ohne* Kenntnis genau die allgemeine Überwachungspflichten implizieren würde, die § 7 Abs. 2 S. 1 TMG gerade ausschließt.

Allerdings bleiben Verpflichtungen zur Entfernung oder Sperrung der Nutzung von Informationen nach den allgemeinen Gesetzen auch im Falle der Nichtverantwortlichkeit des Diensteanbieters unberührt, genauso wie das Fernmeldegeheimnis nach § 88 TKG zu wahren ist (§ 7 Abs. 2 S. 2 TMG). Indem die nach den allgemeinen Gesetzen bestehenden Verpflichtungen zur Entfernung oder Sperrung der Nutzung von Informationen von der Vorschrift ausdrücklich ausgeklammert werden, sind die spezifischen Haftungsprivilegierungen nach §§ 8 bis 10 TMG also grundsätzlich nur auf Schadensersatzansprüche und **nicht** auch **auf Unterlassungsansprüche und damit auf die Störerhaftung anwendbar**.[7] Demgegenüber gilt aber das **Verbot allgemeiner Überwachungspflichten** nach § 7 Abs. 2 S. 1 TMG (bzw. Art. 15 RL 2000/31/EG) ganz generell und somit auch für Unterlassungsansprüche, so dass auch diese grundsätzlich **erst ab Kenntniserlangung** von etwaigen rechtsverletzenden Inhalten in Betracht kommen.[8]

---

[7] BGH, GRUR 2004, 860, 862 f. – Internet-Versteigerung I; BGH, GRUR 2011, 152 Rn. 26 – Kinderhochstühle im Internet I; BGH, GRUR 2007, 708 Rn. 17 f. – Internet-Versteigerung II; BGH, GRUR 2008, 702 Rn. 38 – Internet-Versteigerung III; siehe bereits *Spindler/Volkmann,* WRP 2003, 1, 3 f.; ebenso wohl auch EuGH, GRUR 2012, 265 Rn. 47 ff. – Scarlet/SABAM und EuGH, GRUR 2012, 382 Rn. 33 – Netlog/SABAM.
[8] BGH, GRUR 2013, 1030 Rn. 30 – File-Hosting-Dienst; BGH, GRUR 2013, 370 Rn. 19 – Alone in the Dark.

Zu beachten ist schließlich, dass eigene Inhalte nicht nur solche sind, die vom Anbieter selbst stammen, sondern auch **„zu Eigen gemachte Inhalte"**.[9] Für die Beantwortung der Frage, ob sich der Diensteanbieter Inhalte Dritter zu eigen macht, sind insbesondere die **Kenntnisse** und **Kontrollmöglichkeiten** des Diensteanbieters sowie das **Erscheinungsbild für Außenstehende** entscheidend. Maßgeblich ist also, ob der Anbieter sich darauf beschränkt, seinen Dienst mittels **rein technischer und automatischer Verarbeitungen** der von einem Dritten eingegebenen Daten neutral zu erbringen und den Zugang zu diesen zu vermitteln, so dass die Tätigkeiten damit rein technischer, automatischer und passiver Art sind.[10] Fremde Inhalte können somit insbesondere dann zu eigenen werden, wenn der Anbieter seine *neutrale* Vermittlerposition verlässt und derart aktiv wird, dass er von bestimmten Inhalten Kenntnis erlangen musste und kontrollieren konnte. Dabei beurteilt sich die Unterscheidung zwischen eigenen oder fremden Inhalten grundsätzlich aus der Sicht des Nutzers. Zu fragen ist also, ob diese Inhalte als fremde erkennbar sind und ob der Diensteanbieter aus Sicht eines objektiven Nutzers für die Information die Verantwortung tragen will. Ein Hinweis darauf, dass sich der Portalbetreiber die Inhalte zu eigen macht, kann auch darin liegen, dass er sich umfassende Nutzungsrechte an den fremden Inhalten einräumen lässt und Dritten anbietet, diese Inhalte kommerziell zu nutzen.[11]

Beispiele

Keine fremden sondern eigene Inhalte liegen z. B. vor, wenn eine Einladung mit einem fremde Urheberrechte verletzenden Kartenausschnitt zwar von einem Dritten stammt, diese Einladung aber nicht von dem Dritten, sondern von dem Diensteanbieter selbst auf der Internetseite hinterlegt wird. In diesem Fall muss der Diensteanbieter bzw. der handelnde Mitarbeiter von dem Einladungsschreiben Kenntnis nehmen, so dass auch eine entsprechende Kontrollmöglichkeit über den Speichervorgang bestand.[12] Gleiches gilt für den Betreiber eines Internetportals, in das Dritte für die Öffentlichkeit bestimmte Kochrezepte stellen können und diese Inhalte vor ihrer Freischaltung auf Vollständigkeit und Richtigkeit bzw. Plausibilität überprüft werden.[13]

7.1.2   Keine Haftung für Durchleitung, Zugangsvermittlung und Zwischenspeicherung (§§ 8 und 9 TMG)

Diensteanbieter sind für fremde Informationen, die sie in einem Kommunikationsnetz lediglich übermitteln oder zu denen sie lediglich den Zugang zur Nutzung vermitteln (**Access-Provider**), grundsätzlich nicht verantwortlich (§ 8 TMG). Das gleiche gilt für Diensteanbieter, die lediglich Inhalte automatisch und zeitlich begrenzt zwischenspei-

---

[9] BT-Drucks. 14/6098, S. 23.
[10] EuGH, MMR 2011, 596 – L'Oréal SA ./. eBay; BGH, MMR 2012, 178 – Stiftparfüm.
[11] BGH, GRUR 2010, 616 – marions-kochbuch.de.
[12] BGH, GRUR 2014, 180, Rn. 22 – Terminhinweis mit Kartenausschnitt.
[13] BGH, GRUR 2010, 616 – marions-kochbuch.de.

chern („**Caching**"). Allerdings müssen sie unverzüglich handeln, um im Sinne dieser Vorschrift gespeicherte Informationen zu entfernen oder den Zugang zu ihnen zu sperren, sobald sie Kenntnis davon erhalten haben, dass die Informationen am ursprünglichen Ausgangsort der Übertragung aus dem Netz entfernt wurden oder der Zugang zu ihnen gesperrt wurde oder ein Gericht oder eine Verwaltungsbehörde die Entfernung oder Sperrung angeordnet hat (§ 9 TMG).

7.1.3   Keine Haftung für die Speicherung fremder Inhalte (§ 10 TMG)

Die in der Praxis mit Abstand bedeutendste Haftungsprivilegierung findet sich in § 10 TMG für sog. **Host-Provider**. Danach sind Diensteanbieter für fremde Informationen, die sie für einen Nutzer speichern, nicht verantwortlich, wenn sie **keine Kenntnis** von der rechtswidrigen Handlung oder Information haben und ihnen im Falle von Schadensersatzansprüchen auch **keine Tatsachen oder Umstände** bekannt sind, aus denen die rechtswidrige Handlung oder Information offensichtlich wird, oder sie **unverzüglich nach Kenntnisnahme tätig geworden sind**, um die Information zu entfernen oder den Zugang zu sperren (§ 10 S. 1 TMG). Nach § 10 S. 2 TMG gilt die Haftungsprivilegierung nicht, wenn der Nutzer dem Diensteanbieter untersteht oder von ihm beaufsichtigt wird.

Wie schon bei der Unterscheidung zwischen fremden und eigenen Inhalten ist auch hier zu beachten, dass die Vorschrift seinem Wortlaut und Sinn nach nur gilt, wenn sich der Anbieter ausschließlich darauf beschränkt, *fremde* Informationen zu speichern. Sein Dienst darf nicht über die **neutrale, rein technische und automatische Speicherung** der von einem Dritten eingegebenen Daten hinausgehen. Die Tätigkeiten des Diensteanbieters müssen rein technischer, automatischer und passiver Art sein.[14] Verlässt der Anbieter dagegen seine neutrale Vermittlerposition und spielt er eine aktive Rolle, die ihm eine Kenntnis von bestimmten Daten oder eine Kontrolle über sie verschaffen konnte, wird er sich hinsichtlich dieser Daten nicht auf die Haftungsprivilegierung berufen können.[15]

Beispiele

So kann beispielsweise für den Fall, dass eine Auktionsplattform bei einem Suchmaschinenbetreiber so genannte AdWords-Anzeigen bucht und einen Link zu rechtsverletzenden Angeboten von Verkäufern auf ihrer Internetplattform setzt, nicht ausgeschlossen werden, dass die Auktionsplattform durch *aktives Tun* an einer Rechtsverletzung der Verkäufer mitgewirkt hat.[16] Das gleiche kann gelten, wenn der Betreiber bei der Präsentation der betreffenden Verkaufsangebote Hilfestellung leistet und diese Angebote gezielt bewirbt.[17]

---

[14] EuGH, MMR 2011, 596 – L'Oréal SA ./. eBay; BGH, MMR 2012, 178 – Stiftparfüm.
[15] EuGH, GRUR 2011, 1025 Rn. 113, 116 – L'Oréal/eBay.
[16] BGH, GRUR 2011, 152 Rn. 53 – Kinderhochstühle im Internet.
[17] EuGH, GRUR 2011, 1025 Rn. 113, 116 – L'Oréal/eBay.

7.1.4 Störerhaftung bei Verletzung von Prüfpflichten

Hatte der Dienstanbieter keine Kenntnis von einer konkret drohenden Haupttat, kann der Diensteanbieter zwar nicht als Täter oder Gehilfe in Anspruch genommen werden. In Betracht kommt aber eine **Störerhaftung** nach § 1004 BGB analog. Als Störer kann bei der Verletzung absoluter Rechte auf Unterlassung in Anspruch genommen werden, wer – ohne Täter oder Teilnehmer zu sein – in irgendeiner Weise willentlich und adäquat-kausal zur Verletzung des geschützten Rechtsguts beiträgt. Sind bei einer Beeinträchtigung mehrere Personen beteiligt, so kommt es für die Frage, ob ein Unterlassungsanspruch gegeben ist, grundsätzlich nicht auf Art und Umfang des Tatbeitrags oder auf das Interesse des einzelnen Beteiligten an der Verwirklichung der Störung an.

Da aber die Störerhaftung nicht über Gebühr auf Dritte, die die rechtswidrige Beeinträchtigung nicht selbst vorgenommen haben, erstreckt werden darf, setzt die Haftung des Störers nach ständiger Rechtsprechung die **Verletzung von Prüfpflichten** voraus. Deren Umfang bestimmt sich danach, ob und inwieweit dem als Störer in Anspruch Genommenen nach den Umständen eine Prüfung **zuzumuten** ist.[18] Maßgebend sind dafür unter anderem der eigene Verursachungsbeitrag (z. B. Ermunterung oder regelrechte Herausforderung zu Rechtsverletzungen durch etwaige Werbung oder die Ermöglichung einer vollkommen anonymen Nutzung),[19] die Bedeutung des Dienstes für Allgemeinheit,[20] die Erkennbarkeit der Rechtsverletzung, das Bestehen und die Wirksamkeit technischer Hilfsmittel zur Verhinderung solcher Verletzungen und die Kosten etwaiger Prüf- und Überwachungsmaßnahmen[21] sowie die Möglichkeiten des Verletzten, selbst gegen den unmittelbaren Verletzer vorzugehen.[22] Grundsätzlich müssen Diensteanbieter die nach vernünftigem Ermessen die von ihnen zu erwartende und in innerstaatlichen Rechtsvorschriften niedergelegte Sorgfaltspflicht anwenden, um bestimmte Arten rechtswidriger Tätigkeiten aufzudecken und zu verhindern.[23]

Zu beachten ist aber, dass nach der jüngeren Rechtsprechung des BGH einer allgemeinen Prüfungspflicht von Diensteanbietern für die von Nutzern auf ihre Server eingestellten Dateien § 7 TMG Abs. 2 S. 1 TMG entgegensteht.[24] Danach sind Diensteanbieter gerade nicht verpflichtet, die von ihnen übermittelten oder gespeicherten fremden Informationen zu überwachen oder nach Umständen zu forschen, die auf eine rechtswidrige Tätigkeit hindeuten. Nach dieser Vorschrift sind **Überwachungspflichten allgemeiner Art gera-**

---

[18] BGH, GRUR 2008, 702 Rn. 50 – Internetversteigerung III; BGH, GRUR 2011, 617 Rn. 37 – Sedo.

[19] BGH, GRUR 2013, 1030 Rn. 31 – File-Hosting-Dienst.

[20] BGH, GRUR 2012, 651 Rn. 25 – regierung-oberfranken.de.

[21] BGH, GRUR 2011, 152 Rn. 39 ff. – Kinderhochstühle im Internet.

[22] BGH, GRUR 2007, 890 Rn. 40 – Jugendgefährdende Medien bei eBay.

[23] Erwägungsgrund 48 Richtlinie 2000/31/EG; vgl. BGH, GRUR 2011, 617 Rn. 40 – Sedo.

[24] BGH, GRUR 2013, 1030 Rn. 30 – File-Hosting-Dienst; BGH, GRUR 2013, 370 – Alone in the Dark; anders noch BGH, GRUR 2004, 860 – Internetversteigerung I; BGH, GRUR 2011, 152 Rn. 26 – Kinderhochstühle im Internet; für das Persönlichkeitsrecht siehe BGH, GRUR 2012, 311 Rn. 19 – Blog-Eintrag; siehe auch BGH, GRUR 2012, 751 Rn. 19 – RSS-Feed.

de ausgeschlossen. Etwas anderes kann daher nur **in spezifischen Fällen** gelten. Nach diesen Maßstäben ist es dem Betreiber einer Internethandelsplattform also grundsätzlich nicht zuzumuten, jedes Angebot vor Veröffentlichung im Internet auf eine mögliche Rechtsverletzung hin zu untersuchen. Wird er allerdings auf eine klare Rechtsverletzung hingewiesen, muss er nicht nur das konkrete Angebot unverzüglich sperren („**Notice and take down**"), sondern auch Vorsorge treffen, dass es **möglichst nicht zu weiteren derartigen Rechtsverletzungen kommt**.[25]

Dies bedeutet, dass bei der bloßen Speicherung fremder Inhalte bis zu dem Zeitpunkt, zu dem der Diensteanbieter von den rechtswidrigen Inhalten Kenntnis erlangt, grundsätzlich keine Prüfpflichten bestehen. Etwas anderes gilt aber für **andere „gleichartige" Rechtsverletzungen**. Für diese haftet er als Störer, wenn er nach Kenntniserlangung nicht alles ihm technisch und wirtschaftlich Zumutbare getan hat, um weitere Rechtsverletzungen im Hinblick auf die ihm zur Kenntnis gelangten Rechtsverletzungen zu verhindern. Im Sinne der Störerhaftung sind solche Verletzungshandlungen gleichartig, durch die die Rechtsverletzung erneut verwirklicht wird. Gleichartige Rechtsverletzungen sind daher nicht nur Inhalte, die mit den bekannt gewordenen Fällen identisch sind, die also das Zugänglichmachen des *gleichen* Inhalts durch den *gleichen* Nutzer betreffen. Vielmehr bestehen auch weitergehende Handlungspflichten im Hinblick auf das Auffinden des gleichen Inhalts in *gleichartigen* Erscheinungsformen von *anderen* Nutzern. In Betracht kommen insbesondere technische Filtersysteme (mit manueller Nachkontrolle) oder die Überprüfung von (externen) Linksammlungen, die auf die bekannt gewordenen rechtsverletzenden Inhalte verweisen.[26] Die Grenze der Zumutbarkeit ist jedoch dann erreicht, wenn Anknüpfungspunkte für die Ermittlung von gleichartigen Rechtsverletzungen fehlen, insbesondere wenn es an geeigneten Suchparametern für das Auffinden des rechtsverletzenden Inhalts mangelt[27] und der Anbieter verpflichtet sein würde, eine aktive Überwachung fast aller Daten sämtlicher Nutzer seiner Dienste vorzunehmen[28] bzw. wenn ein an sich legitimes Geschäftsmodell des Diensteanbieters durch die Aufbürdung von Prüfungspflichten als Ganzes in Frage gestellt würde.[29]

---

[25] BGH, GRUR 2004, 860 – Internetversteigerung I; BGH, GRUR 2007, 208 – Internetversteigerung II; BGH, GRUR 2008, 702 – Internetversteigerung III; BGH, GRUR 2011, 1038 Rn. 21 – Stiftparfüm; BGH, GRUR 2013, 370 – Alone in the Dark; BGH, GRUR 2013, 1030 Rn. 30 – File-Hosting-Dienst; BGH, GRUR 2013, 1229 Rn. 34 – Kinderhochstühle II; ähnlich auch EuGH, GRUR 2011, 1025 Rn. 144 – L'Oréal/eBay.

[26] BGH, GRUR 2013, 370 – Alone in the Dark; BGH, GRUR 2013, 1030 Rn. 61 ff. – File-Hosting-Dienst; BGH, GRUR 2011, 152 Rn. 38 – Kinderhochstühle im Internet; LG Hamburg, MMR 2012, 404, 406 – YouTube/GEMA; LG München I, GRUR 2007, 419, 421 – Lateinlehrbuch.

[27] BeckOK UrhG/*Reber*, § 97 Rn. 56.

[28] EuGH, GRUR 2012, 382 Rn. 38 ff. – SABAM/Netlog.

[29] BGH, GRUR 2007, 708, 712 – Internetversteigerung II; BGH, GRUR 2011, 152 Rn. 38 – Kinderhochstühle im Internet.

Beispiel

Ein File-Hosting-Dienst, der im Internet Speicherplatz zur Verfügung stellt, kann als Störer haften, wenn bei ihm das Computerspiel „Alone in the Dark" durch einen Nutzer seines Dienstes in urheberrechtsverletzender Weise öffentlich zugänglich gemacht wird, sobald ihm ein Hinweis auf die klare Rechtsverletzung gegeben worden ist. Nach einem solchen Hinweis muss der File-Hosting-Dienst im Rahmen des technisch und wirtschaftlich Zumutbaren auch verhindern, dass derselbe oder andere Nutzer das ihm konkret benannte, urheberrechtlich geschützte Computerspiel Dritten erneut über seine Server anbieten. Für den Diensteanbieter ist es dann grundsätzlich ohne weiteres zumutbar, sämtliche Dateien mit einem Dateinamen zu finden, der den Titel „Alone in the Dark" enthält und mit einem entsprechenden Wortfilter weitere Rechtsverletzungen aufzudecken. Auch soweit Hyperlinks in Linksammlungen auf Dateien verweisen, die auf den Servern des File-Hosting-Dienstes gespeichert sind und das Computerspiel „Alone in the Dark" enthalten, handelt es sich um Verletzungshandlungen, die mit den festgestellten Verletzungen gleichartig sind und auf die sich die Prüfungspflichten nach Unterrichtung grundsätzlich erstrecken. Im Übrigen kann grundsätzlich auch eine manuelle Kontrolle jedenfalls einer einstelligen Zahl von Linksammlungen zuzumuten sein.[30]

Schließlich ist zu beachten, dass der BGH die Störerhaftung **für lauterkeitsrechtliche Verstöße** nach dem UWG aufgegeben hat. In Fällen in denen im Internet die Interessen von Marktteilnehmern verletzt werden, die durch das Wettbewerbsrecht geschützt sind, kommt daher nur ein täterschaftlicher Verstoß des Plattformbetreibers gegen **lauterkeitsrechtliche Verkehrspflichten** in Betracht. Derjenige, der durch sein geschäftliches Handeln im geschäftlichen Verkehr in einer ihm zurechenbaren Weise die Gefahr eröffnet, dass Dritte durch das Wettbewerbsrecht geschützte Interessen von Marktteilnehmern verletzen, sei wettbewerbsrechtlich verpflichtet, diese Gefahr im Rahmen des Möglichen und Zumutbaren zu begrenzen.[31] Schaffe der Plattformbetreiber eine in seinem eigenen geschäftlichen Interesse allgemein zugängliche Handelsplattform, deren Nutzung in naheliegender Weise mit der Gefahr verbunden ist, schutzwürdige Interessen von Verbrauchern zu beeinträchtigen und sei diesem auch bekannt, dass es dabei zu Rechtsverletzungen kommt, liege ein wettbewerbswidriges Verhalten vor, wenn der Anbieter es unterlässt, im Hinblick auf die ihm konkret bekannt gewordenen Verstöße zumutbare Vorkehrungen zu treffen, um derartige Rechtsverletzungen künftig soweit wie möglich zu verhindern, und es infolge dieses Unterlassens entweder zu weiteren derartigen Verstößen kommt oder diese ernsthaft zu besorgen sind.[32]

Die Zurechnung von Rechtsverletzungen durch die Verletzung von Verkehrspflichten betrifft aber **allein die Fälle des *Verhaltensunrechts* im Wettbewerbsrecht**, auf

---

[30] BGH, GRUR 2013, 370 – Alone in the Dark.
[31] BGH, ZUM 2007, 846, 848 – Jugendgefährdende Medien bei eBay; BGH, GRUR 2011, 152 Rn. 48 – Kinderhochstühle im Internet.
[32] BGH, a. a. O.

welche die Störerhaftung mangels Verletzung eines absoluten Rechts (*Erfolgsunrecht*) nicht anwendbar ist. Im Gegensatz zur oben dargestellten Störerhaftung stellt die Frage der Prüfungspflichten damit kein im Rahmen der Rechtswidrigkeit zu prüfendes haftungs*begrenzendes* Merkmal dar, sondern ein haftungs*begründendes* Tatbestandsmerkmal. Während über die Störerhaftung nach allgemeiner Ansicht nur Unterlassungsansprüche begründet werden, kann die täterschaftliche Begehung durch Verletzung von Verkehrspflichten auch Schadensersatzansprüche nach sich ziehen. Im Übrigen aber ergeben sich keine nennenswerten Unterschiede zur Störerhaftung, weil es in beiden Fällen um die Verletzung von Prüfungs- oder Überwachungspflichten geht und in beiden Fällen die gesetzlichen Haftungsprivilegien nach §§ 7 ff. TMG zu beachten sind.

Für Verletzungen von Immaterialgüterrechten (wie etwa Marken- und Urheberrechte) und von Persönlichkeitsrechten hält die Rechtsprechung also weiterhin an der Störerhaftung fest.[33] Allerdings erscheint diese Ungleichbehandlung zwischen Wettbewerbs- und Immaterialgüterrechten unpraktisch und nicht gerechtfertigt. Bereits die Unterscheidung zwischen Erfolgs- und Handlungsunrecht ist in vielen Fällen schon deswegen schwierig, weil in beiden Fällen sowohl der Erfolg einer Schädigung als auch die dazu vorgenommene Handlung bzw. Unterlassung regelmäßig nebeneinander stehen, ohne dass ein besonderer Schwerpunkt des Vorwurfs auszumachen wäre.

7.2 Haftung von File-Hosting-Diensten und Forenbetreibern für „User-Generated Content"

Die oben genannten Grundsätze zur Haftungsprivilegierung nach dem TMG und zur Störerhaftung gelten auch für solche Anbieter, die fremde Inhalte in einem eigenen Dienst integrieren, wie etwa in **Internetforen**, **Newsgroups**, **Videoplattformen** und **Social Media** (z. B. Facebook oder Twitter).[34] Entscheidend ist somit auch hier, ob *eigene* oder *fremde* Inhalte vorliegen. Grundsätzlich liegen fremde Inhalte nur vor, wenn dies durch eine deutliche Distanzierung äußerlich klar erkennbar gemacht wird. Entscheidend ist demnach, ob der Betreiber den zurechenbaren Anschein erweckt, er identifiziere sich mit den Inhalten seiner Nutzer.[35] Dies kann beispielsweise bei einer redaktionellen Kontrolle oder bei einer Einbettung durch sog. **Framing** anzunehmen sein, bei dem die Nutzer der Webseite den Unterschied zwischen fremden oder eigenen Inhalten nicht mehr erkennen können. Dagegen werden bei Diensten, bei denen allein der Nutzer die Verbreitung der von ihm hochgeladenen Inhalte kontrolliert, und keine Auswahl oder Prüfung der gespeicherten Dateien durch den Diensteanbieter erfolgt, fremde Inhalte regelmäßig nicht zu eigenen Inhalten gemacht. Erst recht muss dies für bloße File-Hosting-Dienste gelten, deren einziger Zweck darin besteht, ihren Kunden das Ablegen von Dateien auf einem zentralen Datenspeicher zu ermöglichen.

---

[33] BGH, GRUR 2011, 152 Rn. 45 – Kinderhochstühle im Internet; BGH, GRUR 2013, 511 Rn. 41 – Morpheus; BGH, GRUR 2012, 651 Rn. 21 – regierung-oberfranken.de.
[34] Vgl. hierzu *Schuster*, GRUR 2013, 1201.
[35] BGH, GRUR 2010, 616 Rn. 27 – marions-kochbuch.de.

Ist danach von echten Fremdinhalten auszugehen, so kommt nur eine **Störerhaftung** in Betracht, wofür grundsätzlich die **Kenntnis von der Rechtsverletzung** erforderlich ist. Bis zur Kenntniserlangung ist der Betreiber nicht zu einer proaktiven Überwachung verpflichtet (§ 7 Abs. 2 TMG). Sobald dem Betreiber aber Tatsachen oder Umstände bekannt sind, aus denen die rechtswidrige Handlung oder die Information offensichtlich wird, muss er unverzüglich tätig werden, um die Information zu entfernen oder den Zugang zu ihr zu sperren („**Notice and take down-Verfahren**"). Andernfalls haftet er nach den allgemeinen Grundsätzen.

Auch eine weitergehende Prüfungspflicht wegen einer **besonderen Gefahrengeneigt-heit** des angebotenen Dienstes für Rechtsverletzungen kommt nur in Ausnahmefällen in Betracht. Zwar ist nach der früheren Rechtsprechung ein Gewerbetreibender schon vor Erlangung der Kenntnis einer konkreten Verletzung verpflichtet, die Gefahr auszuräumen, wenn sein Geschäftsmodell von vornherein auf Rechtsverletzungen durch die Nutzer seiner Leistung angelegt ist oder der Gewerbetreibende durch eigene Maßnahmen die Gefahr einer rechtsverletzenden Nutzung fördert.[36] Allerdings stehen selbst **File-Sharing- und Hosting-Dienste** grundsätzlich im Einklang mit der Rechtsordnung, weil regelmäßig auch eine legale Nutzung solcher Dienste möglich ist, für die ein beträchtliches technisches und wirtschaftliches Bedürfnis besteht. Neben einer Verwendung als „virtuelles Schließ-fach" für eine sichere Verwahrung großer Mengen geschäftlicher oder privater Daten kann ein solcher Dienst auch dazu benutzt werden, bestimmten Nutzern eigene oder gemein-freie Dateien zum Herunterladen oder zur Bearbeitung bereitzustellen.[37] Einem Anbieter dürfen unter diesen Umständen aber keine Kontrollmaßnahmen auferlegt werden, die sein Geschäftsmodell wirtschaftlich gefährden oder seine Tätigkeit unverhältnismäßig erschweren würden.[38] Allerdings können bei besonders gefahrgeneigten **Meinungsporta-len** der Einsatz von Filtern sowie besondere Selbstschutz- und Beschwerdemöglichkeiten, wie etwa sog. „**Abuse-Buttons**", zumutbar und erforderlich sein. Sobald jedenfalls der Anbieter auf eine klare Rechtsverletzung hingewiesen wird, muss er nicht nur das konkrete Angebot unverzüglich sperren, sondern **auch Vorsorge treffen, dass es möglichst nicht zu weiteren derartigen Rechtsverletzungen kommt**.[39]

Nichts anderes gilt schließlich für **Bewertungsportale**.[40] Bewertungen müssen grund-sätzlich nicht im Hinblick auf die Richtigkeit der in ihnen enthaltenen Tatsachenbehaup-

---

[36] BGH, GRUR 2009, 841 Rn. 21 f. – Cybersky.
[37] BGH, GRUR 2013, 370 Rn. 22 – Alone in the Dark.
[38] BGH, GRUR 2013, 370 Rn. 28 – Alone in the Dark; EuGH, GRUR 2011, 1025 Rn. 139 – L'Oreal/eBay.
[39] Siehe bereits oben, I. 4.; BGH, GRUR 2004, 860 – Internetversteigerung I; BGH, GRUR 2007, 208 – Internetversteigerung II; BGH, GRUR 2008, 702 – Internetversteigerung III; BGH, GRUR 2011, 1038 Rn. 21 – Stiftparfüm; BGH, GRUR 2013, 370 – Alone in the Dark; BGH, GRUR 2013, 1030 Rn. 30 – File-Hosting-Dienst; BGH, GRUR 2013, 1229 Rn. 34 – Kinderhochstühle II; ähnlich auch EuGH, GRUR 2011, 1025 Rn. 144 – L'Oréal/eBay.
[40] Vgl. hierzu *Kühling*, NJW 2015, 447; *Schuster*, GRUR 2013, 1201; *Lauber-Rönsberg*, MMR 2014, 10.

tungen inhaltlich überprüft werden, bevor sie online gestellt werden. Derartige vorgeschal-
tete Prüfungspflichten würden unverhältnismäßig hohe Hürden für den Betreiber eines Bewertungsportals im Internet darstellen und die Gefahr begründen, dass der Betrieb derarti-
ger Portale auf Grund der damit verbundenen wirtschaftlichen und tatsächlichen Probleme
eingestellt wird.[41] Der Hostprovider ist vielmehr erst verantwortlich, wenn er **Kenntnis**
von der Verletzung des Persönlichkeitsrechts erlangt. Dies setzt voraus, dass die Beanstandung des Betroffenen so konkret gefasst ist, dass der Rechtsverstoß auf der Grundlage
der Behauptungen des Betroffenen unschwer bejaht werden kann.[42] Dabei hängt das Ausmaß des insoweit vom Provider zu verlangenden Prüfungsaufwands von den Umständen
des Einzelfalls ab, insbesondere vom Gewicht der angezeigten Rechtsverletzungen auf der
einen und den Erkenntnismöglichkeiten des Providers auf der anderen Seite. Maßgeblich
ist somit einerseits der jeweilige **Gefährdungsgrad des Internetportals** der sich insbesondere durch die etwaige **Missbrauchsanfälligkeit** aufgrund der Anonymität der Nutzer,
die Öffentlichkeits- bzw. **Breitenwirkung** des Mediums (Zugangsbeschränkungen, Auffindbarkeit über Suchmaschinen, etc.) und seine **thematische Ausrichtung** (Privat- oder
Sozialsphäre der Bewerteten) bemisst.

Andererseits ist zu berücksichtigen, dass der Verursacherbeitrag zu der Rechtsverletzung bei Bewertungsportalen im Ausgangspunkt zwar größer ist als etwa der von reinen
File-Hosting-Diensten. Allerdings muss auch beachtet werden, dass eine Überwachung
von Meinungsportalen – anders als andere Dienste – grundsätzlich nicht automatisiert erfolgen kann, da eine Persönlichkeitsrechtsverletzung in der Regel erst nach Abwägung der
betroffenen Interessen festgestellt werden kann.

Regelmäßig ist demnach zunächst eine etwaige Beanstandung eines Betroffenen an
den für den Eintrag Verantwortlichen **zur Stellungnahme weiterzuleiten**. Bleibt eine
Stellungnahme innerhalb einer nach den Umständen angemessenen Frist aus, ist von der
Berechtigung der Beanstandung auszugehen und der beanstandete Eintrag zu löschen.
Stellt der für den Eintrag Verantwortliche die Berechtigung der Beanstandung substanti-
iert in Abrede und ergeben sich deshalb berechtigte Zweifel, ist der Provider grundsätzlich
gehalten, dem Betroffenen dies mitzuteilen und gegebenenfalls Nachweise zu verlangen,
aus denen sich die behauptete Rechtsverletzung ergibt. Bleibt eine Stellungnahme des
Betroffenen aus oder legt er gegebenenfalls erforderliche Nachweise nicht vor, ist eine
weitere Prüfung nicht veranlasst. Ergibt sich aus der Stellungnahme des Betroffenen oder
den vorgelegten Belegen auch unter Berücksichtigung einer etwaigen Äußerung des für
den Eintrag Verantwortlichen eine rechtswidrige Verletzung des Persönlichkeitsrechts, ist
der beanstandete Eintrag (ggf. vollständig) zu löschen.[43] Wird der Portalbetreiber auf diese Weise über einen konkreten rechtswidrigen Eintrag in Kenntnis gesetzt, können unter

---

[41] KG, MMR 2012, 35 (36).
[42] BGH, GRUR 2012, 311 – Blog-Eintrag; BGH, MMR 2015, 106 – Ärztebewertungsportal.
[43] BGH, GRUR 2012, 311 Rn. 26 f. – Blog-Eintrag; BGH, MMR 2015, 106 – Ärztebewertungsportal; OLG Stuttgart, NJW-RR 2014, 680.

Umständen weitere risikoorientierte Stichproben – insbesondere im Hinblick auf andere Beiträge des rechtswidrig Handelnden angezeigt sein.

Fraglich ist schließlich, ob bei besonders gefahrgeneigten Portalen auch eine **Pflicht zur Registrierung der Nutzer** unter Angabe des Klarnamens besteht.[44] Denn im Falle der vollkommen anonymen (bzw. pseudonymen) Nutzung von Bewertungsportalen wird die Rechtsdurchsetzung erheblich erschwert und die Gefahr von Manipulationen durch Mehrfachanmeldungen erhöht. Zu beachten ist aber, dass ein Anbieter von Telemediendiensten nach § 13 Abs. 6 S. 1 TMG sogar verpflichtet ist, die Nutzung von Telemedien anonym oder pseudonym zu ermöglichen, soweit dies technisch möglich und zumutbar ist. Diese Verpflichtung bezieht sich nicht nur auf die anonyme Nutzung im Außenverhältnis, sondern auch im Verhältnis zum Diensteanbieter,[45] weil durch das dahinter stehende Datenvermeidungsgebot gem. § 3a BDSG von vornherein die Entstehung personenbezogener Daten verhindert werden soll. Demnach kann von einem Betreiber der Plattform **grundsätzlich keine Registrierungspflicht** abverlangt werden, weil die anonyme Nutzung eines Bewertungsportals grundsätzlich technisch möglich und zumutbar ist und er bei einer verpflichtenden Erhebung personenbezogener Daten gegen geltendes Recht verstoßen würde.[46] Die für die Betroffenen missliche Konsequenz, dass damit die Geltendmachung von Persönlichkeitsrechten Dritter im Fall des Ausnutzens der anonymen oder pseudonymen Nutzung nahezu unmöglich gemacht wird, ändert nichts an der klaren gesetzlichen Vorgabe, die auch unter Gerechtigkeitserwägungen nicht einfach ignoriert werden kann. Die Auffassung, dass eine anonyme oder pseudonyme Registrierung dem Anbieter eines Telemediums aus diesen Gründen nicht zumutbar sei,[47] verdeckt, dass von der misslichen (unzumutbaren) Lage des Verletzten nicht ohne Weiteres auf die Zumutbarkeit seitens des Portalbetreibers geschlossen werden kann. Allein auf letztere kommt es nach § 13 Abs. 6 S. 1 TMG aber an. Zudem wäre eine Beschränkung der Meinungsäußerungsfreiheit auf Äußerungen, die einem bestimmten Individuum zugeordnet werden können, mit Art. 5 Abs. 1 S. 1 GG wohl nicht vereinbar.[48]

7.3   Haftung von Online-Handels- und Auktionsplattformen

Gleiches gilt grundsätzlich auch für die Anbieter von Online-Handels- und Auktionsplattformen.[49] Auch hier ist zunächst zu beachten, dass die Haftungsprivilegierung nach

---

[44] Vgl. hierzu *Lauber-Rönsberg*, MMR 2014, 10, 12 f.

[45] A. A. OLG Düsseldorf MMR 2006, 618, 620 m. Anm. *Eichelberger*; OLG Hamburg, ZUM 2009, 417, 420 – Long Island Ice Tea.

[46] Vgl. aber EuGH, MMR 2011, 596 Rn. 142, wonach dem Betreiber eines Online-Marktplatzes aufgegeben werden könne, Maßnahmen zu ergreifen, die die Identifizierung seiner als Verkäufer auftretenden Kunden erleichtern.

[47] Spindler/Schuster/*Spindler/Nink*, Recht der elektronischen Medien, § 13 TMG Rn. 22.

[48] BGH, MMR 2015, 106, 109 – Ärztebewertungsportal.

[49] Vgl. BGH, GRUR 2004, 860 – Internetversteigerung I; BGH, GRUR 2007, 208 – Internetversteigerung II; BGH, GRUR 2008, 702 – Internetversteigerung III; BGH, GRUR 2011, 152 –

§§ 7 ff. TMG nur für *fremde* Inhalte gilt. Die Tätigkeit des Anbieters darf nicht über die **neutrale, rein technische und automatische Speicherung** der von einem Dritten eingegebenen Inhalte hinausgehen. Verlässt der Anbieter dagegen seine neutrale Vermittlerposition und spielt er eine aktive Rolle, die ihm eine Kenntnis von bestimmten Daten oder eine Kontrolle über sie verschaffen konnte, kann er sich hinsichtlich dieser Daten nicht auf die Haftungsprivilegierung berufen.[50] Daher kommt eine Haftungsfreistellung nicht in Betracht, wenn der Betreiber der Handels- und Auktionsplattform seinen Kunden bei der Verkaufsförderung Hilfestellung leistet, deren Angebote gezielt bewirbt oder an dem konkreten Absatz über seine übliche Maklergebühr hinaus partizipiert.[51]

7.4   Haftung für Missbrauch des Mitgliedskontos

Eine Haftung wegen Eröffnung einer Gefahrenquelle hat der BGH auch in einem Fall angenommen, in welchem ein Nutzer die Zugangsdaten seines Mitgliedskontos bei eBay nicht hinreichend vor fremdem Zugriff gesichert hat und dieses dadurch für fremde Schutzrechtsverletzungen missbraucht werden konnte.[52] Der Inhaber des Mitgliedskontos muss sich dann wegen der von ihm geschaffenen Gefahr einer Unklarheit darüber, wer unter dem betreffenden Mitgliedskonto gehandelt hat und im Falle einer Vertrags- oder Schutzrechtsverletzung in Anspruch genommen werden kann, so behandeln lassen, als ob er selbst gehandelt hätte.

7.5   Haftung für Hyperlinks und Frames

Derjenige der einen Hyperlink setzt und dadurch auf rechtswidrige Inhalte verlinkt, kann als Störer in Anspruch genommen werden, wenn er bestehende Prüfpflichten verletzt. Dabei gelten für Hyperlinks **die Haftungsprivilegien des TMG nicht**, da diese Vorschriften sich ebenso wie die Richtlinie über den elektronischen Geschäftsverkehr nicht auf die Haftung für das Setzen von Hyperlinks beziehen,[53] sondern vielmehr nur das Durchleiten und Speichern fremder Daten betreffen (vgl. §§ 8–10 TMG). Allerdings ist zu beachten, dass das Verlinken auf Inhalte, die vom Rechtsinhaber ohne technische Schutzmaßnahmen im Internet zugänglich gemacht wurden, jedenfalls keine Störerhaftung des Linksetzers be-

---

Kinderhochstühle im Internet; BGH, GRUR 2011, 1038 – Stiftparfüm; ähnlich auch EuGH, GRUR 2011, 1025 – L'Oréal/eBay; für das Persönlichkeitsrecht BGH, NJW 2012, 148 – Blog-Eintrag; für das Wettbewerbsrecht BGH, GRUR 2007, 890 – Jugendgefährdende Schriften bei eBay; zum Urheberrecht aber BGH, GRUR 2013, 1229 – Kinderhochstühle II.
[50] EuGH, GRUR 2011, 1025 Rn. 113, 116 – L'Oréal/eBay.
[51] vgl. EuGH, GRUR 2011 Rn. 116 – L'Oréal/eBay; BGH, GRUR 2011, 152 Rn. 53 – Kinderhochstühle im Internet; BGH, GRUR 2013, 1229 Rn. 37, 48, 56 – Kinderhochstühle II.
[52] BGH, GRUR 2009, 597 – Halzband.
[53] BGH, NJW 2004, 2158 – Schöner Wetten.

gründen kann, da in der bloßen Verlinkung die Gefahr rechtswidriger Nutzungen solcher Inhalte nicht qualitativ verändert wird.[54] Nur wenn der Linksetzer auf ein Werk verweist, das ohne Einwilligung des betreffenden Verwertungs- oder Nutzungsrechteinhabers im Internet abrufbar ist, kann in dem Setzen des Hyperlinks ein Hilfsakt zur Verbreitung des rechtswidrigen Inhalts gesehen werden, der eine Störerhaftung begründen kann. Gleiches gilt auch für das sog. **Framing** (auch „Inline Linking“, „Hotlinking“ oder **„Embedded Videos“**).

Der Umfang der **Prüfungspflichten**, die denjenigen treffen, der einen Hyperlink setzt oder aufrechterhält, bzw. fremde Inhalte auf der eigenen Seite einbettet, richtet sich insbesondere nach dem Gesamtzusammenhang, in dem der Hyperlink verwendet wird, dem Zweck des Hyperlinks sowie danach, welche Kenntnis der den Link Setzende von Umständen hat, die dafür sprechen, dass die Webseite oder der Internetauftritt, auf die der Link verweist, rechtswidrigem Handeln dient, und welche Möglichkeiten er hat, die Rechtswidrigkeit dieses Handelns in zumutbarer Weise zu erkennen. Auch dann, wenn beim Setzen des Hyperlinks keine Prüfungspflicht verletzt wird, kann später eine Störerhaftung begründet sein, wenn ein Hyperlink aufrechterhalten bleibt, obwohl eine nunmehr zumutbare Prüfung, insbesondere nach einer Abmahnung oder Klageerhebung, ergeben hätte, dass mit dem Hyperlink ein rechtswidriges Verhalten unterstützt wird.[55]

Allerdings dürfen im Interesse der Meinungs- und Pressefreiheit (Art. 5 Abs. 1 GG) an die nach den Umständen erforderliche Prüfung keine zu strengen Anforderungen gestellt werden, wenn Hyperlinks nur den Zugang zu ohnehin **allgemein zugänglichen Quellen** erleichtern. Dabei ist auch zu berücksichtigen, dass die sinnvolle Nutzung der unübersehbaren Informationsfülle im Internet ohne den Einsatz von Hyperlinks zur Verknüpfung der dort zugänglichen Dateien praktisch ausgeschlossen wäre.[56]

Darüber hinaus kommt in Fällen positiver Kenntnis des Sachverhalts und der Rechtswidrigkeit eine **Haftung als Teilnehmer** in Betracht. So wurde in dem bewussten Setzen eines Hyperlinks auf eine Internetseite, auf welcher Software zur Umgehung technischer Schutzmaßnahmen angeboten wurde, eine Beihilfe zu einer Umgehungshandlung nach § 95a UrhG gesehen.[57]

Wird auf urheberrechtlich geschützte Werke verlinkt, kommt aber auch eine **täterschaftliche Verletzung** des Vervielfältigungsrechts bzw. des Rechts der öffentlichen Zugänglichmachung in Betracht. Der EuGH hat in einer jüngeren Entscheidung klargestellt, dass das Bereitstellen von anklickbaren Links zu geschützten Werken entgegen der Rechtsprechung des BGH als Zugänglichmachung einzustufen ist, wenn das Werk ohne Zustimmung des Rechteinhabers auf der verlinkten Seite abrufbar ist.[58] Hat der Inhaber des Urheberrechts die öffentliche Zugänglichmachung auf der verlinkten

---

[54] BGH, GRUR 2003, 958, 961 – Paperboy; OLG Köln, MMR 2001, 387, 388; *Klett*, K&R 2003, 561, 562; wohl auch *Ott*, WRP 2004, 52, 54; *Volkmann*, GRUR 2005, 200, 203.

[55] BGH, NJW 2004, 2158 (2160) – Schöner Wetten; OLG München, CR 2009, 191.

[56] BGH, NJW 2004, 2158 (2160) – Schöner Wetten.

[57] LG München I, GRUR-RR 2005, 214 – DVD-Kopierschutz; OLG München, GRUR-RR 2005, 372 – AnyDVD; OLG München, GRUR-RR 2009, 85 – AnyDVD II.

[58] EuGH, GRUR 2014, 360 Rn. 20 – Nils Svensson u. a./Retriever Sverige AB.

Seite dagegen erlaubt, erfolgt keine urheberrechtliche Nutzungshandlung, weil lediglich auf das Werk in einer Weise verwiesen wird, die den Nutzern den bereits eröffneten Zugang erleichtert. Das geschützte Werk wird weder öffentlich zum Abruf bereitgestellt noch an Dritte übermittelt, sondern derjenige, der das Werk ins Internet gestellt hat, entscheidet darüber, ob das Werk der Öffentlichkeit zugänglich bleibt.[59] Die Grenze des zulässigen Verlinkens wird aber dann überschritten, wenn beim Verlinken technische Schutzmaßnahmen, wie etwa eine **Session-ID** umgangen werden.[60] Dabei ist unerheblich, ob es sich um wirksame technische Schutzmaßnahmen handelt. Vielmehr genügt es, dass die Schutzmaßnahme den Willen des Berechtigten erkennbar macht, den öffentlichen Zugang zu den geschützten Werken nur mit den von ihm vorgesehenen Einschränkungen zu ermöglichen.[61]

7.6   Haftung von Suchmaschinenbetreibern

Suchmaschinenbetreiber können ebenso wie Linksetzer als Störer haftbar gemacht werden, wenn sie zumutbare Prüfungspflichten verletzen.[62] Allerdings sind die Prüfungspflichten aufgrund der Funktion der Suchmaschinen und ihrer Bedeutung für das Auffinden von Inhalten im Internet sowie im Hinblick auf die Meinungs- und Informationsfreiheit (Art. 5 GG) eingeschränkt.[63] Zudem ist die Haftung des Betreibers der Suchmaschine auf solche Verstöße beschränkt, die begangen werden, nachdem er auf eine klare Rechtsverletzung hingewiesen worden ist, weil zu berücksichtigen ist, dass die betreffende Tätigkeit des **Suchmaschinenbetreibers rein technischer, automatischer und passiver Art** ist und er grundsätzlich weder Kenntnis noch Kontrolle über die von ihm gespeicherte oder weitergeleitete Information besitzt.[64] Da eine Suchmaschine im Internet nach Eingabe des Suchbegriffs nicht nach gedanklichen Inhalten, sondern mechanisch nach Buchstaben- und Zeichenfolgen oder geometrischen Formen sucht, ist dem Betreiber einer Suchmaschine eine Prüfpflicht hinsichtlich der von der Suchmaschine aufgefundenen Internetseiten allenfalls dann zumutbar, wenn sie sich auf eine so konkrete, formal erfassbare Verletzungsform bezieht, dass der Betreiber der Suchmaschine es deren mechanischen Verrichtungen überlassen kann, entsprechende Fundstellen im Internet zu erkennen und von einer Aufnahme in ihre Ergebnisliste auszunehmen.[65]

   Zudem ist zu beachten, dass nach der Rechtsprechung des BGH beispielsweise der Urheber, der eine Abbildung eines urheberrechtlich geschützten Werkes ins Internet einstellt, ohne dabei technisch mögliche Vorkehrungen gegen ein Auffinden und Anzeigen dieser Abbildung durch die Suchmaschinen zu treffen, **durch schlüssiges Verhalten** in

[59] BGH, GRUR 2011, 56, 58 Rn. 24 – Session-ID.
[60] *Dreier*/Schulze, UrhG, § 19a Rn 6 a; siehe im Umkehrschluss bereits BGH, GRUR 2003, 958 3. LS „Paperboy"; BGH, GRUR 2010, 628, 632 Rn. 37 – Vorschaubilder I; BGH, GRUR 2012, 602, 604 Rn 18 – Vorschaubilder II.
[61] BGH, GRUR 2011, 56 1. LS, 59 Rn 30 – Session-ID.
[62] BGH, GRUR 2013, 751, 753 Rn. 29; OLG Hamburg, MMR 2012, 62, 63; LG Hamburg, K&R 2014, 288, 289.
[63] Spindler/Schuster/*Spindler/Volkmann*, Recht der elektronischen Medien, BGB, § 1004 Rn. 49.
[64] BGH, GRUR 2010, 628 Rn. 39 – Vorschaubilder I; OLG Hamburg, MMR 2012, 62 (63).
[65] OLG Hamburg, MMR 2012, 62 (63).

die Wiedergabe der Abbildung als Vorschaubild und das dadurch bewirkte öffentliche Zugänglichmachen des abgebildeten Werkes durch die Suchmaschine einwilligt.[66] Dies soll auch dann gelten, wenn die Abbildung nicht mit seiner Zustimmung ins Internet eingestellt wurde, sondern von beliebigen Personen, da es für die Auslegung der Einwilligung auf den objektiven Erklärungsinhalt aus der Sicht des Erklärungsempfängers ankomme. Es sei allgemein bekannt, dass Suchmaschinen, die das Internet in einem automatisierten Verfahren unter Einsatz von Computerprogrammen nach Bildern durchsuchen, nicht danach unterscheiden könnten, ob ein aufgefundenes Bild von einem Berechtigten oder einem Nichtberechtigten ins Internet eingestellt worden ist. Deshalb könne der Betreiber einer Suchmaschine die Einwilligung in die Wiedergabe von Abbildungen eines Werkes oder Lichtbildes als Vorschaubild nach ihrem objektiven Erklärungsinhalt nur dahin verstehen, dass sie sich auch auf die Wiedergabe von Abbildungen des Werkes oder der Fotografie erstreckt, die nicht vom Berechtigten oder mit seiner Zustimmung von einem Dritten ins Internet eingestellt worden sind.[67] Dies hat zur Folge, dass eine Störerhaftung von Suchmaschinenbetreibern jedenfalls bei Urheberrechtsverletzungen in aller Regel ausscheiden wird, solange nach oben stehenden Vorgaben die Rechtswidrigkeit des Inhalts von der Suchmaschine nicht erkannt werden kann.

Nichts anderes gilt grundsätzlich bei der Verletzung von Persönlichkeitsrechten. Eine andere Beurteilung kann allenfalls dann in Erwägung gezogen werden, wenn der Suchmaschinenbetreiber wie etwa bei **einer „Autocomplete-Funktion"** derart Hilfestellungen leistet, dass nicht mehr von einer rein technischen, automatischen und passiven Tätigkeit gesprochen werden kann. Bei einer Suchwortergänzungsfunktion (Autocomplete) werden auf Grundlage eines vom Suchmaschinenbetreiber entwickelten Algorithmus dem Nutzer der Suchmaschine Ergänzungsvorschläge zur gezielten Suche nach Inhalten im Internet gemacht, so dass keine fremden, sondern eigene Inhalte der Suchmaschine vorliegen. Allerdings kommt auch eine Haftung des Betreibers einer Suchmaschine mit entsprechender **Hilfsfunktion** nur bei einer Verletzung von zumutbaren Prüfungspflichten in Betracht. Der Betreiber einer Suchmaschine ist danach grundsätzlich nicht verpflichtet, die durch eine Software generierten Suchergänzungsvorschläge generell vorab auf etwaige Rechtsverletzungen zu überprüfen. Dies würde den Betrieb einer Suchmaschine mit einer der schnellen Recherche der Nutzer dienenden Suchergänzungsfunktion wenn nicht gar unmöglich machen, so doch unzumutbar erschweren. Eine entsprechende präventive Filterfunktion kann zwar für bestimmte Bereiche, wie etwa Kinderpornografie, erforderlich und realisierbar sein, sie vermag jedoch nicht allen denkbaren Fällen einer Persönlichkeitsrechtsverletzung vorzubeugen. Den Betreiber einer Internet-Suchmaschine trifft deshalb grundsätzlich erst dann eine Prüfungspflicht, **wenn er Kenntnis von der Rechtsverletzung erlangt**. Weist ein Betroffener den Betreiber einer Internet-Suchma-

---

[66] BGH, GRUR 2010, 628 (Rn. 36) – Vorschaubilder I.
[67] BGH, GRUR 2012, 602 (Rn. 28) – Vorschaubilder II.

schine auf eine rechtswidrige Verletzung seines Persönlichkeitsrechts hin, ist der Betreiber der Suchmaschine verpflichtet, auch zukünftig derartige Verletzungen zu verhindern.[68]

7.7   Haftung der DENIC, des Admin-C und von Domain-Verpächtern

Die Registrierungsstellen für Domainnamen, wie etwa die **DENIC**, haften aufgrund ihrer besonderen Aufgabenstellung nur für offenkundige und ohne weiteres feststellbare Rechtsverletzungen als Störer.[69] Im Regelfall kann die DENIC den Dritten darauf verweisen, eine Klärung im Verhältnis zum Inhaber des umstrittenen Domainnamens herbeizuführen. Diese Privilegierung ergibt sich zum einen daraus, dass die Prüfung der rechtlichen Zulässigkeit einer bestimmten Domainbezeichnung grundsätzlich zunächst allein in den Verantwortungsbereich des Anmelders fällt. Zum anderen rechtfertigt sich die Einschränkung der Prüfungspflichten aus der Funktion der DENIC. Sie verfolgt keine eigenen Zwecke, handelt ohne Gewinnerzielungsabsicht und nimmt ihre Aufgabe im Interesse sämtlicher Internetnutzer und damit zugleich im öffentlichen Interesse wahr. Sie könnte ihre Aufgabe als rein technische Registrierungsstelle nicht mehr in der gewohnt effizienten Weise erfüllen, wenn sie verpflichtet wäre, in jedem Fall, in dem ein Dritter eigene Rechte an einer registrierten Domainbezeichnung geltend macht, in eine rechtliche Prüfung einzutreten.

Anders liegt es allerdings dann, wenn die DENIC auch ohne weitere Nachforschungen zweifelsfrei feststellen kann, dass ein registrierter Domainname Rechte Dritter verletzt. Bei solchen offenkundigen, von dem zuständigen Sachbearbeiter der DENIC unschwer zu erkennenden Rechtsverstößen kann von ihr erwartet werden, dass sie die Registrierung aufhebt. Unschwer erkennbar ist für die DENIC eine Verletzung von Kennzeichenrechten aber grundsätzlich nur dann, wenn ihr ein rechtskräftiger gerichtlicher Titel vorliegt oder wenn die Rechtsverletzung derart eindeutig ist, dass sie sich ihr aufdrängen muss.[70]

Gleiches gilt für den sog. **„administrativen Ansprechpartner"** (**Admin-C**),[71] dessen Angabe die DENIC bei der Registrierung von Domains verlangt. Derjenige, der sich von einem Anmelder eines Domainnamens gegenüber der DENIC als administrativer Ansprechpartner (Admin-C) benennen und registrieren lässt, haftet demnach nicht schon deswegen als Störer für mögliche mit der Registrierung verbundene Verletzungen von Rechten Dritter. Eine Prüfungspflicht kann sich nur aus den besonderen Umständen des Einzelfalls ergeben. Solche gefahrerhöhenden Umstände liegen z. B. vor, wenn ein im

---

[68] BGH, GRUR 2013, 751 Rn. 20 ff. – Autocomplete-Funktion; vgl. auch *Ladeur*, JZ 2013, 792, 793; *Czychowski/Nordemann*, GRUR 2013, 986, 992; *Peifer/Becker*, GRUR 2013, 754, 755; *Ruttig*, K&R 2013, 477, 479.

[69] BGH, GRUR 2001, 1038, 1039 f. – ambiente.de; BGH, GRUR 2012, 651 Rn. 24 f. – regierung-oberfranken.de; OLG Frankfurt a. M., MMR 2011, 176, 177.

[70] BGH, GRUR 2012, 651 Rn. 25 – regierung-oberfranken.de.

[71] BGH, GRUR 2012, 304 Rn. 43 – Basler Haar-Kosmetik, m. Anm. *Spindler*; OLG Stuttgart, K&R 2010, 197, 198.

Ausland ansässiger Anmelder freiwerdende Domainnamen jeweils in einem automatisierten Verfahren ermittelt und registriert und der Admin-C sich dementsprechend pauschal bereit erklärt hat, diese Funktion für eine große Zahl von Registrierungen zu übernehmen, ohne sicherzustellen, dass er Kenntnis von der jeweiligen Eintragung der Domainnamen erhält.[72] Erforderlich ist aber auch hierfür, dass die Rechtsverletzungen für den Admin-C offenkundig und ohne weiteres feststellbar gewesen wären, hätte er sich über die konkret registrierten Domainnamen unterrichten lassen.

Im Übrigen ist es ihm aber nicht zuzumuten, auch anschließend die Webseite dauerhaft dahingehend zu prüfen, ob sie Rechtsverletzungen enthält. Das gleiche gilt für Domain-Verpächter. Auch hier greift die Störerhaftung erst ein, wenn der Domainverpächter von dem Rechtsverstoß auf der Domain Kenntnis erlangt und die Störung dann nicht unverzüglich beseitigt.[73]

7.8   Haftung des Access-Providers

Diensteanbieter sind für fremde Informationen, die sie in einem Kommunikationsnetz lediglich übermitteln oder zu denen sie lediglich den Zugang zur Nutzung vermitteln (**Access-Provider**), grundsätzlich nicht verantwortlich (§ 8 TMG), wenngleich die Haftungsprivilegien des TMG nicht für Beseitigungs- und Unterlassungsansprüche gelten (§ 7 Abs. 2 S. 2 TMG). Allerdings kommen Unterlassungsansprüche in der Reichweite, wie sie sich gegenüber Inhalteanbietern ergeben können, grundsätzlich nicht in Betracht, weil die umfassende Überwachung der gesamten Kommunikation, um Zugriffe auf ähnliche, gleiche Rechtsverstöße zu verhindern nicht nur unzumutbar, sondern mangels spezifisch relevantem Verursachungsbeitrag unverhältnismäßig und mit dem Fernmeldegeheimnis nach Art. 10 Abs. 1 GG nicht zu vereinbaren wäre.

Zu beachten ist aber, dass bei immaterialgüterrechtlichen Verletzungshandlungen (wie z. B. bei Urheber- und Markenrechtsverletzungen) die Mitgliedsstaaten gem. Art. 8 Abs. 3 RL 2001/29 und Art. 11 S. 3 RL 2004/48 **Anordnungen** gegen Access-Provider **ermöglichen müssen, die Verstöße abstellen sowie auch solchen Verstößen vorbeugen**.[74] Obwohl angesichts der **betroffenen Rechtsgüter** und des eigentlich **fehlenden spezifisch relevanten Verursachungsbeitrags** eine klare gesetzliche Regelung unter Beachtung der verfassungs- und europarechtlichen Wertungen unabdingbar erscheint, hielt der deutsche Gesetzgeber eine Umsetzung von Art. 8 Abs. 3 der Richtlinie nicht für erforderlich, sondern war der Ansicht, dass eine Inanspruchnahme von Vermittlern im deutschen Recht

---

[72] BGH, GRUR 2012, 304 Rn. 43 – Basler Haar-Kosmetik; krit. *Spindler*, GRUR 2012, 309, 311.
[73] BGH, GRUR 2009, 1093 Rn. 27 – Focus Online.
[74] EuGH, GRUR 2014, 468 Rn. 37 – UPC Telekabel; OLG Hamburg, GRUR-RR 2014, 140 – 3dl.am; OLG Köln, GRUR 2014, 1081 – Goldesel. Vgl. hierzu auch *Leistner/Grisse*, GRUR 2015, 19 sowie GRUR 2015, 105.

bereits durch die **Störerhaftung** hinreichend gewährleistet sei.[75] Access-Provider können demnach im Wege der Unterlassungsverfügung dazu verpflichtet werden, den Zugang zu einer konkreten Webseite zu sperren, über die im großen Stil Urheber- oder Markenrechte verletzt werden (**Sperrverfügungen**). Dies gilt jedenfalls dann, wenn derartige Maßnahmen zumutbar und mit übergeordneten Rechtsgrundsätzen vereinbar sind. Maßgeblich sind insbesondere die Schutzwürdigkeit der Rechteinhaber (Schwere der Rechtsverletzung), die zur Verfügung stehenden Alternativen, die Schutzwürdigkeit der von Sperrverfügungen (mit-) betroffenen Nutzer sowie die Wirksamkeit und die (nach Auffassung des EuGH vom Provider zu tragenden)[76] Kosten der Sperrmaßnahmen.

Das Fehlen eines hinreichenden Verursachungsbeitrags seitens der Zugangsprovider lässt allerdings für Sperrverfügungen, die lediglich auf die „Störerhaftung" gegründet werden, Zweifel aufkommen. Jedenfalls außerhalb der Art. 8 Abs. 3 RL 2001/29 und Art. 11 S. 3 RL 2004/48 und damit außerhalb der Immaterialgüterrechte, wie etwa im **Wettbewerbsrecht** oder im **Allgemeinen Persönlichkeitsrecht** kommen derartige Sperrverfügungen mangels gesetzlicher Grundlage nicht Betracht. Vielmehr muss es in solchen Fällen dabei bleiben, dass Fehlverhalten Dritter dem Access-Provider grundsätzlich nicht zugerechnet werden kann. Der Access-Provider selbst hat keinerlei Einfluss auf die im Internet bereitgestellten Inhalte, sondern gewährleistet nur in rein technischer und vollkommen neutraler Weise das Bestehen von Telekommunikationsverbindungen.

7.9   Haftung für den Internetanschluss

Der Inhaber eines Internet- bzw. WLAN-Anschlusses, der es unterlässt, die im Kaufzeitpunkt des WLAN-Routers **marktüblichen Sicherungen** ihrem Zweck entsprechend anzuwenden, haftet als Störer auf Unterlassung, wenn Dritte diesen Anschluss missbräuchlich nutzen, um fremde Rechte zu verletzen, etwa indem urheberrechtlich geschützte Musiktitel in Internettauschbörsen eingestellt werden.[77] Das Betreiben eines ungesicherten, d. h. unverschlüsselten, WLAN-Netzes kann angesichts der naheliegenden Gefahren des Missbrauchs durch Dritte für Rechtsverletzungen auch ohne vorhergehende Rechtsverletzung eine Störerhaftung begründen. WLAN-Anschlüsse müssen daher grundsätzlich auch ohne konkreten Anlass für eine rechtswidrige Benutzung durch Dritte gegen einen Missbrauch geschützt werden, und zwar mindestens mit solchen Mitteln, die zum Kaufzeitpunkt für den privaten Bereich marktüblich sind.[78]

---

[75] Gesetz zur Regelung des Urheberrechts in der Informationsgesellschaft, BT-Drs. 15/38, 39; RegE zur Verbesserung der Durchsetzung von Rechten des geistigen Eigentums, BT-Drs. 16/5048, 30; vgl. auch BGH, GRUR 2007, 708 Rn. 37 – Internetversteigerung II, m. Anm. *Lehment*, GRUR 2007, 713.

[76] EuGH, GRUR 2014, 468 Rn. 50 – UPC Telekabel.

[77] BGH, GRUR 2010, 633 = NJW 2010, 2061 – Sommer unseres Lebens.

[78] BGH, GRUR 2010, 633 Rn. 18, 23 f. – Sommer unseres Lebens.

Etwas anderes kann aber gelten, wenn der Inhaber des Internetanschlusses ein **berechtigtes Interesse** daran hat, einem bestimmten abgrenzbaren Personenkreis, wie etwa **Gästen eines Cafés, Hotels oder Krankenhauses** Zugang zu einem verschlüsselten oder unverschlüsselten WLAN-Netzwerk zu gewähren. Denn grundsätzlich können nur solche Maßnahmen vom Pflichtigen verlangt werden, die bei einem berechtigten Interesse in einem vernünftigen und zumutbaren Verhältnis zum drohenden Schaden an einem Rechtsgut stehen.

In diesem Zusammenhang bestehen auch konkrete Überlegungen, die Vorschriften des § 8 TMG dahin gehend zu ergänzen, dass Diensteanbieter, die einen Internetzugang geschäftsmäßig oder als öffentliche Einrichtung zur Verfügung stellen, wegen einer rechtswidrigen Handlung eines Nutzers nicht auf Unterlassung in Anspruch genommen werden können, **wenn sie zumutbare Maßnahmen ergriffen haben, um eine Rechtsverletzung durch Nutzer zu verhindern**. Dies soll insbesondere der Fall sein, wenn der Diensteanbieter angemessene Sicherungsmaßnahmen durch anerkannte Verschlüsselungsverfahren oder vergleichbare Maßnahmen gegen den unberechtigten Zugriff auf das drahtlose lokale Funknetz durch außenstehende Dritte ergriffen hat und Zugang zum Internet nur dem Nutzer gewährt, der erklärt hat, im Rahmen der Nutzung keine Rechtsverletzungen zu begehen.[79]

Zudem stellt sich die Frage, ob der Betreiber eines **öffentlichen WLAN-Hotspots** als Accessprovider im Sinne von § 8 TMG anzusehen ist und deswegen in der Haftung privilegiert ist. Diesbezüglich hat das LG München dem EuGH Fragen vorgelegt, deren Beantwortung wesentliche Auswirkungen auf die Verantwortlichkeit nach den Grundsätzen der Störerhaftung haben können.[80]

Schließlich haftet der Inhaber eines Internetanschlusses grundsätzlich auch nicht als Störer auf Unterlassung, wenn **volljährige Familienangehörige** den ihnen zur Nutzung überlassenen Anschluss für Rechtsverletzungen missbrauchen.[81] Insbesondere besteht keine Pflicht, volljährige Familienangehörige ohne konkrete Anhaltspunkte für eine bereits begangene oder bevorstehende Urheberrechtsverletzung über die Rechtswidrigkeit einer Teilnahme an Tauschbörsen aufzuklären und die rechtswidrige Nutzung entsprechender Programme zu untersagen. Vielmehr ist nach Auffassung des BGH zu berücksichtigen, dass zum einen die Überlassung durch den Anschlussinhaber regelmäßig auf familiärer Verbundenheit beruht und zum anderen Volljährige für ihre Handlungen selbst verantwortlich sind. Im Blick auf das – auch grundrechtlich geschützte (Art. 6 Abs. 1 GG) – besondere Vertrauensverhältnis zwischen Familienangehörigen und die Eigenverantwortung von Volljährigen, darf der Anschlussinhaber einem volljährigen Familienangehörigen seinen Internetanschluss überlassen, ohne diesen belehren oder überwachen zu müssen. Erst wenn der Anschlussinhaber – etwa auf Grund einer Abmahnung – konkreten Anlass für die Befürchtung haben muss, dass der volljährige

---

[79] Entwurf eines Zweiten Gesetzes zur Änderung des Telemediengesetzes.
[80] LG München, MMR 2014, 772 (Ls.).
[81] BGH, GRUR 2014, 657, 659 – BearShare.

Familienangehörige den Internetanschluss für Rechtsverletzungen missbraucht, hat er die zur Verhinderung von Rechtsverletzungen erforderlichen Maßnahmen zu ergreifen.

Aber auch bei **minderjährigen Kindern** besteht grundsätzlich keine Verpflichtung der Eltern, die Nutzung des Internets durch das Kind zu überwachen, den Computer des Kindes zu überprüfen oder dem Kind den Zugang zum Internet gegebenenfalls teilweise zu versperren.[82] Anders als bei volljährigen Familienangehörigen müssen Eltern ihre minderjährigen Kinder aber über die Rechtswidrigkeit einer Teilnahme an Internettauschbörsen **belehren** und die Teilnahme daran verbieten. Sobald sie Anhaltspunkte dafür haben, dass das Kind dem Verbot zuwiderhandelt, sind sie zu weitergehenden Maßnahmen verpflichtet. Eine anlasslose Kontrolle des Kindes und eine technische Absicherung des Computers stünden einer auf Selbstständigkeit und Verantwortungsbewusstsein bedachten Entwicklung entgegen.

Auch für die Nutzung von **Nichtfamilienangehörigen oder Arbeitnehmern** sind Belehrungspflichten nur bei Vorliegen besonderer Anhaltspunkte angezeigt, etwa wenn die Freunde der Kinder noch minderjährig sind. Belehrungspflichten bestehen insbesondere dann, wenn der Internetanschluss Personen zur Verfügung gestellt wird, zu denen kein persönliches Verhältnis besteht und bei denen nicht zwingend damit gerechnet werden kann, dass diese über die Rechtslage hinreichend informiert sind.

Wird über einen Internetanschluss eine Rechtsverletzung begangen, besteht also **keine tatsächliche Vermutung** für eine Täterschaft des Anschlussinhabers, wenn zum Zeitpunkt der Rechtsverletzung (auch) andere Personen diesen Anschluss benutzen konnten. Dies ist insbesondere dann der Fall, wenn der Internetanschluss zum Zeitpunkt der Rechtsverletzung nicht hinreichend gesichert war oder bewusst anderen Personen zur Nutzung überlassen wurde.[83] Allerdings trägt der Anschlussinhaber eine **sekundäre Darlegungslast**. Dieser kann er aber dadurch entsprechen, dass er vorträgt, ob andere Personen und gegebenenfalls welche anderen Personen selbstständigen Zugang zu seinem Internetanschluss hatten und als Täter der Rechtsverletzung in Betracht kommen. Insoweit ist der Anschlussinhaber im Rahmen des Zumutbaren auch zu Nachforschungen verpflichtet.[84] Umgekehrt gilt, dass die tatsächliche Vermutung der Täterschaft dann eingreift, wenn der Anschlussinhaber nicht darlegen kann, dass andere Personen zum Tatzeitpunkt selbstständigen Zugang zu seinem Internetanschluss hatten und deshalb als Täter in Betracht kommen.[85]

---

[82] BGH, GRUR 2013, 511, Rn. 22 – Morpheus.
[83] BGH, GRUR 2014, 657 – BearShare (Ls.).
[84] BGH, GRUR 2014, 657 – BearShare (Ls.).
[85] BGH, I ZR 75/14; BGH, I ZR 7/14; BGH, I ZR 19/14 – Tauschbörse I–III.

Literatur

Bettinger/Leistner, Werbung und Vertrieb im Internet, 2003

Dreier/Schulze, Urheberrechtsgesetz, 3. Aufl., 2008

Fezer, Markenrecht, Kommentar zum Markengesetz, zur Pariser Verbandsübereinkunft und zum Madrider Markenabkommen, 4. Aufl., 2009

Fezer (Hrsg.), Lauterkeitsrecht: UWG, Kommentar, 2 Bde, 2. Aufl., 2010

Gola/Schomerus, Bundesdatenschutzgesetz, 12. Aufl., 2015

Götting, Gewerblicher Rechtsschutz, 10. Aufl., 2014

Härting, Internetrecht, 5. Aufl., 2013

Hoeren/Sieber/Holznagel, Handbuch des Multimedia-Recht, 40. Ergänzungslieferung, 2014

Ingerl/Rohnke, Markengesetz, 3. Aufl., 2010

Köhler/Bornkamm, UWG, 33. Auf., 2015

Lange, Marken- und Kennzeichenrecht, 2. Aufl., 2012

Münchener Kommentar zum Lauterkeitsrecht, 2 Bde, 2014

Ohly/Sosnitza, Gesetz gegen den unlauteren Wettbewerb: UWG, 6. Aufl., 2014

Palandt, Bürgerliches Gesetzbuch, 74. Aufl., 2014

Rehbinder, Urheberrecht, 16. Aufl., 2010

Schricker/Loewenheim, Urheberrecht, Kommentar zum Urheberrechtsgesetz und zum Urheberrechtswahrnehmungsgesetz, 4. Aufl., 2010

Simitis, Bundesdatenschutzgesetz, 8 Aufl., 2014

Spindler/Schuster, Recht der elektronischen Medien, 3. Aufl., 2015

Ströbele/Hacker, Markengesetz, 10. Aufl., 2012

Taeger/Gabel, BDSG und Datenschutzvorschriften des TKG und TMG

© Springer Fachmedien Wiesbaden 2016
S. Hetmank, *Internetrecht*, DOI 10.1007/978-3-658-08976-4

Sachverzeichnis

The manufacturer's authorised representative in the EU is Springer
Nature Customer Service Centre GmbH, Europaplatz 3, 69115 Heidelberg,
Germany. If you have any concerns regarding our products, please
contact ProductSafety@springernature.com

Printed and bound by CPI Group (UK) Ltd, Croydon, CR0 4YY
27/04/2026
02097651-0002